Francis Bernard

A catalogue of the library of the late learned Dr. Francis Bernard, fellow of

the College of Physicians, and physician to S. Bartholomew's Hospital :

being a large collection of the best theological, historical, philological,

medicinal and mathematic

Francis Bernard

A catalogue of the library of the late learned Dr. Francis Bernard, fellow of the College of Physicians, and physician to S. Bartholomew's Hospital : being a large collection of the best theological, historical, philological, medicinal and mathematic

ISBN/EAN: 9783743603288

Manufactured in Europe, USA, Canada, Australia, Japa

Cover: Foto ©ninafisch / pixelio.de

Manufactured and distributed by brebook publishing software (www.brebook.com)

Francis Bernard

A catalogue of the library of the late learned Dr. Francis Bernard, fellow of the College of Physicians, and physician to S. Bartholomew's Hospital : being a large collection of the best theological, historical, philological, medicinal and mathematic

CATALOGUE
DES LIVRES
DE LA BIBLIOTHEQUE
DE FEU
M. DE SELLE,
TRESORIER GENERAL DE LA MARINE.

A PARIS,
Chez BARROIS & DAVITZ, Libraires,
Quai des Auguftins.

M. DCC. LXI.

AVERTISSEMENT.

LE choix & le goût caractérisent la Bibliotheque dont nous présentons le Catalogue au Public. La rareté des livres, les éditions choisies, & leurs conditions rendent cette collection précieuse : elle peut passer pour une des plus étendues qui ait paru depuis long-tems. On y verra une suite assez complette des Auteurs des premieres impressions & des éditions les plus estimées par les curieux & les savans. La plus grande partie des livres est en grand papier ; les reliûres, soit en veau, soit en maroquin &c. sont élégantes *.

M. de Selle, aussi recommandable par les qualités du cœur, que par son goût pour les choses rares & précieuses, s'étoit appliqué pendant un grand nombre d'années à composer cette collection. Toutes les Bibliotheques fameuses, vendues depuis plus de 20 ans, soit à Paris, soit dans les Pays Etrangers, lui avoient fourni l'occasion de satisfaire son amour pour les livres, & il n'avoit rien épargné pour se les procurer.

Nous ne nous étendrons point sur la qualité des livres, le Catalogue suffira aux amateurs & aux savans : ils y verront avec plaisir les éditions des Manuces, des Juntes, des Estiennes, des Turnebes, des Morels, des Vascosan, des Vitré,

---

* Elles sont, pour la plus grande partie, des fameux Relieurs Boyer, de Seuil, Padeloup & Anguerran. Ce dernier, qui vit encore, est très connu par la bonté de ses reliûres. Il relioit pour MM. l'Abbé de Rothelin, de Boze, de la Lande, & autres; & MM. d'Argenson, de Côtes & autres curieux l'employent encore.

a ij

AVERTISSEMENT.

des Elzeviers, & d'autres Libraires & Imprim. anc. & mod. dont la science & l'habileté dans leur art seront à jamais l'honneur de la Librairie & de l'Imprimerie. Les talens de ces grands hommes furent animés, accrus & perfectionnés par la faveur que les Rois, les Princes & les personnes illustres par leur naissance & leur place leur ont accordée de tout tems. Les avantages qu'ils leur ont procurés, & la protection dont il les ont honorés, a fait fleurir cette profession, & y a répandu une émulation qui elt devenue utile aux états & aux personnes de lettres. Les différens ouvrages qui ont traité de la Librairie & Imprimerie, nous ont conservé ces monumens précieux de la faveur des Rois, &c. *Monumenta Typographica*, 2 vol. in-8.

Les Eclaircissemens sur quelques livres de la Bibliotheque de M. de Sardiere, ayant été reçus assez favorablement, on a cru pouvoir en donner sur quelques-uns des livres de ce Catalogue, qui ont paru le mériter: on espere du public qu'il les recevra avec la même indulgence. La vente de cette Bibliotheque commencera avant Pâque ; elle sera annoncée par des Affiches particulieres.

LES Numeros 318, 319, 320, 1655 & 2189, & ceux qui sont marqués à la page 311 de ce Catalogue, sont supprimés.

TABLE DES DIVISIONS.

THEOLOGIE.

*E*CRITURE *Sainte &c.* pag. 1.
Harmonie & Concorde Evangéliques, 5.
Histoire & figures de la Bible, ibid.
Interpretes de l'Ecriture Sainte, 6.
Critiques Sacrés, &c. ibid.
Liturgies des Eglises Orientale & Occidentale, 7.
Conciles généraux & particuliers, 11.
SS. Peres Grecs & Latins, ibid.
Ouvrages des Théologiens &c. 17.
Théologiens Moraux, ibid.
Théologiens Catéchistes, 19.
Théologiens Parænetiques, ou Prédicateurs. ibid.
Théologiens Mystiques, 20.
Théologiens Polémiques. Traités de la Rel. chrét. 23.
Traités contre les Calvinistes, 26.
Théologiens Hétérodoxes, ibid.
Traités sur des erreurs particulieres, 28.
Théologie des Mahométans, ibid.

JURISPRUDENCE.

*D*ROIT *Canonique,* 30.
Droit Ecclésiastique de France, 32.
Droit Ecclés. des Réguliers, 34.
Droit de la Nature & des Gens, ibid.
Droit Civil, 36.
Droit François, ibid.
Droit Etranger, 37.

SCIENCES ET ARTS.

*P*HILOSOPHES *anciens & nouveaux,* 38.
Logique & Morale, 41.

Œconomie, 42.
Politique, 46.
Traités sur le Commerce &c. 48.
Métaphysique, 52.
Traités sur les Esprits & sur leurs opérations, 53.
Physique, 54.
Histoire Naturelle en général, 56.
Hist. nat. des Minér. des Fossiles, &c. 58.
Traités de l'Agriculture &c. & choses rustiques, 60.
Histoire générale des Plantes, 62.
Histoire des Animaux, 66.
Collections, ou Cabinets de Curiosités &c. 68.
Médecine, 70.
Anatomie, 73.
Chirurgie, Pharmacie, 74.
Chymie, 75.
Alchymie, 76.
Mathématiq. Traités généraux de Mathématiq. 77.
Arithmétique & Algebre, 78.
Géométrie, 79.
Astronomie, 80.
Gnomonique, Hydrographie, 81.
Musique, 82.
Statique, Hydraulique, Méchanique &c. ibid.
LES ARTS, 83.
Art de la Peinture, Gravure & Sculpture, 84.
Architecture, 89.
Art Militaire, 90.
Art Pyrotechnique : de la Verrerie &c. 92.
Art Gymnastique : de la Chasse &c. 93.

BELLES-LETTRES.

INTRODUCTION à l'étude des Belles-Lettres, 94.
Gramm. & Dictionn. des Langue Hébraïque & Grecque, ibid.
Gramm. & Dictionn. de la Langue Latine, 95.
Gramm. & Dictionn. de la Langue Françoise, 96.
Gramm. & Diction. des Langues allem. & ital. 97.

DES DIVISIONS.

Rheteurs & Orateurs Grecs & Latins &c.	98.
Traité de l'Art Poétique,	104.
Poëtes Grecs,	105.
Poëtes Latins anciens,	107.
Poëtes Latins modernes,	120.
Poëtes Latins Macaroniques,	122.
Poëtes François,	ibid.
Poëtes Dramatiques François,	128.
Poëtes Italiens, Espagnols & Anglois,	130.
Mythologie. Mythologistes anciens & modernes,	132.
Romans. Romans Grecs & Latins,	133.
Romans de Chevalerie,	134.
Romans moraux, politiques &c.	ibid.
Romans satyriques, comiques &c.	136.
Collections de Nouvelles,	137.
Philologues. Critiques anciens & modernes,	138.
Satyres, Apologies &c.	140.
Apophthegmes, Adages &c.	142.
Polygraphes,	143.
Dialogues,	148.
Epistolaires,	ibid.

HISTOIRE.

GEOGRAPHIE. Géographes anc. & nouv.	150.
Descriptions & Cartes géographiqeus,	152.
Voyages,	153.
Voyages imaginaires,	157.
Chronologie,	ibid.
Histoire Universelle,	158.
Histoire Ecclésiastique. Histoire Ecclésiastiq. du V. & du N. Testament,	162.
Histoire des Conciles,	165.
Histoire des Papes & des Cardinaux,	166.
Hist. des Ordres Monastiques & Religieux,	168.
Histoire des Ordres Militaires,	170.
Martyrologes & Vies des Saints,	171.
Histoire des Hérétiques & de l'Inquisition,	173.

TABLE DES DIVISIONS. viij

Histoire Profane. Hist. ancienne : des Juifs &c.	ibid.
Histoire Grecque,	175.
Histoire Romaine,	178.
Histoire Byzantine,	186.
Histoire d'Italie,	187.
Hist. de France. Topographie de la France &c.	189.
Histoire générale, Civile, & Ecclés. de France,	ibid.
Histoire particuliere des Rois de France,	193.
Histoire des Provinces &c. de France.	207.
Mélanges de l'Histoire de France,	210.
Histoire d'Allemagne,	213.
Histoire des Pays-Bas &c.	215.
Histoire d'Espagne,	217.
Histoire d'Angleterre,	218.
Hist. des Pays Septentrionaux,	220.
Histoire des Pays hors de l'Europe.	221.
Histoire héraldique & généalogique,	225.
Antiquités. Rits, Usages, & Cout. des Anc.	226.
Hist. lapidaire, ou des Inscriptions, Marbres &c.	230.
Hist. métallique, ou Médailles, Monnoyes &c.	ibid.
Collections de Médailles,	231.
Médailles anciennes, héb. grecq. rom. &c.	233.
Descriptions d'anciens Monumens, Edifices &c.	237.
Diverses Antiquit. Pierres gravées, Cachets &c.	239.
Collections d'Antiquité, de Cabinets &c.	242.
Hist. Littéraire. Traités des Lettres, des Lang. &c.	243.
Histoire de l'Imprimerie, de la Librairie &c.	245.
Histoire des Académies, Universités &c.	247.
Traités des Livres & des Bibliotheques.	249.
Bibliographes généraux,	250.
Journaux Literaires,	253.
Bibliographes nationaux,	255.
Bibliographes Eccléfiastiques &c.	257.
Catalogues des Bibliotheques.	258.
SUPPLEMENT,	267.
TABLE DES AUTEURS.	274.

Eclaircissemens

ÉCLAIRCISSEMENS.

Numero 1. *Biblia Card. Ximenes, &c.*

LE Cardinal Ximenes, dont cette Polyglotte porte le nom, assembla plusieurs Savans très versés dans les Langues Orientales & Grecque, pour travailler à une édition exacte, & donner dans sa pureté les textes des Livres Sacrés. Ce Ministre fournit, pendant quinze années que dura ce travail, à leurs dépenses, les gratifia de pensions considérables, & acheta les Manuscrits nécessaires pour y travailler : Ximenes, qui savoit l'Hébreu & le Grec, partagea avec ces Savans ces pénibles travaux. Après l'impression, qui en fut achevée à Alcala en 1517, il se félicita d'avoir eu la consolation de voir cette grande entreprise finie avant sa mort, qui arriva le 10 Nov. de cette année. Ses Historiens en font monter la dépense à plus de cinquante mille ducats. Le N. Testament fut imprimé en 1514, le Dictionnaire, en 1515; & l'anc. Testament, 4 vol., en 1517. Ces six volumes ne furent donnés au public qu'en 1523. La Bulle de Léon X, dattée du 22 Mars 1520, en donne la raison : ce Pontifice dit que Ximenes étant mort aussi-tôt après la fin de l'impression, & n'ayant pas demandé le consentement du Pape pour la publication de son ouvrage, il n'avoit pû jusqu'alors passer entre les mains des Savans, & servir à l'utilité publique : par la même Bulle, ce Pape en permet le débit, & en approuve le travail. C'est dans le N. Testament de cette Polyglotte, que la Version Grecque des Septante a été imprimée pour la première fois : quelques Critiques la croient fort mélangée, & qu'elle a été corrompue en beaucoup d'endroits, sous prétexte de la rendre plus conforme à l'original Hébreu. Ceux qui souhaiteront un plus grand détail sur les Savans qui y ont travaillé, & sur l'ouvrage même, pourront consulter les Historiens de ce Cardinal, l'Hist. Crit. du V. Testament, par Simon pag. 515 : le Discours sur les Bibles Polyglottes, par le P. le Long, *in-*12. pag. 1. Bibliotheca Sacra, eodem Autore, *in-fol.* pag. 8.

Numero 2. *Biblia Polyglotta &c. studio Waltoni.*

Walton fut aidé dans ce travail par Edmond Castel,

ECLAIRCISSEMENS.

Alex. Huiff, Sam. Clarke & Th. Hyde. Confultez fur cette Polyglotte les PP. Simon & le Long.

Numero 4. Biblia Hebraïca.

Quoiqu'il ait paru jufqu'à préfent beaucoup de Bibles hébraïques publiées par les Savans, on peut dire qu'aucune ne reffemble à celle-ci. L'ouvrage eft très bien exécuté: Ceux qui defireront un détail fur ce que contient cette belle Bible, pourront confulter les quatre Extraits qu'en ont donnés les Auteurs des Mémoires de Trévoux, en 1755.

Numero 5. Biblia Sacra.

Cette edition eft très rare: le P. le Long dit qu'il n'en a vû qu'un exemplaire chez M. de la Haye, Curé de S. Joffe; il avoit appartenu à M. de Maridat, Confeiller au Grand Confeil. On lit à la fin:

Editum opus & emendatum accuratiffimè & diligenter impreffit Matthias Moravus, vir fingulari arte ingenioque in urbe Neapoli, Ferdinando Rege invicto, anno Chrifti Dei millefimo quadragentefimo feptuagefimo fexto.

Numero 7. Biblia, &c. Rob. Stephanus

On regarde cette édition comme la plus belle & la meilleure de toutes celles que Robert Etienne a imprimées: ce Savant en avoit revu le texte fur quinze Manufcrits, fur les éditions de Mayence de 1462; de Bafle, de 1495, & de la Polyglotte du Cardinal Ximenes: La Préface qu'Eftienne a mife à la tête de cette Bible, nous donne un détail des foins qu'il a pris pour l'impreffion de cet ouvrage.

Numero 8. Biblia &c, Gryphius.

Les caracteres en font gros & très nets: Gryphe la dédia à Jean du Bellay Evêq. de Paris: cet exemplaire a appartenu au Cardinal de Bourbon, Archevêque de Rouen: fes Armes font fur le plat de la couverture.

Numero 9. Biblia &c. Plantinus.

Cette édition, en gros caracteres, eft excellente, fes

ECLAIRCISSEMENS.

vant le P. le Long : la Préface est des Docteurs de Louvain, & les notes qui sont à la fin sont de Luc de Bruges.

Numero 10. *Biblia Sixti V &c.*

Quoique cette édition porte la date de 1590, Alde Manuce, arriere petit-fils, en acheva l'impression en 1588. Le P. le Long entre dans un grand détail au sujet de cette Bible, pag. 264. Prosper Marchand nous en a donné une Histoire avec des remarques, pour connoître la véritable édition. On la trouve dans le quatrieme volume, pag. 433 du livre intit. *Amœnitates Litterariæ &c. Francof.* 1725. Une des marques la plus sûre pour distinguer cette édition de la suivante de 1592, est qu'on lit dans celle-ci au haut des pages du livre des nombres *Liber Numeri*, avec une petite bande de papier sur l'*i*, que le Pape Sixte V eut la patience de coller : & que dans l'édition suivante de Clément VIII, on y lit *Liber Numerorum*.

Numero 11. *Biblia &c.*

La petitesse de son volume l'a fait appeller communément la Bible des Evêques : elle est sans sommaires. ni divisions de versets.

Numero 12. *Biblia &c. Typ. Regia.*

Magnifique édition, & d'un très beau & gros caractere.

Numero 14. *Biblia Richeliana &c.*

Cette Bible, d'un caractere très fin, ou Sédanois, fut imprimée aux frais de Jean Armand du Plessis de Vignerod, Duc de Richelieu : elle porte en conséquence le nom de Richelieu.

Numero 15. *Biblia &c.*

Dom Cl. Lancelot passe pour l'Editeur de cette Bible ; on lui attribue la Préface, les Notes histor. chronol. & la Chronologie Sacrée, extraite des Annales de Jacq. Usserius : Nic. Sanson est l'Auteur de la Géographie sacrée.

ECLAIRCISSEMENS.

Numero 16. Bible de Frizon &c.

Cette Traduction des Docteurs de Louvain fut revue par Frizon : il a joint au N. Testament des Sommaires, extraits des Annales ecclés. de Baronius, & à la fin, un Traité intitulé : *Moyens pour discerner les Bibles Franç. Catholiques d'avec les Huguenotes.*

Numero 17. Bible de Sacy &c.

Les notes sont tirées principalement des annotations attribuées à Franç. Vatable.

Numero 34. Testam. de Mons.

Antoine le Maistre acheva la traduction des quatre Evangelistes, & de l'Apocalypse sur l'édition Vulgate en 1653. Ant. Arnaud, Louis Isaac le Maistre de Sacy, aidés de Pierre Nicole, de Cl. de Sainte Marthe, & de Jos. Seb. du Cambouft de Pont Château traduisirent les autres livres du N. Testament. Ces Savans, pour rendre cette traduction plus parfaite, jugerent à propos de la revoir, de la conférer & de la corriger sur le texte grec. Cette revision fut achevée le 5 Mars 1665. Quatre Docteurs de Sorbonne (Elie du Tresne de Mincé, Grenet, Th. Fortin & Jacq. Boileau) ayant donné leur approbation, elle fut présentée à M. Seguier, pour obtenir le Privilege de l'imprimer : ce Chancelier consulta les Docteurs Cl. Morel, Martin Grandin, & le P. Amelote : sur leur rapport, il refusa d'en accorder le Privilege. Les Auteurs s'adresserent à Gasp. Migeot, Impr. de Mons, qui demanda l'approbation à Gasp. Nemius, Arch. de Cambrai; ce Prélat, sur la censure d'Isaac Pontanus, Docteur de Louvain, accorda la permission de l'imprimer dans son Diocese : Migeot obtint, en conséquence, un Privilege du Roi d'Espagne. L'Abbé de Pontchâteau, muni de toutes ces pieces, partit pour Amsterdam le 4 Juin 1667, où il fit imprimer par les Elzeviers, sous le nom de Mons & de Migeot, ce N. Testament ; les Auteurs de la Relation de la Paix de Clement IX, de la Vie de Nicole, les P P. Simon, le Long, sont entrés dans un grand détail sur ce qui regarde cet ouvrage, sus les écrits composés pour & contre, & les suites qu'il eut. On distingue la bonne édition des quatre qui furent imprimées par les Elzeviers, *in* 8, sous la

ECLAIRCISSEMENS. xiij

date 1667, à la Lettre I fans queue : Il fe trouve au chap. 2. de l'Evangile de S. Matthieu, verfet premier.

Numero 47. *Hift. du V. & N. Teftament.*

Il y a dans cet ouvrage deux cens quatorze planches, fans compter les vignettes qui repréfentent auffi quelqu'endroit remarquable de l'Ecriture Sainte. Les plus habiles Maîtres ont été employés pour le deffein & pour la gravure, fous la direction de David Vander Plaets, fameux Peintre, & Romain de Hoogé, célebre graveur. On trouve quelques exemplaires où la derniere planche paroît avec deux clouds, on les eftime moins que ceux qui n'ont pas ce défaut, cependant on en rencontre des exemplaires dont les eftampes font très parfaites.

Numero 51. *Synopfis &c.*

Il y a eu cinq éditions de cet ouvrage ; la plus belle & la plus correcte eft la premiere, de Londres, de 1669. Leufden donna la troifieme à Utrecht en 1686, la feconde & la quatrieme, imprimées à Francfort en 1678 & 1694, 5 vol. *in*-4. font augmentées d'une longue Préface de l'Editeur, fur l'utilité de ce livre, & d'un jugement des Auteurs que Pole a extraits : ces deux font d'un caractere très menu, & fur mauvais papier : la derniere, de 1709, en 6 vol. *infol.* eft augmentée d'un fupplément fur les livres apocryphes, & d'un nouvel Appendix fur les livres de la Bible. Le Recueil des *Critiques Sacrés*, eft un des ouvrages qui a le plus fervi à Matthieu Pole, pour compofer cette Synopfe. Le P. le Long dit qu'il fut aidé dans ce travail par Jean Wilkins, Evêq. de Chifter; Thom. Brogrove, Baronet d'Herford ; Jean Lightfoot,& Thomas Guidott, Médecin de Bath : on ajoûte à ces quatre Savans, Jean Palmare, Archidiacre de Northampton. Lifez le jugement de M M. Simon & Nicole. Le premier, dans fon Hift. crit. du V. Teftament pag. 446 & fuiv. ; le fecond, dans la quarante-fixieme lettre à M. Arnauld (nouv. Lettres).

Numero 70. *Miffa Latina &c.*

Flaccus Illyricus, Théologien célebre parmi les Luthériens, & principal Auteur des Centuries de Magdebourg, fit imprimer cet ancien Miffel : il croyoit y voir la maniere dont on célebroit la Meffe en France pendant le feptieme fiecle, &

tirer, en le faisant paroître, de grands avantages contre les Catholiques : mais s'étant apperçu, aussi bien que son parti, que ce Missel, bien loin d'établir leur doctrine, servoit à la combattre, & fournissoit à ses adversaires des preuves d'autant plus fortes, qu'elles avoient été produites par eux-mêmes, ils retirerent tous les exemplaires qu'ils en purent trouver : les Luthériens réussirent si bien dans le dessein qu'ils avoient de les supprimer, qu'il est devenu très rare : le Pape Sixte V & Philippe II, sans examiner que ce Missel contient des preuves convaincantes de toutes les vérités que les Luthériens combattent, le défendirent dans leur *Index librorum &c*. le P. le Cointe, dans le second vol. des Annales Ecclés. de France : le Card. Bona, dans ses Liturgies : le P. Martenne, dans son premier vol. *de antiquis Ecclesiæ ritibus &c*. l'ont inséré tout entier. Le Cardinal Bona prétend que cette Liturgie est différente de la Gallicane : cette Messe, suivant le P. le Brun (tom. II.) ne fut point écrite pour l'usage particulier d'une Eglise ; c'est un Recueil d'Oraisons, que l'Evêque, en célébrant une Messe solemnelle, peut dire, pendant que le Chœur chante. Par différentes remarques de ce Liturgiste, il paroît que ce Recueil n'est écrit que depuis l'an 900 : on y suit l'Ordre Romain, & non l'ancienne Liturgie Gallicane : les meilleurs Liturgistes en conviennent : cette Messe ne représente pas le pur Romain, mais elle suit parfaitement les Missels Romains Gallicans, auxquels on fit quelques additions après le tems de Charlemagne : *Voyez Bibl. choisie de Colomies*, pag. 18. *Dict. de Bayle &c*.

Numero 76. Missale Mozarabicum &c.

Le Cardinal Ximenes fit imprimer cette Messe presque toute semblable à la Gallicane, dans l'ordre & dans la forme, quoique les Oraisons & les Préfaces en soient différentes : on en peut voir la comparaison dans le Card. Bona, le P. Martenne & le P. le Brun : ce dernier s'est fort étendu sur ce Missel dans son second volume : les deux principaux Auteurs furent S. Leandre & S. Isidore, Arch. de Seville. M. de Marsollier parle de ce Missel & du Breviaire dans son Histoire du Card. Ximenes, *tom*. 2. *pag*. 39 *& suiv*.

Numero 80. Liturgia Suecanæ Ecclesiæ &c.

Après la mort du Roi de Suede en 1593, les Luthériens interdirent l'usage de cette Liturgie, & en supprimerent avec

ECLAIRCISSEMENS.

grand foin les exemplaires : voilà la caufe de fa rareté. Confultez le P. le Brun, tom. IV. de fon Explicat. de la Meffe.

Numero 82. *Breviarium Minorum &c.*

Ce Breviaire, compofé pour l'ufage des Religieux de S. François en 1244, fut adopté par la plûpart des Eglifes qui voulurent fuivre exactement le Rit Romain : il étoit le même que celui qui étoit pour lors en ufage à Rome. M. Grancolas a parlé de ce Breviaire &c.

Numero 106. *Philonis Judæi opera &c.*

L'Imprimeur n'a rien épargné pour embellir cette édition ; le papier & les caracteres en font très beaux, & de la part de l'Editeur elle eft faite avec beaucoup de foins & de difcernement. M. Mangey en a corrigé le texte, y a inféré plufieurs Traités qui n'avoient pas encore été publiés. Sa traduction eft prefque nouvelle : il donne dans fa Préface une idée abregée de la Vie de Philon, & rejette le fentiment de quelques Modernes, qui ont cru que Philon quitta la Religion des Juifs, qu'il embraffa le Chriftianifme ; qu'enfuite il l'abjura & retourna au Judaïfme.

Numero 107. *Clementis Alexand. opera &c.*

S. Clément eft un des plus Savans des Peres de l'Eglife grecque ; il favoit très bien l'hiftoire du Paganifme, les opinions des Philofophes, & les ouvrages des Poètes. Cette édition eft la plus belle & la plus complette. M. Potter a collationné les éditions grecques avec les Manufcrits ; il a corrigé la verfion latine de Gentien Hervet, l'a rendue plus claire & plus conforme au texte. Une grande partie des notes qui font au bas des pages, font tirées de Sylburge, d'Heinfius, de Combefis & autres Savans qui avoient travaillé fur ce Pere : celles de Grabe n'avoient pas paru. M. Potter y en a ajouté beaucoup, elles font pleines d'érudition & de recherches curieufes fuivant les Savans.

Numero 113. *Lactantii opera &c.*

On lit à la fin ces trois vers :
Hoc Conradus opus SUVEYNHEYM *ordine miro*
Arnoldufque fimul PANNARTZ *una ede colendi*
Gente theotonica, Rome expediere fodales.

ECLAIRCISSEMENS.

Numero 118. S. Hieronymi epistolæ &c.

Cette édition est la septieme.

Numero 119. S. Augustini opera, &c.

Cette édition doit être préférée à toutes les précédentes, & à celles qui sont venues depuis, non-seulement par l'ordre où tous les Traités de ce Pere sont disposés, mais encore par les corrections importantes du texte sur les Manuscrits, les savantes Préfaces, les observations judicieuses & les fideles sommaires. Les deux premiers volumes furent réimprimés en 1689. La différence se connoît à l'Epitre dédicatoire, dont la premiere page n'a que cinq lignes dans la premiere édition, & neuf dans la seconde. On trouve dans quelques exemplaires du dixieme volume, l'analyse du livre de la correction & de la Grace, par Antoine Arnauld. M. de Harlay, Archevêque de Paris, en ayant demandé la suppression, on la retira des exemplaires qui n'étoient pas encore vendus. Dom Thuillier a composé, en différens tems, deux histoires de cette édition & des contestations arrivées à son sujet ; l'une parut *in-*4°., en 1736. Les Auteurs de la Bibliotheque Germanique (tom. 33, 34, 35.) insererent la seconde dans leur Journal : elles sont différentes en beaucoup d'endroits.

Numero 170. Th. Sanchez &c.

Cette édition est la plus estimée.

Numero 120. Th. à Kempis &c.

On préfére cette édition sans date, imprimée par les Elzeviers, à toutes les autres des mêmes Imprimeurs.

Numero 204. Menoti sermones, &c.

Henri Estienne a rapporté dans les chap. 5, 6, 7, 31 & 36 de son Apologie pour Hérodote, plusieurs traits des Sermons de ce Prédicateur, & le P. Niceron, dans le vingt-quatrieme volume des Hommes illustres, nous donne un article assez étendu de ce Cordelier.

ECLAIRCISSEMENS. xvij

Numero 309. Pensées de Morin.

Bayle & le P. Niceron ont parlé de ce Visionnaire & de ses Ouvrages, le premier dans son Dictionnaire, le second dans un article curieux & très étendu du tome 27. pag. 36 de ses Hommes illustres.

Numero 311. Beverlandus &c.

Consultez l'article des Hommes illustres du P. Niceron, tom. xiv. qui parle de cet Auteur & de ses Ouvrages.

Numero 332. Clementis V. P. Opus &c.

Troisieme édition, imprimée par Pierre Schoeffer.

Numero 340. Le Songe du Vergier &c.

Cet ouvrage a été réimprimé dans le second vol. de la nouvelle édition des Traités des Libertés de l'Eglise Gallicane : on y trouve une Dissertation sur ce Traité, qui fut composée du tems du Roi Charles V &c.

Numero 421. Platonis Opera &c.

Cette édition est un chef d'œuvre d'impression. Henri Estienne a rendu le texte grec plus correcte que dans les précédentes. Ses notes critiques font rechercher cette belle & magnifique édition.

Numero 428. Senecæ opera &c.

Une main moderne a écrit sur le titre l'année 1474. La date est fausse ; la premiere édition n'a paru que l'année suivante. Cet exemplaire paroît être le même que celui qui fut imprimé à Naples chez MathiasMoravus, en 1475, dont on lit à la fin : *Est impressum hoc opus in civitate Neapolis, anno M. LXXV. Divo Ferdinando regnante.*

Gab. Carchani Mediolanensis in artificem Carmen.

Jam pene abstulerat Senecæ monumenta vetustas,
Vixque erat hæc ullus cui bene nota forent
Tam bona ; sed docti Mathiæ scripta Moravi
Artificis non est passa perire manus.

xviij ECLAIRCISSEMENS.
Huic igitur meritas grates ſtudioſa juventus
Pro tam ſublimi munere ſemper agas.

Numero 434. *Gometii Pereiræ Antoniana Margarita &c.*

Cet ouvrage coûta trente années de travail à ſon Auteur : il lui donna ce titre pour faire honneur (dit Bayle) au nom de ſon pere & à celui de ſa mere. Ce Médecin Eſpagnol ſoutenoit que les bêtes ſont de pures machines, que toutes leurs opérations & leurs actions les plus ſurprenantes ſe font de la même maniere que ſe fait le mouvement dans les Horloges & autres machines. Michel de Palacios, Théologien de Salamanque, attaqua vivement ce ſentiment; Pereira lui répondit auſſi vivement, & ſoutint que les animaux n'ont point d'ame, & ſont privés de connoiſſances. On a ſoupçonné que Deſcartes avoit puiſé ſon ſentiment ſur l'ame des Bêtes dans cet ouvrage : Bayle juſtifie ce Philoſophe dans le mois de Mars de la République des Lettres, an. 1684, *pag.* 22. *& ſuiv.* & dans l'article qu'il a donné de cet Auteur dans ſon Dictionnaire.

Numero 451. *L'Orloge des Princes &c.*

Cet ouvrage eſt un pur Roman, malgré tout ce que Guevare en dit dans ſon Prologue &c.

Numero 581. *Monde enchanté &c.*

L'Auteur fut dépoſé du Miniſtere, pour avoir voulu bannir de ce monde tous les diables, prétendant qu'ils n'avoient aucune part dans le commerce des hommes. Il mourut ſans avoir changé d'opinion. A l'occaſion de ſa dépoſition ; on frappa une Médaille, repréſentant un Diable habillé en Miniſtre, & monté ſur un âne : il portoit une banniere, pour marquer que c'eſt un monument du triomphe qu'il a remporté dans les Synodes où Bekker avoit été dépoſé. Le P. Niceron, tom. 31, donne un détail des ſentiments de cet Auteur, & de l'hiſtoire de ſon livre.

Numero 616. *Plinii Hiſtoria &c.*

On lit à la fin dix vers : Maittaire les rapporte, tom. 1. (an 1733) pag. 418.

ECLAIRCISSEMENS.

Numero 652. Ruſtican &c.

Ce Manuſcrit eſt très bien conſervé; l'ouvrage fut traduit du latin de Pierre de Creſcens, par l'ordre du Roi de France Charles V, comme on voit au commencement; *fit tranſlater le très noble Roi Charles le quint, Roy de France, de ceſtui nom, l'an mil trois cent ſeptante & trois :* on lit à la fin; *Li eſt fine le livre de Ruſtican des Prouffitz ruraulx, compilé de Maître Pierre de Creſcens, Bourgeois de Bouloigne* (en Italie).

On ignore le nom du Traducteur: la premiere Eſtampe le repréſente à genoux, offrant ſa Traduction au Roi. Après l'Epître dédicatoire à Charles V, on lit une lettre de Pierre de Creſcens, adreſſée à Frere Aymeri de Plaiſance, Général & Maître de l'Ordre des Freres Prêcheurs. L'Auteur la commence ainſi: *Je votre ſervant Pierre de Creſcenſes, demourant & Bourgeois de Boulogne ſoy meſmes à tous vos commandemens ſervices toujours preſt & appareillé...*

Cet Auteur rend compte de ſon travail; il expoſe qu'il ne compoſa d'abord que la moitié de l'ouvrage; qu'il fût détourné de le continuer: *par pluſieurs grans & diverſes occupations empeſche l'entrelaiſſay ſans parfaire, mais à la requête de votre noble Sainteté, à qui contredire ne puis, & pour le prouffit des loyaulx Sergens en noſtre Seigneur, j'ai repris voulontiers le labour, & laiſſié la tempeſte des occupations.... J'ai pris la cure de parfaire ce livre & à celuy que premierement avois eſcrit j'ai adjouſté pluſieurs choſes moult prouffitables, que j'ai depuis vues & par expériences éprouvées.*

P. de Creſcens naquit à Boulogne en 1230; il compoſa ſon ouvrage à l'âge de 70 ans, & le dédia à Charles II, Roy de Jeruſalem & de Sicile, qui regna depuis 1287 juſqu'en 1308.

Par les armes qui ſont au bas de la premiere page, ce Mſ. a été tranſcrit pour Philippe le Bon, Duc de Bourgogne, & lui a appartenu.

Cet ouvrage a été eſtimé dans ſon tems; il a été traduit en Italien, en François & en Allemand; & réimprimé ſouvent dans ces quatre Langues. M. Seguier en a donné un détail de ces éditions dans la *Bibliotheca Botanica*, pag. 354.

L'Auteur de la Bibliotheque raiſonnée, tom. XVI, pag. 108, 109, parle de Pierre de Creſcens dans l'extrait qu'il donne du livre int. *Rei rusticæ Scriptores &c. Studio Jo. Matthiæ Gesneri, Lipsiæ* 1735, 2 *vol. in-*4. Voyez aussi ce qu'on en dit dans *Ant. Bumaldi Biblioth. Botanica*, pag. 14 & 15 de l'édition donnée par M. Seguier, & son portrait, avec son éloge, *in Iconibus Joan. Sambuci, num.* 65.

Numero 665. *Institutiones rei Herbariæ &c.*

Tournefort traduisit cet ouvrage en faveur des Etrangers ; il fit beaucoup d'augmentations à l'original françois dans cette traduction.

Numero 676. *Bas. Besleri Hortus Eystettensis &c.*

Cet ouvrage, qui est divisé en quatre parties, doit contenir 1533 planches sur papier impérial : il est rare de le trouver complet. La Partie d'hyver manque dans beaucoup d'exemplaires. Quoiqu'il paroisse que Basile Beslerus, Apoticaire de Nuremberg, soit l'Auteur de ce livre, il faut en faire honneur à Louis Jungerman, Professeur de l'Université de Giessen. Bajerus, dans la vie de ce Savant, appuie ce sentiment sur ce que Beslerus n'étoit point lettré, & qu'il ne put venir à bout de composer la Préface de ce livre, que l'on doit à son frere Jérôme. La seconde édition, qui est de 1640, est bien inférieure à la premiere, & pour l'exécution & pour les planches, qui sont mal gravées, & d'un burin plus dur.

Numero 688. *And. Baccii Vinorum Historia &c.*

Baccius étoit Médecin du Pape Sixte V ; son ouvrage est rare. Vander Linden nous donne le Catalogue des autres livres qu'il a composés.

Numero 703. *Hyppoliti Salviani &c.*

Salviani, dit M. de Thou (tom. 6. p. 555.) étoit un homme d'une vaste érudition, & son Traité sur les Poissons lui a fait honneur : il professa pendant vingt-deux ans la Médecine à Rome, avec un grand concours d'étudians, & il l'exerça en même tems avec une grande réputation.

ECLAIRCISSEMENS. xxj

Numero 935. Rob. Valturius &c.

Editio princeps.

Numero 970. J. Pollucis Onomasticon &c.

Pollux composa ce Dictionnaire pour l'instruction de Commode fils de Marc Aurele : ce Vocabulaire, partagé en dix livres, est un recueil des termes consacrés aux Sciences & aux Arts, & des expressions synonymes dont les bons Auteurs Grecs se servent ordinairement pour signifier une même chose. Pollux a eu plus d'égard au choix qu'à l'abondance, car il n'a fait entrer dans son ouvrage que les termes les plus élégans & du plus bel usage. Les mots n'y sont point rangés par ordre alphabétique, ni rapportés sechement. Alde Manuce en donna la premiere édition en Grec à Venise, en 1498. La derniere, suivant les Savans, est préférable à toutes les précédentes : le Texte a été revu & corrigé avec soin par MM. Lederlin & Hemsterhuis. On ne peut rien desirer pour la correction & l'exactitude, la beauté du papier & la netteté des caracteres. La seconde table, qui est à la fin du second volume, contient les mots de cet Onomasticon, rangés par ordre alphabétique &c.

Numero 972. Suidæ Lexicon &c.

Cette édition est très correcte & très belle à tous égards : elle surpasse de beaucoup les autres Auteurs Grecs donnés à Cambridge. Ce Dictionnaire est proprement une compilation de plusieurs autres Vocabulaires. La premiere édition de Suidas parut en Grec à Milan, en 1499 ; elle est plus correcte que les suivantes. Kuster a revu le texte de son édition sur les mss., a corrigé la version de Portus. Ses notes, placées au-dessous du texte, passent pour savantes : cet Editeur y a ajoûté quatre tables.

Numero 975. Doleti Commentarii &c.

Dolet avoit promis un troisieme volume à cet ouvrage : il devoit y enseigner quel est le tour de la Langue Latine ; de quelle maniere on doit diversifier les nombres oratoires. Ses malheurs, ou plutôt son inclination à faire des vers,

xxij ECLAIRCISSEMENS.

à jouer des inftrumens & à nager, le détournerent d'y travailler : cet Imprimeur s'étoit uniquement attaché dans ces deux premiers, qui font rares, aux termes de la Langue Latine : il y marque la force, l'ufage & les diverfes fignifications, qu'il appuie d'exemples choifis tirés de Cicéron ; & enfuite des autres Auteurs de la bonne latinité. Lifez fa vie dans Bayle & Maittaire.

Numero 1005. Guill. Ficheti &c.

André Chevillier, dans fon Origine de l'Imprimerie, *pag.* 27 *& fuiv.* parle de cette Rhétorique & de fon Auteur. On doit aux foins de ce Docteur & de fon ami Jean de la Pierre, Prieur de Sorbonne, le premier établiffement de l'Imprimerie en France. Ils engagerent Ulric Gering, Martin Krantz & Michel Friburger à venir dans ce Royaume, & les établirent en 1469 dans le College de Sorbonne. C'eft de cette Maifon que fortirent les premieres impreffions faites en France en 1470.

Numero 1022. Ciceronis Rhetoricorum &c.

In fine leguntur hi verfus :

Emendata manu funt exemplaria doctâ
Omniboni ; quem dat utraque lingua patrem.
Hæc eadem Jenfon Veneta Nicolaus in urbe
Formavit, Mauro fub Duce Chriftoforo.
M. CCCC. LXX.

Numero 1023. Ciceronis de Oratore &c.

Ad calcem legitur :

Finiti & continuati funt fupradicti libri M. T. C. Romæ per me Ulricum HAN *de Wienna, anno Domini millefimo quadringentefimo fexagefimo octavo, die quinto menfis Decembris.*

Numero 1034. Ciceronis Epiftolæ ad Atticum &c.

In fine hi leguntur verfus :

Attice, nunc totus Veneta diffunderis urbe,
Cum quondam fuerit copia rara tui.
Gallicus hoc Jenfon Nicolaus muneris orbi
Attulit ingenio dedalicaque manu.

ECLAIRCISSEMENS. xxiij

Chriſtoforus Mauro plenus bonitate fideque
Dux erat. Auctorem, Lector, opuſque tenes.
M. CCCC. LXX.

Numero 1075. *Homeri Opera &c.*

C'eſt le premier ouvrage conſidérable qui ait été imprimé en Grec. Voyez Maittaire, tom. 1.

Numero 1094. *Anthologia &c.*

Jean Laſcaris eſt le premier qui introduiſit l'uſage des lettres grecques capitales dans l'Imprimerie de Laur. François de Alopa : cet Imprimeur donna pluſieurs Auteurs avec ces caractères.

Numero 1128. *Virgilii Opera.*

M. de Boze dit que cette édition, qui eſt ſans nom de lieu, & que Maittaire n'a pas connue, eſt la premiere, & qu'elle fut ſûrement imprimée à Rome par Adam Rot, en 1470, ou 1471.
Les vers qui ſont à la fin commencent ainſi :
Minciadæ quicunque &c.
Et finiſſent,
Rettulit alter Adam.
Maittaire, pag. 290. tom. 1, cite une édition imprimée à Veniſe en 1470, *per Vindelinum de Spira*, & rapporte les huit vers ſuivans, qui ſe liſent à la fin :

Progenitus Spira formis monumenta Maronis &c.

Numero 1207. *Statii &c. libri.*

Ad calcem legitur. Impreſſit Romæ ad ædes Maximorum Arnoldus Pannartz è Germania. Idib. ſextilib. anno a natal. Chriſtian. M. CCCC. LXXV. Xiſto Pont. Max.

Numero 1214. *Val. Martialis &c.*

In fine legitur. Impreſſi per Magiſtrum Johannem GENS-BERG, auſpicio & favore excellentis Domini Johannis Aloiſii Tuſcani de Mediolano, advocati conſiſtorialis; die Martis XXII. menſis Martii, ſedente Sixto IIII. Pontifice maximo.

ECLAIRCISSEMENS.

Numero 1246. *Zodiaque &c.*

Palingene, Prêtre plein de Religion, mais fevere critique, ne pouvant fouffrir les défordres de fon tems, compofa ce Poème pour les combattre. On y lit, fuivant Colletet, des maximes qui femblent tenir un peu du libertinage ; des traits trop hardis contre l'autorité des Papes & la vie des Moines : cependant on y rencontre mille endroits remplis d'une doctrine affez bonne & affez folide. Ce Poète foumit fon Ouvrage à l'autorité de l'Eglife : fon cadavre néanmoins fut déterré, & l'Inquifition le fit brûler. On lit dans le Journal des Savans de l'année 1703, pag. 617, une autre raifon de ce traitement ; il fut accufé d'être Magicien. Elle paroît fabuleufe à M de la Monnoye & à l'Auteur du Journal. On le qualifie de Luthérien dans l'*Index* des Livres défendus. (*Poeta Lutheranus*). On trouve dans le Ducatiana, pag. 355, que M. Facciolati, dans une Lettre écrite à M. l'Abbé Fabrice, & rapportée par Neuman, dit que le nom Marcello Palingenio, eft l'anagramme d'un Pier. Angelo Manzolli.

Numero 1258 *Buchanani Opera &c.*

Bonne édition, que l'on reconnoît au Portrait de l'Auteur, qui doit être au-deffous du titre.

Numero 1272. *Opus Merlini Cocaii &c.*

L'Auteur de ces Poéfies fe nommoit Jerôme Folengo : il changea le nom de Jerôme en celui de Théophile, en prenant l'habit de Bénédictin. Cette édition paffe pour la meilleure. M. de la Monnoye, dans fes remarques fur Baillet, en avoit vu une précédente, imprimée à Venife en 1517, qui ne contenoit que dix-fept Macaronées, très différentes de celles qui ont paru dans les éditions fuivantes, où l'on en trouve huit de plus avec d'autres Poéfies. On trouvera le jugement de Thomafius fur ce Poème, dans le P. Niceron, tom. 8. Voyez ce que dit Naudé dans le Mafcurat, pag. 232.

Numero 1281. *Roman des Oifeaulx.*

Ce Poème eft un traité & une éloge de la Fauconnerie ; l'Auteur y décrit la nature, la propriété des Oifeaux de chaffe, & enfeigne la maniere de les dreffer, de guérir les maladies

ECLAIRCISSEMENS. xxv

maladies auxquelles ils font fujets. Il donne la préférence à la chaffe des Oifeaux fur toutes les autres. Gace de la Vigne, ou de la Bigne, Gentilhomme Normand, du Diocèfe de Bayeux (a), en eft l'Auteur; il le commença en Angleterre pendant la prifon du Roi Jean dont il étoit Chapelain, en 1359, & ne l'acheva qu'à fon retour en France, fous le Roi Charles V. Gace le dédia à Philippe, Duc de Bourgogne, quatrieme Fils du Roi Jean, comme on le voit par les vers qui font à la fin de ce Manufcrit:

> Gace *fait a* cefte befongne   (Gace a faict)
> Pour Phelipe duc de Bourgongne
> Son tres chier & doubté Seigneur
> A qui Jefuchrift croiffe honneur
> Si lui fupplie à *fon* povoir   (mon)
> Qu'en gré la veuille recevoir
> *En* fuppliant quant la verra   (ly)
> Les deffaulx quil y trouvera;
> *Et prie* ceulx qui l'ouyront lire   (fy prie a)
> *Que de leur grace* veuillent dire   (qu'après fa mort ils)
> Que Dieu lui pardoint fes deffaulx;
> Car moult ama chiens & oyfeaulx.
> (*Deo gratias*, Jhf. Maria).

J'ai vu un Manufcrit fur papier avec quelques differences; je les ai mifes entre deux parenthefes. En voici le titre : *Gace de la Vygne jadis premier Chapelain de tres excellent Prince le Roy Jehan de France que Dieu abfoulle, commenca ceft Roman à Redefort* (b) *en Angleterre lan* MCCCLIX *du Mandement dudit Seigneur, affin que Meffire Philippe fon quart fils Duc de Bourgoigne qui adionc étoit jeune aprit les deduits pour efchever (éviter) le pefché oifeulx & quil en fuft mieulx enfeigné en meurs, en vertus, & depuys ledit Gace le parfift à Paris. Icy commence le Romant des Deduits.* Le Scribe ajoute :

> Je prye à Dieu & à la Vierge Marie
> Que Dieu doint honneur & bonne vie

(a) M. Huet, dans les Origines de la Ville de Caen, ne doute pas que Marguerin de la Bigne, le premier éditeur de la Bibliotheque des Peres, ne fût forti de cette noble Famille de la Bigne, qui étoit originaire du Pofeage, à cinq lieues de Vire, *pag.* 615.

(b) Petite Ville de la Province de Nottingham, qui a droit de députer au Parlement.

d

ECLAIRCISSEMENS.

A celluy qui a faict ce Romant
Et luy doint vivre éternellement.
Amen. Deo gratias.

Ce Poète a fleuri, fuivant la Croix du Maine, depuis 1318 jufqu'en 1364 (*a*). Gace fe qualifie de Chapelain des Rois Philippe de Valois, Jean & Charles V. M. l'Abbé Maffieu dit qu'il le dédia à Philippe de Valois, qui aimoit beaucoup la chaffe. Les derniers Auteurs de l'Hiftoire généalogique, tom. VIII. p. 127. le nomment Gace de Chantepie, & difent que ce livre eft conferve par M. de Chantepie, en Normandie. Les Auteurs du *Gallia Chriftiana* les ont copiés: mais dans l'article de Philippe de Vitry, Evêque de Meaux, ils l'appellent *Gafto de Vineis*.

C'eft de lui-même que Gace parle dans fon Roman, quand il dit qu'il doit les commencemens de fon élévation au Cardinal de Prenefte, Archevêque d'Aix, né à Montpefat, dans le Quercy.

> Le Preftre eft né de Normandie
> De quatre coftés de lignie
> Qui moult ont aimé les oyfeaulx,
> De ceux de la Buigne & Daignaux
> Et de Clinchamp (*b*) & de Buron
> Yffit le Preftre dont parlon.....
> Depuis il a fait grant vaillance
> Car a fervy trois Rois en France.
> En leur Chapelle Souverain
> De tous troys maiftre Chapelain
> Lefquels lui ont fait tant de biens
> Quil ma dit quil ne lui fault riens.

Comme on lui reprochoit qu'un Prêtre ne doit point

(*a*) Il paroît cependant que ce Poète a vécu jufqu'en 1374, par les vers où il eft parlé de Pierre d'Orgemont & de Bertrand du Guefclin. Ce premier fut élu Chancelier de France par fcrutin, le Roi préfent dans le Louvre, le 20 Novembre 1373. Le fecond, Connétable de France en 1368, ou 1370. *Godefroy, Hiftoire des Connétables &c.*

(*b*) Un Hugues de Clinchamps aumôna, en 1227, des Biens au Prieuré de Clinchamps, actuellement à l'Hôtel-Dieu de Caen, à condition qu'il feroit reçu dans cette maifon, en certains jours avec fon train, & qu'il dîneroit à la table du Prieur [*Huet, Orig. de Caen*, pag. 293. Sur la famille & armes de Bureau, le même Auteur, pag. 193, 256. l'Hift. généal. de la Maifon d'Harcourt, tom. *I*. pag. 314. *II*. pag. 1557, 1559, 1738.

ECLAIRCISSEMENS.   xxvij

parler de la chasse, & qu'il ne doit être occupé qu'à chanter sa Messe : il répond que dès l'âge de neuf ans il a été élevé à la chasse par ses Parens, & qu'après l'âge de douze

> Adonques fust mis escolier
> Et laissa doiseaulx lé mestier ;
> Et quant fust grand, si le fist Prestre
> Le bon Cardinal de Penestre (*a*).

Gace pour faire l'éloge des Eperviers, nous raconte l'avanture suivante arrivée dans le Berry. Un Gentilhomme & son épouse résidoient dans leur Château : le mari avoit un Epervier, & son épouse un Etourneau

> Qui parloit si bien & si bel
> Que tres grans merveilles avoyent
> Ceux qui si bien parler loyoyent.

Un jour qu'il faisoit froid, la Dame mit l'Etourneau auprès du feu pour le réchauffer, la fenêtre étoit ouverte, l'Epervier entre dans la Chambre, saisit l'oiseau, & le prenant entre ses griffes s'envola, & alla se percher sur un arbre voisin. La Dame saisie de frayeur & toute éplorée se désoloit.

> Le Chevalier a femme avoit
> Une Dame que moult amoit
> Car elle étoit & bonne & belle
> Qui est tresor de l'avoir telle.

Son mari arriva au bruit, & eut bien de la peine à savoir de quoi il s'agissoit : son épouse lui ayant appris

---

(*a*) Pierre des Prés étoit d'une noble Famille de Montpezat, dans le Quercy : il fut élevé à l'Evêché de Riez en 1318, devint Archevêque d'Aix en 1319, reçut le *Pallium* & le Chapeau de Cardinal en 1320 des mains du Pape Jean XXII, dont il étoit déja le Vice-Chancelier. Il fit rebâtir de nouveau l'Eglise de Montpezat, & y établit douze Chanoines & un Doyen, en donna la nomination à son frere Bertrand & à ses Successeurs, Seigneurs de Montpezat. Ce Cardinal mourut de la peste le 13 Mars 1361, à Villeneuve près Avignon. *Gallia Christiana*, tom. 1. pag. 320.

Ce Cardinal paroît avoir aimé les Savans, car Pierre Bercheure qui a traduit Tite-Live, & composé d'autres Ouvrages, nous dit dans le Prologue de son *Reductorium morale*, que Pierre des Prés l'engagea à ce travail en lui fournissant les livres & autres choses nécessaires pour rédiger son ouvrage &c.

ECLAIRCISSEMENS.

le malheur de l'Etourneau, le Chevalier alla à la fenêtre, rappella l'Epervier, retira l'oiseau de ses griftes & le rendit à son épouse. L'Auteur assure avoir appris cette histoire, de Pierre d'Orgemont, Chancelier de France, dont il fait ainsi l'éloge.

> Ce quay dit preuve par un homme
> Qui ma juré les Sains de Romme
> Quil fut present & vit le fait,
> Quand sur le champ fut fait :
> Pierre Dorgemont a a nom,
> Qui est ung homme de grand renom,
> Si la fait le Roy President
> A Paris en son Parlement :
> Et depuis par sa souffisance
> Le fit son Chancelier de France.

On trouve aussi dans ce Poème un éloge du Connetable du Guesclin, qui fit présent au Roi de deux petits oiseaux nommés Taharoctes. Ils venoient de Barbarie, & étoient excellens pour prendre des Grues. Le Roi en fit l'essai & la chasse réussit au contentement du Roi. Gace parle ainsi du Connétable.

> Monseigneur Bertran de Claquin
> Qui a tout honneur est enclin
> Lequel le Roy par sa vaillance
> A fait Connestable de France.

La Croix du Maine dit que cet Ouvrage n'est point encore imprimé : les Bibliographes qui sont venus depuis & qui ont parlé de ce Poème, ont cru la même chose. Il y a cependant trois éditions de ce Roman, la premiere par Antoine Verard, la seconde chez Jean Trepperel, & la troisieme en 1520, *in-4°*, par Philippe le Noir : toutes les trois sont gothiques, & les deux premieres sans date.

Antoine Verard, ou l'Editeur, a trompé les Bibliographes, en le parant du nom célebre de Gaston Phœbus, Comte de Foix, en supprimant le commencement & la fin du Poëme que j'ai rapporté ci-dessus ; & en le faisant imprimer à la suite du Traité de ce Prince, intitulé des *Déduits de la Chasse*. Cette supercherie a eu depuis des imitateurs. Le Manuscrit est beaucoup plus correct que les Imprimés. On trou-

ECLAIRCISSEMENS. xxix

ve dans ces derniers beaucoup de mots & de vers oubliés ou changés, qui rendent un sens moins clair, moins exact & tout différent. Pour en donner une idée, je n'en citerai que trois endroits.

Dans le premier vers il y a un mot de retranché.

Mf.   Entens cy, tu qui veulx sçavoir

Imp.   Entens cy, qui veulx sçavoir

Dans un autre endroit, parlant du Cardinal Preneste,

Mf.   Caoursin né de Montpesas

Imp.   Qua or fin nous devrions pesas

En parlant de la chasse défendue aux Ecclésiastiques, il y a un contre-sens & un vers oublié..

Mf.   Car n'est trouvé en droit nen Bible
       Quil y ait prohibicion
       Pour avoir recreation.

Imp.   Car nest trouvé nen droit nen Bible
       Quil y ait probacion

Ce Manuscrit est très bien conservé : on voit au commencement une miniature. Gace un genou en terre y présente son livre à Charles V. L'Auteur y est peint en robbe violette avec un scapulaire noir.

Numero 1345. Le Myftere de la Conception &c.

MM. Parfait, dans leur Histoire du Théâtre François, ont donné l'extrait & l'histoire de ces trois Mysteres : on peut les consulter tom. I. pag. 73, 181, 430. tom. II. pag. 283, 299, 301.

Numero 1346. Le Myftere de la Paſſion &c.

Cet exemplaire est très bien conservé; il est enrichi de quarante belles figures en miniatures. En voici le détail.

1. Jesus-Christ en Croix. 2. S Jean qui prêche. 3. Baptême de J. C. par S. Jean. 4. Satan tenant son conseil.

5. Tentation de J. C. dans le défert : le Diable eft habillé en.... 6. La vocation des Apôtres. 7. Les nôces de Cana. 8. J. C. chaffant les Marchands du Temple. 9. J. C. reffufcite la fille de Jair. 10. La Samaritaine. 11. Le repas d'Hérode. 12. Décollation de S. Jean-Baptifte. 13. La tête de S. Jean-Baptifte préfentée à Hérode. 14. La Chananée aux pieds de J. C. 15. La Transfiguration de J. C. 16. La multiplication des pains. 17. J. C. prêchant les Scribes & les Pharifiens. 18. La femme adultere qui vient trouver J. C. 19. La Magdeleine qui veut laver les pieds de J. C. 20. Réfurrection du Lazare. 21. J. C. entrant dans Jerufalem. 22. La Cene. 23. J. C. lave les pieds des Apôtres. 24. J. C. priant dans le Jardin des Oliviers. 25. Baifer de Judas. 26. J. C. enchaîné & amené devant le Grand-Prêtre Anne. 27. J. C. devant Pilate. 28. Jugement de J. C. par Pilate. 29. J. C. amené devant Hérode. 30. J. C. dépouillé de fes habits, attaché à un poteau & fuftigé. 31. J. C. couvert de la couronne d'épines. 32. Lucifer fur fon trône ordonne de contenir les ames que la mort de J.C. délivroit des enfers. 33. J. C. rendu aux Juifs par Pilate. 34. J. C. portant fa Croix. 35. J. C. attaché fur la Croix. 36. J. C. élevé en Croix. 37. J. C. fur la Croix. 38. Difcours de Dieu le Pere aux Anges fur la mort de fon Fils. 39. J. C. détaché de la Croix. 40. J. C. enféveli.

Numero 1347. La deftruction de Troye &c.

Les Auteurs de l'hiftoire du Théâtre François ont parlé de l'Auteur de cet Ouvrage, & ont donné l'extrait de cette Piece, *tom. 2. pag.* 456.

Numero 1404. Lancelot du Lac &c.

Robert de Borron mit en françois ce Roman par l'ordre d'Henri, Roi d'Angleterre, felon quelques Auteurs; d'autres difent que ce fût à la priere de Gaultier de Montbelliard. Ce dernier fut Régent du Royaume de Chypre pendant la minorité du Roi Hugues I, dont il avoit épousé la fœur, & Connétable du Royaume de Jérufalem. Le Chevalier Jauna, dans fon hiftoire du Royaume de Chypre & de Jerufalem, ne parle pas avantageufement de fon adminiftration pendant fa Régence, *tom. I. pag.* 425, 431 & *fuiv.*

Ce Roman fabuleux & hiftorique tout enfemble, nous

ECLAIRCISSEMENS.

donne une connoissance parfaite des mœurs & des coutumes qui régnoient dans les Cours de l'Europe du tems de l'Auteur. Comme les vieilles Tapisseries, dit Chapelain (a), les vieilles peintures, les vieilles statues qui nous restent du tems de nos Peres, sont de vrais originaux des habillemens, des coeffures & des chaussures de leur siecle : ces vieux Romans nous peignent au naturel les mœurs & les coutumes de ces mêmes siecles. L'Auteur, dit Menage dans le même dialogue, est barbare ; il a écrit durant la barbarie & pour des barbares : il n'a jamais eu l'idée de ce que c'étoit qu'un Plan d'ouvrage, qu'une disposition légitime, qu'un juste rapport de parties, qu'un nœud subtil, qu'un dénouement naturel : il va tant que terre le porte ; il est toujours sur une même figure & chante toujours sur un même ton ; il est dur, raboteux & l'antipode des Graces. Dans ses embarras, la seule magie vient à son secours, elle est à son commandement; enfin il est absolument dépourvu d'esprit, & on ne sauroit en lire une page sans bâiller & sans avoir mal à la tête. Sarrasin replique à ce jugement de Ménage, que Lancelot découvre le genie des Princes & celui de leurs Courtisans, qu'il enseigne de quelle maniere ils conversoient ensemble, combien ils étoient imbus des maximes du veritable honnête homme, avec quelle religion ils observoient leur parole, comment ils se conduisoient dans leurs galanteries, jusqu'à quel point ils portoient une amitié honnête, quelle reconnoissance ils marquoient des bienfaits, quelle haute idée ils s'étoient formée de ce qu'on appelle vaillance, enfin quels sentimens ils avoient pour le ciel, & quel respect pour les choses saintes. (Lancelot du Lac assistoit très souvent à la Messe & aux Offices de l'Eglise, & ce Paladin n'auroit pas voulu perdre la Messe au sortir du lit de la Reine Genevre, femme du bon Roi Artus. *Supplément au Glossaire du Roman de la Rose*, pag. 28). Chapelain conclut de ces deux sentimens, que ce méchant livre ne laisse pas d'être un bon livre, & qu'on en peut tirer un profit qu'il seroit mal aisé de tirer d'ailleurs. Vulson de la Colombiere dans son Théâtre d'honneur, [tom. 1. pag. 130] le traite d'excellent.

Numero 1405. *Histoire des quatre Fils Aymon &c.*

Il y a eu plusieurs éditions en caracteres gothiques, *in-fol*.

(a) Dialogue de Chapelain sur les Romans. Mémoires de Littérature par Desmolets, tom. VI. part. II.

xxxij ECLAIRCISSEMENS.

& *in-*4°. de cet ancien Roman en prose, composé dans le quinzieme siecle : elles se sont beaucoup multipliées sous les presses des Imprimeurs de Troyes. Cette histoire fait partie de la collection de la Bibliotheque bleue. Ces dernieres éditions sont très fautives, on a voulu les habiller à la moderne : à peine y reconnoît on l'Auteur original. Maittaire, dans ses Annales typographiques, nous apprend que ce Roman fut traduit en Anglois par le commandement d'un Comte d'Oxford, que cette traduction fut imprimée à Londres en 1554 *in-folio.* L'Auteur de cette Histoire, à l'exemple des vieux Romanciers ses confreres, a choisi S. Reinold, Moine & martyrisé à Cologne, pour en faire le principal Héros de son Roman. On voit sur la muraille de l'Eglise d'un Monastere de Filles de cette Ville, qui porte le nom de ce Martyr, la représentation des quatre Paladins, montés sur le cheval Bayard, qui avoit appartenu à Maugis d'Aigremont, leur cousin germain. Regnaud de Montauban y paroît avec l'auréole au tour de la tête, marque de sa sainteté. Ce Chevalier, fils d'un Prince des Ardennes, après avoir mis à fin plusieurs grandes prouesses, se fit Moine dans l'Abbaye de saint Pantaleon : *Gelenii Sacrarium Aggripinæ &c. pag.* 576. *Usuardi Martyrologium edente Sollerio* 7 *Januar.* Huon de Villeneuve, qui vivoit dans les douzieme & treizieme siecle, composa en vers quatre Romans, *Regnaut de Montauban* : *Doon de Nanteuil* : *Garnier de Nanteuil* & *Aie d'Avignon* : *Guiot de Nanteuil,* & *Garnier son fils.* Cl. Fauchet, qui parle de cet Auteur & de ses Ouvrages dans son Traité de la Poesie françoise *pag.* 109 & *suiv.* conjecture que ce Poète les composa depuis le commencement du regne de Philippe Auguste, car, dit Fauchet, il nomme dans celui de Regnaut de Montauban, les Comtes de Rames, Galerans de Saiete, Geofrois de Nazaret, tous Barons d'Outremer, que Saladin, fameux Soudan d'Egypte & de Syrie, fit prisonniers dans les différentes victoires qu'il remporta sur les Chrétiens & à la prise de Jérusalem vers la fin du douzieme siecle.

Numero 1407. *Histoire de Donquichotte &c.*

Cervantes, qui mourut en 1618, raconte dans son Roman l'histoire de sa blessure à la bataille de Lépante, & la maniere dont il fut pris & mené en esclavage. M. . . . . Ambassadeur de France en Espagne, lui faisant compliment sur la grande réputation que l'histoire de Donquichotte lui avoit acquise, Cervantes lui dit à l'oreille, *sans l'Inquisition j'aurois*

ECLAIRCISSEMENS.

j'aurois fait mon livre beaucoup plus divertiffant. Son premier volume, dit M. de Segrais, (Mémoires anecdotes tom. 1. pag. 93, 185.) est le plus beau. Son deffein étoit d'en demeurer là ; mais il ne put réfifter aux prieres de fes amis, qui l'engagerent à compofer le fecond, lequel n'eft pas de la même force ; néanmoins il faut avouer qu'il y a de très beaux endroits.

Numero 1410. *Poliphili Hypnerotomachia.*

M. de la Monnoye nous a donné dans le quatrieme volume du *Menagiana*, pag. 69., une differtation fur le Songe de Poliphile. Voyez auffi l'article Colonna (François) Auteur de ce Roman, dans le Dictionnaire de Marchand.

Numero 1411. *Fr. Florii de amore Camilli &c.*

Ce livre fingulier a engagé M. de Foncemagne à compofer une Differtation : on la trouvera dans les Mémoires de l'Académie des Infcriptions, *tom. VII. part.* 1. *pag.* 310.

Numero 1475. *Pafquillorum tomi duo &c.*

Les Pieces contenues dans ces deux volumes font très fatyriques ; il y en a quelques-unes écrites avec beaucoup d'efprit. Curion, Profeffeur de Laufanne, paffe pour en être l'éditeur & auteur de quelques-unes, entr'autres du *Pafquillus extaticus ; Theologafter*, pag. 282 & 427. Son féjour dans les différentes Villes d'Italie, où il avoit demeuré, le mit à portée de ramaffer toutes ces Pafquinades, & en donnant ce Recueil, il fe procura le plaifir de fe venger des chagrins qu'il y avoit effuyés de la part du Pape & des Inquifiteurs. M. de Sallengre a donné un extrait de cette collection imprimée à Bafle, dans la feconde partie du tome fecond de fes Mémoires de littérature, pag. 203.

Numero 1476. *Traité préparatif &c.*

On trouve dans les Mémoires de Sa'lengre, *tom. I. pag.* 41 & 459 ; dans le Pere Niceron *tom. XXXVI. pag.* 296, un Catalogue des différentes éditions de cet ouvrage.

Numero 1479. *Arrefta Amorum &c.*

Le cinquante-deuxieme Arrêt n'eft pas de Martial de Paris, mais de Gilles d'Aurigni, dit Pamphile, Avocat au Parlement de Paris. Lisez la Préface de Lenglet sur les éditions de cet ouvrage.

Numero 1482. *Oeuvres de Bernard Bluet &c.*

Prosper Marchand, dans ses notes sur les Lettres de Bayle, & dans son Dictionnaire ; M. le Duchat dans les remarques sur la confession de Sancy, ont parlé de cet ouvrage & de son Auteur avec assez d'étendue. Voyez ce qu'ils en disent.

Numero 1487. *Compagnie de la lesine &c.*

M. le Duchat dit que l'Auteur original de ce livre, est un nommé Vialardi.

Numero 1496. *Valerius Maximus &c.*

Ad calcem legitur hæc Inscriptio singulariter abbreviata.
Præsens Valerii Maximi opus pclarissimū in nobili urbe Mogūrina Rheni terminatū anno MCCCCLXXI. XVIII. Kalendis Juliis per egregium Petrum Schoyffer de Gernshem artis impssorie mgrm feliciter ɔsūmatū.

Numero 1512. *Luciani opera &c.*

Les Auteurs du Journal des Savans en ont donné un extrait dans le mois de Juin 1744. *in*-4°. pag. 371. & ont porté leur jugement sur les éditions précédentes.

Numero 1578. *Epistolæ obscurorum virorum &c.*

Le Pape Leon X. défendit par un Bref datté de Rome du 15 Mars 1517, de lire & de garder cet ouvrage, sous peine d'excommunication. Il y a eu beaucoup d'éditions de ce Livre ; le P. Niceron en donne le Catalogue, & celui des réponses faites à ces Lettres, dans le quinzieme volume de ses Mémoires, à l'article HUTTEN, pag. 271.
Un Juif nommé Pfefferborn (*a*) s'étant converti & fait baptiser, se lia d'amitié avec Jacques Hochstrat, Dominicain & Inquisiteur, & avec Arnaud de Tongres, Professeur

---

(*a*) On dit qu'avant sa conversion, il se vantoit d'être le Messie, & qu'il fût pendu quelque tems après à Hall pour différens crimes.

en Théologie à Cologne. Ce Triumvirat présenta une requête à l'Empereur Maximilien : on y exposoit que les livres des Juifs étoient pleins de superstitions, d'impiétés & de blasphèmes contre Jesus-Christ, les Saints & les mysteres de la Religion, & que c'étoit la cause qui détournoit les Juifs de se convertir : qu'en conséquence, l'Empereur devoit ordonner qu'ils fussent condamnés aux flammes, excepté l'ancien Testament. On accuse ces trois personnages d'avoir eu pour but de forcer les Juifs à livrer leurs livres, de leur faire ensuite racheter, moyennant une bonne somme d'argent qu'ils devoient partager entr'eux. Maximilien donna en 1509, en faveur de la Requête, un Edit datté de Passau, qui fut publié à Francfort. L'Inquisiteur avec ses deux amis, moins ennemis des livres que de la bourse des Juifs, s'étant mis en devoir de faire exécuter l'Edit de l'Empereur, les Juifs sollicitèrent une surséance à l'exécution, & l'obtinrent. Maximilien nomma des Commissaires pour examiner cette affaire. Reuchlin, qui étoit du nombre, écrivit & présenta des Mémoires en faveur des livres des Juifs. Plusieurs Théologiens se joignirent à Hochstrat, écrivirent contre Reuchlin, lui suscitèrent des hérésies, &c. Reuchlin écrivit pour se justifier. Enfin ce Savant voyant que cette querelle dégénéroit en libelles & en satyres, crut ne devoir employer pour toute réponse que la raillerie ; quelques autres Savans se joignirent à lui ; ils composèrent en conséquence les *Epistolæ obscurorum &c.* Ces Lettres passent pour une peinture naïve & enjouée de l'ignorance, du style barbare des Scholastiques, & de la présomption des Religieux & des Théologiens de ces tems d'ignorance. Elles guérirent Erasme d'un abscès qu'il avoit au visage. Il eut tant de plaisir en les lisant, & fit tant d'efforts en riant sur certains endroits, que son abscès qu'on étoit sur le point de percer, creva de lui-même. Voyez sur cette dispute l'article de Reuchlin, dans les Mémoires du P. Niceron, *tom.* 25. *pag.* 150 *& suiv.* Sur les Auteurs, *DUCATIANA pag.* 30 *& suiv.*

Numero 1658. *Hier. Vecchietti &c.*

Cet Auteur Florentin qui vivoit au commencement du dix-septieme siecle, étoit très habile dans les Langues, les Mathématiques & la Chronologie. Son Ouvrage est partagé en huit livres, & on y trouve des sentimens singuliers. Vecchietti a voulu y montrer que Jesus-Christ n'a pas fait la Pâque légale la veille de sa mort, & qu'en instituant l'Euchariſtie il ne s'étoit point ſervi de pains azymes. Il met la naiſſance de Jeſus-Chriſt au mois de Mars &c. Marc Antoine Capelle, de l'Ordre des Freres Mineurs, attaqua ce ſentiment dans un Traité qu'il fit imprimer en 1625. Le Duc de Baviere fut très mécontent de l'Ouvrage de Vecchietti, parceque cet auteur y dit des choſes peu avantageuſes de l'Empereur Louis de Baviere. L'Inquiſition condamna au feu ſon livre, & ſa perſonne à demeurer dans les priſons de l'Inquiſition. Il s'y rendit volontairement, y paſſa le reſte de ſes jours, & y mourut âgé de près de quatre-vingts ans. On trouve dans cet exemplaire un feuillet contenant une analyſe de ce qui eſt contenu dans l'ouvrage de Vecchietti, par Etienne Greif, Dominicain, imprimé auſſi à Auſbourg en 1621. Ce feuillet manque aſſez ſouvent.

Numero 1670. Fr. Vincentii ſpeculum &c.

Le grand Ouvrage de Vincent de Beauvais eſt compoſé de quatre parties, l'hiſtorique eſt la quatrieme. Cette premiere édition de Straſbourg eſt rare, le caractere: quoique gothique, eſt aſſez beau. Elle eſt imprimée ſur du papier royal & à deux colonnes. Mentel, dans ſon Traité de l'origine de l'Imprimerie, pag. 78, dit que Mentellin fut près de vingt années à imprimer l'ouvrage entier. Son deſſein eſt de prouver par-là que Straſbourg eſt le berceau de l'Imprimerie.

Numero 1671. Dix livres du Miroir hiſtorial &c.

Ce Manuſcrit du quinzieme ſiecle eſt beau. Jean de Vignay le traduiſit par l'ordre de Jeanne de Bourgogne, premiere femme de Philippe de Valois, Roi de France, & dédia ſa traduction au Duc de Bourbon. On lit à la fin, fut eſcrit & commencé l'an LIX. & fut fini le premier jour de Septembre mil CCCC ſoixante & trois. Jean de Vignay étoit de l'Ordre des Hoſpitaliers de S. Jacques du Hault-pas. Cet Ordre s'éteignit, faute de ſujets, ſous le regne de Henri III, au rapport de M. Lebœuf, dans ſon *Hiſtoire du Dioceſe de Paris*, tom. 1. pag. 245 & ſuiv.

Numero 1749. Platina &c.

Barthelemi Sacchi prit le nom de Platine, du lieu de ſa naiſſance. Il entreprit cette hiſtoire par l'ordre du Pape Sixte IV, & la lui dédia. Il y a eu beaucoup d'éditions de cet

ÉCLAIRCISSEMENS.

ouvrage ; les premieres doivent être préférées, parcequ'on a retranché plusieurs endroits dans les dernieres. Celle qui est dans ce Catalogue est la seconde édition : l'Imprimeur a usé de supercherie pour faire croire qu'elle étoit la premiere, en mettant, dit le P. Niceron, au commencement l'Epitre de l'édition de Venise de 1479, & en substituant son nom à ceux des Imprimeurs de cette Ville, qui avoient déja publié cette Histoire. Les deux éditions imprimées en Hollande, *in-12*, en 1645 & 1664, sont conformes à la premiere.

Numero 1774. *Statuta Ord. Cartusiensis &c.*

Guigues du Chatel, ou du Pin, cinquieme Général des Chartreux, né en 1083, dans le Bourg de Saint Romain, du Diocese de Valence en Dauphiné, mourut le 27 Juillet 1137, âgé de cinquante-quatre ans. Le bienheureux Hugues I, Evêque de Grenoble, lui ordonna de rédiger par écrit la maniere de vivre qui s'observoit dans l'ordre des Chartreux, qu'il avoit vu pratiquer & enseigner par S. Bruno : Guigues entreprit aussi ce travail en 1128, à la priere des Prieurs des trois Chartreuses, des Portes, de S. Sulpice, & de Meyria. Ces Statuts furent imprimés à Basle en 1510, chez Amerbach, par les soins du Prieur de la Chartreuse du Mont S. Jean près Fribourg. Il est rare de trouver cette compilation complette. On accuse les Chartreux d'être la cause de la rareté de ce volume, en retirant des mains du public tous les exemplaires qu'ils peuvent rencontrer.

Numero 1775. *Liber conformitatum &c.*

Cette édition, quoique la seconde, est aussi rare que la premiere de 1510. L'Editeur n'y a rien retranché. Les suivantes n'ont pas le même avantage. Il paroît que le seul but de Barthelemi (Albizi) de Pise, Auteur de ce livre, a été de placer S. François au-dessus de Jesus-Christ ; car dans toutes les parties de son parallele, il prétend faire voir que notre Seigneur n'a rien fait de merveilleux que S. François n'ait aussi exécuté, même plus parfaitement & plus fréquemment. Le Chapitre Général de l'Ordre de S. François, tenu à Assise en 1399, trouva cet Ouvrage si excellent, qu'il crut ne pouvoir mieux récompenser l'Auteur, qu'en lui faisant présent de l'habit complet que S. François avoit porté pendant sa vie. Albizi ne jouit pas longtems de cette faveur ; il mourut le 10 Décembre 1401, seize ans après la composition de son ouvrage. On trouve dans

ECLAIRCISSEMENS.
dans l'édition de Boulogne de 1610. l'approbation du Chapitre général des Francifcains du 2 Août 1399. *Voyez le Journal d'Henri III. tom. V. p. 87.*

Numero 1777. *Extrait &c.*

Le P. Niceron, dans fes Mémoires (tom. 36. art. Albizi) donne une Hiftoire détaillée de cet Ouvrage & de fes Auteurs. Profper Marchand en parle auffi dans l'article de fon Dictionnaire. BADIUS (Conrad).

Numero 1778. *Les Gymnopodes &c.*

Ce livre a été compofé au fujet d'une Ordonnance rendue par le P. Benigne de Genes, Général des Cordeliers, au commencement de Décembre 1621. Ce Général voulut obliger, pendant le cours de fa vifite à Paris, les Conventuels à la nudité des pieds. Cette Ordonnance caufa une grande difpute parmi ces Religieux. Le Confeil, le Parlement, le Recteur de l'Univerfité & plufieurs autres perfonnes de diftinction s'employetent pour les accommoder. Le Réglement du Général n'eut aucun effet pour la fuite; les Cordeliers font reftés en poffeffion de leurs chauffures. L'ouvrage de Rou:llard confifte en deux parties; la premiere, en faveur du Général, pour la nudité des pieds; la feconde, en faveur des Religieux, pour les autorifer à refter chauffés; le problême n'eft pas décidé clairement.

Numero 1805. *Legende &c.*

Claude Defpence fut condamné par la Faculté de Théologie de Paris, pour avoir prêché contre cet ouvrage. (Tillemont, tom. 2. pag. 517). M. de Thou dit que ce fut la caufe qui lui fit manquer le Chapeau de Cardinal, qui lui étoit deftiné. Voyez ce que difent Baillet & Bayle de Jacq. de Voragine.

Numero 1807. *Catalogue des Saints &c.*

Pierre Natal Vénitien commença cet ouvrage en 1367, & l'acheva en 1372. Claude Defpence trouve dans ce livre beaucoup de contes & de fadaifes. Natal y fait entrer tous les perfonnages de l'ancien Teftament, qu'il a jugé à propos de faire paffer pour des Saints; & dont la plûpart

ECLAIRCISSEMENS.

étoient idolâtres. Pour augmenter son ouvrage, il a cherché des Martyrs & des Confesseurs parmi les hérétiques. Priscillien & Latrocinien son sectateur, qui périrent sur un échafaut, pour leurs crimes & leur héréfie, y paroissent au nombre des Saints : on y lit aussi les Vies de plusieurs Ariens, d'Origenistes, de Donatistes, & d'autres personnages retranchés de la Communion de l'Eglise. Le Supplément ou Appendix des Saints nouvellement canonisés est d'un autre Auteur, qui a cru qu'en donnant leur Vie, il persuaderoit au public, qu'ils sont tous placés canoniquement au nombre des Saints. Les Auteurs des Actes des Saints, imprimés à Anvers, n'ont pas porté un jugement favorable de ce Catalogue.

Numero 1818. *Josephi Antiquitates.*

In fine leguntur hi versus :

Judaicam guerram, gentes, urbem, sacra, terram,
Fine simul tristi pro sanguine perdita Christi,
Josephus iste meus peredidit Auctor Hebræus.

Numero 1839. *Hystoires de Troye &c.*

Raoul le Fevre, Prêtre & Chapelain de Philippe le Bon, Duc de Bourgogne, composa cet ouvrage en 1364. On lit à la fin : Finist le Recueil des Hystoires de Troyes, contenant la généalogie d'icelles, ensemble les glorieuses prouesses, forces & vaillances de Hercules : & aussi les troys destructions de Troyes & réédifications de ladicte Cité, faictes tant par ledict Preux Hercules comme par les Gregois : escript & furent en l'an 1495, environ le jour de Toussaint, par Piart Gousset escript. Il y a une figure sur la premiere page, où l'on voit l'Auteur à genoux qui présente son livre au Duc de Bourgogne.

Numero 1858. *Q. Curtius &c. Plutarchi apophthegmata &c.*

A la fin du Quinte Curce, qui est sans année, on lit :

Loquitur Lector ad Vindelinum Spirensem artificem qui Q. C. reddidit in lucem.
Vindeline, meæ prius hic rediturus in auras
Spiritus, & corpus linquet inane meum,

ECLAIRCISSEMENS.

Quam tua nobilitas, virtus atque inclita fama
Pectore labatur, candide amice, meo.

Et à la fin des apophthegmes de Plutarque, ces deux vers:

Impressum formis, justoque nitore coruscans
Hoc Vindelinus condidit artis opus.

Numero 1871. *Titi Livii Historia &c. Carta magna.*

M. de Boze regardoit cette édition comme la premiere. Maittaire conjecturoit que celle de Rome, sans date, est plus ancienne, & qu'elle est de 1469, il faut, dit ce dernier, qu'elle ait précedé celle de Venise, puisque l'une est imprimée à Rome; & l'autre à Venise. Cela est il concluant? les deux éditions ont la même épître dédicatoire de Jean André, Evêque d'Aleria, au Pape Paul II, & à Marc, Card. du titre de S. Marc: on ne trouve rien à la fin de l'édition sans date; mais 46 vers à la louange de Tite-Live & de son Imprimeur, terminent celle de Venise. Maittaire en a copié 16, *pag.* 289. *tom.* 1. *Annales Typogr.*

Numero 1876. *Tite-Live &c.*

Ce ms. est beau & bien conservé. Pierre Bercheure, né dans le Poitou, est le traducteur de cet Historien, comme il le dit lui-même dans son Dictionnaire: au mot ROMA. *Ego licet indignus Titum Livium ad requisitionem Domini Johannis incliti Francorum Regis, non sine labore & sudoribus, in Linguam Gallicam transtuli de Latina.* Sixte de Sienne parle avantageusement de cet Auteur. *Biblioth. sel. lib.* 4. *p.* 314. On trouve dans l'épitaphe de Bercheure, le Catal. de ses ouvrages elle étoit en 1612 dans la Chapelle de N. D. de l'Eglise du Prieuré de S. Eloy, où sont actuellement les PP. Barnabites. Le Maire, dans son Paris ancien & nouveau, la place proche l'Autel du côté de l'Epître : la voici.

HIC JACET

Vir venerabilis magnæ profundæque scientiæ, ac mirabilis & subtilis eloquentiæ, frater Petrus Bercherii, Prior hujus Prioratûs : qui fuit oriundus de villa Sancti Petri de itinere in Episcopatu Mailliziacensi, in Pictavia Qui tempore suo fecit quinque opera solemnia : scilicet Dictionarium, Reductorium,

ECLAIRCISSEMENS. xlj

Reductorium, Breviatorium, Descriptionem mundi & translationem cujusdam libri vetustissimi (Titi Livii) de latino in Gallicum ad præceptum excellentissimi Joannis Regis Francorum. Qui obiit anno 1362. Hist. du Diac. de Paris, par Lebeuf, tom. 1. pag. 502. le Maire, tom. 1. pag. 375, & Piganiol, de la Force &c.

Numero 1890. Appianus Alexandrinus &c.

On lit à la fin :

> *Hic est Alexandrinus Appianus*
> *A candido lingue latine patrono* ¶
> *Romanus. Hunc impressit & Vindelinus*
> *Quem Spira nobilis parens dedalei*
> *Produxit ingeni faceti lepidiq :*
> CARMEN EST RAPHAELIS ZOVENZONI ISTRI POETÆ.

Numero 1891. Appianus &c.

Impressum est hoc opus Venetiis per Bernardum Pictorem & Erhardum Ratdolt de Augusta, una cum Petro Loslein de Langencen correctore ac socio : Laus Deo.

Numero 1892. Sallustii Conjuratio &c.

Les quatre vers qui sont à la fin nous apprennent le nombre d'exemplaires imprimés.

> *Quadringenta dedit formata volumina Crispi*
> *Nunc, Lector, Venetis Spirea Vindelinus.*
> *Et calamo libros audes spectare notatos,*
> *Ære magis quando littera ducta nitet.*

Numero 1894. Sallustii Opera &c.

Mediolani, ductu & impensa Magistri Jacobi Marliani, anno à Natali Christiano, M. CCCC. LXXVII. vigesimo secundo Kls Decembres.

Numero 1913. Taciti Opera &c.

M. Chevillier place cette édition sous l'année 1468. Maittaire la recule à l'année suivante ; il fonde son sentiment sur les quatre vers suivans, que Jean de Spire a mis à la fin des lettres familieres de Cicéron, qu'il imprima à Venise en 1469.

f

xlij ECLAIRCISSEMENS.

Primus in Adriaca formis impreſſit aenis
Urbe libros Spira genitus de ſtirpe Johannes
In reliquis ſit quanta, vides, ſpes, Lector, habenda
Quem labor hic primus calami ſuperaverit artem.

Numero 1922. Suetonius.

A la fin on lit les vers suivans :

Aſpicis illuſtres, Lector, quicunque libellos,
Si cupis artificum nomina noſſe, lege.
Aſpera videbis cognomina Teutona, forſan :
Mitiget ars muſis inſcia verba virûm.
Conradus Sweynheym, Arnoldus Pannartzque magiſtri
Romæ impreſſerunt talia multa ſimul
Petrus cum fratre Franciſco Maximus, ambo
Huic operi aptatam contribuere domum.
M. CCCC. LXXII. die XVII. Septembris.

Numero 1934. *Hiſtoriæ auguſtæ Scriptores* &c.

Joseph Antoine Saxius, Garde de la Bibliotheque Ambroſienne, prétend que Milan fut la premiere ville d'Italie qui reçut l'Imprimerie : il s'appuie, pour le prouver, ſur une faute d'impreſſion. Saumaiſe, & après lui, Crenius, Fabricius & la Monnoye, diſent que les Auteurs de l'Hiſtoire Auguſte furent imprimés à Milan en 1465. Mollerus avance cette édition de dix ans, il la place en 1455. Tous les Hiſtoriens qui ont traité de l'Etabliſſement de l'Imprimerie en Italie, conviennent que Rome la reçut en 1467, & que Conrad Sweynheim & Arnold Pannartz furent les premiers Imprimeurs qui paſſerent d'Allemagne en Italie, & que les Comédies de Térence ſont le premier ouvrage imprimé à Milan le 12 Mars 1470, par Antoine Zarot, aux dépens de Jean Legnanus. Voici l'inſcription qui eſt à la fin de l'Hiſtoire Auguſte.

In hoc codice continentur vitæ diverſorum Principum & Tyrannorum à divo Hadriano ad Numerianum à diverſis Scriptoribus compoſitæ : aecedit Eutropii Hiſtoria Romana.
Informatum eſt hoc opus per Magiſtrum Philippum de Lavagaa, anno à Nativitate Chriſti M. CCCC. LXXV. *undecimo Kalendas Januarias. Mediolani.* Saxius de ſtudiis litterariis Mediolanenſium antiquis &c. cap. ix.

ECLAIRCISSEMENS. xliij

Numero 1992. Les grans Chroniques de France &c.

On doit aux foins de Suger, Abbé de S. Denys, l'inftitution de ces Chroniques : les premiers Auteurs les écrivirent en latin, & ceux qui travaillerent aux Françoifes, s'en fervirent comme de mémoires : on croit que Guillaume de Nangis eft le premier des Ecrivains François de ces Chroniques. Les continuateurs ont fouvent ajouté des faits dont les originaux n'avoient pas parlé, & quelquefois ils en ont retranché qui s'y trouvoient. M.M. de la Curne, Lebeuf & le P. D. Martin Bouquet ont parlé des Auteurs de cette Hiftoire, dans les Mémoires de l'Acad. des Infcriptions &c. tom. xv. pag. 580. xvi. pag. 175. Recueil des Hiftoriens de France tom. III. Les P P. Felibien & le Long dans l'Hiftoire de S. Denys & dans la Bibliotheque françoife.

Numero 1995. Chroniques Françoifes &c.

Le vrai nom de ce Poete eft Guillaume du Bois, celui de CRETIN (a) eft un fobriquet. Il nous le dit lui-même par le premier vers de fon quatrain, adreffé à Frere Jehan Martin.

Le G. du Bois, alias, dit Cretin.

Charbonnier qui nous a donné les Œuvres de ce Poete nous le fait entendre dans fon Epître dédicatoire adreffée à la Reyne de Navarre, Ducheffe de Berry & d'Alençon, Comteffe d'Armagnac & du Perche. Cretin étoit Secretaire & Chroniqueur de Louis XII. Il fut d'abord Tréforier de la Sainte Chapelle de Vincennes, & enfuite Chantre & Chanoine de celle de Paris : ce Poete mourut en 1525. M. Labbé Maffieu porte un jugement des Poéfies de Cretin, qui ne lui eft pas favorable, & il ajoute : on y trouve pourtant quelques vers fupportables, comme ceux de ce quatrain fur les jeunes Abbés qui afpirent aux Evêchés

> Subtilz regnars, & grans mangeurs de ymages,
> Pour hault monter contrefont les cagotz,
> Puys quant ils font juchez fur leurs argotz
> Au monde font de merveilleux dommages.

(a) Cretin, fuivant Menage, eft un vieux mot qui fignifie une forte de panier.

xliv ECLAIRCISSEMENS.

Ren⟨é⟩ Macé de Vendôme, furnommé le petit Moine, étoit Chroniqueur de François I, & fon Poète. Du Verdier le dit Moine de l'Abbaye de la Trinité de Vendôme. Antoine de Saiz, de l'Ordre de S. Antoine de Vienne, & Commandeur de Bourg en Breffe, fait un éloge magnifique de ce Poète dans la premiere piece qui fuit fon Poëme intitulé l'*Efperon de Difcipline* : il la termine ainfi :

C'eft l Ecrivain de royale chronicque
Du Lys François, que l'on confacre à Reims,
Tant que Prieur, il en eft de Beaurains.

Numero 2005. *Rozier hiftorial &c.*

Cet ouvrage eft un Traité de politique que Louis XI fit compofer pour l'inftruction du Dauphin (Charles VIII). MM. Defpence, la Croix du Maine, Savaron & d'Efpagnet l'attribuent à Louis XI. Naudé, dans fon addition à l'Hiftoire de ce Roi, en parle ainfi (Chap. III) : » Le Rofier des
» guerres, fur lequel nous avons trois chofes à remarquer :
» la premiere, qu'il n'a point été compofé par Louis XI, ce
» que l'on peut vérifier & réfoudre, fans aucune diffi-
» culté, par fon Prologue : la feconde, que M. le Préfi-
» dent d'Efpagnet, qui le fit imprimer en 1616, quoique
» tronqué & mutilé de toute la feconde partie, & des trois
» derniers chapitres de la premiere, comme une piece bien
» nouvelle, & tiré des MSS. du Château de Nerac, n'a pas
» été bien informé, & n'a rien fait pour le public, d'autant
» que le même livre avoit été imprimé tout entier, en un
» affez gros vol. *in fol* en 1522, (il y en eut auffi une édi-
» tion *in-fol.* en 1528 à Paris) & finalement que l'Auteur
» dudit livre eft demeuré inconnu jufqu'à cette heure, pour
» n'y avoir voulu inférer fon nom que par une rencontre ou
» anagramme comprife dans ces quatre vers :

De par l'humble & obéyffant fubgect
Dont le nom eft EN REPROCHE NY SIET
Car qui appoint les lettres en affiet
Trouver le peult, s'il ne fault à fon gect.

» Un de mes amis y a trouvé Etienne Porchier (la Croix
» du Maine l'attribue auffi à cet Auteur) & je crois que cha-
» cun y pourra facilement rencontrer tel nom qui lui plaira.
» Bayle a parlé de cet ouvrage dans les articles ESPAGNET
» & LOUIS XI «.

La premiere figure repréfente un Evêque, un genouil en

terre, qui offre son ouvrage au Roi ; & au-dessous on lit trente-six vers moraux, dont les quatre derniers sont rapportés ci-dessus. Cet exemplaire paroît avoir appartenu à l'Amiral Philippe Chabot, qui occupa cette place depuis le 13 Mars 1525, jusqu'à sa mort arrivée au mois de Juin 1543. Ses armes y sont blasonnées en miniatures sur un feuillet de velin qui regarde le frontispice.

Numero 2007. Histoire de France par Mezeray &c.

Mezerai inséra dans cette premiere édition, qui finit en 1598, beaucoup de traits hardis contre les Gens d'affaires. M. de Colbert, pour le punir, lui rettancha sa pension d'Historiographe. Celle-ci est recherchée & estimée par les Curieux. Il y a des exemplaires dans lesquels il manque quelquefois 1°. un feuillet sans signature, cotté 163, tome I. & le revers sans chiffres qui contient un Portrait de Charlemagne ; au bas & au revers, un Discours imprimé en caractere italique. 2°. Dans le tome III, pag. 683, les Médailles de la Reine Louise en une page, Signature * RR. rr. La seconde édition corrigée, qui parut en 1685, finit à la mort d'Henri IV, en 1610 : elle est plus ample & plus exacte ; car Mezerai l'augmenta de l'*Histoire de France avant Clovis*, & de *l'état & conduite des Eglises dans les Gaules jusqu'au regne de Clovis*. L'Histoire de la premiere Race y est considérablement augmentée, la chronologie y est presque toute changée ; mais elle l'est un peu moins dans la seconde Race. Les traits hardis furent retranchés & la Pension fut rétablie. *Voyez l'article de Mezeray, à la fin de la Bibliotheque de la France, par le P. le Long*, pag. 976.

Numero 2032. Mémoires... Journal de Paris &c.

Cet Abbé qui avoit eu plusieurs avantures en France, alla à Rome. Pendant son séjour dans cette Ville, il eut occasion de parcourir les Manuscrits de la Bibliotheque du Vatican, & trouva parmi ceux de la Reine Christine, le Journal de Paris. Revenu en France, cet Abbé proposa ce Manuscrit à acheter à plusieurs personnes, qui n'en firent pas l'acquisition, ne le croyant pas assez exact, ni que cet Abbé eut une grande habitude à lire les Manuscrits. On dit qu'il mourut de froid & de misere pendant l'hyver de 1729 ; néanmoins on lui trouva plus de cent louis après sa mort. M. Chauvelin, Garde des Sceaux, fit enlever ses papiers, & ils furent remis à M. de Puisy, Garde des Archives, demeurant au vieux Louvre. On trouve dans le Journal de Trevoux deux ou trois Differtations du même Abbé, contre l'Hiftoire généalogique du Pere Anfelme, & particulierement fur ce qui concerne les Ducs de Bourgogne : il n'y fait pas voir beaucoup de jugement ni de bonne-foi. Cette remarque vient de M. Lancelot.

Numero 2051. *Moyens d'abus &c.*

Cet ouvrage n'eft pas une fimple traduction du *Brutum Fulmen* de Franc. Hotman. Il fut imprimé à Tours, fous le nom de *Cologne* & d'*Ambrun*. La Ligue fit emprifonner l'Auteur. M. de Leftoile en parle dans fes Mémoires, *tom.* I. *pag.* 223, &c. *Ducatiana*, p. 157 & *fuiv*. p. 320.

Numero 2056. *De jufta Henrici* III. *abdicatione &c.*

Il y a eu deux éditions de cet Ouvrage. Voici la premiere, la mieux imprimée & la moins pleine de fautes : quoique tous ceux qui ont parlé de celle de Lyon de 1591, aient cru qu'elle étoit augmentée de plufieurs chapitres ; il paroît qu'ils ne l'ont pas affez examiné. M. Dupuy parloit ainfi de ce livre dans une note écrite de fa main fur un exemplaire qui lui appartenoit. *Hic liber eft fcientia præditus fed impietate & hærefi damnandus & in ignem mittendus ob pravas & damnatas opiniones Conciliis univerfalibus.*

Guill. Barclay a réfuté cet ouvrage dans fon livre intitulé *de Regno & regali poteftate &c.* 1612. in-8. Grotius l'appelle *Liber flagitiofifimus . . . . non argumentis tantum fed & verbis defumtus eft* , *non ex Mariana & Santarello fed ex Junio Bruto &c.* Et dans un autre endroit il ajoute que l'Auteur prit bien des chofes de Buchanan & d'Hotman, & que Junius Brutus eft du Pleffis Mornay. *Grotii opera*, *tom.* IV. *pag.* 487, 702. Sur Junius Brutus, Voyez la Differtation de Bayle.

Numero 2057. *Sermons de la fimulée &c.*

Cayet nous apprend dans fa Chronologie novenaire, fous l'an 1593, que ces Sermons furent brûlés à la Croix du Trahoir, le lendemain de la réduction de Paris. Il y a eu deux éditions de cet ouvrage dans la même année. La premiere, de Paris, eft préférable ; elle eft mieux imprimée. Boucher donna la feconde à Douai, après avoir été chaffé. Des Théologiens de Paris les approuverent fous le titre de *Cenfura Theol.*

ECLAIRCISSEMENS. xlvij

Parif. Novem conciones M. Joannis Boucher Theologi Parisiensis, in falsam Henrici Borbonii conversionem ac prætensam absolutionem, quæ præterquàm quod graves & eruditæ sunt, ac sanam doctrinam continent, larvatum catholicismum, impiumque politicismum acutè retegunt, nutantemque hoc infelici seculo multorum Catholicorum fidem mirificè confirmant, ut nomini dubia aut obscura sit earum utilitas, nobis certè ut evulgentur evidens visa est necessitas. Il est parlé de ce Docteur de la Ligue dans plusieurs endroits de la satyre Menippée, surtout dans le *tom. II. pag.* 40 & *suiv.* Bayle en a fait un article dans son Dictionnaire &c.

Numero 2058. *Apologie* &c.

Bayle, Lenglet & Marchand ont parlé avec étendue de cet ouvrage & de sa traduction latine.

Numero 2126. *Médailles de Louis XIV. &c.*

MM. de l'Académie sont les Auteurs de la Préface & des explications. Il est rare de trouver des exemplaires avec la Préface : on dit qu'elle fut supprimée avec soin, & qu'il n'y eut que les soixante-cinq premiers exemplaires qui furent distribués avec cette Préface. Ce vol. est composé d'une suite de deux cens quatre-vingt-six Médailles, dont chacune représente d'un côté la tête du Roy dans ses différens âges, & de l'autre quelque action singuliere de son regne. Chaque Médaille est placée au haut de chaque feuille. Au-dessous il y a une explication historique & une description de la Médaille qui n'excede jamais la page ; le tout est enfermé dans une espece de bordure ou cartouche qui regne le long des marges. On n'a rien oublié de ce qui pouvoit contribuer à rendre cet ouvrage parfait, soit pour la composition, soit pour la gravure, soit pour l'impression.

L'ouvrage est de l'Académie Royale des Inscriptions. M. Anisson, Directeur de l'Imprimerie Royale, a conduit l'édition de ce livre : M. Coypel le fils a fait les desseins inventés par l'Académie ; il y en a deux cens de sa main : le Frontispice est aussi de lui, à la réserve du Portrait du Roi, qui est de Rigaud ; les autres sont de le Clerc, qui en a aussi gravé plusieurs lui-même. M. Mauger a gravé en acier deux cens soixante revers & toutes les têtes du Roi : le reste est de MM. Rœttiers, Bernard & Roussel. Berain a fait les desseins des bordures & des fleurons. Les Têtes du Roi en

xlvij ECLAIRCISSEMENS.
taille-douce sont faites au burin par le Chevalier Edelinck; les Revers sont gravés à l'eau forte par les freres Simoneau, par Audran, & quelques-uns par Picard: les caracteres d'imprimerie sont dessinés, gravés & fondus par le sieur Granjean.

Numero 2186. *Histoire de Bresse.*

L'Auteur fit imprimer à Lyon, en 1660, in-4°. sous le titre de *Bibliotheca Sebusiana*, une partie des actes & titres tirés des Cartulaires de cette Province, pour servir de preuves à cette histoire. Guichenon passe pour exact & profond dans ses ouvrages: celui-ci est recherché & devient rare. Le P. le Long dit que l'original de cette Histoire est dans la Bibliotheque des Augustins du Fauxbourg de la Guillotiere, à Lyon: que l'on y trouve plusieurs anecdotes qui concernent les Familles omises dans l'Imprimé. L'Auteur mourut en 1664. Philibert Collet, Médecin de Dijon, critiqua cet ouvrage. Sa critique n'a pas été imprimée, à cause qu'il dégrade bien des Nobles.

Numero 2195. *Chorographie de Provence.*

Cette Histoire est estimée, on la regarde comme la plus complette & la meilleure de cette Province. Elle est composée de deux parties: la premiere, contient la description du Pays; la seconde, traite des changemens arrivés dans son Gouvernement sous les Bourguignons, les Visigots &c. Quoique Bouche soit exact, on trouve cependant dans son ouvrage les Fables & les Contes que l'on débite à l'avantage de sa Patrie.

Numero 2224. *Les Hommes illustres* &c. par Perrault.

Il est parlé de cet ouvrage dans le Mercure historique du mois d'Avril 1697.

Numero 2399. *Dialogos de Ant. Agostino* &c.

Cet ouvrage qui est bien imprimé & très rare en cette langue contient 11 Dialogues. Les traductions italiennes & latines, ne sont point rares. Le P. André Scott, Jésuite, les traduisit en latin, & y ajoutà un douzieme Dialogue, *de Prisca religione ac Diis Gentium*. Cette traduction parut à Anvers en 1617. *in-fol*. Voyez l'article d'Ant. Augustin, Archev. de Tarragone, dans *Nic. Antonii Bibliotheca Hispana*, tom. I. pag. 79.

CATALOGUE
DES LIVRES
DE LA BIBLIOTHEQUE
DE FEU
MONSIEUR DE SELLE,
TRÉSORIER GÉNÉRAL DE LA MARINE.

THEOLOGIE.
ECRITURE SAINTE.
Textes & Versions de l'Ecriture Sainte.

1 BIBLIA Sacra: Vetus Testamentum heb. chald. & lat. N. Testamentum gr. & lat. Vocabularium heb. chald. & Diction. gr. jussu & sumptibus Franc. Ximenii de Cisneros Card. *Compluti de Brocario*, 1517, 1514, 1515. 6. vol. in fol. v. f.

2 Biblia Polyglotta complectentia textus originales heb. chald. & gr. Pentateuchum Samaritanum & versiones antiquas, cum apparatu, appendi-

A

THEOLOGIE

cibus, annot. &c. studio Briani Walton. *Lond. Th. Roycroft.* 1657 6 tom. 14 vol. *in fol. c. m. mar. r. l. r.* Eclaircissement

3 Edm. Castelli Lexicon Heptaglotton heb. chald. syr. samar. æthiop. arab. & persicum : Opus ad Biblia Polyglotta, Lond. Par. Ant. & Card. Ximenii necessarium. *Lond. Th. Roycroft.* 1669. 2 vol. *in fol. c. m. mar. r. l. r.*

170 — 4 Biblia Hebraica cum notis criticis & versione latina ad notas criticas facta : acced. libri græci qui Deutero-canonici vocantur, autore Car. Franc. Houbigant. *Par.* 1753. 4 vol. *in f. mar. cit.* Eclair.

72 . 5 Biblia Sacra. *Neapoli, Mathias Moravus.* 1476. *in fol. mar. r.* Eclaircissement

6. 6 Biblia Sacra. *Venet. Franc. de Hailbrun.* 1480. *in* 4 *Goth.*

24-107 Biblia Sacra, ex emendatione Rob. Stephani ad vetera exemplaria, &c. *Par. Rob. Steph.* 1540. *in fol. mar. r.* Eclaircissement

46 — 8 Biblia Sacra, ad optima quæque veteris ut vocant tralationis exemplaria, editio correcta. *Lugd. Seb. Gryphius.* 1550. 3 vol. *in fol. v. f.* à compart. Eclaircissement

23-109 Biblia Sacra, cum figuris ære incisis. *Ant. Plantinus.* 1583. *in fol. c. m. mar. r.* Eclair.

192 - 10 Biblia Sacra vulgatæ editionis ad Concilii Trid. præscriptum emendata, & a Sixto V. P. M. recognita & approbata. *Romæ, Typ. Apost. Vaticana.* 1590. 3 tom. 2 vol. *in fol. mar. v.* Eclair.

6. — 11 Biblia S. vulg. edit. (absque summariis capitum) *Col. Agripp. Bern. Gualterus.* 1630. *in* 12 *mar. v.* Eclaircissement

140 12 Biblia Sacra. *Par. Typ. Regia.* 1642. 8 vol. *in fol. mar. cit.* Eclair.

10 — 13 Biblia S. vulg. editionis. *Par. Typ. regia.* 1653. *in* 4 *mar. r.*

THEOLOGIE.

14 Biblia Sacra vulg. édit. (vulgo Richeliana dicta.) *Par. Séb. Martin.* 1656. 3 vol. *in* 16. *c. m. mar. r.* Eclaircissement

15 Biblia Sacra. vulg. édit. cum notis chronol. & hist. (Claudii Lancelot). *Par. Ant. Vitré.* 1662. *in fol. mar. bl. l. r.* Eclaircin.

16 La S. Bible tournée en Franç. avec l'explication des passages objectés par les hérétiques, par Pierre Frizon *Paris, Richer.* 1621. 3 vol. *in fol. mar. r. à comp.* Eclaircin.

17 La Sainte Bible traduite sur la Vulgate, avec des notes courtes, tirées des SS. Peres & des meilleurs Interpretes pour l'intelligence des endroits les plus difficiles : la traduction du Pseautier selon l'Hébreu à côté de la Vulgate, & la concorde des quatre Evangélistes, par Louis-Isaac le Maître de Sacy. *Brux. F. Foppens.* 1700. 3 *tom.* 6. *vol. in* 4 *gr. pap.* Eclaircin.

18 La même lat. & fr. avec des notes littérales, la concorde des quatre Evangélistes : augm. des livres apocryphes. *Par. Guill. Desprez.* 1715. 4 *vol. in fol. mar. r. gr. pap.*

19 La même paraphrasée par Louis de Carrieres, avec des notes littér. crit. & hist. & des dissertations tirées de D. Aug. Calmet, de M. de Vence. *Par. L. Guerin.* 1749. 14. *vol. in* 4. *bl.*

20 La Sainte Bible traduite sur les textes originaux avec les différences de la Vulgate, par Nicolas le Gros. *Col.* (*Amst.*) 1739. *in* 12 *mar. b.*

21 La Bible revue & corrigée par J. Fr. Ostervald. *Amst. J. Fr. Bernard.* 1724. *in fol.*

22 Liber Psalmorum Davidis. *Par. è Typ. regia.* 1641 *in fol. v. b.*

23 Psalterium Davidis ad exemplar Vaticanum an. 1592. *Lugd. Lud. & Dan. Elseviriï.* 1653. *in* 12 *mar. r.*

A ij

THEOLOGIE.

24 Paraphrase des Pseaumes de David par Ant. Godeau. Par V^e. Camusat. 1648. in 4. mar. r.

25 Pseaumes de David trad. nouv. selon l'Hébreu & la Vulgate, par L. Is. le Maître de Sacy. Par. P. le Petit. 1666. in 12 mar. r. l. r.

26 Le Pseautier lat. & fr. par le même, avec des notes courtes tirées de S. Augustin. Par. Guill. Desprez 1664. in 12 mar. b.

27 Pseaumes de David trad. avec une explication tirée des SS. Peres & des auteurs Ecclés. par le même, Par Desprez. 1689. 3. vol. in 8 v. b.

28 Pseaumes de David. lat. & fr. selon la Vulgate trad. par le même avec l'Office des Dimanches & des Fêtes. Par. Guill. Desprez. 1723. in 12. v. b.

29 Pseautier lat. & fr. distribué suivant le nouv Breviaire de Paris. Par. 1736. 2. vol. in 12 mar. r.

30 Pseaumes de David expliqués par Théodoret, S. Basile, & S. Jean Chrysostome, trad. par le P. Jos. Duranty de Bonrecueil. Par. Nyon. 1741. 7 vol in 12 v. f.

31 Les sept Pseaumes de la Pénitence réunis en un seul, par Sutil. Par. J. B. Garnier. 1751. n 12 bl.

32 Evangeliarium quadruplex latinæ versionis antiquæ seu versionis italicæ, studio Jos. Blanchini. Romæ, Ant. de Rubeis. 1748 4 vol. in fol. c. m. mar. r.

33 N. J. C. Testamentum cum annot. Henr. Holdeni. Par. Car. Savreux 1660. 2. vol. in 12 mar. n.

34 N. Testament trad. en fr. selon l'édition Vulgate avec les différences du grec. Mons, Gasp. Migeot. (Amst. L. & D. Elzevir.) 1667. 2 vol. in 8. mar. r. l. r..?.

35 Le même, avec les portraits des quatre Evangélistes & de S. Paul. vi. edit. Mons (Leyde) Gasp. Migeot. 1668. in 4 v. f. l. r.

36 Le même. Par. 1705. 8 vol. in 12 v. b.

THEOLOGIE.

37 Le même nouv. édit. *Amst. Jos. Nicolai.* 1727. 8 *vol. in* 12 *v. h.* — 20 | 1

38 N. Testament trad. en fr. avec des notes littérales par Phil. Méfenguy. *Par. Defaint.* 1752. 2 *vol. in* 12. *blanc.* — 1 | 10

39 Evangelia & Epistolæ totius anni tam in proprio de tempore quam in festis Sanctorum ex præscripto Missalis Romani. *Romæ Jo. Mar. Salvioni.* 1746. 2 *vol. in fol. c. m. mar. r.* — 1 3 6

Harmonie & Concorde Evangéliques.

40 Joan. Clerici Harmonia Evangelica, cui subjecta est Historia Christi ex quatuor Evangeliis concinnata: acced. tres dissertationes de annis Christi, deque Concordia & autoritate Evangeliorum. *Amst. Huguetani.* 1700 *in fol. mar. r.* — 6

41 Ant. Arnaldi Historia & Concordia Evangelica. *Par. Car. Savreux.* 1653. *in* 12 *mar. n.* — 2 9

Histoire & figures de la Bible.

42 Figures de l'ancien Testament par Bernard, avec les explications en Anglois. *Lyon. J. Frellon.* 1549. *in* 8 *parch.* — 1 10

43 Histoire du V. & du N. Testament avec des explications tirées des SS. Peres, par de Royaumont (Louis Is. le Maître de Sacy). *Par. Den. Thierry.* 1692. *in* 12 *mar. r. l. r.* — 3 14

44 La même. *Par. Moreau.* 1723. *in fol. fig. v. b.* — 16 1

45 Biblia Ectypa, ou Histoires de la Bible représentées en figures, avec des explications en allemand. *Augsbourg, Christ. Riegel.* 1695. *in f. v. b.* — 1 6

46 Figures du V. & du N. Testament, inventées & gravées par Jean Luyken. *Amst. Mortier. in f. br.* — 12 19

47 Histoire du V. & du N. Testament par David Martin, avec figures. *Anvers P. Mortier.* 1700. 2 *vol. in fol. gr. pap. mar. r.* *Eclaircissement.* — 8 2

48 Discours hist. crit. théol. & moraux, sur les évenemens les plus mémorables du V. & du N. — 350 19

A iij

THEOLOGIE.

Teftament par Jacq. Saurin, avec des fig. gravées fur les deffeins de Hoet, Houbraken & Picart. *La Haye. P. de Hondt.* 1728-1739. *6. vol. in fol. pap. impérial. mar. bl.*

49 Abregé de l'hiftoire de l'ancien Teftament où l'on a confervé autant qu'il a été poffible les propres paroles de l'Ecriture Sainte, avec des éclairciffemens & des reflexions par Phil. Méfenguy. *Par. Defaint.* 1749. *9 vol. in 12 blanc.*

Interpretes de l'Ecriture Sainte.

50 Sim. (Marotte) de Muis Opéra, nempe comment. in Pfalmos & varia facra, &c. edenté Cl. d'Auvergne. *Par. Joan. Henault.* 1650. *in fol. c. m. mar. r.*

51 Synopfis Criticorum & aliorum fcripturæ Interpretum, ftudio Matt. Poli. *Lond. J. Flesher.* 1669 5 tom. *9 vol. in fol. c. m. mar. r.*

52 Explication de l'Epitre de S. Paul aux Romains, par Jacq. Jof. Duguet. *Avig.* (*Par.*) 1756. *bl.*

Critiques Sacrés, &c.

53 Jof. Blanchini Vindiciæ Canonicarum Scripturarum vulgatæ latinæ editionis, feu vetera S. Bibliorum fragmenta, juxta græcam Vulgatam, & hexaplarum latinam antiquam italam, duplicemque S. Hieronymi tranflationem edita. *Romæ, Hier. Mainardus.* 1740 *in fol. mar. cit.*

54 Apparatus hift. criticus antiquitatum Sacri Codicis & gentis hebraicæ, cum annot. In Thomæ Goodwini Mofen & Aaronem fubminiftravit Joan. Gottleb Carpzov. *Francof.* 1748. *in 4 bl.*

55 Hiftoire critique du V. & du N. Teftament par le P. Richard Simon. *Rotterd. Leers.* 1685. *& fuiv. 5 vol. in 4. v. b.*

56 Differtations qui peuvent fervir de Prolégomenes de l'Ecriture Sainte, par D. Aug. Calmet. *Par. Emery.* 1724. *3 vol. in 4 mar. r.*

THEOLOGIE.

57 Traité de la situation du Paradis terrestre par P. Dan. Huet. *Par. J. Anisson.* 1691. *in* 12 *v. f.*

58 Sam. Bocharti Opera, nempe historia animalium S. Scripturæ: Geographia sacra, & opuscula: IV. editio, curis Joan. Leusden & Petri de Villemandy. *Lugd. Bazav. Boutesteyn.* 1707. 3 *vol. in fol. bl.*

59 Bern. Lamy de Tabernaculo fœderis, de sancta civitate Jerusalem & de Templo ejus libri VII. *Par. J. B. Delespine.* 1720. *in fol. c. m. v. f.*

60 Melch. Leidekkeri de Republica Hebræorum libri XII. acced. Archæologia sacra contra Burneti Telluris Theoriam. *Amst. If. Stochmans.* 1704 *in fol. v. b.*

61 Idem de vario Reipub. Hebræorum statu libri IX. *Ibid. id* 1710. *in fol. v. b.*

Concordances & Dictionaires de la Bible.

62 Marii de Calasio Concordantiæ sacr. Bibliorum hebraicorum. *Lond. Jac. Hodges.* 1748. 4 *vol. in fol. br. & blanc.*

63 Gasp. de Zamora Concordantiæ sacrorum Bibliorum. *Romæ, Barthol. Zanetti.* 1627. *in f. v. b.*

64 Jac. le Long Bibliotheca sacra. *Par. Montalant.* 1723. 2 *vol. in fol. c. m. v. f.*

65 Dictionnaire hist. crit. chronol. géogr. & littéral de la Bible avec le supplément, par D. Aug. Calmet. *Par. Emery.* 1722. 1728. 4 *vol in f. v. m.*

66 Dictionaire portatif, hist. théol. geogr. crit. & moral de la Bible. *Par. Musier.* 1756. *in* 8 *blanc.*

LITURGIES.

Liturgies des Eglises Orientales & Occidentales.

67 Liturgia Romana vetus, tria sacramentaria complectens Leonianum, Gelasianum & antiquum Gregorianum, edente Lud. Ant. Muratorio: acced. missale goth. missale franc. duo Gallicana

THEOLOGIE.

& duo omnium vetuſtiſſimi Romanæ Eccleſiæ rituales libri. *Venet. J. Bapt. Paſquali.* 1748. 2 tom. 1 vol. *in fol. c. m. mar. r.*

68 Pontificale Romanum Clementis VIII. primum nunc denuo Urbani VIII autoritate recognitum, cum figuris. *Pariſ.* 1664. *in fol. mar. r.*

69 Cæremoniale Epiſcoporum autoritate Clementis VIII & Innocentii X recognitum : à Benedicto XIII in multis correctum, nunc vero primum Commentariis illuſtratum ſtudio Joſ. Catalani. *Romæ, Ant. de Rubeis.* 1744. 2 *v. in f c.m. mar. r.*

70 Miſſa latina quæ olim ante Romanam circa 700. in uſu fuit, edente Matthæo (Francowitz) Flaccio Illyrico: cum addit. ejuſd. argumenti. *Argent. Chriſt. Mylius.* 1557. *in* 8. *mar. r.*

71 Breviarium Pariſienſe. *Par.* 1736. 4. *vol. in* 12 *mar. r. l. r. cum figuris Tardieu.*

72 Breviaire de Paris trad. en fr. avec les figures de Tardieu. *Par.* 1742. 4 *vol. in* 4. 8 *parties, bl.*

73 Miſſale Catalaunenſe : ſumptibus & diligentia Nicol. Taniſſon Cat. Canonici & Vicarii gen. Card. de Lenoncourt. *Pariſ. Iolanda Bonhomme.* 1543. *in fol. in membranis. mar. r. cum figuris minio & auro depictis.*

74 Office de l'Egliſe en lat. & en franc. contenant l'Office de la Vierge, des dimanches, &c. *Par. Cl. de Hanſy.* 1700. *in* 8. *chagrin noir avec des fermoirs d'argent.*

75 Liturgia antiqua hiſpanica, gothica, iſidoriana, mozarabica, toletana mixta illuſtrata : adjectis vetuſtis monumentis, cum ſcholiis, additionibus & variantibus lectionibus ad vet. Codicum fidem exactis. *Romæ, Hier. Mainardus.* 1746. 2 *vol. in fol. mar. r.*

76 Miſſale mixtum ſecundum regulam beati Iſidori dictum Mozarabes, emendatum per Alfonſum Ortiz.

THEOLOGIE.

Ortiz. *Toleti, Petrus Hagembach Alemaunus.* 1500. *in fol. mar. bl.* Eclaircissement

77 Idem cum præfatione, notis & appendice Alexandri Leslei. *Romæ, Ven. Monaldinus.* 1755. 2 *vol. in* 4. *blanc.*

78 La Liturgie angloise, ou le Livre des prieres publiques, trad. en françois. *Londres, Jean Bill.* 1616. *in* 4. *mar. v.*

79 Le Livre des prieres communes & de l'administration des Sacremens, & autres rites & cérémonies selon l'usage de l'Eglise d'Angleterre, avec le Pseautier. *Oxfort,* 1717. *in* 8. *v. b.*

80 Liturgia Suecanæ Ecclesiæ catholicæ & orthodoxæ conformis. *Stocholmiæ, Torbernus Tidemannus* 1576. *in fol. mar. r.* Eclaircissement

81 Missale ad usum Monasterii (Shisborn, Sherburn) in Anglia Ordinis S. Benedicti. *Ms. sur velin du XIV siecle, très bien conservé, décoré de miniatures singulieres qui regardent les Eglises, les Monasteres & les familles d'Angleterre: très grand in fol. mar. r.* Vid. Catal. de Rothelin n°. 248, & la note qui se trouve dans les éclaircissemens au commencement du même Catal.

82 Breviarium Fratrum Minorum secundùm consuetudinem Romanæ Ecclesiæ. *Codex Ms. (sæculi XIV) in membranis, imaginibus auro & coloribus depictis, & eleganti ligaturâ, (quam vocant* à compartimens*) decoratus. in fol. mar. cit.*

Mélanges de Liturgies, ou Recueil de prieres. Eclair.

83 Parva Christianæ pietatis Officia per Ludovicum XIII ordinata. *Paris. Typ. regia.* 1643. 2 *vol. in* 4. *c. m. mar. r.*

84 Jac. Merlo Horstii Paradisus animæ christianæ. *Colon. Egmont.* 1716. *in* 12. *mar. bl. l. r.*

85 Heures latines. *Mss. sur velin, avec des miniatures au Calendrier & dans le corps du livre. in* 4. *mar. bl.*

THEOLOGIE.

86 Heures latines. *Mff. fur velin, avec des miniatures. in* 8. *mar. r.*

87 Officium B. Mariæ. *Parif. J. B. Garnier.* 1750. *in* 24. *bl.*

88 Heures de Noftre-Dame. *Mff. fur velin. in* 4. *mar. r. avec miniatures.*

89 Heures latines. *Mff. fur velin, avec des miniatures. in* 4. *mar. cit.*

90 Heures lat. à l'ufaige de Romme, tout au long fans refquerir. *Par. G. Hardouyn*, 1538. *fur velin avec fig. enluminées. in* 8. *mar. r.*

91 Heures lat. à l'ufage de Chartes, avec plufieurs hiftoires nouv. *Par. Jehan de Brie. in* 8. *goth. v. b.*

92 Office de la Semaine fainte à l'ufage de Rome & de Paris, lat. & franç. par Jean-Bap. Morvan de Bellegarde. *Par.* 1732. *in* 8. *mar. bl.*

93 Office du martyre de S. Jean. *Par.* 1709. *in* 8.*v.b.*

Traités fur les Liturgies & les Cérémonies de l'Eglife.

94 Joan. Bona Opera, ex recognitione Rob. Sala. *Aug. Taurin, è Typ. regia*, 1747. *in fol. bl.*

95 Liturgie anc. & mod. ou Inftruction hiftorique fur l'inftitution des prieres, des fêtes & des folemn. de l'Eglife. *Par.* 1752. *in* 12. *bl.*

96 Traité hiftorique de la Liturgie facrée, ou de la Meffe par Lazare-André Bocquillot. *Par. Aniffon,* 1701. *in* 8. *mar. r.*

97 Ang. Roccæ Thefaurus Pontificiarum, facrarumq. antiquitatum, rituum, praxium ac ceremoniarum. *Romæ, Fauftus Amideus,* 1745. 2 *vol. in fol. v. f.*

98 Fortun. Scacchi facrorum Elæochrifmaton Myrothecia tria, in quibus exponuntur olea atque unguenta divinos in codices relata. *Amft. Pet. de Coup,* 1710. *in fol. v. f.*

99 Reflexions fur le Rituel de Soiffons. *Amfterd.* 1758. *in* 12. *broch.*

THEOLOGIE.

100 Traitez des cloches & de la sainteté de l'offrande du pain &-du vin aux messes des Morts, par J. Bapt. Thiers. *Paris*, 1721. *in* 12. *1—16*   2 - 10
101 Dissertation sur l'hemine de vin & la livre de pain de S. Benoît par Cl. Lancelot. *Par. Guill. Desprez*, 1688. *in* 8. *v. b.* 1-2

CONCILES GENERAUX ET PARTICULIERS.

102 Traité de l'étude des Conciles & de leurs collections, avec un catalogue des principaux Auteurs qui en ont traité, & des éclaircissemens sur les ouvrages qui concernent cette matiere, & le choix de leurs éditions par Franç. Salmon. *Par. Den. Horthemels*, 1724. *in* 4. *v. f.*   4· 4·

103 Synodicon, seu Pandectæ canonum SS. Apostol. Conciliorum ab Ecclesia græca receptorum, ex recens. & cum annotat. Guill. Beveregii. *Oxonii*, *Guil. Wells*, 1672. 2 vol. *in fol. c. m. v. b.*   3 7 -

104 Fasciculus rerum expetendarum & fugiendarum ab Orthuino Gratio ; nova editio studio Edwardi Brown. *Lond. Rich. Chiswell.* 1690. 2 vol. *in fol. v. f.*   2 3 1 9

105 Concilia magnæ Britanniæ & Hiberniæ à Synodo Verolamiensi ab anno 446 ad Londinensem 1517 : acced. Constitutiones & alia historiam Ecclesiæ Anglicanæ spectantia, à Davide Wilkins. *Lond. Rob. Gosling.* 1737. 4. vol. *in fol. v. m.*   5 1 -

SS. PERES GRECS ET LATINS.

106 Philonis Judæi Opera gr. lat. ex emendat. & cum notis & observat. Th. Mangey. *Lond. Guil. Bowyer*, 1742. 2 vol. *in fol. c. m. vel.* Éclaircim.   7 8 1 9

107 Clementis Alexandrini Opera gr. lat. recognita & illustrata per Joan. Potterum. *Oxon. Th. Sheldon.* 1715. 2 vol. *in fol. v. b.* Éclairc.   6 3 -

108 Q. Sept. Florentis Tertulliani Opera. *Par. And. Parvus*, 1566. 2 vol. *in* 8. *mar. r.*   1 2 - 11

109 Apologétique, ou Défense des Chrétiens con-   1 —

B ij

tre les accusations des Gentils par Tertullien, trad. par Louis Giry. *Paris, J. Camusat*, 1636. *in* 8. *parch.*

110 M. Minucii Felicis Octavius cum integris omnium, ac commentariis, novaque recensione Jac. Ouzelii; acced. animad. & notæ Joann. Meursii, & liber Julii Firmici Materni de errore profanarum religionum. *Lugd. Bat. ex off. Hackiana*, 1672. *in* 8. *mar. r.*

111 Œuvres de S. Cyprien trad. par P. Lombert, avec des remarques & une nouvelle vie de S. Cyprien, tirée de ses écrits. *Par. And. Pralard*, 1672. *in* 4. *mar. r. l. r.*

112 Arnobii Disputationum adversus gentes libri octo, ex edit. Fausti Sabæi. *Romæ, Fr. Priscianensis*, 1542. *in fol. v. f.*

113 Lactantii Firmiani Opera. *Romæ, in domo Petri de Maximo*, 1468. *in fol. mar. r.*

114 Lucii Cœlii Lactantii Opera, cum selectis variorum commentariis, studio Servatii Gallæi. *Lugd. Bat. Franc. Hackius*, 1660. *in* 8. *v. f.*

115 Lucii Cæcilii Frmiani Lactantii Opera, ex recensione Joan. Bapt. le Brun, studio Nic. Lenglet du Fresnoy. *Lut. Par. Joan. de Bure*, 1748. 2 *vol. in* 4. *c. m. mar. r.*

116 Apparatus ad novam L. Cœlii Lactantii operum editionem. *Romæ*, 1751. *in* 4. *bl.*

117 Traité de Lactance de la mort des persécuteurs de l'Eglise, trad. par Franç. Maucroix. *Par. Fr. Muguet*, 1680. *in* 12.

118 Divi Hieronimi Epistolæ. *Parmæ*, 1480, 2 *vol. in fol. c. m. mar. r.*

119 S. Augustini Opera, studio Fr. Delfau, Th. Blampin, Pet. Coustant & Cl. Guesnié Benedict. edita: acced. vita & indices. *Par. F. Muguet*, 1679. 11 *tom.* 8 *vol. in fol. mar. r. c. m.*

THÉOLOGIE.

120 S. Augustini Epistolæ duæ, cum notis crit. hist. D. Jac. Martin. *Parisiis, Vid. Mazieres*, 1734. *in fol. c. m. mar r.*

121 La Cité de Dieu de S. Augustin trad. avec des remarq. & des notes par P. Lombert. *Par. And. Pralard*, 1693. 2 *vol. in* 8. *v. f. l. r.*

122 Les Confessions de S. Augustin trad. par Phil. Goisbaud du Bois. *Paris, Coignard*, 1686. *in* 8. *gr. p. mar. r.*

123 Les mêmes lat. & franc. trad. avec des remarques historiq. critiq. & chronol. par Dom Jacq. Martin. *Par. Martin*, 1741. 2 *vol. in* 8. *bl.*

124 Lettres de S. Augustin trad. sur l'édition des PP. Benedictins, avec des notes par Phil. Goisbaud du Bois. *Par. J. Bapt. Coignard*, 1684. 6 *vol. in* 8. *mar. r. l. r.*

125 Traités choisis de S. Augustin sur la grace, le libre arbitre de l'homme & la prédestination des Saints, trad. par M. Lequeux. *Paris, Cavelier.* 1757. 2 *vol. in* 12. *bl.*

126 M. Aur. Cassiodori Opera, edente cum notis & observationibus Joan. Garetio. *Rothom.* 1679. 2 *tom.* 1 *vol. in fol. mar. r.*

127 Les quarante Homélies, ou Sermons de S. Grégoire le Grand sur les Evangiles de l'année, trad. par le Sr de Laval (Louis-Charles d'Albert Duc de Luynes). *Par. P. le Petit*, 1665. *in* 4. *v. b.*

128 Les Morales de S. Grégoire Pape sur le livre de Job trad. en franç. par le même. *Par. P. le Petit*, 1666. 3 *vol. in* 4. *mar. r.*

129 D. Flacci Albini, sive AlchWini Opera, studio And. Quercetani. *Par. Seb. Cramoisy*, 1617. *in fol. c. m. v. f.*

130 Lettres de S. Bernard trad. avec des notes (par Jos. Bourgoing de Villefore). *Par. J. Moreau*, 1702. 2 *vol. in* 8. *mar. r.*

THEOLOGIE.

THÉOLOGIENS SCHOLASTIQUES ET DOGM.

2   1 6 - 131 Dictionnaire Théologique portatif. *Paris, Didot*, 1756. *in* 8. *bl.*

1   1 1 - 132 Les Secrets de la justification, ou Entretiens théologiques sur les dispositions qui y sont requises. *Louvain*, 1753. *in* 4. *bl.*

2 —   1 - 133 Le Sistême des Théologiens anciens & modernes concilié par l'exposition des différens sentimens sur l'état des ames séparées des corps, en XIV. Lettres. *Londres*, 1737. 2 *vol. in* 12. *br.*

2 —   ʃ -134 Le même. *Lond.* 1739. 2 *tom.* 1 *v. in* 12. *v. b.*
3   ─ 135 De l'Immortalité de l'ame & de la vie éternelle par Guill. Sherlock, trad. de l'anglois. *Amst. P. Humbert*, 1708. *in* 8. *v. f.*

1 .   4 . 136 De la Mort par Guill. Sherlock, trad. de l'anglois par David Mazel. *Amst. P. Humbert*, 1712. *in* 8. *v. b.*

2 .   8 . 137 Traité de la liberté par Nic. Petitpied. *Utrecht* (*Par.*) 1753. 2 *vol. in* 12. *br.*

1   1 0 138 Lettres d'un Théologien à l'Editeur des Œuvres posthumes de M. Petitpied. *Par.* 1756. 2 *vol. in* 12. *br.*

2 —   1 . 139 Justification d'Ant. Arnauld contre la Censure de 1656. *Liege*, (*Amst.*) 1702. 3 *vol. in* 8. *v. f.*

ʃ .   2 -140 Les Imaginaires & les Visionaires, Lettres de Damvilliers, (Pierre Nicole.) *Liege* (*Leyde, Elseviers,*) 1667. 2 *vol. in* 12. *v. b.*

1   6 -141 La Paix de Clement IX. *Chamberri*, 1700. *in* 12. *v. b.*

1 .   4 142 Mémoires historiques sur le F... *Par.* 1756. 2 *vol. in* 12. *br.*

1   4 ⎧ 143 Recueil de Pieces sur le F... *Avignon*, 1753. *in* 8. *broch.*
      ⎩ 144 Renversement de la Religion. *Rome*, 1756. 2 *vol. in* 12. *br.*

1   — 145 Nouvelle Apologie contre le Livre intit. *Vé-*

THÉOLOGIE.

ritable *Esprit des N. Disciples de S Augustin* par Gilles de Wit. *Par.* 1756. *in* 12. *br.*

146 Justification de P. R. contre le P. Bouhours. 1700. *in* 12. *mar. bl.* — 2 — —

147 Examen de Petit-pied. *Par.* 1751. *in* 12. *br.* — 1 · 1 —

148 Réfutation des Anecdotes par Pierre - Franç. Lafitau. *Aix*, 1734. 3 *vol. in* 8. *v. b.* — 1 · 10

149 Instruction past. de M. le Card. de Noailles. *Paris, Delespine*, 1719. *in* 4. *v. b.* — 1 ·

150 Lettres de M. Dagoumer. *Par.* 1759. *in* 12.-*br.* — 1 · 5

151 Mémoire de Guillet de Blaru. 1756. *in* 12. *br.*
152 Mémoires historiq. *Par.* 1755. 4 *vol. in* 12. *br.* — 2 —
153 Traité des Refus &c. *Par.* 1754. 2 *v. in* 12. *br.*
154 Lettres pacifiq. & Réfutation &c. *Par.* 1753. 3 *vol. in* 12. *br.* — 1 —

155 Recueil de Pieces sur la Théologie. 18 *vol. in* 4. & *in* 12. — 11 · 10

155* Paulli M. Paciaudii de cultu S. Joannis Baptistæ Antiquitates christianæ : acced. in veterem Ordinis Hierosolymitani liturgiam Commentarius. *Romæ, Fratres Palearini.* 1755. *in* 4. *c. m. v. f.* — 8 · 1

155** Dissertation sur la sainte Larme de Vendôme par J. B. Thiers... Lettre du P. Mabillon & Réponse du sieur Thiers à la Lettre préced. *Amst.* (*Par.*) 1751. *in* 12. *mar. r.* — 4 · 19

156 Apologie des Dominicains de la Chine. *Cologne*, 1699. *in* 8. *vel.*

Traités sur les Sacremens & les Indulgences, &c.

157 Franc. Collii de Sanguine Christi Libri V. in quibus de illius natura, effusionibus ac miraculis copiosè disseritur. *Mediolani, Typ. Colleg. Ambrosiani*, 1617. *in* 4. *v. f.* — 20 —

158 Mathiæ Fuhrmanni Historia sacra de baptismo Constantini M. *Romæ, Joan. Zempel*, 1742. 2 *vol. in* 4. *v. f.* — 22 —

THEOLOGIE.

159 Traité du Délai de l'absolution, du P. Concina. *Rome*, 1756. *in* 12. *br.*

160 Dissertations théologiq. & canoniq. sur l'approbation nécessaire pour administrer le Sacrement de pénitence. *Avignon*, 1755. *br.*

161 Dissertation sur la validité des Ordinations des Anglois par le P. Franç. le Courayer. *Bruxelles*, (*Par.*) 1723. 2 *vol. in* 12. *v. f.*

162 Lettres de Dom Gervaise contre le P. Courayer. *Par. Amaulry*, 1724. *in* 12. *v. f.*

163 Nullité des Ordinations Anglicanes par le P. Mich. le Quien. *Paris, Simart*, 1725. 2 *vol. in* 12. *v. b.*

164 Défense de la Dissertation du P. le Courayer. *Par.* 1726. 4 *vol. in* 12. *v. f.*

165 La Défense des Ordinations anglicanes refutée par Jean Hardouin. *Paris, Chaubert*, 1727. 2 *vol. in* 12.

166 Justification de l'Eglise Romaine, ou Réponse au P. le Courayer par le P. Theodoric de S. René. *Par. Dumesnil*, 1728. 2 *vol. in* 12. *v. b.*

167 Relation historiq. & apol. des sentimens & de la conduite du P. le Courayer. *Amsterdam*, 1729. 2 *vol. in* 12. *mar. v.*

168 De la fréquente Communion, où les Sentimens des Peres, des Papes & des Conciles touchant l'usage des Sacremens de Pénitence & d'Eucharistie sont fidelement exposés, par Ant. Arnauld. *Par. Ant. Vitré*, 1643. *in* 4. *vel.*

169 Agneau pascal, ou Explication des cérémonies que les Juifs observoient en la manducation de l'Agneau pascal, appliquées dans un sens spirituel à la manducation de l'Agneau divin dans l'Eucharistie, par Jean Richard. *Cologne, Egmond*, 1686. *in* 8: *v. b.*

170 Th. Sanchez Disputationes de S. Matrimonii sacramento.

THÉOLOGIE.

Antv. Mart. Nutius, 1697. 3 tom. 2 v. in f. vel.

171 Lettres hist. & dogm. sur les Jubilés & les Indulgences, à l'occasion du jubilé de 1751 par Charles Chais. *La Haye. J. Swart.* 1751. 3 vol. in 12 v. f.   4.5

172 Jubilé de l'année sainte. *Par.* 1751. *in* 12. *m.r.*   1 -

173 La Doctrine de l'Ecriture & des Peres sur les guérisons miraculeuses (par Dom Prudent Maran). *Par.* 1756. *in* 12. *blanc.*   1.18

174 Pet. Arkudius de Purgatorio igne, adversus Barlaam, gr. lat. *Romæ*, 1637. *in* 4. *v. m.*   6.1

175 Recherches sur la nature du feu de l'enfer, par Swinden, trad. de l'Anglois par Jean Bion. *Amst. Westein,* 1728. *in* 8.   2.6.

176 Ant. Ruscæ de inferno & statu dæmonum ante mundi exitium libri V. in quibus tartarea cavitas, parata ibi cruciamentorum genera, ethnicorum etiam de his opiniones, dæmonumque conditio usque ad magnum judicii diem, varia eruditione describuntur. *Mediol. Typ. Colleg. Ambrosiani.* 1621. *in* 4. *parch.*   19.5

177 Franc. Collii de animabus Paganorum libri v. *Mediolani Jos. Malatesta.* 1738. 2. vol. *in* 4 v. f.   2 4

OUVRAGES DES THÉOLOGIENS, &c.

178 Œuvres de Jac. Ben. Bossuet. *Par. Mercier.* 1743. & *suiv.* 8 vol. in 4, *format in fol. v f.*   60 -

179 Traités du P. Louis Thomassin. *Par. Muguet.* 1680. & *suiv.* 11 vol. *in* 8.   18.

180 Œuvres de M. de Caylus. *Cologne.* 1751. 6. vol. *in* 12. *br.*   4.

181 La Vie & les lettres de M. Jean Soanen. *Cologne.* 1750. 2 vol. *in* 4. *br.*   3 10

THÉOLOGIENS MORAUX.

182 Conférences ecclés. sur divers points de morale   4 -

THEOLOGIE.

par Jean-Laurent Semelier. *Brux.* (*Par.*) 1755. *in* 12. *tom.* 1. *blanc.*

183 Inſtruction ſur les diſpoſitions qu'on doit apporter aux Sacremens de Pénitence & d'Euchariſtie, par Simon-Michel Treuvé. *Par. Guill. Deſprez.* 1733. *in* 12. *v. b.*

184 Diſcours ſur la Comédie, ou Traité hiſt. & dogm. des jeux de théâtre, par le P. Pierre le Brun. *Par. V^e. Delaulne.* 1731. *in* 12. *v. f.*

185 Eſſai ſur la Comédie moderne contre M. Fagan. *Par.* 1752. *in* 12. *br.*

186 Lettre de M. des P. de B. ſur les ſpectacles. *Par. Lottin.* 1756. *in* 12. *br.*

187 Les Provinciales, ou lettres écrites par Louis de Montalte. (Bl. Paſcal). *Colog. Pierre de la Vallée.* (*Amſt. L. D. Elſeviers*). 1657. *in* 12. *vel.*

188 Les mêmes en lat. en ital. & en eſpag. *Colog.* (*Amſt.*) 1684. *in* 8. *mar. b. l. r.*

189 les mêmes avec les notes de Guill. Wendrock. (Pierre Nicole.) trad. en fr. (par Mlle. de Joncourt). *Amſt.* 1734. 3 *vol. in* 8. *mar. b.*

190 La Morale des.... extraite fidelement de leurs livres, par Nic. Perraut. *Mons.* (*Amſterd.* 1667. *in* 4 *v. b*

191 Principes ſur la Probabilité réfutée par les Payens. 1727. *in* 8. *mar. v.*

192 Lettres d'un Théologien à un Evêque. *Amſt.* 1755. *in* 12. *br.*

193 Problême hiſtoriq. *Avig.* 1757. 2 *vol. in* 12. *br.*

194 Explication de quatre Paradoxes, par le P. Daniel Concina, trad. *Avignon.* 1751. *in* 12. *br.*

195 Apologie de la Théologie des PP. Buzembaum & Lacroix, par le P. Zaccheria. *in* 12.

196 Regles pour travailler utilement à l'éducation chrét. des enfans par Ambr. Pacori. *Par. Guill. Deſprez.* 1726. *in* 12 *v. b.*

THÉOLOGIE.

197 De l'éducation des filles par Franç. de Salignac de la Mothe Fenelon. *Par.* 1740. *in.* 12. *v. f.* — 2   3.

198 Lettres fur la néceffité de la retraite, par Louis le Valois. *Par. L. Guérin.* 1703. *in* 12. *v. f.* — 1   18

THÉOLOGIENS CATÉCHISTES.

199 Catéchifme ou Introduction au fymbole de la foi, par le P. Louis de Grenade, trad. par Guill. Girard. *Par.* 1684. 4 *v. in* 8. *v. b.* — 5   1-

200 Catéchifme hift. contenant en abregé l'hiftoire fainte & la doctrine chrétienne, par Cl. Fleury, avec fig. *Par. Martin.* 1740. 2 *vol. in* 12. *v. f.* — 5   1-

201 Expofition de la doctrine chrétienne, ou Inftructions fur les principales vérités de la religion, par Phil. Mefenguy. *Utrecht.* (*Paris*). 1744. 6 *vol.* 12. *blanc.* — 6 - -

THÉOL. PARÆNETIQUES. OU PRÉDICAT.

202 Oliverii Maillardi Sermones. *Par. Joh. Parvus. in* 8. *mar. r.* — 10 · 1·

203 Joan. Clerée Sermones quadragefimales declamati Parifiis apud S. Severinum. *Par. de Marnef.* 1526. *in* 8. *mar. cit.* — 8·

204 Mich. Menoti Sermones quadragefimales Parifiis declamati. *Par. Cl. Chevalonius.* 1526. *in* 8. *mar. r.* *Eclaircissement* — 12 -

205 Panégyrique de S. Louis & autres par l'Abbé de la Chambre. *Par. Gab. Martin.* 1681. *in* 4. *gr. pap. mar. r.* — 3·

206 Sermons du P. Louis Bourdaloue pour l'avent: le carême: les dimanches: les fêtes: les exhortations: les retraites, & les myfteres. *Par. Rigaud.* 1707. & *fuiv.* 14. *vol. in* 8. *v. f. l. r.* — 10 6· 19

207 Penfées du même. *Par. Cailleau.* 1734. 2 *vol. in* 8. *v. b.* — 12 · 15

208 Avent, Carême, Panégyriques. *Par. Rigaud.* — 30· 1·

THEOLOGIE.

1707. 6 vol. in 8. mar. n.

209 Retraites du même. in 8. v. b.

210 Panégyriques & autres Sermons, par Efprit Fléchier. Par. 1696. in 4 gr. pap. v. b.

211 Sermons du P. Charles de la Rue pour le Carême, &c. Par. Rigaud. 1719. 4 vol. in 8. mar. r. l. r.

212 Sermons du P. Hubert. Par. V^e. Roulland. 1725. 6 vol. in 12. mar. r.

213 Clementis XI Homiliæ in Evangelia. Romæ, Jo. Mar. Salvioni. 1722. in fol. v. f

214 Sermons du P. Franc. Bretonneau. Par. J. B. Coignard. 1749. 8 vol. in 12. blanc.

215 Sermons de J. B. Maffillon, (Avent, Carême, petit carême : Myfteres, Panégyriques, Oraifons funebres, Conférences, Pfeaumes & Penfées) Par. 1745. & fuiv. 15 vol. in 12 v. f.

216 Sermons du Pere de Segaud. Par. J. B. Coignard. 1750. 6 vol. in 12. blanc.

217 Sermons de Jean Tillotfon, trad. de l'Angl. par Jean Barbéyrac. Amft. Humbert. 1722. & fuiv. 7 vol. in 8. blanc.

218 Sermons fur divers textes de l'Ecriture Sainte, avec de nouv. Sermons fur l'hift. de la Paffion de J. C. par Jacq. Saurin. La Haye. P. Van. Thol. 1749. Rotterd. J. Dan. Beman. 1745. 12 vol. in 8. blanc.

THÉOLOGIENS MYSTIQUES.

219 Thomæ à Kempis de Imitatione Chrifti libri IV. Par. è Typ. reg. 1640. in fol. mar. cit.

220 Iidem. Lugd. J. & Dan. Elfevirii. in 12. vel.

221 Iidem. Lugd. ex Offic. Elzevir. 1658. in 12. mar. r.

222 Iidem, ex recenfione Herib. Rofweydi. Glafguæ, Foulis. 1751. in 12. br.

THEOLOGIE

223 Iidem ad octo MSS. ac primarum editionum fidem castigati & mendis plus 600 expurgati ex recens. Jos. Valart. *Par. Barbou.* 1758. *in* 12 *pap. d'Holl.* — 6.

224 Imitation de J. C. trad. & paraphrasée en vers françois par Pierre Corneille, avec les figures de Chauveau. *Rouen.* 1658. *in* 4. *mar. r.* — 5-1.

225 Imitation de J. C. trad. par le P. Hier. de Gonnelieu. *Par. Cl. Robustel.* 1727. *in* 8 *v. b.* — 2.12

226 Le Trésor de l'Ame, extrait des Saintes Ecritures de latin en franç. par Robert. *Par. Ant. Verard. in fol. imprim. sur velin avec fig. enlum. l. r. & couvert en velours cramoisi.* — 55. 1.

227 Procès du miroir de l'humaine salvation, ou concordance de l'anchien Testament ou nouvel, fait & translaté de latin en franchois, à Bruges l'an 1455. *ms. sur velin in fol. mar. r. avec fig. très bien conservées.* — 800 —

228 La Guide des Pêcheurs par Louis de Grenade, trad par Guill. Girard. *Par. P. le Petit.* 1668 *in* 8. *mar. r.* — 5..

229 Avis salutaires d'un Philosophe Chrétien, trad. d'un ms. latin qui a pour titre, Christianæ philosophiæ medulla. *Par. Prault.* 1740. *in* 12. *br.* — 1)

230 Introduction à la vie dévote du B. François de Sales. *Par. Impr. royale.* 1641. *in fol. mar cit.* — 12 -

231 Instruction du Chrétien par le Card. de Richelieu. *Par. Impr. royale.* 1652. *in fol. mar. cit.* — 8.

232 Lettres chrét. & spirit. d'Isaac Louis le Maître de Sacy. *Par. Guill. Desprez* 1690. 2 *vol. in* 8. *mar. r.* — 7.4

233 Essais de Morale : Traités Théologiques par Pierre Nicole, avec la vie de cet Auteur par P. Cl. Goujet. *Par. Guill. Desprez.* 1733. *& suiv.* 23 *vol. in* 12. *v. f.* — 40.1

234 Traité contre le luxe des hommes & des fem- — 3 -

mes & contre le luxe avec lequel on éleve les enfans. *Par. Mic. Brunet.* 1705. *in* 12.

235 Penſées chrét. pour tous les jours du mois. *Par.* 1704. *in* 16. *v. b.*

236 Lettres ſur divers ſujets de Morale & de Piété par Jacq. Joſ. Duguet. *Amſterd.* 1753. *tom.* 10. *in* 12. *br.*

237 Prieres & Inſtructions chrétiennes par le P. Eſt. Sanadon. *Par. Greg. Dupuis.* 1738. *in* 12. *v. f.*

238 Entretiens avec J. C. dans le S. Sacrement de l'autel, par D. Robert Morel. *Par. Jacq. Vincent.* 1736. *in* 12. *v. f.*

239 Le Directeur dans les voyes du ſalut ſur les principes de S. Charles Borromée. *Amiens. Ve. Godart.* 1743. *in* 12. *v. m.*

240 De la Sainteté & des devoirs de la vie monaſtique avec les éclairciſſemens, par D. Franç. Arm. le Bouthillier de Rancé. *Par. Fr. Muguet.* 1683-1685. 3 *vol. in* 4. *gr. pap. mar. r.*

241 Traité des études monaſtiques par D. Jean Mabillon. *Par. Ch. Robuſtel.* 1691. *in* 4. *gr. pap. mar. r.*

242 Réponſe au Traité des études monaſtiques par D. F. Arm. le Bouthillier de Rancé. *Par. Fr. Muguet.* 1692. *in* 4. *mar. r. gr. pap.*

243 Poéſies & Cantiques ſpirituelles ſur divers ſujets qui regardent la vie intérieure, ou Eſprit du vrai Chriſtianiſme par Jeanne Marie Bouvieres de la Mothe Guion. *Cologne.* (*Amſt.*) 1722. 4 *vol. in* 12. *v. f*

244 Œuvres ſpirituelles de Franç. de Salignac de la Mothe Fenelon. nouv. édition augm. *Rotterd. Jean Hofhout.* 1738. 2. *vol. in fol. mar. r. gr. pap.*

245 Les mêmes. (*Paris*). 1740. 4. *vol. in* 12. *v. f.*

246 Inſtructions ſur les états d'oraiſon par Jacq.

THÉOLOGIE.

Ben. Bossuet. *Par. J. Anisson.* 1697. *in* 8. *mar. r.*
247 Divers Ecrits ou Mémoires sur le livre intitulé : *Explications des maximes des SS.* par le même. *Par. J. Anisson.* 1698. *in* 8. *mar. r.*

THÉOLOGIENS POLEMIQUES.

Traités gen. de la vérité de la Religion Chrétienne.

248 Christ. Scotani Triumphi S. scripturæ adversus Infideles, Philosophos, Atheos, Epicureos, &c. libri v. *Franek. Joan. Wellens.* 1668. *in* 8. *vel.*
249 Jugement & censure du livre du la doctrine curieuse de Fr. Garasse. *Par.* 1623. *in* 8 *parch.*
250 L'Anti-Garasse. *Par.* 1630. *in* 8. *vel.*
251 Pensées de Pascal sur la Religion & sur quelques autres sujets, avec la vie. *Par. Desprez.* 1715. *in* 12. *v. b.*
252 Traité de la Religion Chrétienne, par Jacq. Abbadie. *Amsterd.* 1719. 3 *vol. in* 12. *v. f.*
253 Le Christianisme raisonnable, trad. de l'ang. de Jean Locke, par Pierre Coste. *Amst. Chatelain.* 1750. 2 *vol. in* 12. *v. f.*
254 La Religion Chrétienne démontrée par la conversion & l'Apostolat de S. Paul, trad. de l'ang. de Georg. Lyttelton. *Par. Tilliard.* 1754. *in* 12. *mar. r.*
255 Ebauche de la Religion naturelle par Wollaston, avec un supplément & des additions. *La Haye, J. Swart.* 1726. *in* 4. *v. b.*
256 La Religion : la Grace, Poëmes, par Louis Racine. *Par. J. B. Coignard.* 1742. *in* 8. *mar. r.*
257 Le même Poëme de la Religion. *in* 8. *format in* 4.
258 Essai lyrique sur la Religion. *Francfort. Knoch.* 1755. *in* 8. *bl.*
259 Principes de Religion, ou la Raison convaincue de la vérité du Christianisme. *Par. Prault.* 1751. *in* 12. *v. f.*

THEOLOGIE.

260 La Vérité révélée, trad. de l'angl. *Londres.* (*Paris*). 1755. *in* 12. *br.*

261 L'Incrédule détrompé & le Chrétien affermi dans la foi par les preuves de la Religion exposées d'une maniere sensible, par René Franc. du Breil de Pontbriand. *Par. J. B. Coignard.* 1752. *in* 8. *mar. r.*

262 L'Athéisme, folie dangereuse. *Francf. Knoch.* 1753. *in* 8. *blanc.*

263 Lettres Flamandes, ou Histoire des variations & contradictions de la prétendue Religion naturelle. *Par.* 1753. *in* 12. *br.*

264 Questions diverses sur l'Incrédulité, (par M. Jean-George le Franc Ev. du Puy). *Par. Chaubert.* 1751. *in* 12. *mar. r.*

265 Reflexions Phil. & litter. sur le Poëme de la Religion naturelle. *Par. Hérissant* 1756. *in* 8. *bl.*

266 La Religion révélée, Poëme en réponse à celui de la Religion naturelle, avec un Poëme sur la cabale Anti-Encyclopédique. *Gen.* 1758. *in* 8. *br.*

267 Apologie de l'Abbé de Prades. *Amst.* (*Par.*) 1752. *in* 8. *br.*

268 La Religion vengée des impiétés de la thèse & de l'apologie de l'Abbé de Prades. *Montaub.* 1754. *in* 12. *br.*

269 La Religion vengée ou réfutation des Auteurs impies. *Par. Chaubert.* 1757. 5 *vol. in* 12. *br.*

270 L'usage & les fins de la Prophétie par Sherlock, trad. de l'angl. par Ab. le Moine. *Paris. Tilliard.* 1754. *in* 12. *bl.*

271 Traités de l'Existence & des Attributs de Dieu, des devoirs de la Religion naturelle, & de la vérité de la Religion Chrétienne, par Sam. Clarke, trad. par Pierre Coste. *Amst. Bernard.* 1727. 3 *vol. in* 8. *v. b.*

272 L'Existence de Dieu démontrée par les merveilles

THÉOLOGIE.

veilles de la Nature où l'on traite de la structure du corps de l'homme, des élémens, des astres & de leurs divers effets, avec fig. par Bern. de Nieuwentyt, trad. par Pierre Noguez. *Par. Jacq. Vincent.* 1725. *in* 4. *v. b.*

273 Théologie physique ou démonstration de l'Existence & des attributs de Dieu, tirée des œuvres de la création, par Guill. Derham, trad. de l'angl. par Jacq. Lufneu. *Par. Chaubert.* 1732. 2 vol. *in* 8. *v. f.*   11   19

274 Théologie astronomique ou démonstration de l'existence & des attributs de Dieu, par l'examen & la description des cieux, par Guill. Derham, trad. de l'angl. *Par. Chaubert.* 1729. *in* 8. *v. f.*   6

275 Théologie des Insectes ou démonstration des perfections de Dieu dans tout ce qui concerne les insectes, trad. de l'allem. de Lesser, avec des remarques par P. Lyonnet. *La Haye. J. Swart.* 1742. 2. vol. *in* 8. *v. f.*   14   10

276 Théologie de l'Eau ou Essai sur la bonté, la sagesse & la puissance de Dieu, manifestées dans la création de l'eau, trad. de l'allem. de Jean Alb. Fabricius. *La Haye. P. Paupie.* 1741. *in* 8. *v. f.*   8

277 La Grandeur de Dieu dans les merveilles de la Nature, Poëme par Paul Alex. Dulard. *Par. Desaint* 1749. *in* 12. *v. f.*   2   6

278 Les Témoins de la Résurrection de J. C. examinés & jugés selon les regles du Barreau pour servir de réponse aux objections de Woolston, trad. de l'angl. par A. le Moine. *Par. Nic. Tilliard.* 1753. *in* 12. *mar. r.*   8   15

279 Observations sur l'Histoire & sur les preuves de la Résurrection de J. C. trad. de l'angl. de Gilbert West. *Par. Tilliard.* 1757. *in* 12. *bl.*   1

280 Reflexions d'un Militaire sur l'utilité de la   1   1

Religion. *Londres.* 1759. *in* 12. *br.*

Traités contre les Calvinistes.

281 Expofition de la doctrine de l'Eglife Catholiq. fur les matieres de controverfe, par Jacq. Ben. Boffuet. *Par. Cramoify.* 1686. *in* 12. *v. b.*

282 Les principaux poincts de la foi Catholique, par le Card. de Richelieu. *Par. Impr. royale.* 1642. *in fol. mar. cit.*

283 Traité de l'Eglife de J. C. par Fr. Ilharrat de la Chambre. *Amfterd.* 1743. 6. *vol. in* 12. *bl.*

284 Pour convertir à l'églife ceux qui en font féparés, en cinq livres. *Mf. fur velin in* 8. *mar. r.*

285 Hiftoire des variations des Eglifes Proteftantes, par Jacq. Ben. Boffuet. *Par. Ve. Cramoify.* 1688. 2. *vol. in* 4. *mar. r.*

286 Avertiffemens (VI) aux Proteftans fur les lettres de Jurieu, contre l'hiftoire des variations, par le même. *Par. Ve. Cramoify.* 1689. *in* 4. *mar. v.*

287 Défenfe de l'hiftoire des Variations contre la réponfe de Bafnage, par le même. *Par. Deluffeux.* 1727. *in* 12. *mar. r.*

288 Inftruction Paft. de M. l'Ev. du Puy aux nouv. convertis de fon Diocèfe. *Montauban. Teulieres.* 1751. *in* 12. *bl.*

Théologiens Hétérodoxes.

289 Matt. Flacii Illvrici demonftrationes doctrinæ de effentia imaginis Dei & Diaboli, juftitiæque ac injuftitiæ originalis. *Bafil. Pet. Perna. in* 8.

290 Difcours du vrai Sacrifice, & du vrai Sacrificateur, par J. de l'Efpine. *Lyon. Saugrain.* 1563. *in* 12. *mar. r.*

291 Antithèfe des faicts de J. C. & du Pape, mis en vers franç. & autres pieces, avec fig. *Geneve.* 1578. *in* 8. *v m.*

292 L'harmonie & convenance de l'Eglife Romaine

THEOLOGIE.

avec le Paganisme, Judaïsme &c. par Franç. de Croy. 1605. *in 8. vel.*

293 La Chasse de la Bête Romaine, ou Refutation du XXIII chap. du Catéchisme & abregé des Controverses touchant la Religion catholique, imprimé à Fontenay en 1607 par George Thomson. *La Rochelle, Phil. Albert*, 1612. *in 8. vel.*

294 La Ruine du Papat & de la simonie de Rome &c. 1679. *in 12. v. b.*

295 Relation de l'état de la Religion, trad. de l'angl. d'Edwin Sandis. *Amst. Louis Elzevier*, 1641. *in 12. vel.*

296 Traité de la paix de l'Ame par Pierre du Moulin. *Amst. Cadet*, 1729. *in 12. vel.*

297 Ant. Garissolii Explicatio & defensio decreti Synodi Carentoniensis de imputatione primi peccati Adæ. *Montalbani, Petrus Braçonerius*, 1648. *in 8.*

298 Le Passepartout de l'Eglise Romaine, ou Hist. des tromperies des Prêtres & des Moines en Espagne, par Ant. Gavin, trad. de l'angl. par Janiçon. *Londres*, 1728. 3 vol. *in 12.*

299 Lettre en réponse à M. le Card. de Noailles sur sa Lettre pastorale aux N. réunis de son Diocese en 1699. *Utrecht*, 1700. *in 12. v. f.*

300 Histoire des cérémonies & des superstitions qui se sont introduites dans l'Eglise. —— Préservatif contre le changement de religion. —— Ratramne ou Bertram du Corps & du Sang du Seigneur. *Amst. Bernard*, 1717. *in 12. mar. r.*

301 Du Pouvoir des Souverains, & de la liberté de conscience, trad. de Noodt par Barbeyrac. *Amst.* 1714. *in 12. mar. r.*

302 Liberté de conscience resserrée dans des bornes légitimes. *Lond.* 1754. 3 parties 1 v. *in 8. vel.*

303 Mémoire théologique & politique au sujet

THEOLOGIE.

des mariages clandestins des Protestans de France. 1755. *in* 8. *br.*

304 Dissertation sur la tolérance des Protestans, ou Réponse à *l'Accord parfait* & au Mém. sur les mariages clandestins &c. *in* 12. *br.*

305 Lettre d'un Patriote sur la tolérance civile des Protestans de France &c. 1756. *in* 8. *br.*

306 La Voix du vrai Patriote catholique, opposée à celle des faux Patriotes tolérans. 1756. *in* 8. *br.*

307 Questions sur la Tolérance. *Geneve*, 1758. *in* 12. broch.

Traités sur des erreurs particulieres.

308 Guill. Postelli de orbis terræ Concordia libri IV. quibus Religionis christianæ placita, rationibus philosoph. docentur. (*Bas. Oporinus*) 1544. *in fol. mar. cit.*

309 Pensées de Simon Morin, ses Cantiques, ses Quatrains &c. *Paris*, 1647. *in* 8. *v. m. Éclaté.*

310 Joan. Tolandi Pantheisticon, sive Formula celebrandæ sodalitatis Socraticæ. *Cosmopoli*, 1720. *in* 8. *mar. cit.*

311 Had. Beverlandi de peccato originali Dissertatio. 1679. *in* 8. *mar. r. Éclairiin.*

312 Had. Beverlandi de fornicatione cavenda Admonitio, sive Adhortatio ad pudicitiam & castitatem. *Juxtà exemp. Lond.* 1698. *in* 8. *mar. r.*

Théologie des Mahométans.

313 Alcorani Textus ex arabico in lat. translatus, cum notis & refutatione Lud. Marraccii. *Patavi*, *Typ. seminarii*, 1698. 2 *vol. in fol. mar. r.*

314 L'Alcoran de Mahomet trad. par André du Ryer. *Par.* 1649. 2 *vol. in* 12. *mar. l. r.*

315 La Religion des Mahometans exposée par leurs propres Docteurs, avec des éclaircissemens sur les opinions qu'on leur a faussement attribuées, tirés du latin de Reland. *La Haye, Is. Vaillant*, 1721. *in* 12. *mar. r.*

THEOLOGIE.

316 Le Ciel réformé, Essai de traduction du livre intit. *Spaccio della Bestia trionfante*, par Jordanus Brunus. *Par.* 1750. *in* 12. *mar. bl.*

317 Jul. Cæsaris Vanini de admirandis Naturæ, Reginæ, Deæque mortalium arcanis Libri IV. *Lut. Ad. Perrier*, 1616. *in* 8. *v. b.*

318 La Vie & les sentimens de Lucilio Vanini par David Durand. *Rotterd. Gasp. Fritsch*, 1717. *in* 12. *v. b.*

319 B. Spinosæ Tractatus theologico-politicus. *Hamb.* 1679. —— Opera posthuma. 1677. *in* 4. *vel.*

320 Refutation des erreurs de Spinosa par M. de Fenelon, le P. Lamy &. *Brux. Fr. Foppens*, 1731. 2 *vol. in* 12. *mar. r.*

321 Theop. Alethei (Joan. Lyseri) Polygamia triumphatrix, id est, Discursus politicus de Polygamia. *Lond. Scanorum*, 1682. *in* 4. *mar. cit.*

322 Discours sur la liberté de penser trad. de l'anglois, avec la Lettre d'un Médecin Arabe. *Lond.* 1714. *in* 12. *mar. r. gr. pap.*

323 Pensées sur la Religion, l'Eglise & le bonheur de la nation trad. de l'angl. de B. M. par Juste van Effen. *Amst. Fr. l'Honoré*, 1738. *in* 12. *v. m.*

324 Réponse ou Critique des Lettres philosophiques de Voltaire. *Basle* (*Par.*) 1735. 2 *v. in* 12.

325 Lettres sur la Religion essentielle à l'homme, avec un supplément. *Londres*, 1734. 5 *tom.* 3. *vol. in* 12. *v. br.*

326 Les mêmes. *Lond.* 1756. 4 *vol. in* 12. *br.*

327 Recueil de Pieces par Albert Radicati. *Rotterd. Jonhson*, 1736. *in* 8. *mar. r.*

JURISPRUDENCE.

DROIT CANONIQUE.

528 Institution au Droit Eccléfiaftique par Cl. Fleury. *Par. Gab. Martin*, 1740. 2 *v. in* 12. *v. f.*

329 Codex canonum vetus Ecclefiæ Romanæ à Fr. Pithoeo ad vet. mff. codices reftitutus, & notis illuftratus : acced. Pet. Pithoei Mifcellanea ecclef. Abbonis Floriac. apologeticus, & Epiftolæ & Formulæ antiquæ Alfaticæ ex Bib. Cl. le Peletier. *Parif. Typ. regia*, 1687. *in fol. c. m. v. f.*

330 Corpus Juris canonici, ad codices mff. reftitutum, & notis illuftratum à Pet. Pithoeo & Francifco fratre, ex Bibliot. Cl. le Peletier. *Parif. Dion. Thierry*, 1685. 2 *vol. in fol. c. m. mar. r. l. r.*

331 Steph. Daoyz Summa, feu Index juris pontificii. *Mediolani, J. B. Certus*, 1745. *in fol. bl.*

— 332 Clementis V. P. Opus conftitutionum, unà cum apparatu Domini Johannis Andreæ, fuis rubricationibus fufficienter diftinctum. *Moguntiæ*, 1471. *in fol. mar. r.*

— 333 Collectio Bullarum SS. Bafilicæ Vaticanæ à S. Leone ad Benedictum XIV. cum notis : acced. Differtatio de Abbatia S. Salvatoris ad montem Magellæ. *Romæ, Jo. Mar. Salvioni*, 1747-1752. 3 *vol. in fol, mar. r.*

334 Traité du pouvoir du Magiftrat politique fur les chofes facrées trad. du lat. de Grotius. *Lond.* (*Par.*) 1751. *in* 12. *v. f.*

335 Traité de l'autorité des Rois touchant l'adminiftration de l'Eglife par Omer Talon (Roland le Vayer de Boutigny). *Amfterdam, Dan. Pain*, 1700. *in* 8. *v. f.*

JURISPRUDENCE.

336 Le même; nouv. édit. revue fur le mſ. de l'Auteur. *Londres (Par.)* 1753. *in* 12. *v. f.*

337 Traité des bornes de la Puiſſance eccléſ. & de la Puiſſance civile, avec un Sommaire chron. des entrepriſes des Papes pour étendre la Puiſſance ſpirituelle (par Jean Delpech de Merinville). *Amſt. (Par.)* 1734. *in* 8. *v. f.*

338 La Faillibilité des Papes &c. 1720. 2 *v. in* 12. *v. b.*

339 Traité de l'autorité du Pape, dans lequel ſes droits ſont établis & réduits à leurs juſtes bornes, & les principes des libertés de l'Egliſe Gallicane juſtifiés. *La Haye, Lud. Rogiſſart,* 1720. 4 vol. *in* 12. *v. f.*

340 Le Songe du Vergier qui parle de la diſputation du Clerc & du Chevalier. *Par. Jacq. Maillart,* 1491. *in fol. goth. v. f.*

341 Hiſtoire du Démêlé de Henri II Roi d'Angleterre avec Thomas Becket. *Amſt. (Par.)* 1756. *in* 12. *br.*

342 Em. Richerii Libellus de eccleſiaſtica & politica poteſtate &c. *Col.* 1701. 2 *tom.* 1 *v. in* 4. *v. f.*

343 Hiſtoire du Syndicat d'Edmond Richer. *Avig. (Par.)* 1753. *in* 8. *v. f.*

344 Le Prince de Fra-Paolo (trad. par François-Marie de Marſy). *Berlin (Par.)* 1751. *in* 12. *v. f.*

345 Traité des Bénéfices du même, trad. avec des notes par Amelot de la Houſſaye. *Amſt. Weſtein,* 1706. *in* 12. *mar.*

346 Taxa Cancellarie apoſtolice, & Taxa ſacre Pœnitentiarie apoſt. *Par. Toſſanus Denys.* 1520.

——Totale & vraye Deſcription de tous les paſſaiges lieux & deſtroits par leſquels on peut paſſer & entrer des Gaules ès Ytalies. *Par. le même,* 1518.

——Rob. Gouleti Compendium de multiplici Pariſ. Univerſitatis magnificencia, dignitate & excellentia. *Par. id.* 1517. *in* 4. *mar. r.*

347 Taxe de la Chancellerie Romaine trad. *Lond.* 1701. *in* 12. *br.*

348 La même. *Rouen.* 1744. *in* 12. *br.*

DROIT ECCLÉSIASTIQUE DE FRANCE.

349 Histoire du Droit public, ecclés. françois, où l'on traite de sa nature, de son établissement, de ses variations, & des causes de sa décadence par D. B. *Londres (Paris)* 1750. 2 *vol. in* 4. *gr. pap. mar. cit.*

350 Les Loix ecclésiastiques de France dans leur ordre naturel, & une Analyse des livres du Droit canonique. conférées avec les usages de l'Eglise gallicane par Louis de Hericourt. *Par. P. J. Mariette*, 1748. *in fol. bl.*

351 Commentaire de Pierre Dupuy sur le traité des Libertés de l'Eglise gallicane de Pierre Pithou : nouv. édit. augm. par Nic. Lenglet du Fresnoy. *Par.* 1715. 2 *vol. in* 4. *gr. pap. v. m.*

352 Mémoire sur les Libertés de l'Eglise gallicane. *Amst. (Par.)* 1755. *in* 12. *br.*

353 Maximes & libertés gallicanes. *La Haye (Par.)* 1755. *in* 12. *br.*

354 Exposition de la Doctrine de l'Eglise gallicane, par rapport aux prétentions de la Cour de Rome. *Geneve, Kramer,* 1757. 3 *vol. in* 12. *br.*

355 Traité de la Puissance ecclésiastique & temporelle (par Louis Ellies du Pin.) *Par.* 1707. *in* 8. *v. b.*

356 Recueil des Actes, Titres & Mémoires concernant les Affaires du Clergé de Fr. par Pierre le Mere. *Par. Muguet,* 1716 *& suiv.* 12 *tom.* 13 *vol. in fol. mar. r.*

357 Remontrances, Harangues du Clergé &c. sous le titre de 12e. vol. du précédent Recueil. *Par. Debure,* 1740. *in fol. mar. r.*

JURISPRUDENCE.

358 Abregé du Recueil du Clergé, ou Table raisonnée des matieres contenues dans ce Recueil. *Par. Desprez*, 1752. *in fol. mar. r.*

359 Extrait du Procès verbal de l'Assemblée du Clergé tenue en 1750. *Avignon*, 1750. *in* 12.*br.*

360 Card. Degrassalii Regalium Franciæ libri duo, jura & dignitates Galliæ Regum continentes.*Par. Galeotus Pratensis*, 1545. *in* 8. *v. b.*

361 Traité de l'origine de la Régale & des causes de son établissement par Gasp. Audoul. *Par. Jacq. Colombat*, 1708. *in* 4. *v. f.*

362 Traité des Droits du Roi sur les bénéfices de ses Etats & de plusieurs droits des Evêques par (Dominique Simonnel. *Par.*) 1752. 2 *v. in* 4. *bl.*

363 Traité des Droits de l'Etat & du Prince sur les biens possedés par le Clergé. *Amst. (Par.)* 1755 & *suiv.* 6 *vol. in* 12. *br.*

364 Lettres sur les Droits du Roi envers la personne des Ecclésiastiques &c. 1755. *in* 12. *br.*

365 Letttres *Ne repugnate vestro bono &c. Londres (Paris)* 1750. *in* 8. *br.*

366 Examen impartial des Immunités ecclésiastiques. *Lond.* 1751. *in* 12. *br.*

367 Mémoire concernant le Clergé. 1753. *in* 12.*br.*

368 Ecrits pour & contre les Immunités prétendues par le Clergé de France. *La Haye*, 1751. 8 *vol. in* 12. *vel.*

369 Nouv. Commentaire sur l'Edit de 1695 concernant la Jurisdiction ecclésiastique. *Par. Debure*, 1757. *in* 12. *bl.*

370 Les Pouvoirs légitimes du premier & du second Ordre dans l'administration des Sacremens & le gouvernement de l'Eglise par Traver. (*Par.*) 1744. *in* 4. *v. f.*

371 Examen de deux questions sur le mariage; comment la Puissance civile peut-elle déclarer

E

JURISPRUDENCE.

des mariages nuls, sans entreprendre sur les droits de la Puissance ecclés.? Quelle est en conséquence l'étendue du pouvoir des Souverains sur les empêchemens dirimans du mariage? (par Leuridan. *Par.*) 1753. *in* 4. *v. f.*

372 Recueil sur la question de savoir si un Juif marié dans sa Religion, peut se remarier après son baptême, lorsque sa femme Juive refuse de le suivre & d'habiter avec lui. *Par.* 1749 *in* 12. *br.*

373 Cinq Mémoires, Factums & Pieces pour & contre le Juif Borach Levi. 1757. *in* 4.

374 Traité de la dissolution du mariage pour cause d'impuissance, avec quelques Pieces sur le même sujet par le Prés. Bouhier. *Luxembourg,* 1735. *in* 8.

375 Principes sur la nullité du mariage pour cause d'impuissance, avec le traité du Prés. Bouhier &c. *Lond.* (*Par.*) 1756. *in* 8. *bl.*

Droit ecclésiastique des Réguliers.

376 Franc. Pellizzarii Tractatio de Monialibus, in qua referuntur omnes fere quæstiones de receptione, novitiatu, dote, votis religiosis &c. *Romæ,* 1755. *in* 4. *v. f.*

377 Dissertation can. sur le vice de la propriété des Religieux & Religieuses par Bern. van Espen, trad. *Louvain, Gilles Denique,* 1688. *in* 12. *v m.*

378 De l'Autorité du Roi touchant l'âge nécessaire à la profession solemnelle des Religieux par le Vayer de Boutigny. *Amst.* 1751. *in* 12. *br.*

DROIT DE LA NATURE ET DES GENS.

380 Droit de la nature & des gens, ou Systême des principes les plus importans de la Morale, de la Jurisprudence & de la Politique par Samuel de Puffendorf. trad. avec des notes par Jean Barbeyrac. *Amst.* 1734. 2 *vol. in* 4. *gr. pap. v. f.*

381 Le Droit de la guerre & de la paix par Hug.

ISPRUDENCE.

avec des notes par Jean Barbey-
Coup, 1729. 2 v. in 4. gr. pap. v. f.   4. -
de l'Homme & du Citoyen, tels
prescrits par la loi naturelle, trad.
nuel de Puffendorf par Jean Bar-
e. de Coup, 1735. 2 tom. 1 vol.

istoire du Droit naturel. *Londres*   1   10.
vol. in 12. br.

Droit politique par J. Burlama-   4.   4.
r.) 1751. 2 vol. in 8. v. f.

ersel diplomatique du Droit des
un Recueil des Traités d'allian-
e trêves &c. depuis Charlemagne
r Jean Dumont. *Amst. Westein*,
vol. in fol. gr. pap. br.
au Corps diplomatique continué
Jean Rousset. (Histoire des an-
paix jusqu'à Charlemagne par   } 350 —
: Cérémonial diplomatique des
rope par Jean Dumont & Jean
erdam *Westein*, 1739. 5 vol. in

s secretes touchant la Paix de
snabrug, dep. 1642 jusq. 1648
J. Neaulme, 1725. 4 vol. in fol.

Traités de paix & autres Négo-
11 siecle ; depuis la Paix de Ver-
le de Nimegue (par Jean - Yves
Amst. J. Fred. Bernard, 1725. 2
pap. br.

ns des Puissances de l'Europe fon-   45.
tés conclus dep. la Paix d'Utrecht
ves de leurs prétentions particu-
Rousset. *La Haye, Adr. Moet-*
ol. in 4. gr. pap. br   E ij

JURISPRUDENCE.

390 Principes des Négociations pour servir d'introduction au Droit public de l'Europe, fondés sur les Traités, par Bonnot de Mably. *La Haye*, (*Par.*) 1757. *in* 12. *br.*

391 Fœdera, Conventiones, Litteræ & Acta publica inter Reges Angliæ, & alios Imperatores, Reges, Pontifices &c. accurante Thoma Rymer; editio tertia studio Georgii Holmes. *Hag. Comit. Neaulme*, 1745. 10 *vol. in fol. c. m. mar. r.*

DROIT CIVIL.

392 Histoire de la Jurisprudence Romaine par Ant. Terrasson. *Par.* 1750. *in fol. bl.*

393 Corpus Juris civilis cum notis Dion. Gothofredi. *Lut. Parif. Ant. Vitray*, 1628. 2 *vol. in fol. c. m. v. b.*

394 Steph. Daoyz Summa, seu Index juris civilis. *Mediolani*, *J. B. Certus*, 1742. *in fol. bl.*

395 Les Loix civiles dans leur ordre naturel : le Droit public, & legum Delectus par Jean Domat ; nouv. édition revue & corrigée par Louis de Hericourt. *Par.* 1756. *in fol.*

396 Fr. Baconii Exemplum tractatus de justitia universali, sive de Fontibus juris. *Par. Vincent*, 1752. *in* 16. *mar. r.*

DROIT FRANÇOIS.

397 Institution au Droit François par Fr. Argou ; nouv. édit. revue & augm. *Par. P. J. Marjette*, 1739. 2 *vol. in* 12. *v. m.*

398 Capitularia Regum Francorum : additæ sunt Marculfi Monachi & aliorum Formulæ veteres & notæ doctiss. virorum, edente cum notis Steph. Baluzio. *Parif. Fr. Muguet*, 1677. 2 *vol. in fol. c. m. v. m.*

JURISPRUDENCE.

399 Histoire des Capitulaires des Rois de France, ou **Préface** de l'ouvrage précédent, trad. *La Haye* (*Par.*) 1755. *in* 12. *br.*

400 Ordonnances des Rois de France de la troisieme Race, recueillies par ordre chronolog. par Eusebe de Lauriere, Franç. Denys Secousse. *Par. Imp. royale*, 1723 & *suiv.* 8 *vol. in fol. v. s.*

401 Ordonnances sur la Chambre des Comptes &c. *in* 4. *v. s.*

402 Ordonnance de Louis XIV du mois d'Août 1681 touchant la Marine. *Par. Den. Thierry*, 1681. *in* 4. *v. m.*

403 Edits, Déclarations, Réglemens & Ordonnances du Roi sur le fait de la Marine. *Par. Imp. royale*, 1677. *in* 4. *mar. r.*

404 Mémoires, Ordonnances, Ordres & Instructions & Commissions du Roi pour la Marine, expédiées par M. Colbert & par M. le Marquis de Seignelay. *Mss. in fol. v. m.*

405 Recueil d'Arrêts depuis 1714 jusq. en 1720 inclus. *Par.* 1753. 4 *vol. in* 12. *bl.*

406 Baux des Fermes de 1681, 1682, 1726, 1738, 1750. 5 *vol. in* 4. *mar. r.*

407 Principes de Jurisprudence sur les visites & rapports judiciaires des Médecins, Chirurgiens, Apoticaires & Sages-Femmes, par Cl. Jos. Prevost. *Paris, Desprez*, 1753. *in* 12. *bl.*

408 Nouv. Examen de l'usage général des Fiefs en France pendant les XI, XII, XIII & XIV siecles par Brussel. *Par.* 1750. 2 *vol. in* 4. *bl.*

409 Style général des Huissiers & Sergens. *Par.* 1752. *in* 12. *bl.*

DROIT ETRANGER.

410 Droit Germanique, où l'on voit l'état présent

de l'Empire, ses principales Loix & Constitutions, l'origine & l'agrandissement des plus considérables Maisons d'Allemagne. *Amst. P. Mortier*, 1749. 2 vol. in 12. v. m.

411 Code Frederic, ou Corps de Droit pour les Etats de Sa Maj. le Roi de Prusse, fondé sur la raison & sur les Constitutions du Pays. 1751 & suiv. 2 vol. in 8. bl.

412 Dissertations sur les raisons d'établir ou d'abroger les Loix par le Roi de Prusse. *Utrecht, Soril*, 1751. in 12. br.

SCIENCES ET ARTS.

PHILOSOPHES ANCIENS ET NOUVEAUX.

413 Laertii Diogenis Vitæ & Sententiæ eorum qui in Philosophia probati fuerunt, lat. ex versione Ambros. Camaldulensis, & recognit. Bened. Brognoli. *Venet. Nic. Jenson.* 1475, *die 13 Augusti. in fol. mar. r.* (Editio princeps)

414 Le Diogene François touchant les vies, doctrines, & notables propos des plus illustres Philosophes, trad. du grec par Fr. de Fougerolles. *Lyon*, 1602. in 8. mar.

415 Le même trad. (par Gilles Boileau.) *Par. Guignard*, 1668. 2 vol. in 12. mar. bl. l. r.

416 Th. Stanleii Historia Philosophiæ, vitas, opiniones, resque gestas, & dicta Philosophorum Sectæ cujusvis complexa ex anglico sermone in latin. translata à Joan. Clerico. *Lipsiæ, Th. Fritsch.* 1711. 2 vol. in 4. v. f.

417 Histoire de Simonide & du siecle où il a vécu, avec des éclaircissemens chronol. par de Boissy. *Par. Duchesne*, 1755. in 12. bl.

SCIENCES ET ARTS.

418 Vie de René Descartes par Adrien Baillet. *Par. Den. Horthmels.* 1691. *in* 4. *v. b.*

419 Histoire de la Philosophie payenne, ou Sentimens des Peuples payens sur Dieu, sur l'Ame, & sur les devoirs de l'Homme (par M. Levesque de Burigny). *La Haye, P. Gosse,* 1724. 2 *vol. in* 12. *v. f.*

420 La même sous le titre de Théologie payenne. *Paris, Debure,* 1754. 2 *vol. in* 12. *v. f.*

421 Platonis Opera gr. lat. ex nova Joan. Serrani interpretatione, notis ejusdem illustrata : acced. Henr. Stephani de quorumdam locorum interpretatione judicium & multorum contextus græci emendatio. *Excudebat Henr. Stephanus,* 1578. 2 *vol. in fol. c. m. v. f.*

422 Œuvres de Platon trad. avec des remarq. & la vie de ce Philosophe, avec l'exposition des principaux dogmes de sa Philosophie par And. Dacier. *P. Anisson,* 1701. 2 *vol. in* 12. *mar. bl. l. r.*

423 Les Livres de politique d'Aristote, trad. par Nic. Oresme, de l'ordre du Roi Charles V. *Par. Ant. Verard,* 1489. *in fol. goth.*

424 Jamblichi Chalcidensis de vita Pythagoræ Liber gr. lat. ex emendat. cum notis Lud. Kusteri, versione Ulrici Obrechti : acced. Malchus sive Porphyrius de vita Pythagoræ, cum notis Lucæ Holstenii & Conr. Ritterhusii : itemq. Anonymus apud Photium de vita Pythagoræ. *Amstelod. Christ. Petzoldus,* 1707. *in* 4. *v. f.*

425 Hieroclis Commentarius in aurea carmina de providentia & fato, & fragmenta gr. lat. ex recens. & cum notis Pet. Needham. *Cantab. Typ. acad.* 1709. *in* 8. *v. f.*

426 Vie de Pythagore avec les Comment. d'Hierocles, trad. avec des remarq. par And. Dacier. *Par. Rigaud,* 1706. 2 *vol in* 12. *mar. bl. l. r.*

SCIENCES ET ARTS.

427 Les Hypotipoſes, ou Inſtitutions Pirroniennes de Sextus Empiricus, (trad. avec des notes par Huart) 1735. *in* 12. *v. f.*

428 Annei Senecæ Opera; (*editio antiqua sine loci & Typographi nomine*). *in fol. mar. r.* (*Éclair.*)

429 L. Annæi Senecæ Opera ex emendat Juſti Lipſii ; & M. A. Senecæ Opera ex And. Schotti recenſ. *Lugd. B. ex Off. Elzevir.* 1640. 3 *v. in* 12. *mar. r.*

430 Eadem integris Juſti Lipſii, & Fred. Gronovii & ſelectis variorum comment. illuſtrata. *Amſt. Dan. Elzevirius.* 1672. 3 *tom.* 5 *vol. in* 8. *mar. r.*

431 Penſées de Séneque lat. & fr. recueillies par Laurent Angliviel de la Beaumelle. *Par. le Mercier.* 1752. *in* 12. *bl.*

432 Anicii Manlii Torquati Severini Boecii de conſolatione Philoſophiæ libri : cum comm. B. Thomæ de Aquino. *Anthonii Coburgers civis inclite Nurnbergenſium urbis induſtria fabrefactus finit feliciter anno* 1476 *pridie idus Novembris. in fol. mar. cit.* (editio princeps).

433 Iidem cum integris notis Joan. Bernartii, Theod. Sitzmani & Ren. Vallini *Lugd. Bat. ex Off. Hackiana.* 1671. *in* 8. *mar. r.*

434 Gometii Pereiræ Antoniana Margarita. *Methymnæ Campi de Millis* 1554. . . . Ejuſdem nova veraque Medicina experimentis & rationibus comprobata. *Methymna-Duelli.* 1558. *in fol. v. f.* (*Éclaircissement*)

435 Traité philoſophique des loix naturelles, où l'on recherche & établit par la nature des choſes la forme de ces loix, leurs principaux chefs, leur ordre, leur publication & leur obligation : avec la réfutation des élémens de la Morale & de la Politique de Th. Hobbes, par Rich Cumberland,

land, trad. du lat. avec des notes par Jean Barbeyrac. *Amst. P. Mortier* 1744. *in* 4. *gr. pap. mar. r.*

436 Code de la Nature, ou le véritable Esprit de ses loix, de tous tems négligé ou méconnu. *Par.* 1755. *in* 12. *br.* — 1 18.

437 L'Accord parfait de la Nature, de la Raison & de la Politique. *Cologne.* 1753. *in* 12. *br.* avec le n.° 272.

438 Elémens de la Philosophie moderne qui contienent la Pneumatique, la Métaphysique, la Physique expérimentale, le Système du monde, suivant les nouv. découvertes, par P. Massuet. *Amst. Chatelain.* 1752. 2 *vol. in* 12. *v. f.* — 5 19.

439 Abregé de la Philosophie, ou Dissertation sur la certitude humaine, la Logique, la Métaphysique, la Morale. *Par. Delaguette.* 1754. 2 *vol. in* 12. *v. f.* — 3 8.

440 Mêlanges Philosophiques, par Samuel Formey. *Leyde. Elie Luzac.* 1754. 2 *vol. in* 12. *m. cit.* — 9 12.-

LOGIQUE & MORALE.

441 La Logique ou l'art de Penser, par Pierre Nicole. *Par. Savreux.* 1664. *in* 12. *v. br.* — 1 5.

442 La Morale d'Epicure tirée de ses écrits par Charles Batteux. *Par. Desaint.* 1758. *in* 8. *bl.* — 1 1

443 Les caractères de Théophraste trad. avec les caractères ou mœurs de ce siecle, par Jean de la Bruyere. *Par. Michallet.* 1692. *in* 12. — 1 2.-

444 Les mêmes nouv. édit. augm. de quelques notes sur ces deux ouvrages & de la défense de la Bruyere & de ses caractères, par Pierre Coste. *Amst. Fr. Changuion.* 1743. 2 *vol. in* 12. *mar. r.* — 11 19

445 Les mêmes. *Par. David.* 1756. 2. *vol. in* 12. *mar. r.* — 7 19

446 Epicteti Enchiridion & Cebetis tabula gr. & — 4 12

F

SCIENCES ET ARTS.

lat. ex recenf. Abr. Berkelii, cùm ejufd. animadv. & notis : acced. notæ Wolfii, Cafauboni, Cafelii & aliorum cum græcâ paraphrafi *Lugd. Bat. Dan. à Gaasbeeck,* 1670. *in* 8. *mar. r.*

447 Epicteti Manuale & fententiæ acced. Tabula Cebetis gr. & lat. ex verf. & cum notis Marci Meibomii; emendat. Cl. Salmafii. cura Had. Relandi. *Traj. Bat. Guill. Broedelet.* 1711. *in* 4. *format in fol. v. b.*

448 Epicteti Differtationes ab Arriano collectæ gr. lat. acced. Enchiridion & fragmenta : ex recenf. & cum notis Joan. Uptoni. *Lond. Th. Wodward.* 1739. 2 *vol. in* 4. *bl.*

449 Le Manuel d'Epictete, & les commentaires de Simplicius, trad. avec des remarq. par And. Dacier. *Par. Coignard.* 1715. 2 *vol. in* 12. *mar. bl. l. r.*

450 Les Morales d'Epictete, de Socrate, de Plutarque & de Seneque extraites & trad. (par Jean Defmarets de S. Sorlin). *Richelieu. Mingon.* 1653. *in* 8. *mar. bl.*

451 L'Orloge des Princes auquel eft contenu le livre d'or de Marc-Aurele, recueilli par D. Ant. de Guevara, trad. d'efpag. en franç. par R. B. de Grife. *Paris. Galliot du Pré.* 1540. *in fol. goth. v. b.* (*Éclaircin....*)

452 Reflexions morales de Marc-Antonin, trad. avec des remarq. par And. Dacier. *Amft. Mortier.* 1714. 2 *tom.* 1 *vol. in* 12. *v. f.*

Œconomie.

453 Roderici Zamorenfis Speculum humanæ vitæ, in quo agitur de quolibet genere ftatus hominum. *Lugd. Guil Regis.* 1477. *in* 4. *v. b. vid. notam Catal. Claudii de Boze. Nº.* 330.

SCIENCES ET ARTS. 43

454 J. L. Boissardi Theatrum vitæ humanæ, cum fig. Theod. Bryi. *Typis Ab. Fabri in* 4. *v. f.*

455 L'Art de se connoître soi-même, ou la Recherche des sources de la Morale par Jacq. Abbadie. *La Haye. Guill. de Voys.* 1711. *in* 8.

456 Les Hommes (par Jacq. Phil. de Varennes). *Par. Ganeau.* 1737. 2. *vol. in* 12. *v. b.*

457 Le Spectateur ou le Socrate moderne par Richard Steele & autres, trad. de l'angl. *Amst. Merckus.* 1746. 7 *vol. in* 12. *bl.*

458 Œuvres diverses de Juste Van Effen (contenant le Misantrope, la Bagatelle, le Spectateur François). *Amst. Herman Wytwerf* 1742. 5. *vol. in* 12. *mar. r.*

459 Le Monde, ou Critique des ridicules des mœurs & usages des Anglois, trad. d'Adam-Fitz-Adam, par Galtier de S. Simphorien. *La Haye.* 1756. *in* 12. *br.*

460 Le Spectateur François (par P. Carlet de Chamblain de Marivaux). *Par. Prault.* 1752. 2. *vol. in* 12. *v. f.*

461 Le Philosophe ou le Moraliste enjoué, par de Lussy. *Amst.* 1554. *in* 8 *br.*

462 Les Mœurs de Paris *Amst.* (*Par.*) 1747. *in* 12. *br.*

463 Considérations sur les Mœurs de ce siecle, par Ch. Duclos. *Par.* 1751 *in* 12. *br.*

464 Mémoires pour servir à l'histoire des Mœurs du XVIII siecle par le même. *Par.* 1752. 2 *vol. in* 12. *br.*

465 L'Esprit du siecle, par S. Hilaire. *Amsterd.* (*Par.*) 1746. *in* 12. *v. f.*

466 Pensées du Comte d'Oxenstirn sur divers sujets avec les Reflexions morales du même. *La Haye. Van Duren.* 1741. 2 *vol. in* 12. *br.*

467 Mes Pensées. *Copenhague.* 1751. *in* 12. *vel.*

SCIENCES ET ARTS.

468 Parallele des portraits du siecle & des tableaux de l'Ecriture. *Londres. (Par.)* 1752. 3 *vol. in* 12. *br.*

469 De la Sagesse, trois livres par Pierre Charron. *Amst. L. & Dan. Elzevier* 1662. *in* 12. *mar. r.*

470 La même. *Leyde. Elsevier. in* 12. *mar. b.*

471 Dictionnaire philosophique ou Introduction à la connoissance de l'homme. *Lond. (Par.)* 1751. *in* 8. *v. f.*

472 Principes de la Philosophie morale, ou Essai de M. S. . . . sur le merite & la vertu. *Amst. Zach. Chatelain.* 1745. *in* 8. *v. f.*

473 Alf. Ant. de Sarana Ars semper gaudendi ex principiis divinæ providentiæ & rectæ conscientiæ deducta, studio Jo. Christ. Fischeri. *Francof. Weidmannus.* 1750. *in* 4. *bl.*

474 Traité de l'amour humain par Flaminio de Nobili, trad. de l'ital. par Jacq. de Lavardin. *Par. Lucas Breyel.* 1588. *in* 8. *mar. v.*

475 Traité de l'Amitié par Louis Sacy. *Paris.* 1722. *in* 12. *v. b.*

476 La Fortune, Histoire critique par Deslandes. 1751. *in* 12. *br.*

477 L'Homme considéré en lui-même & relativement au duel, par C. (Champdevaux) *Par. le Prieur.* 1752. *in* 12. *bl.*

478 Discours sur l'emploi du loisir : Pensées diverses sur l'homme, par Ant. Pecquet. *Par. Nyon.* 1739. *in* 8. *v. f.*

479 Discours sur la bienséance avec des Maximes & des Reflexions pour réduire cette vertu en usage. *Par. Cramoisy.* 1688. *in* 12. *v. f.*

480 Essais sur la nécessité & sur les moyens de plaire par Fr. Aug. Paradis de Montcrif. *Par. Prault.* 1738. *sur velin, in* 12. *mar. b.*

481 De la Constance, Ouvrage philosophique trad.

SCIENCES ET ARTS. 45

de Juſte Lipſe. *Par. Prault.* 1751. *in* 12. *mar. r.*

482 Amuſement de la Raiſon, par Seran de la Tour. *Paris. Durand.* 1747. *in* 12. *v. f.*

483 Les Elémens de l'Education, par René de Bonneval. *Par. Prault.* 1743. *in* 12. *br.*

484 Eſſai ſur l'eſprit humain, ou Principes naturels ſur l'Education par Morelly. *Par. J. B. Deleſpine.* 1743. *in* 12. *v. f.*

485 Conſeils d'un homme de qualité à ſa fille, par le Marquis d'Hallifax. *Berlin.* 1752. *in* 8. *bl.*

486 Les devoirs des maîtres & des domeſtiques par Cl. Fleury. *Par. P. Emery.* 1736. *in* 12. *v. f.*

487 S. Theophylacti Inſtitutio Regia gr. lat. ex interpr. Pet. Poſſini. *Par. Typ. Regia.* 1651. *in* 4. *mar. r.*

488 Ludus ſeptem Sapientum de Aſtrei Regii adoleſcentis educatione, periculis, liberatione, inſigni exemplorum amœnitate, iconumque elegantia illuſtratus. *Francof. Paulus Reſſeler. in* 8.

489 Ignatii Franc. Xaverii de Wilhem Cœlum aſpectabile Chriſtiano-politica Aſtronomia in inſtructione Principis obſervatum, æneiſq. figuris illuſtratum. *Monachii Joan. Caſtl.* 1750. *in fol. bl.*

490 Inſtruction d'un Prince, ou Traité des qualités, des vertus & des devoirs d'un Souverain, ſoit par rapport au gouvernement temporel de ſes Etats, ou comme chef d'une ſociété Chrétienne qui eſt néceſſairement liée avec la Religion, par Jacq. Joſ. Duguet. *Lond. J. Nourſe.* 1739. *in* 4. *v. f.*

491 La Même nouv. édit. augmentée de la vie de l'Auteur. *Lond. J. Nourſe.* 1743. *in* 4. *mar. r.*

Politique.

13 - 9. 492 Politique tirée des propres paroles de l'Ecriture Sainte, par Jacq. Ben. Bossuet. *Par. Pierre Cot.* 1709. *in* 4. *gr. pap. mar. r.*

3   1.   493 Examen du Prince de Machiavel avec des notes hist. & polit. par Fr. Marie Arouet de Voltaire. *La Haye J. Van Duren*, 1741. *in* 8 *v. f.*

7   15. 494 Naufrage des Isles flotantes ou Basiliade de Pilpai, trad. de l'ind. par Morelly. *Messine,* 1753. 2 *vol. in* 12. *v. f.*

6 - —   495 Franc. Hutcheson Oratio de naturali hominum societate. *Glasguæ, Foulis,* 1756. *pap. d'Holl. bl.*

11 - —   496 L'Ami des hommes, ou Traité de la population & autres ouvrages par Victor de Riquetty Marquis de Mirabeau. *Par. Chaubert,* 1756. 4. *vol. in* 4. *bl.*

" — 15   497 De la République, par Jean Bodin, ou Traité du gouvernement. *Par. Quillau,* 1756. *in* 12. *br.*

18. -   498 Discours sur le Gouvernement par Algernon Sidney, trad. par P. A. Samson. *La Haye, Van Dole,* 1702. 3 *vol. in* 12. *mar. bl.*

1   4   499 Du gouvernement civil, où l'on traite de l'origine, des fondemens, de la nature, du pouvoir, & des fins des sociétés Politiques, trad. de Locke. *Brux.* 1749. *in* 12. *br.*

20   1   500 De l'Esprit des Loix, ou du rapport que les Loix doivent avoir avec la constitution de chaque Gouvernement, les Mœurs, le Climat, la Religion, le Commerce &c. par Louis Secondat de Montesquieu. *Geneve.* 2 *vol. in* 4. *mar. r.*

501 Défense de l'Esprit des Loix, avec quelques éclaircissemens. *Geneve (Par.)* 1750. *in* 12. *br.*

SCIENCES ET ARTS.

502 Observations sur l'Esprit des Loix, ou l'art de lire ce Livre, de l'entendre & d'en juger, par Joseph de la Porte. *Amst.* 1751. *in* 12. *bl.*

503 Réponse aux Observations sur l'Esprit des Loix. 1751. *in* 12. *br.*

504 Pieces pour & contre l'Esprit des Loix. *Gen. Philibert*, 1752. *in* 8. *bl.*

505 Analyse raisonnée de l'Esprit des Loix par Ant. Pecquet. *Par. Prault*, 1758. *in* 12. *br.*

506 L'Esprit des Maximes politiques pour servir de suite à l'Esprit des Loix par le même. *Paris, Prault*, 1757. *in* 4.

507 La Source, la force & le véritable esprit des Loix, Essais du Comte J. de Cataneo. *Berl. Voss.* 1752. *in* 12. *v. s.*

508 L'Antimariana, ou Réfutation des propositions de Mariana, pour montrer que la vie des Princes souverains doit être inviolable aux Sujets & à la Républiq. &c. par Mich. Roussel. *Par. P. Mettayer*, 1610. *in* 8. *v. m.*

509 De l'inviolable & sacrée Personne des Rois contre tous assassins & parricides qui osent attenter sur leurs majestés, par Pelletier. *Paris,* 1610. *in* 12.

510 Le Contrassassin. 1612. *in* 8. *v. b.*

511 De la Puissance légitime du Prince sur le Peuple, & du Peuple sur le Prince, trad. du latin d'Est. Junius Brutus. 1581.——Discours sur les Etats de France : savoir s'il est expédient qu'ils soient annuels. *Par. J. Richer*, 1587. *in* 8. *v s.*——

512 Maximes sur le devoir des Rois & le bon usage de leur autorité. *Par.* 1754. *in* 12. *br.*

513 Manuel des Souverains. 1754. *in* 12. *br.*

514 L'Homme de Cour trad. de l'espag. de Balt. Gracian, avec des notes par Nic. Ab. Amelot de la Houssaie. *Par. Ve. Martin*, 2684. *in* 4. *gr. pap. v. b. l. r.*

SCIENCES ET ARTS.

515 Maximes de Balth. Gracian, trad. de l'espag. par le P. Jos. de Courbeville. *Par. Rollin*, 1730. *in* 12. *v. f.*

516 Essai sur les grands Evenemens par les petites causes, tiré de l'Histoire. *Paris, Hardy*, 1758. *in* 12. *br.*

517 Le Breviaire des Courtisans, avec figures, par Jean Puget de la Serre. *Reims, Edme Moreau*, 1631. *in* 8. *v. f.*

518 Le Pseautier des Courtisans. 1622. *in* 8. *v. m.*

519 Le Parfait Ambassadeur par D. Antonio de Vera & de Cuniga, trad. en fr. *Leide, Theod. Haack*, 1709. 2 *vol. in* 8. *vel.*

520 L'Ambassadeur & ses fonctions par Abr. de Wicquefort; nouv. édition augmentée d'un traité du Juge compétent des Ambassadeurs, trad. du latin de Bynkershoek par Jean Barbeyrac avec des notes. *La Haye, Th. Johnson*, 1724. 2 *vol. in* 4. *v. b.*

521 L'Ambassadrice & ses Droits, par Moser. *Berlin, Bourdeaux*, 1754. *in* 12. *v. f.*

522 Discours sur l'Art de négocier. — Parallele du cœur, de l'esprit & du bon sens, par Ant. Pecquet. *Par. Nyon*, 1737. *in* 8. *v. f.*

Traités sur le Commerce, &c.

523 Le Moine marchand ou Traité contre le commerce des Rèligieux, par le P. Theop. Raynaud, trad. *Amst. P. Brunel*, 1714. *in* 12. *v f.*

524 Dictionnaire universel du Commerce, par Jacq. Savary des Brulons, continué & donné au public par Philemon Louis Savary. *Par. Ve. Estienne*, 1741. 3 *vol. in fol. v. f*

525 Norb. Ligathandri considerationes xv. de statu & bonis ecclesiasticis pro defensione instituti Catholici

SCIENCES ET ARTS.

catholici ac Pietatis auſtriacæ. *Aug. Vindel. Eberhardus, Klett.* 1754. in 8 *bl.*

525 Reflexions ſur la néceſſité de comprendre l'étude du commerce & des finances dans celle de la Politique. *in* 12. *bl.*

527 Tréſor du commerce des Hollandois. *Rouen, Ruault.* 1712. *in* 12. *v. f.*

528 Eſſai Politique ſur le commerce, par Jean Franc. Mellon. *Par.* 1736. *in* 12 *v. f.*

529 Reflexions Politiques ſur les finances & le commerce, par Dutor. 1755. 2 *vol. in* 12. *v. f.*

530 Examen du livre précédent, par Felix Deſchamps. *La Haye (Par.)* 1750. 2 *vol. in* 12. *v. f.*

531 Rétabliſſement des Manufactures & du commerce d'Eſpagne, par Plumard de Dangeul, *Par. Eſtienne*, 1753. *in* 12. *bl.*

532 Remarques ſur les avantages & les déſavantages de la France & de la gr. Bretagne, par rapport au commerce & aux autres ſources de la puiſſance des Etats, trad. de l'angl. de John Nickolls, par le même. *Leyde (Par.)* 1754. *in* 12. *mar. r.*

533 Conſidérations ſur les finances d'Eſpagne, par Veron de Forbonnais *Par.* 175 . *in* 12. *bl.*

534 Le Négociant Anglois trad. de l'angl. par le même. *Par. Eſtienne.* 1755. 2 *vol. in* 12. *bl.*

535 Théorie & pratique du Commerce & de la Marine de D. Geronymo de Uſtariz, trad. par V. D. F. (par le même) *Par. Ve Eſtienne.* 1753. *in* 4. *v. f.*

536 Elémens du commerce par le même. *Par. Briaſſon.* 1754. 2 *parties in* 12. *bl.*

537 Queſtions ſur le Commerce des François au levant, par le même. *Marſeille.* 1755. *in* 12. *br.*

538 Eſſai ſur l'état du Commerce d'Angleterre, *Londres. (Par. Nyon)* 1755. 2 *vol. in* 12. *bl.*

G

SCIENCES ET ARTS.

539 Questions importantes sur le Commerce, trad. de l'angl. de Josias Tucker. *Londres (Par.)* 1755. *in* 12. *br.*

540 Histoire & Commerce des Colonies Angloises dans l'Amérique septentrionale. *Paris, Breton.* 1755. *in* 12. *bl.*

541 Traité sur le Commerce & sur les avantages qui résultent de la réduction de l'intérêt de l'argent, par Josias Child, trad. de l'angl. (par Vincent de Gournay). *Par. Guérin*, 1754. *in* 12. *bl.*

542 Recueil d'actes & piéces concernant le Commerce de divers pays de l'Europe. *Londres (Par.)* 1754. *in* 12. *bl.*

543 Essai sur la nature du Commerce en général (par M. de Cantillon. *Paris, Barrois.*) 1755. *in* 12. *bl.*

544 Essai sur les Colonies Françoises (par Saintard.) *Par.* 1754. *in* 12. *br.*

545 Les intérêts de la France mal entendus dans les branches de l'Agriculture, de la Population, &c. par un Citoyen. *Amsterd. (Par.)* 1756. 2 *vol. in* 12. *br.*

546 Le Réformateur. *Amst. (Par.)* 1756. 2 *vol. in* 12. *br.*

547 Le Réformateur réformé, Lettre à M. ***. *Amst. (Par.)* 1756. *in* 12. *br.*

548 La Noblesse commerçante, par l'Abbé Coyer. *Par. Duchesne*, 1756. *in* 12. *br.*

549 Lettre au sujet de la Noblesse commerçante. *Par.* 1756. *in* 8. *br.*

550 La Noblesse militaire ou le Patriote François. *Par.* 1756. *in* 12.

551 Le Commerce annobli. *Brux.* 1756. *in* 12. *br.*

552 L'une & l'Autre, ou la Noblesse commerçante & militaire, avec des reflexions sur le Commerce, & les moyens de l'encourager. *Mahon, (Par.)* 1756. *in* 12. *br.*

SCIENCES ET ARTS.

53 Essai sur la Marine & sur le commerce, par André Franc. Deslande. 1753. *in 8. br.*
54 Essai sur la Marine des Anciens, & particulierement sur leurs vaisseaux de guerre, par le même. *Par. David.* 1748. *in 12. v. f.*
55 Essai sur les intérêts du commerce maritime (par Dheguerty). *La Haye*, (*Par.*) 1754. *in 12.*
56 Considérations sur la constitution de la Marine militaire de France. *Londres*, 1656. *in 12. br.*
57 Observations crit. & polit. sur le Commerce maritime. *Par.* 1755. *in 12. br.*
58 Remarques sur plusieurs branches de commerce & de navigation. *Par.* 1757. *in 12. bl.*
60 Reglement touchant la marine de la Compagnie des Indes, arrêté dans l'assemblée du 16 Sept. 1733. *Par. Impr. royale.* 1734. *in 4. mar. r.*
61 Examen des avantages & des désavantages de la prohibition des toiles peintes, par Veron de Forbonnais. *Marf.* (*Par.*) 1755. *in 12. br.*
62 Essai sur les Monnoies, ou Reflexions sur le rapport entre l'argent & les denrées, par Nic. Franc. Dupré de S. Maur. *Par. J. B. Coignard*, 1746. *in 4. v. f.*
63 Essai Historique sur les différentes situations de la France par rapport aux finances sous le regne de Louis XIV & la régence du Duc d'Orléans, par Louis Deon de Beaumont. *P.* 1753. *in 12. bl.*
64 Mémoires pour servir à l'histoire des Finances, par le même. *Lond.* (*Par.*) 1758. 2 v. *in 12. bl.*
65 Recherches & considérations sur les finances de France depuis 1595 jusqu'en 1721, par Veron de Forbonnais. *Basle*, *Cramer.* 1758. 2 vol. *in 4. blanc.*
66 Le Financier Citoyen. (*Par.*) 1757. *in 12. bl.*

G ij

Métaphysique.

567 De la Recherche de la vérité, où l'on traite de la nature de l'esprit de l'homme & de l'usage qu'il en doit faire pour éviter l'erreur dans les Sciences, par Nic. Malebranche. *Paris, Mich. David.* 1712. *in* 4. *v. f.*

568 La même. *Par. Ganeau,* 1749. 4 v. *in* 12. *bl.*

569 Entretiens sur la Métatphysique & sur la Religion, par le même. *Rotterd.* 1690 *in* 12. *v. f.*

570 Introduction à la Philosophie, ou de la connoissance de Dieu & de soi-même, par Jacq. Ben. Bossuet. *Par d'Espilly,* 1722. *in* 12. *mar. r.*

571 Pet. Pomponatii Tractatus de immortalitate animæ. 1534. *in* 12. *v. b.*

572 Histoire naturelle de l'Ame trad. de Charp. *Oxford,* 1747. *in* 12.

573 Recueil de Pensées diverses sur l'immatérialité de l'Ame, ou réfutation du matérialisme, avec une réponse aux objections de M. Cuentz, par D. B. Sinsart. *Colmar,* 1756. *in* 12. *br.*

574 Essai philosophique concernant l'entendement humain, où l'on montre quelle est l'étendue de nos connoissances certaines, & la maniere dont nous y parvenons, par Jean Lock trad. par Pierre Coste : nouv. édit. augm. *Amsterd. P. Mortier,* 1729. *in* 4. *v. m.*

576 Paradoxes métaphysiques sur les principes des actions humaines, ou Dissertation phil. sur la liberté de l'homme, trad. de l'angl. (*Par.*) 1754. *in* 12. *bl.* (par Cl. Rigobert le Fevre de Beauvrey.)

577 Œuvres philosophiques. *Lond.* 1751. *in* 4. *br.*

578 Les mêmes. *Amst.* 1752. 2 *vol. in* 12. *br.*

SCIENCES ET ARTS.

Traités sur les Esprits & sur leurs opérations.

579 Th. Campanellæ Prodromus Philosophiæ instaurandæ, id est, Dissert. de natura rerum. *Francof. Joan. Bringerus.* 1617. *in* 4. *parch.*

580 Histoires, Disputes & Discours des illusions & impostures des Diables. des Magiciens, Sorcieres &c. par Jean Wier; avec deux Dialogues de Th. Erastus touchant le pouvoir des Sorcieres, & de la punition qu'elles méritent: *Geneve, Jacq. Chouet,* 1679. *in* 8. *m. v.*

581 Le Monde enchanté, ou Examen des communs sentimens touchant les Esprits, leur nature, leur pouvoir, leur administration & leurs opérations par Balth. Bekker. *Amst.* 1694. 4 *vol. in* 12. *m. r.*

582 Idée générale de la Théologie payenne servant de réfutation au système de Bekker par B**. *Amst. J. du Fresne,* 1699. *in* 12. *mar. r. gr pap.*

583 Le Fleau des Demons & Sorciers par J. Bodin. *Nyort, du Terroir,* 1616. *in* 8. *mar. r.*

584 La Philosophie occulte de H. Corn. Agrippa trad. du latin. *La Haye, R. Chr. Alberts,* 1727. 2 *vol. in* 8. *v. f. gr. pap.*

585 Recueil de Dissertations sur les Apparitions, les Visions & les Songes avec une Préface hist. par Nicol. Lenglet du Fresnoy. *Paris, le Loup,* 1751. 4 *tom.* 2 *vol. in* 12. *v. f.*

586 Traité sur les Apparitions des Esprits, & sur les Vampires ou les Revenans de Hongrie, de Moravie &c. par D. Aug. Calmet; nouv. édit. augm. *Par. Debure,* 1751. 2 *vol. in* 12.

587 Traité histor. & dogmat. sur les Apparitions, les Visions & les Révélations particulieres; avec des observat. sur les Dissert. du Pere Calmet par Nic. Lenglet du Fresnoy. *Par. le Loup,* 1751. 2 *vol. in* 12. *v. f.*

SCIENCES ET ARTS.

588 Apologie pour les grands Hommes soupçonnés de magie par Gab. Naudé. *Amsterd. Bernard*, 1712. *in* 8.

589 Histoire des Pratiques superstitieuses par Pierre le Brun. *Par. Poirion*, 1751. 4 *vol. in* 12. *bl.*

590 Malleus maleficarum, maleficas & earum hæræsim frameâ conterens, ex variis autoribus compilatus. *Lugd. Cl. Bourgeat*, 1669. 4 *tom.* 2 *vol. in* 4. *mar. r.*

PHYSIQUE.

591 Joan. Keill Introductio ad veram Physicam & veram Astronomiam : acced. Trigonometria ; de viribus centralibus, de legibus attractionis. *Lugd. Bat.* 1725. *in* 4. *v. b.*

592 Traité de Physique par Jacq. Rohault. *Paris, Ve. Savreux*, 1671. *in* 4. *v. m.*

593 Physiologia Kircheriana experimentalis, excerpta ex operibus Ath. Kircheri an. 1670, per Joan. Steph. Kestlerum. *Amstelod. Waesbergii*, 1680. *in fol. ll.*

594 Essai de Physique par Pierre van Musschenbroek, avec une description de nouv. sortes de machines pneumatiques, & un Recueil d'expériences par J. V. M. trad. du holland. par Pierre Massuet. *Leyden, Sam. Luchtmans*, 1739. 2 *vol. in* 4. *v. m.*

595 Essai sur l'Electricité des corps par Jean Ant. Nollet. *Par. Guerin*, 1750. *in* 12. *v. f.*

596 Expériences & Observations sur l'Electricité, par Benj. Franklin, trad. de l'angl. P. Durand, 1752. *in* 12. *v. f.*

597 Expériences physico-mécaniques sur la Lumiere, l'Electricité, trad. de l'ang. de Hauskbeé par Franç. de Bremond revues & augm. par Desma-

SCIENCES ET ARTS.

rets. *Paris , Veuve Cavelier, 1754. 2 v. in 12. bl.*

598 Recueil de différens traités de Physiq. & d'Histoire naturelle par And. Franç. Deslandes. *Paris, Quillau, 1748. 3 vol. in 12. blanc.* — 4.10

599 Leçons de Physique expérimentale sur l'équilibre des liqueurs, & sur la nature & les propriétés de l'air par R. Côtes trad. de l'angl. par L. Guill. le Monnier. *P. David. 1742. in 8. v. f.* — 3.10

600 Expériences de Physique par Pierre Polinière; 4e édit. *Par. Gissey, 1734. 2 vol. in 12. v. b.* — 3. s.

601 Leçons de Physique expérimentale par Jean Ant. Nollet. *Par. Guerin, 1743. 4 v. in 12. v. f.* — 11. 1.

602 Description du Ventilateur, par le moyen duquel on peut renouveller l'air des mines, des prisons, des hôpitaux &c. par P. Hales, trad. par P. Demours. *Par. Nic. Poirion, 1744. in 12. bl.* — 1-14.

603 Description & représentation de la maison de glace construite à S. Petersbourg en 1740, & de tous les meubles qui s'y trouvoient, avec quelques remarques sur le froid en général &c. par George Wolfgang Krafft, trad. de l'allem. par Pierre-Louis le Roi. *S. Petersbourg, 1741. in 4. v. f.* — 8.19

604 Telliamed, ou Entretiens d'un Philosophe Indien avec un Missionnaire françois sur la diminution de la mer, la formation de la terre, l'origine de l'homme &c. par de Maillet. *Amsterd. (Par.) 1748. 2 tom. 1 vol. in 8. v. f.* — 7.4.

605 Histoire des anciennes révolutions du Globe terrestre, avec une Relation des tremblemens de terre arrivés sur notre Globe. *P. 1752. in 12. bl.* — 1.

606 Traité des tremblemens de terre arrivés à Lima & autres lieux, avec la Description du Pérou, trad. de l'angl. *(Par.) 1752. in 12. v. f.* — 2.

607 Dissertation sur les tremblemens de terre & les éruptions de feu qui firent échouer le projet formé par l'Emper. Julien de rebâtir le Temple de — 1. s.

Jerusalem, par Warburthon, trad. *Paris*, *P. le Mercier*, 1754. *in* 12. *blanc.*

608 Trattato del Monte Vesuvio e de suoi incendi di Gian Bernardino Giuliani. *In Napoli*, 1632. *in* 4. *v. f.*

609 Histoire du Mont-Vesuve, avec l'explication des phenomenes qui ont coutume d'accompagner les embrasemens de cette montagne, trad. de l'ital. par Duperron de Castera. *Paris, Huart*, 1741. *in* 12. *v. f.*

610 Scip. Claromontii de altitudine Caucasi Liber, edente Gab. Naudæo. *Parisiis*, *Seb. Cramoisy*, 1649. *in* 4. *v. f.*

611 Lettre sur le pouvoir de l'imagination des femmes enceintes, où l'on combat le préjugé qui attribue à l'imagination des meres le pouvoir d'imprimer sur le corps des enfans renfermés dans leur sein la figure des objets qui les ont frappées, par Bazin. *Par.* 1745. *in* 12. *v. f.*

612 Venus physique : Dissert. sur l'origine des Noirs par Pierre-Louis Moreau de Maupertuis. 1745. —Anti-venus physique. 1746. *in* 12. *v. b.*

613 Amusement philos. sur le langage des bêtes par le P. Hyac. Bougeant. *Par. Gissey*, 1739. *in* 12. *v. f.*

614 Systême du cœur, ou Conjectures sur la maniere dont naissent les différentes affections de l'ame, principalement par rapport aux objets sensibles par de Clarigny. *Par. D. Dupuis*, 1704. *in* 12. *v. f.*

HISTOIRE NATURELLE EN GÉNÉRAL.

615 Joan. Franc. Seguierii Bibliotheca Botanica, sive Catalogus Autorum & librorum qui de re botanica &c. tractant : acced. Joan. Ant. Bumaldi,

SCIENCES ET ARTS.

maldi, seu potius OvidiiMontalbani Bibliotheca botanica. *Hag. Com. Joan. Neaulme*, 1740. *in* 4. *v. f.*

616 Caii Plinii Secundi naturalis historiæ Libri XXXVI. *Parmæ, And. Portilia*, 1481. *in fol. m. r.*

617 Iidem. *Parif. Galeotus à Prato*, 1532. *in f. v. f.*

618 Iidem. *Lugd. Bat. ex Offic. Elzevir*. 1635. 3 *vol. in* 12. *mar. r.*

619 Iidem cum comment. & annot. varior. *Lugd. Bat. ex Offic. Hackiana*, 1669. 3 *tom.* 6 *vol. in* 8. *mar. r.*

620 Iidem, interpretavit & notis illustravit Joan. Harduinus in usum Ser. Delphini: editio altera emendatior & auctior. *Parif. Ant. Urb. Couftellier*, 1723. 5 *vol. in fol. c. m. mar. r.*

621 Histoire naturelle de l'or & de l'argent, extraite du Livre XXXIII de Pline, avec le texte lat. des remarq. & un Poëme sur la chûte de l'homme & sur les ravages de l'or & de l'argent, par David Durand. *Londres, Guillaume Bowyer*, 1729. *in fol. v. m.*

622 Sam. Swedenborgii Principia rerum naturalium, sive novorum tentaminum Phœnomena mundi elementaris philosophicè explicandi : cum figuris æneis. *Dresdæ, Frid. Hekelius*, 1734. 3 *vol. in fol. vel.*

623 Histoire physique de la Mer, avec figures dessinées d'après nature par Louis Ferdinand Comte de Marsilli. *Amst.* 1725. *in fol. v. f.*

624 Le Spectacle de la nature, ou Entretiens sur les particularités de l'Histoire naturelle par Noel Pluche. *Par. Ve. Eftienne*, 1745 & *suiv.* 8 *tom.* 9 *vol. in* 12. *v. f.*

625 Observations sur l'Histoire naturelle, sur la Physique & sur la Peinture, avec des planches

imprimées en couleur, par Jacq. Gautier. année 1752. *Par. Delaguette. in* 4. *tom.* 1

626 Essai sur l'Histoire naturelle de la Mer Adriatique par Vitaliano Donati, avec une Lettre de Leonard Sesler sur une nouv. espece de plante terrestre trad. de l'italien avec les figures enluminées. *La Haye, P. de Hondt,* 1758. *in* 4. *grand papier. blanc.*

627 Histoire naturelle de la Caroline, la Floride & les Isles Bahama, contenant les desseins des Oiseaux, Animaux, Poissons, Serpens, Insectes & Plantes &c. avec leur description en fr. & en angl. par Marc Catesby, revue par Edwards. *Londres, W. Innys,* 1731. 1754. 2 *vol. in fol. gr. pap. le* 1 *en mar. r. le second, blanc.*

HIST. NAT. DES MINÉR. DES FOSSILES &c.

628 L'Histoire naturelle éclaircie dans deux de ses parties principales; la Lithologie & la Conchyliologie, dont l'une traite des pierres & l'autre des coquillages, avec des figures, par Ant. Jos. Dezallier d'Argenville. *P. Debure,* 1742. *in* 4. *v. f.*

629 L'Histoire naturelle éclaircie: l'Oryctologie, ou Traité des terres, des pierres, des métaux, des minéraux & autres fossiles par le même. *Par. Debure,* 1755. *in* 4. *gr. pap. bl.*

630 Observations sur l'origine & la formation des pierres figurées par Pierre Barrere. *Par. Dhoury,* 1746. *in* 8. *fig.*

631 Traité des pétrifications avec figures (par des Curieux de la Principauté de Neufchâtel). *Par. Briasson,* 1742. *in* 4. *v. f.*

632 Lettres philosoph. sur la formation des sels & des cristaux, & sur la génération & le méchanisme organique des plantes & des animaux

par Bourguet. *Amst. Fr. l'Honoré*, 1729. *in* 12. *v. f.*

633 Athan. Kircheri Mundus subterraneus quo divinum subterrestris mundi opificium exponitur ; tertia editio auctior. *Amstelod. Joan. Janssonius à Waesberge*, 1678. 2 *vol. in fol. v. b.*

634 Le Parfait Joaillier, ou Histoire des pierreries, où sont décrites leur naissance, juste prix, moyen de les connoître &c. par Ans. Boece de Boot, avec les annot. d'André Toll. *Lyon, J. Ant. Huquetan*, 1644. *in* 8. *v. f.*

635 Merveilles des Indes orientales & occidentales, ou N. Traité des pierres précieuses & perles &c. par Robert de Berquen. *Paris, Christ. Lambin*, 1669. *in* 4. *v. b.*

636 Traité des Diamans & des Perles, où l'on considere leur importance, on établit des regles certaines pour en connoître la juste valeur, par David Jeffrin, trad. de l'angl. par Chappotin S. Laurent. *Par. Debure*, 1753. *in* 8. *v. f.*

637 Description de la piece d'Ambre gris que la Chambre d'Amsterdam a reçue des Indes orientales pesant 182 livres, avec un petit Traité de son origine & de sa vertu par Nic. Chevalier. *Amst.* 1700. *in* 4. *v. f.*

638 Historia Succinorum corpora aliena involventium, & naturæ opera pictorum & cælatorum ex regni Augustorum cimeliis Dresdæ conditis æri insculptorum conscripta à Nathanaele Sendelio. *Lips. J. Frid. Gledistchius.* 1742. *in f. c. m. mar. r.*

639 Augustinus Scilla de corporibus marinis lapidescentibus quæ defossa reperiuntur : additâ Fabii Columnæ dissertatione de glossopetris. *Romæ, Ant. de Rubeis*, 1747. *in* 4. *c. m. mar. cit.*

640 Essai sur l'Histoire naturelle des Corallines & d'autres productions marines du même genre qu'on trouve communément sur les Côtes de la

Gr. Bretagne & d'Irlande, avec une Description d'un grand Polype de mer, par Jean Ellis, trad. de l'angl. avec les fig. enluminées. *La Haye, P. de Hondt*, 1756. *in* 4. *bl. gr. pap.*

641 Traités sur les Aimans artificiels, trad. de l'anglois de J. Michell & J. Carton par le P. Rivoire. *Par. Guerin*, 1752. *in* 12. *v. f.*

642 Mich. Mercati Metallotheca, in lucem educta studio Joan. Mariæ Lancisii : accedit Appendix cum xix recens inventis iconibus. *Romæ, J. Mar. Salvioni*, 1719. *in fol. v b.*

643 Georg. Agricolæ de Re metallica Libri XII : acced. ejusd. de Animantibus subterraneis Liber. *Basil. Frobenius*, 1556. *in fol. v. f.*

644 Traité de Métallique par Perez de Vargas, trad. par G. G. *Par. Prault*, 1743. 2 *v. in* 12 *v. f.*

645 Metallurgie, ou l'Art de tirer & de purifier les métaux, trad. d'Alphonse Barba ; avec les Dissertations sur les mines & les opérations métalliques. *Par. Didot*, 1751. 2 vol. *in* 12. *bl.*

646 De la Fonte des Mines, des Fonderies &c. trad. de l'allem. de Christ. André Schlutter, donné par Jean Hellot. *Paris, Ve. Pissot*, 1750. 2 *vol. in* 4. *v. f.*

647 Le Mercure Indien, ou le Trésor des Indes, dans lequel est traité de l'or, de l'argent & du vif argent, de leur formation, usage & valeur par Pierre de Rosnel. *Par.* 1667. *in* 4. *mar. r.*

648 Traité sur l'Acier d'Alsace, ou l'Art de convertir le fer de fonte en acier. *Strasb. J. Doulssecker*, 1757. *in* 8. *v. f.*

HISTOIRE NAT. BOTANIQUE.

Traités de l'Agriculture &c, & choses rustiques.

649 M. Catonis Liber : M. Terentii Varronis Li-

SCIENCES ET ARTS.

bri III de Re ruſtica, ex recenſ. Pet. Victorii. *Par. Rob. Stephanus*, 1543. *in* 8. *mar. cit. l. r.*

650 L. Junii Moderati Columellæ de Re ruſtica Libri XII : ejuſd. de Arboribus Liber. *Par. Rob. Stephanus*, 1543. *in* 8. *mar. cit. l. r.* — 9 · 19

651 Les douze Livres de Lucius Junius Moderatus Columella des choſes ruſtiques, trad. par Cl. Cotereau. *Par. Jacq. Kerver*, 1552. *in* 4. *v. f.* — 11 · 19

652 Ruſtican du labour des champs, tranſlaté du latin de Pierre de Creſcens en fr. par l'ordre de Charles V, Roi de France en 1373. *Mſ. ſur vel. avec miniatures. in fol. mar. cit.* (*Eclaircissement*) — 160 —

653 Le Calendrier des Laboureurs & des Fermiers, contenant les Inſtructions néceſſaires pour la conduite & pour le maniement d'une Ferme par R. Bradley. *Par. Briaſſon*, 1755. *in* 12. *bl.* — 1 · 7

654 Traité de la Culture des terres ſuivant les principes de M. Tull, Anglois, par Henri-Louis du Hamel du Monceau. *Paris, H. Guerin*, 1750. 4 *v. in* 12. — 5 – 6

655 Traité de la Conſervation des Grains, & en particulier du froment par le même. *Par. Guerin*, 1753. *in* 12. *br.* — 1 · 12

656 Le Ménage des Champs & de la Ville, ou le nouveau Jardinier François accommodé au goût du tems. *Par. Paulus-du-Meſnil*, 1737. *in* 12. *v. b.* — 1 · 19

657 Les Agrémens de la Campagne, ou Remarques particulieres ſur la conſtruction des Maiſons de campagne, & des Jardins de plaiſance & des plantages, &c. *Leyde, Samuel Luchtmans*, 1750. *in* 4. *v. f.* — 12 —

658 Le Jardin de Hollande planté & garni de fleurs & d'orangeries. *Amſt. Weſteins*. 1721. *in* 12. *v. b.* — 3 · 6

659 Le Calendrier des Jardiniers trad. de l'angl. de Bradley. *Par. Piget*, 1743. *in* 12. *v. f. fig.* — 1 · 9

660 Mémoires & Inſtructions pour le plant des — 6.

Meuriers blancs, nourriture des Vers à foye, & l'Art de filer, mouliner & apprêter les foyes par Chrift. Ifnard. *Par. Georg. Soly*, 1665. *in* 8. *v.b.*

Hiftoire générale des Plantes.

661 Leonardi Fuchfii Commentarii de hiftoria ftirpium (cum figuris minio depictis). *Bafil. Offic. Ifingriniana*, 1542. *in fol. mar. r*

662 Jac. Zanoni rariorum ftirpium Hiftoria ex parte olim edita, nunc C. plus tabulis commentariis Autoris ab ejufdem nepotibus ampliata : opus digeffit, latinè reddidit, fupplevitque Cajetanus Montius. *Bononiæ, Lælius à Vulpe*, 1742. *in fol. v. f.*

663 Mémoires pour fervir à l'hiftoire des Plantes par Denys Dodart. *Paris, Imp. R.* 1676——138 Plantes deffinées & gravées par Chaftillon, Boffe & Nic. Robert, avec une Table Mf. *in fol. grand pap. v. b.*

664 Elémens de Botanique, ou Méthode pour connoître les Plantes par Jof. Pitton Tournefort. *P. Imp. R.* 1694. 3 *vol. in* 8. *vel.*

665 Jof. Pitton Tournefort Inftitutiones Rei herbariæ : editio altera gallicâ longè auctior. *Parif. Typ. Reg.* 1700. 3 *vol. in* 4. *v. m.* (*clair*)

666 Ejufd. Corollarium, in quo Plantæ 1356 munificentiâ Ludovici M. in orientalibus Regionibus obfervatæ recenfentur & ad genera fua revocantur. *in* 4. *v. m.*

667 Ab. Muntingii Phytographia curiofa, exhibens arborum, fruticum, herbarum & florum Icones 245 tabulis ad vivum delineatis & æri incifis. Varias earum denominationes lat. gal. ital. germ. Belg. collegit & adjecit Franc. Kiggelaer. *Amft. Weftenii*, 1713. *in fol. v. f.*

668 Phytanthoza iconographia, five Confpectus

SCIENCES ET ARTS. 63

aliquot millium tàm indigenarum quàm exoticarum ex quatuor mundi partibus à Joan. Guill. Weinmanno collectarum : Plantarum, Arborum, fruticum, florum, fructuum, fungorum &c. quæ æri incisæ, vivis coloribus & iconibus excusæ & repræsentatæ per Barth. Scuterum, Joan. Eliam Ridingerum, & Joh. Jac. Haidium, Pictores & Chalcographos, quorum denominationes, characteres, genera, species & descriptiones, latino & germanico idiomate explicantur à Joan. Georg. Nic. Dieterico. *Ratisbonæ, Hier. Lanzius* 1737--1745. 4 *vol. in fol. c. m.*

669 Abregé de l'histoire des Plantes usuelles avec la maniere de s'en servir : Ve. édit. par J. B. Chomel. *Par. Jacq. Clousier*, 1739. 3 *vol. in* 12. *v. f.*   9.

670 Joan. Baptistæ Morandi Historia Botanica practica, seu Plantarum quæ ad usum Medicinæ pertinent Nomenclatura, descriptio & virtutes, æneis tabulis delineatæ &c. *Mediolani, Pet. Franc. Malatesta*, 1744. *in fol.*   10.

671 Plantæ per Galliam, Hispaniam & Italiam observatæ, iconibus æneis exhibitæ à P. Jacobo Barreliero, opus posthumum, editum curâ Ant. de Jussieu. *Par. Steph. Ganeau*, 1714. *in f. v. b.*   16 —

672 Histoire des Plantes qui naissent aux environs de Paris, avec leur usage dans la Médecine, par Jos. Pitton Tournefort : 2e. édit. revue & augm. par Bern. de Jussieu. *Paris, J. Musier*, 1725. 2 *vol. in* 12. *v. f.*   5 3.

673 Seb. Vaillant Botanicon Parisiense, ou dénombrement des Plantes qui se trouvent aux environs de Paris, avec leurs descriptions, leurs synonimes, & une crit. des auteurs de Botanique, enrichie de plus de 300 fig. dessinées par Cl. Aubriet. *Leide, J. Verbeek*. 1727. *in fol. v. f.*   30 19.

674 Seb. Vaillant Botanicon Parisiense. **Lugd. Bat.** 1743. *in* 12. *parch.*   2 —

675 Hist. des Plantes qui naissent aux environs d'Aix & dans plusieurs autres endroits de la Provence, par Pierre Garidel. *Aix, Jos. David.* 1715. *in fol. v. f.*

676 Basilii Besleri Hortus Eystettensis, sive accurata Plantarum omnium ex variis orbis partibus collectarum quæ in viridariis arcem episcopalem ibidem cingentibus hoc tempore conspiciuntur, delineatio & ad vivum repræsentatio. *Noriberg.* 1613. 2 vol. *in fol. c. m. mar. cit.* (*Lelaine.*)

677 D. Alberti Haller Enumeratio methodica Stirpium Helvetiæ indigenarum, quâ omnium brevis descriptio & synonymia, compendium virium medicarum, dubiarum declaratio, novarum & rariorum historia & icones continentur. *Gottingæ ex offic. acad.* 1742. 2 vol. *in fol. c. m. bl.*

678 Joan. Jac. Scheuchzeri Herbarium diluvianum: editio nova auctior. *Lugd. Bat. Vander Aa.* 1723. *in fol. v. f.*

679 Joan. Commelini Descriptio & icones Horti Amst. Plantarum orient. & occident. opus postumum: cura Frid. Ruyschii, & Franc. Kiggelarii latinitate donatum. *Amst. P. Blaeu,* 1697. 2 vol. *in fol. vel.*

680 Plantarum minus cognitarum Centuriæ v complectentes Plantas circa Byzantium & in oriente observatas per J. C. Buxbaum. *Petropoli, Typ. academ.* 1728-1735. *in 4. bl.*

681 Georg. Everhardi Rumphii Herbarium Amboinense, complectens arbores, frutices, herbas, plantas quæ in Amboina & insulis adjacentibus reperiuntur descriptas juxta earum formas, &c. acced. varia insectorum animalium genera: edente cum observat. Joan. Burmanno. *Amstel. Franc. Changuion,* 1743. 4 vol. *in fol. bl. il faut 6. v.*

682 Thesaurus Zeylanicus exhibens plantas in insula

SCIENCES ET ARTS.

fula Zeylana nafcentes, iconibus illuftratas & defcriptas ftudio Joan. Burmanni. *Amft. Sal. Schouten'*, 1737. *in* 4. *v. f.*

683 Traité des Fougeres de l'Amérique (lat. fr.) par le P. Ch. Plumier. *Par. Impr. roy.* 1705. *in f. g. l.*

684 Franc. Hernandez nova plantarum, animalium & mineralium Mexicanorum Hiftoria : cum notis Joan. Terentii, Jo. Fabri & Fabii Columnæ : acced. aliquot ex Principis Federici Cæfii frontifpiciis Theatri naturalis philofophicæ tabulæ. *Romæ Zan. Mafottus*, 1651. *in fol. v. m.*

685 Difcours phyf. fur les propriétés de la Sauge & fur le refte des plantes aromatiques, par Pierre Hunault. *Par. Laur. d'Houry*, 1698. *in* 12. *v. b.*

686 Joann. Jacob. Plitt Specimen Onirologiæ. *Marburgi*, 1752. *in* 12. *v. f.*

687 Mém. fur la plante du Ginfeng de Tartarie découverte en Canada, par le P. Jof. Fr. Lafitau. *Par.* 1718. *in* 12. *br.*

688 And. Baccii de naturali vinorum hiftoria, de vinis Italiæ & de conviviis antiquorum libri feptem : acced. de factitiis ac cervifiis, deque Rheni, Galliæ, Hifpaniæ & de totius Europæ vinis, & de omni vinorum ufu compendiaria tractatio. *Romæ, Nic. Mutius*, 1597. *in fol. mar. bl.*

689 Devis fur la Vigne, vin & vendanges d'Orl. de Suave, auquel la façon ancienne du plant, labour & garde eft defcouverte & réduite au préfent ufage, par Jac. Gohors. *Par. Vincent*, 1550. *in* 12. *br.*

690 Joan. Henr. Meibomii de Cervifiis, potibufque & ebriaminibus extra vinum aliis Commentarius : acced. Ad. Turnebi Libellus de vino. *Helmeft. Jo. Heitmullerus*, 1668 *in* 4. *mar. r.*

691 De l'origine & du progrès du Café, trad de l'arabe par Ant. Galland. *Caen, Jean Cavelier*, 1699. *in* 12. *v. f.*

I

692 Lud. Ferdinandi Marsilii Dissertatio de generatione fungorum : acced. Joan. Mariæ Lancisii Responsio unà cum Dissertatione de Plinianæ villæ ruderibus atque Ostiensis littoris incremento. *Romæ, Fr. Gonzaga*, 1714. *in fol. v. b.*

693 Joan. Jonstoni Dendrologia, sive historiæ natur. de arboribus, fruticibus Libri X. *Franc. Hær. Matt. Meriani.* 1662. *in fol. v. b.*

694 Traité des Arbres & Arbustes qui se cultivent en France en pleine terre, par H. L. du Hamel du Monceau *Par. H. L. Guerin*, 1755. *2 vol. in 4. bl.* avec les figures de Valgrise.

695 Jo. Bapt. Ferrarii Hesperides, sive de Malorum aureorum cultura & usu Libri IV. *Romæ, Herm. Scheus*, 1646. *in fol. mar. cit.*

HISTOIRE DES ANIMAUX.

696 Æliani de natura animalium Libri XVII, cum animadvers. Conr. Gesneri, & Dan. Wilh. Trilleri, curante Abr. Gronovio, cum adnot. ejusd. *Lond. Guil. Bowyer*, 1744. *2 v. in 4. c m. v. f.*

697 Manuelis Philes Versus iambici de animalium proprietate ad Michaelem Imper. gr. cum figuris animalium minio depictis *Codex elegantissimè scriptus in papyro, manu Angeli Vergerii, ut patet ex nota manûs ignotæ sed antiquæ. in 8 mar. bl.*

698 Joan. Jonstoni historiæ naturalis de Avibus, de Piscibus, de Quadrupedibus & de Insectis Libri, cum æneis figuris. *Franc f. Matt. Merianus*, 1650--1653. *4 vol. in fol. vel.*

699 Description anatomique de divers animaux dissequés dans l'Acad. des Sciences; accompagnés de leurs squeletes, & représentés en figures. *Par. Laur. d'Houry*, 1682. *in 4. v. b.*

700 Nouv. Expériences sur la Vipere, avec une

SCIENCES ET ARTS. 67

Réponse à Fr. Redi par Moyse Charas. *Paris, J. d'Houry*, 1672. *in* 8. *v. b.*

701 Franc. Willughbeii Ornithologiæ Libri tres; in quibus aves omnes hactenus cognitæ in methodum naturis suis convenientem redactæ, accuratè describuntur : Descriptiones iconibus & vivarum avium simillimis æri incisis illustrantur. Totum opus recognovit, digessit, supplevit Joan. Raius. *Lond. Joan. Martyn.* 1676. *in fol. v. b.*

702 Art de faire éclore & d'élever en toute saison des Oiseaux domestiques de toutes especes, soit par le moyen de la chaleur du fumier, soit par celle du feu ordinaire par René-Ant. Ferchault, de Reaumur. *Paris, Imprim. Royale*, 1749. 2. *vol. in* 12. *mar. r.*

703 Hyppoliti Salviani Historia aquatilium Animalium, cum iconibus. *Romæ*, 1554. *in fol. c. m. mar. cit.* (Eclairé.)

704 Fr. Willughbeii de historia Piscium Libri IV : recognovit, coaptavit, supplevit, & libros 1. 2. integros adjecit Joh. Raius. *Oxon. è Th. Sheldon.* 1686. *in fol. v. b.*

705 Joan. Swammerdammii Biblia naturæ, sive Historia Insectorum in classes certas redacta, e lingua batava in latinam transtulit Hier. David Gaubius : acced. Præfatio, vita Autoris ab Herm. Boerhaave. *Leydæ, Is. Severinus*, 1737. 2 *vol. in fol. c. m. mar. r.*

706 Mémoires pour servir à l'histoire des Insectes par de Reaumur. *Par. Imp. Royale* 1734 & *suiv.* 4 *vol. in* 4. *v. b.*

707 Abregé de l'histoire des Insectes par Bazin. *Par. H. L. Guerin*, 1751. 2 *vol. in* 12. *bl.*

708 Histoire naturelle des Abeilles par le même, avec des figures. *Paris, Guerin*, 1744. 2 *vol. in* 12. *v. f.*

I ij

709 Abregé de l'histoire des Insectes pour servir à l'histoire des Abeilles, avec des figures, par le même. *Par. H. L. Guerin*, 1747. 2 v. *in* 12. *v.f.*

710 Observations sur l'origine, la constitution & la nature des Vers de mer qui percent les Vaisseaux, par Jean Rousset. *La Haye, Moetjens*, 1733. *in* 8. *v.f.*

711 Histoire naturelle de la Cochenille, justifiée. *Amst. Wytwerf*, 1729. *in* 8.

712 Traité d'Insectologie, ou Observations sur les Pucerons par Charles Bonnet. *Paris*, 1745. 2 vol. *in* 8. *bl.*

713 Mémoires pour servir à l'histoire d'un genre de Polypes d'eau douce, à bras en forme de cornes, par M. Tremblay. *Paris, Durand*, 1744. 2 vol. *in* 8. *bl.*

714 Essai sur l'histoire naturelle du Polype, infecte, par Henry Baker, trad. par Demours. *Par. Durand*, 1754. *in* 8. *bl.*

715 Index Testarum, Conchyliorum quæ adservantur in Musœo Nicolai Gualtieri, & methodicè distributæ exhibentur tabulis cx. *Florentiæ, Caj. Albizinus*, 1742. *in fol. mar. r.*

716 Idem. *Ibid.* 1742. *in fol. c. m. bl.*

Collections, ou Cabinets de Curiosités &c.

717 Musæum Franc. Calceolarii, à Bened. Ceruto incœptum, & ab And. Chiocco descriptum & perfectum. *Verona, Ang. Tamus*, 1622. *in f. v. f.*

718 Musæum Wormianum, seu Historia rerum rariorum tàm nauralium quàm artificialium, tàm domesticarum quàm exoticarum, quæ Hafniæ Danorum in ædibus Autoris servantur, adornata ab Olao Worm, variis & accuratis iconibus illustrata. *Amstel. Lud. & Dan. Elzevirii*, 1655. *in fol. v. b.*

SCIENCES ET ARTS.

719 Musæum regium, seu Catalogus rerum naturalium & artificialium quæ in Basilica Biblioth. Daniæ Regis Hafniæ asservantur, descriptus ab Oligero Jacobæo. *Hafniæ*, *Joach. Schmetgen*, 1696. *in fol. v. b.*

720 Athan. Kircheri Museum Romani Collegii Soc. Jesu, editum à Georg. de Sepibus. *Amst. Waesbergius*, 1678. *in fol. fig. v. m.*

721 Joan. Jac. Leibnitzii Memorabilia Biblioth. Norimb. sive Naturæ admiranda, ingenii humani artificia & antiquitatis monumenta: acced. Christ. Arnoldi de urnis sepulchralibus agri Anglici Nortfolc. Epistola. *Norimb. Endter*, 1674. *in 4. fig. v. f.*

722 Locupletissimi rerum naturalium thesauri accurata descriptio, & iconibus artificiosissimis expressio per universam Physices historiam; opus lat. & gall. collectum, digestum, descriptum & depinctum curâ Alberti Seba. *Amstelod. J. Westenius*, 1734-1735. 2 v. *in fol. c. max. mar. r.* doublé de tabis.

722* Terræ Musei Regii Dresdensis quas digessit, descripsit, illustravit D. Christ. Gottlieb Ludwig: acced. Terrarum sigillatarum figuræ. *Lipsiæ, Off Gleditschii*, 1749. *in fol. c. m. bl.*

723 Histoire naturelle, avec la description du cabinet du Roi par George-Louis le Clerc de Buffon & d'Aubenton. *Paris, Imp. royale*, 1749. 4. *vol. in 4. v. f.*

723* Lettres (ix) à un Ameriquain sur le livre précédent (par Jos. Adrien le Large de Lignac.) *Hambourg*, 1751. *in 12. v. f.*

724 Lettre sur les explications de M. de Buffon. *in 12. broch.*

725 Reflexions sur le système de la génération de M. de Buffon par de Haller, traduit. *Geneve*, 1751. *in 12. br.*

726 Catalogus lapidum pretioforum, achatum onycum, fardonicum, jafpidum, corneolorum, granulorum cælatorum, fculptorum, fimulacrorum, ftatuarum, ac omnis generis antiquæ fuppellectilis. *Amftel* 1677. *in* 12. *br.*

727 Catalogue raifonné de coquilles & autres curiofités naturelles, avec des obfervations fur les coquilles, par Edme François Gerfaint. *Paris, Flahault*, 1736. *in* 12.

728 Catalogue raifonné des curiofités du cabinet de Quintin de Lorangere par le même. *Paris, Barois*, 1744. *in* 12. *br.*

729 Catalogue raifonné des curiofités contenues dans les cabinets de Bonnier de la Moffon par le même. *Par. Barois*, 1744. *in* 12. *br.*

730 Catalogue raifonné des effets curieux contenus dans le cabinet du Chevalier de la Roque, par le même. *Par. Barois*, 1744. *in* 12. *br.*

731 Catalogue raifonné des bijoux, porcelaines, bronzes, lacqs, luftres de criftal de roche & de porcelaines de M. Angran, Vicomte de Fonfpertuis, par le même. *Par. Barois*, 1747. *in* 12. *br.*

MÉDECINE.

732 Hiftoire de la Médecine, où l'on voit l'origine & le progrès de cet art; les Sectes quis'y font formées, les noms des Médecins : leurs découvertes ; leurs opinions jufqu'au fiecle 2, par Daniel le Clerc ; nouv. édit. augm. *La Haye, If. Vander Kloot*, 1729. *in* 4. *v. f.*

733 Dictionnaire univerfel de Médecine, de Chirurgie, de Chymie, de Botanique, d'Anatomie, de Pharmacie, d'Hiftoire naturelle ; avec un difcours hiftorique fur l'origine & les progrès de la Médecine, trad. de l'angl. de James par MM. Di-

NCES ET ARTS. 71

& Touſſaint, revu & augm. par
P. Briaſſon, 1746. 6. v. in fol. v.f.   ſ 6.
ac Galeni Libri aliquot ex recognit.
fi. Lugd. Gyphus, 1532. in 12. v.f.
Opeta, gr. & lat. edente Joanne   42 —
der Linden. Lugd. Batav. Dan. à
565: 2 tom. 4 vol. in 8. mar. r.
Hippocrate trad. en franç. avec des   6. 19
nd. Dacier. P. 1697. 2 v. in 12. v.f.
Celſi medicinæ Li viii. Quinti   ſ. 1
le medicina. Venet. in ædibus Aldi,
m. mar. r.

vrages d'Aurelius Cornelius Celſe   1. 10
ne par Ninnin. Paris, Deſaint,
in 12 bl.

matiere médicale, ou de l'hiſ-   11. 2 —
us, du choix & de l'uſage des re-
par Eſt. Franç. Geoffroy, trad.
Paris, Jean Deſaint, 1743. 7

que ſur l'œconomie animale par   6 4.
nay. Paris, Guill. Cavelier, 1747.
l.

turelle de guérir les maladies du   6 ſ.
églemens de l'eſprit, qui en dépen-
ne, trad. de l'angl. par de la Cha-
illau, 1749. 2 vol. in 12. mar. r.

l'eſprit par Ant. le Camus. Par.   1 — 1 ⟩.
2 vol. in 12. bl.

méchaniſme des paſſions en géné-   1 — 10
Lallemant. Par. le Prieur, 1752.

auquel eſt traité qu'un homme   13 —
les apparens, & qui ha néanmoins
s marques de virilité; eſt capa-
du mariage, par Seb. Rouillard.
1603. in 8. mar. r.

745 Traité des Eunuques, dans lequel on explique toutes les différentes sortes d'Eunuques, quel rang ils ont tenu, & quel cas on en a fait &c. par C. Dollincan, (Ch. Ancillon) 1707. *in* 12. *br.*

746 Essais & Observations de Médecine de la Société d'Edimbourg, trad. de l'Ang. avec des observations sur l'Histoire naturelle & les Maladies des yeux, par Pierre Demours. *Par. Hip. Louis Guerin* 1740-1743. 5 *vol. in* 12. *v. f.*

747 Nouveaux Elémens d'Odontologie contenant l'Anatomie de la bouche, par Léclufe, *Paris, Laguette.* 1754. *in* 12. *br.*

748 L'Art de conserver sa santé, composé par l'Ecole de Salerne, avec la trad. en vers fran. par B. L. M. *Par. le Prieur* 1749. *in* 12. *v. f.*

749 Marcilius Ficinus de triplici vita. 1489. *in* 8. *vel.*

750 L'Art de conserver la santé des Princes, des Religieuses, & les avantages de la vie sobre, par L. Cornaro. *Leide, Langerak* 1724. *in* 12. *v. b.*

751 Méthode aisée pour conserver sa santé jusqu'à une extrême vieillesse, trad. de l'Ang. par Pierre Lavache de Preville. *Par. Prault* 1752. *in* 12. *bl.*

752 Essai sur les Moyens les plus propres à conserver la santé des gens de Mer, par M. Lind. *Par. Boudet* 1758. *in* 12. *br.*

753 Traité des Alimens, par Louis Lemery. *Par. P. Witte* 1705. 2 *vol. in* 12. *v. f.*

754 Le même revu par Jacq. Jean Bruhier. *Paris, Durand* 1755. 2 *vol. in* 12. *bl.*

755 Essai sur les Alimens, pour servir de commentaire aux livres diététiques d'Hippocrate, *Paris, Vincent* 1754. *in* 12. *bl.*

756 Apicii Cœlii de opsoniis & condimentis, sive arte coquinaria libri X cum annot. Mart. Lister & notis variorum ; edente Theod. Janson. Almeloveen. *Amstelod. Janf. Vaesbergii,* 1709. *in* 8. *m. r.*

SCIENCES ET ARTS.

757 Traité des Fievres continues, par François Quesnay. *Par. a'Houry* 1753. 2 v. *in* 12 *bl.* — 2 3.
758 Traité du Scorbut contenant des recherches sur la nature, les causes & la curation de cette maladie, trad. de l'Ang. de Lind. *Par. Ganeau* 1756. 2 vol. *in* 12. *bl.* — 2 -
759 Nouv. Méthode pour pomper le mauvais air des vaisseaux &c. par Sam. Sutton; avec une dissertation sur le Scorbut, par Mead, trad. de l'Ang. par Louis Anne Lavirotte, *Par. Durand* 1749. *in* 12. *v. s.* — 2 5.
760 Traité des moyens de dissoudre la Pierre & de guérir cette maladie & celle de la Goute par le choix des alimens, par Theop. Lobe. trad. de l'Ang. par M. T. A. *P. Durand* 1744. *in* 12. *v. s.* — 2 10.
761 L'Art de faire des garçons. 2 *t.* 1 *v. in* 12. *v. m.* — 4 10.
762 Lucina sine concubitu, trad. de l'Anglois d'Abraham Johnson. 1750. *in* 12 *br.* — 2 8
763 Essai sur l'Education médicinale des enfans & sur leurs maladies, par Brouzet. *Par. veuve Cavelier* 1754. 2 vol. *in* 12 *bl.* — 1 12
764 Des Maladies occasionnées par les promptes & fréquentes variations de l'air, considéré comme Atmosphere terrestre, par Jos. Raulin. *Par. Huart* 1752. *in* 12. *bl.* — 1 13
765 Pneumato-Pathologie, ou Traité des maladies venteuses, trad. du lat. de Combalusier. *Par. de Bure* 1754. 2 *vol in* 12. *v. s.* — 3 13
766 Lettres sur les Maladies de S. Domingue, sur les Plantes de la même Isle, & sur le Remora & les Halcyons, par Chevalier. *Par. Durand*, 1752. *in* 12. *v. s.* — 2 19

A N A T O M I E.

767 And. Vesalii de humani corporis fabrica Libri septem. *Basileæ, Joan. Oporinus* 1555. *in fol. mar. r. l. r.* — 40 -

768 And. Vesalii Opera Anatomica & Chirurgica, cura Hermanni Boerhaave & Bern. Siegfried Albini. *Lugd. Bat. Joan. du Vivié*, 1725. 2 vol. *in fol. c. m. vel.*

769 Quatre Tables Anatomiques, représentant une observation d'une double matrice, par George Henry Lisenmann, trad. du Latin. *Strasbourg. Konig.* 1752. *in fol. br.*

770 Dictionnaire Anatomique, suivi d'une Bibliotheque, Anatomique & Physiologique, par P. Tarin. *Par. Briasson* 1753. *in 4. v. f.*

CHIRURGIE, PHARMACIE.

771 Principes de Chirurgie, par George de la Faye. *Paris, Cavelier,* 1757. *in* 12. *br.*

772 Recherches hist. critiques sur l'origine, les divers Etats & les progrès de la Chirurgie en France, par Girodat. *Par. Ch. Osmont.* 1744. *in 4. v. f.*

773 Histoire générale des drogues, traitant des Plantes, des animaux & des minéraux, avec 400 fig. & un discours qui explique leurs noms, les Pays d'où elles viennent &c. par Pierre Pomet. *Par. J. B. Loyson.* 1694. *in fol. v. b.*

774 Pharmacopée contenant toutes les compositions de Pharmacie en usage dans la Médecine, leurs vertus, leurs doses, les manieres d'opérer les plus simples & les meilleures, avec un Lexicon Pharmaceutique, par Nicolas Lemery : seconde édition. *Par. Laur. d'Houry.* 1716. *in 4. v. b.*

775 Dictionnaire des drogues simples, contenant leurs noms, origine, choix, principes, vertus, étymologie, & ce qu'il y a de particulier dans les animaux, dans les vegétaux & dans les minéraux, par le même: troisième édit. aug. avec des fig. *Par. veuve d'Houry.* 1733. *in 4. v. b.*

SCIENCES ET ARTS.

776 Codex Medicamentarius seu Pharmacopœa Parisiensis, in lucem edita sub decanatu Hyac. Theod. Baron. *Par. Guil. Cavelier.* 1732. *in* 4. *v. b.*

777 Idem : editio auctior &c. *Paris, Guil. Cavelier.* 1748. *in* 4. *v. f.*

778 Pharmacopœa Leodiensis. *Leod. Evar. Kints* 1741. *in* 4. *v. b.*

779 Recueil de preceptes choisis, expérimentés & approuvés par M^e. Fouquet *Villefranche. P. Grandsaigne.* 1665. *in* 12. *mar. r.* Premiere & unique édition de Me. Fouquet : les suiv. sont augmentées par d'autres mains.

780 Theriaque d'Andromachus par Moyse Charas. *Par. Oliv. de Varennes.* 1668. *in* 12. *mar. r.*

C H Y M I E.

781 Cours de Chymie, contenant la maniere de faire les opérations qui sont en usage dans la Médecine par Nic. Lemery. *Paris, J. Bapt. Delespine* 1713. *in* 8. *v. b.*

782 Traité des métaux & des minéraux & des remedes qu'on en peut tirer par Chambon. *Par. Cl. Jombert.* 1714. *in* 12. *v. b.*

783 Herm. Boerhave Elementa Chemiæ : acced. ejusd. orationes Chemicæ : opuscula : editio altera Leydensi correctior & emendatior. *Par. Guil. Cavelier.* 1733. 2 *vol. in* 4. *v. b.*

784 Traité de Chimie, contenant la maniere de préparer les remedes les plus en usage dans la pratique de la Médecine par Paul-Jacq. Malouin. *Par. Guil. Cavelier.* 1734. *in* 12. *v. f.*

785 Chimie Médicinale, contenant la maniere de préparer les remedes, & la méthode de les employer, par le même. *Par. d'Houry.* 1750. 3 *vol. in* 12. *bl.*

76   SCIENCES ET ARTS.

786 Introduction à la Chimie avec deux Traités sur le sel des métaux ; sur le souphre anodyn du vitriol par M. G. Rothe, avec une analyse de l'antimoine, & un Traité sur les teintures antimoniales, par Mender, trad. de l'Allem. par J. L. Claulier. *Par. H. L. Guerin.* 1741. *in* 12. *v. f.*

787 Nouv. cours de Chymie, suivant les principes de Newton & de Stahll, avec un discours hist. sur l'origine & les progrès de la Chimie. *Paris, Jacq. Vincent.* 1737. 2 *vol. in* 12.

788 Elémens de Docimastique ou de l'art des essais, trad. du latin de Cramer, par Villiers. *Par. Briasson.* 1755. 4. *vol. in* 12. *bl.*

789 Traité de l'Antimoine, contenant l'analyse chymique de ce minéral par Nicolas Lemery. *Par. J. Boudot.* 1707. *in* 12. *v. b.*

790 Traité des Vernis, où l'on donne la maniere d'en composer un qui ressemble parfaitement à celui de la Chine &c. *Par. Laur. d'Houry.* 1723. *in* 12. *v. b.*

791 L'art de la teinture des laines & des étoffes de laine en grand & en petit teint : avec une instruction sur les bouillis par Jean Hellot. *Par. veuve Pissot* 1750. *in* 12. *v. f.*

792 Jo. Jac. Weckeri, de secretis libri XVII. ex variis autoribus collecti, & methodicè digesti. *Bas. Perna.* 1588. *in* 8. *v. f.*

ALCHYMIE.

793 Histoire de la Philosophie hermétique, avec un catalogue des Ecrivains de cette science, & le véritable Philalethe par Nic. Lenglet du Fresnoy. *Paris, Coustelier* 1742. 3 *vol. in* 12. *v. f.*

794 Bibliotheque des Philosophes chymiques. *Par. Charles Angot.* 1672. 2 *vol. in* 12. *v. b.*

795 Bibliotheque des Philosophes chimiques, nouv. Edit. par J. M. de Richebourg. *Par. And. Cailleau* 1741. 3 *vol. in* 12.

796 Œuvres médicinales & chymiques du P. P. Gab. de Castaigne. *Paris,* 1661. *in* 8. *v. m.*

797 Mich. Majeri Atalanta fugiens, hoc est, Emblemata nova de secretis naturæ chymica. *Oppenh. Hier. Gallerus* 1618. *in* 4. *vel.*

798 Mich. Majeri Arcana arcanissimà, hoc est, Hieroglyphica Ægyptio-græca. *in* 4. *vel.*

799 Introduction à la Chymie ou à la vraie Physique par F. A. Arnoud. *Lyon, Prost.* 1655. *in* 8. *v. m.*

800 Les Rudimens de la Philosophie naturelle, touchant le système du corps mixte: Cours theorique où sont expliqués les préceptes & les principes de la Chimie, par Nic. de Loques. *Paris, Geoff. Marcher* 1665. *in* 8. *v. m.*

801 Expériences sur l'esprit minéral pour la préparation & transmutation des corps métalliques, par S. P. M. de Respour. *Paris, Em. Langlois,* 1668. *in* 8. *v. m.*

802 Œuvre minérale où est enseignée la séparation de l'or des pierres à feu, sable, argile & autres fossiles par l'esprit de sel, par Jean Rud. Glauber, trad. par du Teil. *Par. J. d'Houry.* 1674. *in* 8. *v. m.*

803 Description des nouv. fourneaux Philosophiques ou art distillatoire, par J. Rud. Glauber. trad. par du Teil. *Par.* 1674. *in* 8. *v. m.*

MATHÉMATIQUES.

Traités Généraux de Mathématiques.

804 Veterum Mathematicorum, Athenæi, Apollodori, Philonis, Bitonis, Heronis, & aliorum opera gr. lat. pleraque nunc primum edita. *Par. ex Typ. regia.* 1693. *in fol. mar. r.*

SCIENCES ET ARTS.

805 Nouveaux élémens des Mathématiques, ou principes généraux de toutes les sciences qui ont les grandeurs pour objet, par Jean Prestet. *Paris, And. Pralard* 1689. 2 vol. *in* 4. *v. b.*

806 Elémens des Mathématiques par Bern. Lamy. *Paris, Nic. Pepie*, 1715. *in* 12. *v. b.*

807 Elemens de Mathématiques de Pierre Varignon. *Par. Brunet*, 1731. *in* 4. *v. b.*

808 Œuvres de P. Louis Moreau de Maupertuis. *Dresde, George Conr. Walther*, 1752. *in* 4. *v. f.*

809 Elémens de Géog. par le même 1740. *in* 8. *v. f.*

810 Essai de Philosophie morale & de Cosmologie par le même, (*Paris*), 1751. *in* 8. *bl.*

811 Lettre sur le progrès des sciences, par le même. *Paris*, 1752. *in* 12.

812 Remarques sur la Loi de l'épargne contre de Maupertuy, par Martin Martens. *Amst. Pierre Mortier.* 1752. *in* 4. *bl.*

813 Cours de Mathématique, contenant Elémens d'arithmetique : de Géométrie théorique & pratique : de méchanique statique par Ch. Est. Louis Camus. *Paris, Ballard* 1749-1752. 4 v. *in* 8. *v. f.*

814 Dictionnaire Mathématique ou idée générale des Mathématiques, par Jacq. Ozanam. *Paris, Est. Michallet*, 1691. *in* 4. *mar. r.*

815 Dictionnaire universel de Mathématique & de Physique par Alexandre Saverien. *Paris, Jombert* 1753. 2 vol. *in* 4. *g. pap. v. f.*

ARITHMÉTIQUE ET ALGEBRE.

816 Elémens d'Arithmétique : la Géométrie par Camus. *Par Ballard*, 1753. 2 v. *in* 8. *g. pap. bl.*

817 Le livre nécessaire pour les comptables &c. par Barreme. *Paris*, 1740. *in* 12. *v. m.*

818 Tractatus de Algebra seu de Mathesi universali. *Mss. in* 4. *v. b.*

SCIENCES ET ARTS.

819 Analyse démontrée, ou la méthode de résoudre les problêmes des Mathématiques & d'apprendre facilement ces sciences, par Ch. Raynaud. *Par. Jacq. Quillau* 1708. 2 vol. *in* 4. *v. f.*

820 La Science du Calcul des grandeurs en général, ou les élémens de Mathématiques par le même. *Paris, Jacq. Quillau* 1714. *in* 4. *v. b.*

821 Essai sur les probabilités de la durée de la vie humaine, d'où l'on déduit la maniere de déterminer les rentes viageres, tant simples qu'en Tontines, par Antoine Deparcieux. *Paris, Guerin* 1746. *in* 4. *v. f.*

822 Essai sur la différence du nombre des Hommes dans les tems anciens & modernes, trad. de l'Anglois de Wallace, par de Joncourt. *Londres* 1754. *in* 8. *bl.*

GÉOMÉTRIE.

823 Les Elémens d'Euclide par Ch. Fr. Millet Dechalles, *Par. Cl. Jombert* 1720. *in* 12. *v. b.*

824 Elémens d'Euclide expliqués & démontrés par Jacq. Ozanam. *Par. Cl. Jombert.* 1711. *in* 8. *v. b.*

825 Traité de Géométrie par Seb. le Clerc. *Paris, Jean Jombert,* 1690. *in* 8. *v. m.*

826 Analyse des Infiniment petits, pour l'intelligence des lignes courbes, par Guill. Fr. de l'Hôpital. *Par. Imp. Royale,* 1696. *in* 4. *v. b.*

827 Traité analytique des Sections coniques & de leur usage pour la résolution des équations dans les problêmes tant déterminés qu'indéterminés, par le même. *Par. veuve Boudot.* 1707. *in* 4. *v. b.*

828 La Trigonométrie rectiligne & sphérique avec des tables des Sinus par Wlac, augm. par Jacq. Ozanam. *Par. Cl. Jombert* 1720. *in* 8. *v. b.*

829 Application de l'Algebre à la Géométrie, ou mé-

thode de démontrer par l'algebre les théoremes de Géométrie, & d'en résoudre & construire tous les problêmes par Guisnée. *Paris, Jean Boudot*, 1705. *in* 4. *v. b.*

830 La même, nouvelle Edition. *Paris, Quillau*, 1733. *in* 4. *v. b.*

ASTRONOMIE.

831 Degré du méridien entre Paris & Amiens, déterminé par la mesure de M. Picard, & par les observations de MM. de Maupertuis, Clairault, Camus, le Monnier. *Paris, Gabriel Martin* 1740. *in* 8. *v. f.*

832 Mesure des trois premiers degrés du Méridien dans l'hémisphere austral, tirée des observations de MM. de l'Académie des sciences, par Charles-Marie de la Condamine. *Paris, Imprimerie Royale*, 1751. *in* 4. *v. f.*

833 La Méridienne de l'Observatoire de Paris vérifiée dans toute l'étendue du Royaume par les nouvelles observations, pour en déduire la vraie grandeur des degrés de la terre, par Cassini de Thury. *Par. Hyp. Louis Guérin* 1744. *in* 4. *v. f.*

834 Géographie Physique ou essai sur l'Histoire naturelle de la Terre, trad. de l'Ang. de Wodward, par Noguez, avec la réponse aux observations de Camérarius : Lettres écrites sur la même matiere & la distribution méthodique des fossiles, trad. de l'Ang. du même Wodward, par le P. Niceron. *Paris, Briasson* 1735. *in* 4. *v. f.*

835 La figure de la Terre déterminée par les observations de MM. de Maupertuis, Clairault, Camus, le Monnier, Outhier & Celsius, faites au Cercle polaire, par de Maupertuis. *Par. Imp. Royale* 1738. *in* 8. *v. f.*

836

836 La figure de la Terre déterminée par les observations de MM. Bouguer & de la Condamine, envoyés au Pérou pour observer aux environs de l'Equateur, avec une Relation abregée de ce voyage, contenant la description de ce pays, par Pierre Bouguer. *Paris, Charles Antoine Jombert*, 1749. *in* 4. *v. m.*

837 Discours sur les différentes figures des Astres, par Maupertuis. *Paris, Martin*, 1742. *in* 8. *v. f.*

838 Lettre du même sur la Comète. *Paris*, 1742. *in* 12. *mar. v.*

839 Pensées diverses à l'occasion de la Comète qui parut en 1680, par Pierre Bayle. *Rotterd. Rein. Leers.* 1699-1705. 4 *vol. in* 12. *v. f.*

840 La Grand pronostication nouvelle avecques la Déclaration ample de MDLIX, composée par Mich. Nostradamus, avecques les figures de quatre tems sur les climats 47, 48, 49 & 50, *Lyon, Brotot*, 1558. *in* 8.

841 Pronostication nouvelle pour MDLXII, par le même. *Lyon* 1561. *in* 8. *v. f*

842 Almanach, ou pronostication de laboureurs réduite selon le Kalendrier Grégorien, par Antoine Maginus. *Troyes. Nic. Oudot.* —— Les Prophéties de Mich. Nostradamus. *Troyes.* 1568. —— Recueil des Prophéties & révélations, tant anciennes que modernes. *Troyes.* —— Prædictions admirables pour les ans courans en ce siecle, par Vincent Seve. 1605. *in* 8. *v. f.*

843 Sim. Majoli dierum canicularium Tomi VII. *Offenbaci ad mænum. Joan. Mart. Schonwetterus* 1691. *in fol. bl.*

GNOMONIQUE, HYDROGRAPHIE.

844 Traité de l'Horlogerie méchanique & pratique, par Ant. Thiout : avec figures. *Par. Ch Moette* 1741. 2 *vol. in* 4. *v. f.*

82   SCIENCES ET ARTS.

845 Nouveau Traité de Navigation contenant la théorie & la pratique du Pilotage, par Pierre Bouguer. *Par. Hip. L. Guérin*, 1753. *in* 4. *v. f.*

846 Traité du Navire, de sa construction & de ses mouvemens, par le même. *Paris, Jombert* 1746. *in* 4. *v. f.*

847 Traité de la fabrique des manœuvres pour les Vaisseaux, ou l'art de la Corderie perfectioné, par du Hamel du Monceau. *Paris, Imprimerie Royale*, 1747. *in* 4. *v. f.*

848 Elémens de l'Architecture navale, ou Traité pratique de la construction des vaisseaux, par le même. *Paris, Jombert*, 1752. *in* 4. *v. f.*

849 Dictionnaire de Marine, contenant les termes de la Navigation & de l'Architecture navale, avec les regles & proportions qui doivent y être observées, par Aubin. *Amsterdam. J. Covens.* 1722. *in* 4. *v. b.*

850 Histoire générale de la Marine, contenant son origine chez tous les peuples du monde, ses progrès, son état actuel & les expéditions maritimes anciennes & modernes. *Paris, Prault*, 1744. & *suiv.* 3 *vol. in* 4. *gr. pap. bl.*

MUSIQUE.

851 Antiquæ Musicæ Auctores septem gr. lat. cum notis Marci Meibomii. *Amsterd. Lud. Elsevirius.* 1652. 2 *vol. in* 4. *mar. r.*

852 Fr. Blanchini de tribus generibus instrumentorum musicæ veterum organicæ Dissertatio. *Romæ, Faustus Amideus.* 1742. *in* 4. *v. f.*

853 Recueil sur la Musique Françoise & Italienne; sur les Bouffons &c. *in* 8. *br.*

Statique, Hidraulique, Méchanique, &c.

854 Traités de l'équilibre des liqueurs & de la pé-

santeur de la masse de l'air, par Bl. Pascal. *Par. Guill Després* 1698. *in* 12.

855 La Statique des végétaux & l'analyse de l'air, expériences nouvelles par M. Hales, trad. de l'Ang. par Georg. Louis le Clerc de Buffon. *Par. de Bure* 1735. *in* 4. *v. f. fig.*

856 Jo. Frid. Weidleri Tractatus de machinis hydraulicis maximis Marlyensi & Londinensi, cum figuris. *Vitemb. Henneingius* 1733. *in* 4. *bl.*

857 Architecture hydraulique ou l'art de conduire, d'elever & de ménager les eaux pour les différens besoins de la vie, par Bernard Belidor. *Par. Ch. A. Jombert* 1737-1753. 4 *v. in* 4. *gr. p. m. cit.*

858 Nouvelle Méchanique ou statique, par Pierre Varignon. *Par. Cl. Jombert.* 1725. 2 *v. in* 4. *v. b.*

859 L'usage des Globes & des Spheres suivant les différens systêmes du monde, par Nicolas Bion. *Par.* 1717. *in* 8. *v. b.*

860 Le même. *Par. Nyon.* 1751. *in* 8. *bl. fig*

861 Remarques & expériences physiques sur la construction d'une nouvelle Clepsidre, sur les Barometres, Thermometres & Higrometres par Guil. Amontons. *Par. J. Jombert.* 1695. *in* 12. *v. b. fig*

862 Dissertations sur la chaleur, avec des observations nouvelles sur la construction & la comparaison des Thermometres, par Marline. *Paris, Hérissant.* 1751. *in* 12. *bl.*

863 Observations d'Histoire naturelle faite avec le Microscope. *Par. Briasson* 1754. 2. *vol. in* 4. *bl.*

864 Nouvelles Observations microscopiques, avec des découvertes sur la composition & la decomposition des corps organisés, par Needham, trad. *Paris, L. Est. Ganeau.* 1750. *in* 12. *fig. v. f.*

LES ARTS.

865 L'Encyclopédie ou Dictionnaire raisonné des

sciences, des Arts & des Métiers, par une Société de gens de Lettres, mis en ordre par MM. Diderot & Dalembert. *Paris, Briasson* 1751. & *suiv.* 7 *vol. in fol. gr. pap. bl. avec la souscription.*

866 Eloge de l'Encyclopédie & des Encyclopédistes. *la Haye* 1759. *in* 12. *br.*

867 J. J. Rousseau Citoyen de Geneve, à M. Dalembert sur son Article *Geneve* dans le VII vol. de l'Encyclopédie, *Amst. Rey.* 1758. *in* 8. *br.*

868 Lettre ou réponse de M. Dalembert à Rousseau. *Amst.* 1759. *in* 8. *br.*

869 Cinq Traités pour & contre l'Encyclopédie. *in* 12. *br.*

870 Petites Lettres sur de grands Philosophes, par Ch. Palissot. *Par.* 1757. *in* 12 *br.*

871 Nouv. Mémoire pour servir à l'Histoire des Cacouacs. *Amst.* 1757. *in* 12. *br.*

872 Catéchisme & Décisions de cas de conscience à l'usage des Cacouacs, avec un discours du Patriarche des Cacouacs. *Cacopolis.* 1758. *in* 12. *b.*

873 L'Encyclopédie Perruquiere. *Par. Hochereau.* 1757. *in* 12. *br.*

874 Ouvrages divers sur les Belles-Lettres, l'Architecture, les Méchaniques & la Géographie. *Berlin. J. P. Schmid.* 1747. *in* 8. *bl.*

875 Recueil de quelques pieces concernant les Arts, extraites de plusieurs Mercures de France, *Par. Jombert* 1757. *in* 12 *br.*

Art de la Peinture, Gravure & Sculpture.

876 Dictionnaire abregé de Peinture & d'Architecture, par Franç. Marie de Marsy *Paris, Barrois* 1746. 2 *vol. in* 12. *v. f.*

877 Dictionnaire portatif des Beaux Arts, ou Abregé de ce qui concerne l'Architecture, la

SCIENCES ET ARTS.

Sculpture, la Peinture, la Gravure, la Poéfie & la Mufique, par Jacq. Lacombe. *Paris, Heriffant.* 1752. *in.* 8. *v. f.*

878 Dictionnaire des Monogrammes, Chiffres, Lettres initiales, Logogryphes, rebus &c. fous lefquels les Peintres, Graveurs, Deffinateurs ont defliné leurs noms, trad. de l'Allem. de Chrift. *Par. Seb. Jorry* 1750. *in* 8. *v. f.* — 7.

879 Cabinet des fingularités d'Architecture, Peinture, Sculpture & Gravure, par Florent le Comte. *Par. Nic. le Clerc.* 1699. 3. *vol. in* 12 *v. b.* — 7 19

880 Fr. Junii de Pictura veterum libri tres, acced. Catalogus Architectorum, Mechanicorum, Pictorum, Statuariorum, Cælatorum, Tornatorum & aliorum Artificum. *Roterod. Reg. Leers* 1694. *in fol. v. f.* — 14 19

881 Hiftoire de la Peinture ancienne, extraite de l'Hiftoire naturelle de Pline Liv. XXXV. avec le texte latin, & éclairci par des remarques par Dav. Durand. *Londres, Guill. Bowyer* 1725. *in fol. v. m.* — 10 19

882 L'Art de Peinture, Poëme lat. de Ch. Alph. du Frefnoy, trad. avec des remarques par Roger de Piles. *Par. Nic. Langlois* 1668. *in* 8. *v. b.* — 1 4

883 Cours de Peinture par principes, par de Piles. *Par. Jacq. Eftienne* 1708 *in* 12. *v. b.* — 1 10

884 Traité de la Peinture & de la Sculpture, par Richardfon. *Amft. Wytwerf.* 1728. 3 *v. in* 8. *bl.* — 5.

885 Difcours prononcés dans les conférences de l'Académie de Peinture & de Sculpture, par Coypel. *P. Jacq. Collombat.* 1721. *in* 4 *gr. p. v. b.* — 3.

886 Obfervations fur la Peinture & fur les Tableaux, par Gautier, année 1753. *Par. Jorry* 1753. *in* 12. *tom. prem.* 3 *Part. bl.*

887 L'Art d'imprimer les Tableaux, par Gaultier, de Montdorge. *Paris, le Mercier,* 1756, *in* 8. *b.*

} 1 · 4.

SCIENCES ET ARTS.

888 Essai sur la Peinture, la Sculpture & l'Architecture. 1751. *in* 8. *br.*

889 Réflexions critiques sur les différentes Ecoles de Peinture. *Paris, Rolin* 1752. *in* 8. *bl.*

890 Pieces sur les Ouvrages exposés au Salon en 1746-1753. 3 *vol. in* 12.

891 L'Ombre du grand Colbert; Réflexions sur l'état présent de la Peinture en France &c. *Paris*, 1752. *in* 12. *bl.*

892 Lettre à un Amateur de la Peinture, avec des éclaircissemens historiques sur un Cabinet & les Auteurs du Tableau qui le composent. *Dresde, Walther* 1755. *in* 12. *br.*

893 Explication des Tableaux de la Galerie de Versailles, (par Franç. Charpentier). *Paris, Franç-Muguet* 1684. *in* 4. *mar. r.*

894 Recueil de descriptions de Peintures & d'autres ouvrages faits pour le Roi, par And. Felibien. *Paris, veuve Cramoisy.* 1689. *in* 12. *v. b.*

895 Ecole de la mignature, dans laquelle on peut aisément apprendre à peindre sans maître. *Lyon. Fr. du Chesne* 1679. *in* 12. *v. b.*

896 L'Art du feu ou de peindre en émail, avec des Instructions pour peindre & apprêter les couleurs de Mignature, par Jacq. Phil. Ferrand. *Paris, Jacq. Collombat* 1721. *in* 12. *v. b.*

897 L'Optique des Couleurs, fondée sur les simples observations, & tournée surtout à la pratique de la Peinture, de la Teinture & des autres Arts coloristes, par le P. Castel. *Paris, Briasson* 1740. *in* 12. *v. f.*

898 De la maniere de graver à l'eau-forte & au burin, & de la Gravure en maniere noire, par Abr. Boise: nouv. Edit. revue & aug. de 19 planches. *Paris, Jombert* 1745. *in* 8. *v. f.*

SCIENCES ET ARTS.

899 Dissertation sur l'origine & les progrès de l'art de graver en bois &c. par Fournier. *Paris, Jos. Barbou* 1758. *in* 8. *br.*

900 Pomp. Gaurici de Sculptura liber : Lud. Demontiosi de Veterum Sculptura, cælatura, Gemmarum Sculptura & Pictura libri duo. Abrah. Gorlæi Dactyliotheca. 1609. *in* 4. *v. f.*

901 Joachimi de Sandrart Admiranda Sculpturæ veteris, sive Delineatio vera Statuarum, unà cum artis hujus Theoria. *Norimb. Christ. Sigism. Frobergius,* 1680. *in fol. mar. bl.*

902 Voyage pittoresque de Paris, ou Indication de tout ce qu'il y a de plus beau en Peinture, Sculpture & Architecture, par Ant. Nic. Dezallier d'Argenville. *Par. Debure.* 1749 *in* 12. *v. m.*

903 Le même, nouvelle edition aug. avec figures. *Par. le même* 1752. *in* 12. *v. f.*

904 Voyage pittoresque des environs de Paris, par le même. *Paris, de Bures,* 1755. *in* 12. *bl.*

904 * Catalogue des Livres d'Estampes & de figures en taille douce, par Mic. de Marolles. *Paris, Leonard* 1666. *in* 8. —— Autre. *Par. Langlois,* 1672. *in* 12. *v. f.*

905 Catalogue raisonné des Piéces qui forme l'œuvre de Rembrandt, par Gersaint, augmenté par Helle & Glomy. *Par. Hochereau* 1751. *in* 12. *br.*

906 Catalogue des Estampes gravées d'après Ruténs; Œuvres de Jordaens, de Visscher, avec un secret pour blanchir les Estampes & en ôter les taches d'huile, par R. Hecquet. *Par.* 1751. *in* 12. *br.*

907 Catalogue d'Estampes des meilleurs Maîtres d'Italie, de Flandres, de France & de toutes les Ecoles célebres, par le même. *Paris, Duchesne* 1752. *in* 12. *br.*

908 Description des Desseins des grands Maîtres d'Italie, des Pays bas & de France, du cabinet

de Crozat, avec des Réflexions fur la maniere de deſſiner des principaux Peintres, par Mariette. *Par.* 1741. *in* 8. *br.*

909 Catalogue des Tableaux du Cabinet de Crozat. *Par.* 1755. *in* 8. *br.*

910 Catalogue raiſonné des Tableaux, Sculpture, de marbre, de bronze, deſſeins & eſtampes du cabinet du Duc de Tallard, par Remy & Glomy. *Paris, Didot* 1756. *in* 12. *br.*

911 Catalogue raiſonné des Tableaux, Deſſeins & Eſtampes du cabinet de Potier, par Helle & Glomy. *Par. Didot* 1757. *in* 12 *br.*

911 * Liaſſe de Catalogues de Tableaux, Eſtampes, Bronzes & autres curioſités. *in* 8. & *in* 12.

912 Entretiens ſur les Vies & les Ouvrages des plus excellens Peintres, anciens & modernes, avec la vie des Architectes, par André Felibien, nouv. edit. aug. de l'idée du Peintre parfait, du Traité de la Miniature &c. & de la deſcription des maiſons de campagne de Pline le jeune & de celle des Invalides. *Trevoux* 1725. 6 *v. in* 12. *v. b.*

913 Abregé de la vie des Peintres, avec des Réflexions ſur leurs Ouvrages & un Traité du Peintre parfait, de la connoiſſance des deſſeins, de l'utilité des Eſtampes, par Roger de Piles. *Par. Jacq. Eſtienne.* 1715. *in* 12. *v. b.*

914 Abregé de la vie des plus fameux Peintres, avec les portraits gravés, les indications de leurs principaux Ouvrages, quelques réflexions ſur leurs caractères, & la maniere de connoître les deſſeins des grands Maîtres, par Dezallier d'Argenville. *Par. de Bure* 1745-1751. 3 *v. in* 4. *v. f.*

915 Tables hiſt. & chronol. des plus fameux Peintres anciens & modernes, par Ant. Fred. Harms. *Bronſvic, Fred. Guill. Meyer.* 1742. *in fol. bl.*

916 Catalogue raiſonné des Tableaux du Roi, avec
un

SCIENCES ET ARTS. 89

un abregé de la vie des Peintres, par Lepicié, les Ecoles Florentine & Romaine : Vénitienne & de Lombardie. *Paris, Imp. Roy.* 1752. 1754. 2 vol. in 4. gr. pap. bl.

917 Vie des premiers Peintres du Roi, depuis M. le Brun, par Lepicié. *Paris, Durand* 1752. in 8. v. f. tom. prem.

918 La vie de Pierre Mignard, par Maziere de Monville, avec le Poëme de Moliere sur les Peintures du Val-de-Grace, & deux Dialogues de M. Fenelon sur la Peinture. *Paris, Jean Boudot,* 1730. in 12. v. b.

919 Eloge historique de M. Coustou l'aîné, Sculpteur. *Paris, Huart.* 1737. in 12. br.

ARCHITECTURE.

920 Les dix Livres d'Architecture de Vitruve, corrigés & trad. en françois, avec des notes, par Cl. Perrault, & les figures de Seb. le Clerc. *Par. J. B. Coignard,* 1673. in fol. v. b.

921 Architecture générale de Vitruve, réduite en abregé, par le même. *Amsterdam, Gab. Gallet,* 1681. in 12. v. f.

922 Architecture de Palladio, avec un Traité des cinq ordres, des notes d'Inigo Jones, revu & mis en lumiere par Jacq. Leoni, trad. de l'Italien. *la Haye, Pierre Gosse.* 1726. in fol. fig. gr. pap. v. b.

923 Cours d'Architecture, qui comprend les ordres de Vignole avec des comm. les figures & les descriptions de ses plus beaux bâtimens & de ceux de Michel Ange &c. par A. C. Daviler. *Par. Nicolas Langlois,* 1691. 2 vol. in 4. v. b.

924 Regles des cinq ordres d'Architecture de Jacq. de Barozzio de Vignole. *Amst. Danckers.* in f. br.

M

SCIENCES ET ARTS.

925 Pauli Dekeri Architectura civilis è germanico in latinum translata. *Aug. Vindel*, 1713. *in fol. c. m. mar. bl. cum figuris.*

926 Parallele de l'Architecture antique & de la moderne. *Par. Fr. Jollain*, 1689. *in fol. v. b.*

927 Des Principes de l'Architecture, de la Sculpture, de la Peinture &c. avec un Dictionnaire des termes propres à chacun de ces arts, par André Felibien. *Par. J. B. Coignard*, 1690. *in 4. v. b.*

928 La Perspective pratique de l'Architecture, par L. Bretez. *Par. P. Miquelin*, 1706. *in fol. v. b.*

929 Architecture françoise ou recueil des Plans, élévations, coupes & profils des Maisons Royales, Palais, Hôtels & Edifices les plus considérables de Paris &c. par Jacq. Fr. Blondel. *Paris, Ch. Ant. Jombert*, 1751. *& suiv. 3 vol. in fol. gr. pap. bl. avec la souscription.*

930 Essai sur l'Architecture, par Marc Antoine Laugier. *Par. Duchesne*, 1753. *in 8. bl.*

931 Le Génie du Louvre : l'Ombre de Colbert & Perrault, par de la Font de S. Yennes. 1756. *in 12. br.*

ART MILITAIRE.

932 Flave Vegece René, du fait des Guerres & Fleur de Chevalerie : Sext. Jules Frontin, des stratagêmes, especes & subtilités de guerre : Ælian de l'ordre & instruction des Batailles : Modeste des vocables du fait des Guerres, trad. (par le Polygraphe, humble Sécretaire & Historien du Parc d'honneur), aux livres anciens, tant à ceux de Bude que Beroalde & Bade. *Par. Chrest. Wechel*, 1536. *in fol. v. f. avec fig.*

933 Institutions militaires de Vegece, trad. par

SCIENCES ET ARTS.

Cl. Guill. Bourdon de Sigrais, *Paris*, *Prault*, 1743. *in* 12. *v. f.*

934 Les mêmes. *Amst. J. Westein*, 1744. *in* 8. *v. f.*

935 Rob. Valturius de re militari : in fine legitur: *Joannes ex Verona oriundus, Nicolai Cyrurgiæ Medici filius, artis impressoriæ magister, hunc de re militari librum elegantissimum, litteris & figuratis signis sua in Patria primus impressit an.* 1472. *in fol. mar. r.*

936 L'Art militaire françois pour l'Infanterie, représenté par des figures dessinées d'après nature, par Pierre Giffard. *Par. le même* 1696. *in* 8. *m. r.*

937 Les Travaux de Mars, ou l'art de la Guerre, par Allain Manesson Mallet. *Paris*, *Thierry*, 1685. 3 *vol. in* 8. *mar. r.*

938 Le parfait Capitaine, ou abregé des guerres des commentaires de Cesar, par le Duc de Rohan, (*Paris*), 1744. *in* 12. *mar. r.*

939 Mémoires sur l'Infanterie, ou Traité des Légions, par le Comte de Saxe. *la Haye*, 1753. *in* 8. *br.*

940 Les Rêveries ou Mémoires sur l'Art de la Guerre, de Maurice Comte de Saxe, donnés par M. de Bonneville. *la Haye*, *Pierre Gosse*, 1756. *in fol. bl.*

941 Dissertation sur la subordination, avec des Réflexions sur l'exercice & sur l'Art Militaire. *Avignon*, 1753. *in* 8. *br.*

942 Grand Art d'Artillerie, par Casimir Siemienowicz, trad. du lat. par P. Noiset. *in fol. v. f.*

943 Instruction de l'Artillerie, par Diego Ufano, trad. avec des figures de Jean Theod. de Bry. *Franckfort*, 1694. *in fol. parch.*

944 Mémoires d'Artillerie recueillis par Surirey de S. Remy, troisieme edit. aug. *Par. Jombert*, 1745. 3. *vol. in* 4. *v. f.*

945 Mémoires historiques sur la fonte des Canons de fer, pour servir à la connoissance des Traités que le Marquis de Montalembert a passés à ce sujet avec la Marine depuis 1750. *Par. Grangé*, 1758. *in* 4. *br.* fig.

Art Pyrotechnique : de la Verrerie, &c.

946 La Pyrotechnie de Hanzelet, où sont représentés les secrets des machines & des feux artificielles propres pour assieger, battre, surprendre & défendre toutes places. *Pont à Mousson, Gasp. Bernard*, 1630. *in* 4. *v. b.* fig.

947 Traité des Feux d'Artifice pour le spectacle, nouv. Edit. toute changée & consid. augmentée par Frezier. *Par. Jombert*, 1747. *in* 8. *v. f.* fig.

948 Essai sur les feux d'artifice pour les spectacles & pour la guerre, par Perrinet d'Orval. *Paris, Coustelier*. 1745. *in* 8. *v. f.* fig.

949 Traité des feux d'artifice pour le Spectacle & pour la Guerre, par le même. *Berne, Muller*, 1750. *in* 8. *v. f.*

950 Ant. Neri de arte Vitraria libri VII. cum observ. & notis Christ. Merretti. *Amst. And. Frisius*, 1668. *in* 12. *vel.*

951 Art de la Verrerie, de Neri, Merret & Kunckel: trente expériences pour tirer la couleur pourpre de l'or, par J. C. Orschall: de la vitrification des végétaux par Henckel: un Mémoire sur la maniere de faire le safran: le secret des vraies porcelaines de la Chine & de Saxe, trad. de l'Allemand, par le Baron d'Holbac. *Par. Durand*, 1752. *in* 4. *mar. r.*

952 L'Art de la Verrerie, par Haudicquer de Blancourt. *Par. Cl. Jombert*. 1718. *in* 12. *bl.*

953 L'Art de tourner ou de faire en perfection

SCIENCES ET ARTS.

toutes fortes d'ouvrages au Tour, en lat. & en franç. avec 80 planches, par le P. Ch. Plumier. *Lyon*, *J. Certe*, 1701. *in fol. v. m.*

954 Defcription lat. & franç. de ce qui a été pratiqué pour fondre la figure Equeftre de Louis XIV. par Germain Boffrand. *Par.* 1744 *in fol.* } 3 - 19

955 Nouvelles Fontaines domeftiques, approuvées par l'Académie des fciences. *Paris*, *Coignard*, 1750. *in* 12. *br.*

Art Gymnaftique: de la Chaffe, &c. } 8 - 19

956 Hier. Mercurialis de arte Gymnaftica libri fex; fecunda editio auct. *Venet. Juntæ*, 1573. *in* 4. *v. f.*

957 Dialogues de l'exercice de fauter & voltiger en l'air, avec des figures, par Archange Tuccaro, *Par. Cl. de Montreuil.* 1599. *in* 4. *v. m.* 12 -

958 Bibliotheca Scriptorum Venaticorum, continens Authores qui de venatione, fylvis, aucupio, pifcatura commentati funt, ftudio Georg. Chrift. Kreyfig. *Altenburgi*, 1750, *in* 8. *bl.* 2 10

959 La Verrerie de Jacques du Fouilloux, *Paris*. *Abel Langelier*, 1601: —la Fauconnerie de Jean de Franchieres: — la Fauconnerie de Guill. Tardif: —Fauconnerie d'Artelonche de Alagona, — Recueil de tous les oifeaux de proye qui fervent à la Vollerie & Fauconnerie, par G. B. *Paris*, *le même*. 1604. *in* 4. *v. f.* 12 -

960 La Fauconnerie de Charles d'Arcuffia, avec les portraits des oifeaux. *Paris*, *Jean Houzé*. 1627. *in* 4. *v. m.* 5 .

961 Orchefographie, méthode & théorie pour apprendre à danfer, battre le tambour, jouer du fiffre & arigot, tirer des armes & efcrimer &c. par Thoinot Arbeau. *Lengres*, *Jean des Preyz*, 1596. *in* 4. *v. f.* 11 19 .

BELLES-LETTRES.

Introduction à l'étude des Belles-Lettres.

962 Traité du choix & de la méthode des études, par Cl. Fleury. *Paris, Guérin,* 1740. *in* 12. *v. f.*

963 De la maniere d'enseigner & d'étudier les Belles-Lettres par rapport à l'esprit & au cœur, par Ch. Rollin. *Paris, Jacq. Estienne,* 1730. 4 *vol. in* 12. *v. b.*

964 Introduction à l'étude des Sciences & des Belles-Lettres, en faveur des personnes qui ne sçavent que le françois. *la Haye, If. Beauregard,* 1731. *in* 12. *v. f.*

965 Grammaire générale & raisonnée, par Ant. Arnaud, nouv. édit. rev. & aug. par Charles Duclos. *Par. Prault,* 1754, *in* 12. *br.*

Gram. & Diction. des Langues Hébraïques & Greques.

966 Guil. Postelli linguarum XII. characteribus differentium alphabetum, Introductio ac legendi modus. *Par. Dion. Lescuyer* 1538, — Jac. Tavelli vitæ Senonensium Archiep. *Senonis, Georg. Niverd.* 1608. *in* 4. *v. m.*

967 Grammaire hébraïque, par J. Bap. Ladvocat. *Par. Vincent.* 1755. *in* 8. *bl.*

968 Theodori introductivæ grammatices libri IV. ejusd. de mensibus Opusculum : Apollonii Grammatici de constructione libri IV : Herodianus de Numeris, gr. *Venet. Aldus Manucius,* 1495. *in fol. mar. r.*

969 Thesaurus Cornucopiæ & Horti Adonidis gr. id est variorum de re Grammatica Opusculo-

BELLES-LETTRES.   95

rum Silloges. *Venet. Aldus Romanus*, 1496. *in fol. mar. r.* (*editio princeps.*)

970 Julii Pollucis Onomasticum gr. lat. cum comm. Gothof. Jungermanni, & Joach. Kuhnii: studio Joh. Henr. Lederlini, & Tiberii Hemsterhuis. *Amst. ex off. Westeniana.* 1706. 2 *vol. in fol. c. m. v. f.*

971 Hesychii Lexicon cum notis doctorum virorum integris, Had. Junii, Henr. Stephani &c. studio Joannis Alberti, cum ejusd. prolegomenis & apparatu Hesichiano. *Lugd. Bat. Sam. Luchtmans.* 1746. *in fol. bl. tom. prem.*

972 Suidæ Lexicon gr. lat. textum græcum cum mss. codicibus & notis illustravit & versionem lat. Æmilii Porti correxit Ludolphus Kusterus. *Cantab. Typis Academ.* 1705. 3 *vol. in fol. v. f.*

973 Joan. Scapulæ Lexicon Græco-Latinum:acced. lexicon etymologicum & Joan. Meursii Glossarium contractum: edente Corn. Schrevelio, *Lugd. Bat. Elzevirii*, 1652, *in fol. vel.*

Gramm. & Diction. de la Langue Latine.

974 Johannis Despauterii Commentarii Grammatici.*Par. ex offic. Rob. Stephani*, 1537. *in f. mar. r.*

975 Steph. Doleti Commentarii linguæ latinæ. *Lugd. Seb. Gryphius*, 1536-1538. 2 *vol. in fol. v. b.*

976 Rob. Stephani Thesaurus linguæ latinæ, editio nova auctior. *Lond. Sam. Harding.* 1734. 4. *vol. in fol. c. m. v. f.*

977 Basilii Fabri Thesaurus eruditionis scholasticæ, cum ad not. Bucheri, Cellarii, Grævii, studio And. And. Stubelii. *Lipsiæ.* 1717. *in fol. v. f.*

978 Pet. Danetii Dictionarium lat. & gall. ad usum Ser. Delphini. *Lugd. Deville*, 1738. *in* 4. *v. f.*

979 Car. du Fresne Dom. du Cange Glossarium ad Scriptores mediæ & infimæ latinitatis, editio

nova auctior studio Monachorum Ord. S. Benedicti. *P. Car. Ofmont.* 1733. *6 vol. in fol. c. m. v. b.*

980 Henr. Spelmanni Glossarium Archaiologicum continens latino-barbara, peregrina, obsoleta & novatæ significationis vocabula. *Lond. Th. Braddyl.* 1687. *in fol. v. b.*

Gramm. & Diction. de la Langue Françoise.

981 Traité de la Grammaire françoise, par Franç. Seraphin Regnier Desmarais, avec la réponse aux Journalistes de Trevoux. *Par. J. B. Coignard.* 1706. *in* 4. *v. b.*

982 Traité de l'Orthographe françoise en forme de Dictionnaire. *Poictiers, Felix Faulcon.* 1752. *in* 8. *v. f.*

983 Doutes sur la Langue françoise, par le P. Dom. Bouhours. *Paris, Mab. Cramoify,* 1674. *in* 12. *mar bl.*

984 Les vrais principes de la langue françoise, ou la parole réduite en méthode conformément aux loix de l'usage, par Gab. Girard. *Par. le Breton,* 1747. 2 *vol. in* 12. *v. f.*

985 Synonymes françois, leurs différentes significations & le choix qu'il en faut faire, par le même. *Paris, ve. d'Houry,* 1740. *in* 12. *v. f.*

986 Opuscules sur la langue françoise par divers Académiciens. *Par. Bern Brunet.* 1754. *in* 12. *bl.*

987 Trésor de Recherches & Antiquités Gauloises & Françoises, par P. Borel. *Par. Aug. Courbé,* 1655. *in* 4. *v. f.*

988 Dictionnaire Etymologique, ou origine de la langue françoise, par Gilles Menage. *Paris, J. Anisson,* 1694. *in fol. v. b.*

989 Le même, nouv. édit. augm. par A. Fr. Jault, avec le Dictionnaire ou Trésor de Borel, *Paris, Briasson.* 1750 2 *vol. in fol. bl.*

BELLES-LETTRES 97

989 Le même ; nouv. édition augm. par A. Franç. Jault, avec le Dictionnaire, ou Trésor de Borel. *Par. Briaſſon*, 1750. 2 *vol. in fol. bl.* 31

990 Dictionnaire de la langue françoiſe, par Pierre Richelet, avec une liſte alphab. des Auteurs & livres cités dans ce Dictionnaire, par le Clerc, nouv. édit. *Amſterdam*, 1732. 2 *tom.* 1 *vol. in* 4. *v. b.* 24. 1

991 Dictionnaire univerſel françois & latin, par Ant. Furetiere, nouv. édit. aug. (connu ſous le nom de Trevoux.) *Trevoux*, 1704. 3 *vol. in fol. g. p.* 11 19

992 Le même, nouv. édit. aug. avec un Supplément. *Par.* 1743-1752. 7 *vol. in fol. v. f.* 76 -

993 Le même, nouv. édit. rev. & aug. *Paris*, 1752. 7 *vol. in fol. v. m.* 132 - 14

994 Vocabulaire univerſel lat. & franç. par Pierre Chompré. *Par. Hip. L. Guerin*, 1754. *in* 8. *bl.* 1 - 1

995 Manuel Lexique, ou Dictionnaire des mots françois dont la ſignification n'eſt pas familiere à tout le monde, par Ant. Franç. Prevoſt. *Par. Didot*, 1750. *in* 8. *v. f.* 4 4

996 Dictionnaire Comique, ſatyrique, critique, burleſque, libre & proverbial par Philibert Joſ. le Roux. *Lyon*, 1745. *in* 8. *v. f.* 5

997 Le Grand Dictionnaire des Précieuſes, ou la Clef de la langue des ruelles. *Paris*, *Ribou*, 1660. *in* 12. *v. f.* 2

998 Le Grand Dictionnaire hiſt. des Précieuſes par Ant. Bodeau de Somaize. *Paris*, *Ribou*, 1661. 2 *vol. iu* 8. *mar. r.* 15 19

999 Dictionnaire de la langue bretonne par D. Louis le Pelletier. *Par.* 1752. *in fol. v. f.* 18 -

Gramm. & Diction. des Langues allem. & italienne.

1000 Joan. Georg. Wachteri Gloſſarium germanicum, continens origines & antiquitates totius 9 linguæ germanicæ. *Lipſ.* 1737. *in fol. bl.*

1001 Le Maître italien par Jean Veneroni. *Par. Michel Eſt. David*, 1737. *in* 12. *v. f.*

1002 Dictionnaire italien, latin & françois par Annibal Antonini. *Par. Prault*, 1738. *in* 4. *v. f.*

RHETEURS ET ORATEURS GR. ET LAT. &c.

1003 Marci Fabii Quintiliani de inſtitutione oratoria Libri XII. *in fol. mar. r.* In fine legitur litteris capitalibus :
Quintilianum eloquentiæ fontem ab eruditiſſimo omnibono Leoniceno emendatum, M. Nicolaus Jenſon Gallicus viventibus poſteriſque miro impreſſit artificio. Anno 1471, *menſe Mai, die* XXI. *Deo gratias.*

1004 Quintilien de l'Inſtit. de l'Orateur, trad. par Nic. Gedoyn. *Paris*, 1752. 4 *v. in* 12. *mar. r.*

1005 Guillermi Ficheti Rhetoricorum Libri V. Acced. Rob. Gaguini Panegyricus in autorem. *In Pariſiorum Sorbona* (*circa annum* 1470.) *in* 4. *mar. cit.*

1006 La Rhétorique, ou l'Art de parler par le P. Bernard Lami. *Par.* 1741. *in* 12. *bl.*

1007 Rhétorique françoiſe à l'uſage des jeunes Demoiſelles (par Gab. Henri Gaillard.) *Par. Nyon*, 1748. *in* 12. *bl.*

1008 Principes pour la lecture des Orateurs. *Par. Durand*, 1753. 2 *vol. in* 8. *bl.*

1009 Œuvres de Jacq. de Toureil. *Par. Brunet*, 1721. 2 *vol. in* 4. *v. f.*

1010 Philippiques de Demoſthene & Catilinaires de Ciceron, trad. par Joſ. d'Olivet. *Par. Piget*, 1744. *in* 12. *v. f.*

1011 Lyſiæ Orationes & Fragmenta gr. & lat. ex recenſ. cum notis criticis, interpret. nova Joan.

Taylor : acced. Jer. Marklandi conjecturæ. *Lond. Guill. Bowyer*, 1739. *in* 4. *c. m. v. f.*

1012 Themistii Orationes XXXIII è quibus tredecim nunc primum in lucem editæ. Dion. Petavius latinè plerasque reddidit, ac fere vicenas notis illustravit. Acced. ad easdem XX Orationes notæ alternæ, ad reliquas XIII perpetuæ observationes Joan. Harduini. *Par. Typograph. regia*, 1684. *c. m. v. b.*

1013 Mulierum Græcarum quæ oratione, prosa usæ sunt, Fragmenta & Elogia gr. & lat. cum virorum doctorum notis : acced. Catalogus fœminarum, sapientiâ, artibus & scriptis illustrium, curante Joan. Christ. Wolfio. *Hamb. Abr. Vandenhoeck*, 1735. *in* 4. *vel.*

1014 Oratorum & Rhetorum græcorum quibus statuæ honoris causâ positæ fuerunt, Decas ; edita à Frid. Gotthief Freytag. *Lips.* 1752. *in* 8. *bl.*

1015 Vies des anciens Orateurs Grecs, avec des réflexions sur leur éloquence, des notices de leurs écrits, & des traductions de quelques-uns de leurs Discours. *Par.* 1752. 2 *vol. in* 12. *bl.*

1016 M. Tullii Ciceronis Opera, omnium quæ hactenus excusa sunt castigatissima, studio Petri Victorii. *Venet. Offic. Lucæ Ant. Juntæ*, 1534-1536-1537. 4 *vol. in fol. mar. r.*

1017 Eadem. *Paris. Car. Stephanus*, 1555. 2 *vol. in fol. mar. r.*

1018 Eadem cum optimis exemplaribus accuratè collata. *Lugd. Bat. ex Offic. Elzevir.* 1642. 10 *vol. in* 12 *mar. r.*

1019 Eadem ex sola fere Codd. MSS. fide emendata à Jano Guill. Grutero : editio juxta exemplar Hamburgense. *Lond. J. Dunmore*, 1682. 2 *vol. in fol. c. m, mar. r. l. r.*

1020 Eadem, cum delectu commentariorum, stu-

dio Jos. Oliveti. *Par. Lud. Guerin*, 1740 & *seqq.*
9 *vol. in* 4. *c. m. mar. r.*

1021 Eadem ad fidem optimarum editionum diligenter expressa. *Glasguæ, Ant. Foulis*, 1749. 20 *vol. in* 12. *mar. r.*

1022 Ejusdem Ciceronis Rhetoricorum novorum & Rhetoricorum veterum Libri. *Venet. Nic. Jenson*, 1470. *in fol. mar. r.* (Editio princeps.)

1023 Ejusd. Ciceronis de Oratore Libri tres. *Roma, Ulricus Han de Wienna*, 1468. *in fol. mar. r.* (Editio princeps.)

1024 Ejusdem Ciceronis de Oratore ad Quintum fratrem Dialogi: *sine anno, loci indicatione & Typographi nomine, editio perantiqua. in* 4. *c. m. mar. r.*

1025 Ejusd. Ciceronis Dialogi de Oratore. 1471, *mense Maii*, *die* 21. *in* 4. *c. m. mar. r.*

1026 Traduction du Traité de l'Orateur de Cicéron, avec des notes par Colin. *Paris, Debure*, 1737. *in* 12. *v. f.*

1027 La même, nouv. édition. *Paris, Debure*, 1751. *in* 12. *bl.*

1028 M. Tullii Ciceronis in M. Antonium Orationes, quæ Demosthenis in Regem Philippum Macedonem exemplo, Philippicæ nuncupantur; curâ *Joan. de Colonia Agrippinensi & Joh. Manthem da Gherretshem Venetiis impressæ.* 1474. *in fol. v. f.*

1029 Ejusdem Orationes, ex recens. Joan. Georg. Grævii & notis variorum integris. *Amstelod. Jo. Blaeu*, 1699. 5 *tom.* 10 *vol. in* 8. *mar. r.*

1030 Oraisons choisies de Ciceron, avec le latin à côté & des notes. *P. Barbou*, 1754. 2 *v. in* 12. *bl.*

1031 M. Tullii Ciceronis Epistolarum familiarium Libri. *Venet. Nic. Jenson*, 1471. *in fol. mar. r.* In fine legitur:

BELLES-LETTRES.

Opus præclarissimum M. T. Ciceronis Epistolarum familiarium à Nicolao Jenson Gallico, viventibus necnon & posteris impressum feliciter finit.

1032 Eædem, ex recens. Joan. Georg. Grævii, cum notis integris variorum. *Amstel. Dan. Elzevir.* 1677. 2 tom. 4 vol. in 8. mar. r.   31 ℓ -

1033 Lettres de Ciceron, qu'on nomme vulgairement familieres, trad. avec des notes par Ant. Franç. Prevost. *Paris, Didot,* 1745. 5 vol. in 12. gr. pap. v. f.   15.

1034 M. T. Ciceronis Epistolæ ad Atticum Brutum & Quintum fratrem. *Venetiis, Nic. Janson,* 1470. in fol. mar. r. (Éclaircissement)   50   19

1035 Eædem ex recens. Joan. Georg. Grævii & notis integris variorum. *Amstel. Blaeu,* 1684. 2 tom. 4. vol. in 8. mar. r.   40 -

1036 Lettres de Ciceron à Atticus, trad. avec des remarques par Louis Mongault. *Paris, V. Delaune,* 1738. 6 vol. in 12. v. f.   17   19

1037 Lettres de Ciceron à Brutus & de Brutus à Ciceron, avec des notes &c. trad. par Ant. Fr. Prevost. *Par. Didot,* 1744. in 12. gr. pap. v. f.   3   ℓ

1038 M. T. Cicer. de Finibus bonorum & malorum Libri V. *Venet.* 1471. *Christophoro Mauro duce, Joanne ex Colonia Agrippinensi sumptum ministrante, impressum. in fol. mar. r.* (Editio princeps.)   36 -

1039 Entretiens de Ciceron sur les vrais biens & sur les vrais maux, trad. par François-Seraphin Regnier des Marais. *P. Barrois,* 1721. in 12. v. f.   1   7.

1040 Ejusdem Ciceronis Libri Tusculanarum quæstionum. *Romæ per Magistrum Hulricum Han de Wienna :* anno 1469, *die vero primâ mensis Aprilis. in fol. mar. r.* (Editio princeps.)   81 -

1041 Tusculanes de Cic. trad. avec des remarq. par Jean Bouhier & Jos. d'Olivet. *Par. Gandouin,* 1737. 3 vol. in 12. v. f.   8 -

1042 Entretiens de Ciceron sur la nature des Dieux, trad. par Jof. d'Olivet avec les remarq. de Jean Bouhier. *Par. Gandouin*, 1732. 2 v. *in* 12. v.f.

1043 M. T. Ciceronis Vita ex dictis Plutarchi breviter excerpta : de Natura Deorum ad M. Brutum Libri tres : de Divinatione Libri duo : de Fato Liber : de Legibus Liber. (*Venetiis Vindelinus de Spira*,) 1471. 2 *vol. in fol. mar. r.*

1044 Ejufdem Officia & Paradoxa. *Præsens Marci Tullii clarissimum opus Joannes Fust Moguntinus civis, non atramento, plumali canna, neque ærea, sed arte quadam perpulcra manu Petri de Gernshem pueri mei feliciter effeci finitum; anno 1466, quartâ die mensis Februarii. in* 4. *mar. r.*

(*Vide* Maittaire Annales Typ. &c. tom. 1. (anno 1733) pag. 274.)

1045 Ejufd. Ciceronis Officiorum Libri tres : de Amicitia : de Senectute : de Somnio Scipionis : Paradoxorum & Tufculanarum quæstion. *Rom. Conr. Swenheym & Arn. Pannartz.* 1471. *in f. m. bl.*

1046 Ejufd. Ciceronis Officiorum Libri tres : Paradoxa : de Amicitia : de Senectute : de Somnio Scipionis : necnon de Essentia mundi, ac XII Sapientûm Epitaphiis. *Venetiis, ductu & expensis Jacobi Lunensis de Fivizano in domo Magistri Marci de Comitibus.* 1477. *in fol. mar. r.*

1047 Iidem &c. ex recenf. Jo. Georg. Grævii cum notis variorum. *Amstelodami, Jo. Blacu,* 1685. 2 *vol. in* 8. *mar. r.*

1048 Les Offices de Ciceron trad. avec des notes par Phil. Goifbaud du Bois. *Par. J. B. Coignard,* 1694. *in* 8.

1049 M. Tullii Ciceronis Cato Major. *Lut: Josep. Barbou,* 1758. *in* 32. *bl.*

1049* Les Livres de Ciceron de la Vieilleſſe & de

BELLES-LETTRES.

l'Amitié, avec les Paradoxes trad. avec des notes par Phil. Goifbaud du Bois. *Paris, Jean B. Coignard*, 1691. *in* 8. *v. b.*

1050 M.T. Ciceronis Sententiæ illuftres; Apophthegmata & Parabolæ, ftudio Pet. Lagnerii. *Lut. Rob. Stephanus*, 1548. *in* 8. *v. b.*

1051 Penfées de Ciceron trad. par Jof. d'Olivet. *Paris, Coignard*, 1744. *in* 12. *v. f.*

1052 Selecta è Cicerone præcepta moribus informandis idonea. *Parif. P. Guillyn*, 1751. *in* 12. *bl.*

1053 Elogia Ciceroniana Romanorum, Domi, Militiæque illuftrium, ab Urbe condita ad Augufti Imperium, felecta à Joan. Brantio. *Antverp. Hier. Verduffen*, 1612. *in* 4. *v. f.*

1054 Chrift. Preyfs Vita M. T. Ciceronis, & ftudiorum, rerumque geftarum Hiftoria: accedit Oratio de imitatione Ciceroniana. *Basilea, Lud. Lucius*, 1555. *in* 8. *v. f.*

1055 Hiftoire de Ciceron tirée de fes écrits & des monumens de fon fiecle, avec les preuves & les éclairciffemens par Midleton, trad. & redigée par Ant. Franç. Prevoft. *Paris, Didot*, 1743. 4 vol. *in* 12. *gr. pap. v. f.*

1056 Marci Fabii Quintiliani Declamationes CXXXVI ex recognit. Thadæi Ugoleti. *Parmæ, Angel. Ugoletus*, 1494. *in fol. v. f.*

1057 Eædem, *ibid. id.* 1494. *in fol. mar. bl.*

1058 Ejufdem Opera cum notis variorum. *Lugd. Bat. ex Off. Hackiana*, 1665. 2 vol. *in* 8. *mar. r.*

1059 Eadem, cum notis & animadvers. virorum doctorum, ex recognit. & emendat. Pet. Burmanni. *Lugd. Batavor. If. Severinus*, 1720. 2 vol. *in* 4. *c. m. mar. cit.*

1060 C. Plinii Panegyricus Liber Trajano dictus, cum adnotat. Domin. Baudii: acced. notæ variorum. *Lugd. Batav. ex Off. Hackiana*, 1673. *in* 8. *mar. r.*

1061 Idem, cum notis integris Fr. Jureti, Joan. Livineii, Justi Lipsii, Petri Fabri, Conr. Rittershusii, Jani Gruteri, Christ. Gotlibi Schwarzii, & selectis aliorum : curante Joan. Arntznio : acced. Joan. Masson Vita Plinii. *Amstelod. Waesbergii.* 1738. *in* 4. *v. f.*

1062 Gothofredi Vockerodt Sermones panegyrici. *Gothæ*, 1705. *in* 8. *bl.*

1063 Jani Vinc. Gravinæ Orationes & Opuscula. *Traj. ad Rhenum, Guill. vande Water*, 1713. *in* 8. *c. m. v. f.*

1064 Car. à S. Antonio antiquorum Scriptorum Latinitas selecta. *Romæ*, 1678. *in* 8. *parch.*

1065 Selecta & rariora latii purioris monumenta, cum Præfat. Jo. Gottl. Heineccii, edente Christ. Fischero. *Ienæ*, 1738. *in* 4. *bl.*

1066 Amœnitates meliorum litterarum in continuatione Analectorum quas evulgat Societas caritatis & scientiarum. *Dresdæ*, 1748. *in* 4. *bl.*

POÉTIQUE.

Traités de l'Art Poétique.

1067 La Poétique d'Aristote, trad. en franç. avec des remarq. par André Dacier. *Paris, Cl. Barbin*, 1692. *in* 4. *mar. r.*

1068 Réflexions critiques sur la Poésie & sur la Peinture par J.B. Dubos ; 4e. édit. revue & augment. *Par. P. J. Mariette*, 1740. 3 *v. in* 12. *v. br.*

1069 Les mêmes. *Par. Pissot.* 1755. 3 *vol. in* 12. format *in* 4. *bl.*

1070 Traité du Poëme Epique par le P. René le Bossu ; 6e édit. augm. de remarques, d'un Discours préliminaire, avec un Abregé de la vie de l'Auteur par le P. Fr. le Courayer. *La Haye, H. Scheurleer*, 1714. *in* 12. *v. f.*

BELLES-LETTRES.

1071 Plutarchi Liber quomodo juveni audienda sint Poëmata, gr. lat. cum interpret. Hug. Grotii : acced. variantes lectiones & notæ Joh. Potter. *Glasguæ, Rob. Foulis*, 1753. *in 8. bl.* — 2 8.

1072 Principes pour la lecture des Poëtes. *Paris, Durand*, 1745. 2 *vol. in* 12. *v. f.* — 2 10-

1073 Poétique françoise à l'usage des Dames, par Gabriel-Henri Gaillard. *Paris, Barrois*, 1749. 2 *vol. in* 12. *bl.* — 1 10.

1074 Dictionnaire des Rimes par P. Richelet, revu & augm. par Pierre-Ch. Berthelin. *Paris, Poirion*, 1751. *in 8. v. b.* — 7 5.

POËTES GRECS.

1075 Homeri Opera (Ilias, Odyssea, Batracho-myomachia, & Hymni) gr. recensita ad mss. cod. & Eustathii comm. studio Demetrii Chalcondylæ, & Demetrii Cretensis : cum præfatione lat. Bern. Nerlii Typographi &c. acced. Herodotus & Plutarchus de vita Homeri, & Dionis Chrysostomi Dissertatio. *Florentiæ, Typis Bern. & Nerii Tanaidis Nerlii 9 mensis Decemb.* 1488. 2 *vol. in fol. mar. r.* (Editio princeps.) *(Clairienneur)* — 240 10

1076 Eadem, gr. cum comment. Eustathii. *Romæ, Ant. Bladus*, 1542-1550. 4 *vol. in fol. v. f.* — 110 . 1

1077 Eadem, gr. & lat. & in eadem Scholia, sive interpretatio veterum, cum notis in textum & scholia, studio Jos. Barnes. *Cantabr. Cornelius Crownfield*, , 1711. 2 *vol. in* 4. *mar. bl. l. r.* — 1 19 19

1078 L'Iliade & l'Odyssée d'Homere, trad. avec des remarques par Anne le Fevre Dacier. *ParRigaud*, 1711-1716. 6 *vol. in* 12. *v. b.* — 1 8 4.

1079 Les mêmes, nouvelle édit. augm. de la vie d'Homere &c. par Pope. *Paris, Martin*, 1741. 8 *vol. in* 12. *bl.* — 19 10

1080 Tableaux tirés d'Homere & de l'Eneide de — 3 2

Virgile, avec des observations sur le costume, par Phil. Cl. de Tubieres de Caylus. *Par. Tilliard*, 1757. *in* 8. *br.*

1081 Hesiodi Ascræi Theogonia : Aspis : Georgicorum Libri duo, gr. *Venet. characteribus ac studio Aldi Manucii Romani*, 1495 *mense Februario. in fol. mar. r.* (Editio princeps.)

1082 Eadem, ex recens. Joan. Georgii Grævii cum ejusdem animadv. & notis. *Amstel. Dan. Elzev.* 1667. *in* 8. *mar. r.*

1083 Apollonii Rodii Argonauticon gr. (litteris capitalibus) cum scholiis græcis. *Florentiæ*, 1496. *in* 4. *mar. b.* (Editio princeps.)

1083* Callimachi Hymni, Epigrammata & fragmenta, ex recens. Theod. Grævii, cum ejusdem animadv. acced. variorum & Ezechielis Spanhemii Comment. & annotationes. *Ultraj. Fr. Halma*, 1697. 2 *vol. in* 8. *c. m. mar. r. l. r.*

1084 Æschyli Tragœdiæ septem gr. lat. cum scholiis græcis omnibus, deperditorum Dramatum fragmentis, versione & commentario Th. Stanleii. *Lond. Jac. Flesher*, 1663. *in fol. mar. v.*

1085 Menandri & Philemonis Reliquiæ gr. & lat. ex versione Joan. Clerici, cum notis Hugonis Grotii & ejusdem Clerici. *Amstel. Th. Lombrail*, 1709. *in* 8. *v. f.*

1086 Aristophanis Comœdiæ IX, gr. cum antiquis comment. & scholiis, recensitæ ad veteres cod. & emendatæ studio Marci Musuri. *Venet. apud Aldum*, 1498. *in fol. v. f.* (Editio princeps.)

1087 Eædem, gr. & lat. emendatæ ex codd. mss. cum scholiis antiquis græcis : acced. variorum notæ, edente Lud. Kustero. *Amstelod. Fritsch*, 1710. *in fol. c. m. mar. r. l. r.*

1088 Le Théatre des Grecs par le P. Pierre Brumoy. *Par. Rollin*, 1730. 3 *vol. in* 4. *gr. pap. v. b.*

1089 Comicorum Græcorum Sententiæ latinis ver-

BELLES-LETTRES. 107

ſibus ab Henr. Stephano redditæ & annotat. illuſtratæ. *Excud. Henr. Steph.* 1569. *in* 16. *mar.r.*

1090 Lycophronis Chalcid. Alexandra, cum gr. Iſ. Tzetzis comment. acced. verſiones, emendat. annot. operâ Joan. Potteri. *Oxon. Th. Sheldon.* 1697. *in fol. mar. v.* — 17 10

1091 Les Olympiques de Pindare, trad. avec des remarq. hiſtoriq. *Par. de la Tour*, 1754. *in* 12. *bl.* — 2 4.

1092 Anacreontis Teii Odæ & fragmenta gr. & lat. cum notis Joan. Cornelii de Pauw. *Traj. ad Rhen. Guill. Kroon*, 1732. *in* 4. *v. f.* — 4. 2.

1093 Odes d'Anacreon & de Sapho, trad. en vers par Franç. Gacon. *Rotterd.* 1712. *in* 12. *mar. r. l. r.* — 7. 1.

1094 Anthologia Græcorum Epigrammatum gr. (litteris capitalibus impreſſa) ſtudio Joan. Laſcaris. *Florentiæ, Laur. Franc. de Alopa Venetus* 1494. *Id. Aug. in* 4. *m. cit.* (Editio princeps). *Celair* — 60 —

1095 Anthologie ou recueil des plus beaux Epigrammes grecs, pris & choiſis de l'Anthologie grecque, par Pierre Tamiſier. *Lyon J. Pillehotte.* 1617. *in* 8. *vel.* — 5 2—

1096 Epigrammata græca ſelecta ex Anthologia, interpretata ad verbum ab Henr. Stephano. *Excud. id. Steph.* 1570. *in* 8. *v. f.* — 6 10—

1097 Parœdiæ morales H. Stephani in vet. Poetatarum Sententias, verſibus græcis ab eo redditas. *Excud. Id. Steph.* 1575. *in* 8. *v. m.* — 2 · 4·

POËTES LATINS ANCIENS.

1098 Q. Ennii Fragmenta ab Hier. Columna conquiſita, diſpoſita & explicata : acced. eruditorum virorum emendationes : M. Ant. Delrii opinationes, G. J. Voſſii caſtigationes & notæ in fragmenta Tragœdiarum Ennii, accurante Franc. Heſſelio. *Amſt. off. Weſten.* 1707. *in* 4. *v. f.* — 5 8·

1099 Plautine viginti Comedie, lingue latine — 1 60 —

O ij

delicie: magna ex parte emendate per Georgium Alexandrinum. *Impreffe fuere opera & impendio Joannis de Colonia Agripinenfi atque Vindelini de Spira. Venetiis* 1472. *NicolaoTh ono Principe &c. in fol. mar. b. l. r.* (Editio princeps).

1100 Eædem, ex emendat. Dion. Lambini. *Lutet. Joan. Macæus,* 1577. *in fol. mar. r.*

1101 Eædem : acced. comment. ex variorum notis & obfervat. ex recenf. Joh. Fred. Gronovii. *Lugd. Bat. ex off. Hackiana*, 1669. 2 *vol. in* 8. *mar. r.*

1102 Œuvres de Plaute lat. & franç. trad. par Me. Dacier, Pierre Cofte & H. P. de Limiers. *Amft.* 1719. 10 *vol. in* 12. *fig. v. b.*

1103 Pub. Terentii Comœdiæ fex. *Venet. Aldus.* 1541. *in* 12. *mar. r.*

1104 Eædem, à M. Ant. Mureto emendatæ. *Ant. Chrift. Plantinus.* 1580. *in* 8. *v. b.*

1105 Eædem, ex recenf. Heinfiana. *Lugd. Bat. ex off. Elzevir.* 1635. *in* 12. *mar. r.*

1106 Eædem, cum felectis Guieti & variorum notis : accurante Cor. Schrevelio. *Lugd. Bat. Franc. Hackius.* 1662. *in* 8.

1107 Eædem, ad exemplar Faernianum a Pet. Victorio editum anno 1565. recenfitæ, ftudio Franc. Hare. *Lond. Jac. Tonfon.* 1724. *in* 4 *v. f.*

1108 Eædem : cum commentario perpetuo, acced. interpretes vetuftiores Ælius Donatus, Eugraphius, Calphurnius : Frid. Lindenbruchii Obfervationes, curante Arn. Henr. Wefterhovio. *Hag. Com., Pet. Goffe.* 1726. 2 *vol. in* 4. *c. m. v. f.*

1109 Eædem : recenfuit notafque fuas & Gab. Faerni addidit Rich. Bentlejus : acced. Phædri Fabulæ : Pub. Syri & aliorum veterum Sententiæ, editio altera auctior. *Amft. Weftenii.* 1727. *in* 4. *c. m. mar r.*

1110 Eædem, nunc primum italicis verfibus redditæ, cum Perfonarum figuris æri accurate incifis ex mf. codice Bibliothecæ Vaticanæ. *Ur-*

bini *Hier. Mainardus.* 1736. *in fol. mar. r.*

1111 Eædem,ad optim. exemplarium fidem recenfitæ: acced. variæ lectiones. *Lond. J. Knapton.* 1751. 2 *vol. in* 8. *mar. r. c. m. fig*

1112 Eædem, ad optim. exemplarium fidem recenfitæ. *Par. le Loup.* 1753. 2. *vol. in* 12. *mar. r.*

1113 Les Comédies de Terence, trad. avec des remarques, par Anne le Fevre, femme d'André Dacier. *Amst. Westein.* 1724. 3 *vol. in* 12. *v. b.*

1114 L'Andria & l'Eunucho di Terentio trad. in verso sdrucciolo per Gio. Giustiniano di Candia. *in Vinegia, Fr. Dasola.* 1544. *in* 8. *c. m.* (*stampate su carta turchina*) *vel.*

1114* Titi Lucretii Cari de rerum natura libri sex, ex emendat & cum comment. Dion. Lambini. *Par. Guil. Rovillius.* 1563. 2 *vol. in* 4. *in membranis c. m. mar. bl.*

1115 Iidem, cum paraphrastica explanatione & animadvers. Joan. Nardii. *Florentiæ, Massa.* 1647. *in* 4. *v. f.*

1116 Iidem : acced. variæ lectiones cum figuris. *Lond. Jac. Tonson.* 1712. *in* 4. *c. m. v. b.*

1117 Iidem, interpret. & notis illustravit Thom. Creech : editio altera. *Lond. Th. Child.* 1717. *in* 8. *v. f.*

1118 Iidem, cum selectis lectionibus. *Lut. Par. A V. Coustelier.* 1744. *in* 12. *mar. r.*

1119 Œuvres de Lucrece lat. & franç. trad. par Jacq. Parain Baron des Coutures, (avec des figures du Lucrece, imprimé chez Coustelier). *Paris, Th. Guillain.* 1692. 2 *vol. in* 12. *mar. r. l. r.*

1120 Melch. Card. de Polignac Antilucretius, sive de Deo & natura libri novem : studio Car. d'Orléans de Rothelin editum. *Par. H. L. Guérin.* 1747 2 *vol. in* 8. *mar. r.*

1121 L'Antilucrece, Poëme sur la Religion naturelle, par le Card. de Polignac, trad. par

BELLES-LETTRES.

Jean-Pierre de Bougainville. *Par. Desaint.* 1749. 2 vol. in 8. mar. r.

1122 C. Valerius Catullus, & in eum If. Voſſii Obſervationes. *Lugd. Bat. Dan. à Gaesbeeck.* 1684. *in* 4. *v. f.*

1123 Idem, in integrum restitutus ex mſ. nuper Romæ reperto : Critice Joan. Franc. Corradini de Allio in interpretes, & vita Poetæ nondum edita. *Venet.* 1738. *in fol. br.*

1124 Catulli, Tibulli & Propertii Opera. Corn. Galli Fragmenta. (litteris quadratis). *Ant. Chriſt. Plantinus.* 1560. *in* 12. *mar. cit. l. r.*

1125 Eadem, cum integris comment. Joſ. Scaligeri & variorum selectis notis, ex recenſione Joan. Georg. Grævii. *Traj. ad Rhenum, Rudolphus à Zyll.* 1680. 2 *vol. in* 8. *mar. r.*

1126 Eadem. *Lugd. Bat.* (*Par.* 1743.) *in* 12. *mar. r.*

1127 Amours de Catulle, par Jean de la Chapelle. *Par. ve. Delaune.* 1725. 3 *vol. in* 12. *v. f.*

1128 Pub. Virgilii Maronis Opera. *Editio anni* 1471. *in fol. mar. r.*

1129 Eadem, cum diverſorum comment. *Venetiis, Bapt. de Tortis.* 1483. *in fol. mar. bl.*

1130 Eadem, accurate emendata. *Venet. Aldi filii.* 1545. *in* 8.

1131 Eadem, nunc emendatiora. *Lugd. Bat. ex off. Elzevir.* 1636. *in* 12. *mar. bl.*

1132 Eadem, edita per Joan. Ogilvium & ſculpturis æneis adornata. *Lond. Th. Royeroft,* 1663. *in fol. c. m. mar. r.*

1133 Eadem, ex recenſ. Nic. Heinſii. *Amſtelod. ex offic. Elzevir.* 1676. *in* 12. *c. m. v. b.*

1134 Eadem, cum integris notis Servii, Phylargirii &c. acced. obſervat. Jac. Emmeneſſii & index Erythræi. *Lugd Bat. Jac. Hackius,* 1680. 3 *tom.* 6 *vol. in* 8. *mar. r.*

BELLES-LETTRES.

135 Eadem, cum integris comm. Servii, Philargyrii, Pierii : acced. Scaligeri, & Lindenbrogii notæ ad Culicem, Cirin, Cataleda, ex recenf. Pancratii Mafvicii. *Leovard. Fr. Halma.* 1717. 2 vol. in 4. v. b.

136 Eadem : *Ibid. Idem.* 1717. 2 vol. in 4. c. m. mar. r.

137 Eadem, interpret. & notis illuftravit Car. Ruæus ad ufum Delphini. *Par. Barbou.* 1722. in 4. v. f.

138 Ejufdem Virgilii Codex antiquiffimus à Rufio Turcio Aproniano diftinctus & emendatus, qui nunc Florentiæ in Biblioth. Mediceo-lauretana adfervatur, ftudio Pet. Franc. Fogginii. *Florentiæ, Typ. Mannianis.* 1741. in 4. mar. r.

139 Antiquiffimi Virgiliani Codicis Fragmenta & Picturæ ex Biblioth. Vaticana, ad prifcas imaginum formas à Petro Sancte Bartholi incifæ. *Romæ.* 1741. in fol. mar. r.

140 Eadem Virgilii opera, curâ & ftudio Steph. And. Philippe. *Lut. Par. Ant. Urb. Couftelier,* 1745. 3 vol. in 12. mar. r.

141 Eadem, cum integris comment. Servii, Phylargirii &c. edente Pet. Burmanno. *Amft. Jo. Weftenius* 1746. 4 vol. in 4. c. m. mar. r.

142 Eadem, illuftrata, ornata & accuratiffimè impreffa. *Lond. J. Knapton* 1750. 2 vol. in 8. c. m. mar. r. cum fig.

143 Eadem. *Birminghamiæ, Typis (præftantiffimis) Joan. Baskerville.* 1757. in 4. c. m. bl.

144 Eadem, æneis tabulis incifa & iconibus ornata ftudio & fumptibus Henrici Juftice. in 8. t. pr. bl.

145 Œuvres de Virgile, trad. avec des remarq. de P. Fr. Guyot des Fontaines : ornées de figures en taille douce. *P. Quillau.* 1743. 4 vol. in 8. mar. r. gr. pap.

1146 Traduction des IV & VI livres de l'Enéide de Virgile. *Par. P. le Petit.* 1666. *in* 4. *mar. r. l. r.*

1147 Les amours d'Enée & de Didon, Poëme trad. de Virgile, en vers franç. avec diverses autres imitations d'anciens Poëtes grecs & latins, par le Préfid. Bouhier. *Paris*, 1742. *in* 12. *br.*

1148 Virgile travefti en vers burlefques, par Scarron. *Par.* 1675. 2 *vol. in* 12 *mar. r. l. r.*

1149 l'Enfer burlefque, ou le Ve. Liv. de l'Enéide, travefti par C. M. L. R. D. *Anvers. in* 12. *v. f.*

1150 Tarq. Gallutii Virgilianæ Vindicationes & Comment. de Tragœdia, Comœdia, Elegia. *Rom. Alex. Zannettus*, 1621. *in* 4. *v. f.*

1151 Quinti Horatii Flacci Venufini Carmina, *Venet.* 1479. *in fol. mar. b.* in fine legitur :

Horatii opere finis, cum magna diligentia : impreſſum per Philippum Condam Petri, in Veneciis, ducante Joan. Mozenico inclito duce. 1479. *die.* 18 *Septemb.*

1152 Eadem, cum interpret. Chriftophori Landini. *Venetiis, Bernardinus de Tridino ex Monteferrato.* 1486. *in fol. mar. r.*

1153 Eadem. *Ibid. Joan. de Forlivio & focii.* 1483. *in fol. mar. r.*

1154 Eadem, cum quibufdam annotat. & imaginibus aptis ad Odarum concentus & fententias. *Argentinæ, Joh. Reinhardus cognomento Grunninger* 1498. *in fol. mar. cit. à comp.* (*exemplar Grolierii.*)

1155 Oratius recognitus per Philippum Beroaldum. *Impreſſus Bononie per Benedictum Hectoris Bibliopolam & impreſſorem elegantiſſimum, anno ſalutis MCCCCII. Cal. Novembris. in fol. mar. r.*

1156 Idem : M. Ant. Mureti in cum fcholia, Aldi Manutii de metris Horatianis, ejufd. annot. in Horatium. *Venet. Aldus*, 1559. *in* 8. *mar. r.*

BELLES-LETTRES.

1157 Idem, cum ratione Carminum & argumentis: interpretibus Acrone, Porphyrione, Jano Parrhasio, Ant. Mancinello & Jod. Badio, cum scholiis Aug. Politiani &c. *Venet. Joan. Gryphius.* 1584. *in fol. vel.* 3.

1158 Idem, cum Levini Torrentii Commentario & Pet. Nannii in artem poeticam. *Ant. Jo. Moretus.* 1608. *in* 4. *v. f.*

1159 Idem, cum notis Jani Rutgersii *Lutet. ex Typogr. Rob. Stephani* 1613. *in* 12. *v. f.* 2 —

1160 Idem, cum comment. selectissimis variorum & scholiis integris Joan. Bond, accur. Corn. Schrevelio. *Lugd. Bat. ex off. Hackiana,* 1670. *in* 8. *mar. r.* 5 15.

1161 Idem, ex recens. Dan. Heinsii. *Amst. Dan. Elzevirius.* 1676. *in* 16. *mar. v.* 3.

1162 Idem, interpret. & notis illustravit Lud. Desprez, in usum Ser. Delphini. *Par. Fred. Leonard.* 1691. *in* 4. *v. b.* 10 19

1163 Idem, ex recensione & cum notis atque emendat. Richardi Bentleii, editio altera. *Amstel. Westenii.* 1713. *in* 4. *v. b.* 6 —

1164 Idem. *Lond.* aeneis tabulis incidit Joh. Pine. 1753. 2 *vol. in* 8. *mar. r. cum figuris.* 49 19

1165 Idem. *Par. Typ. regia.* 1733. *in* 16. *mar. bl.* avec L.41-1186.

1166 Idem. *Londini, Guil. Sandey.* 1749. 2 *vol. in* 8. *c m. mar. r. cum figuris.* 2 8.

1167 Œuvres d'Horace lat. & fr. avec des remarq. crit. & hist. par André Dacier. *Par* 1697. 10 *vol. in* 12. *v. f.* 7 19

1168 Les mêmes, troisième édit. revue &c. *Par. Christ. Ballard,* 1709. 10 *vol. in* 12. *gr. p. v. f.* 25 10

1169 Poésies d'Horace disposées suivant l'ordre chron. & trad. en fr. avec des remarq. & des dissertations critiques, par le P. Est. Sanadon. *Par. Cl. Robustel.* 1728. 2 *vol. in* 4. *gr. pap. mar. r.* 60 —

1170 Les mêmes. *Amst.* (*Par.*) 1756. 8 *vol. in* 12. *format. in* 8. *bl.*

1171 Poésies d'Horace trad. en franç. par Ch. le Batteux. *Par. Desaint*, 1750. 2. *vol. in* 12. *mar. r.*

1172 Traduction des œuvres d'Horace en vers françois. *Par. Nyon*, 1752. 5 *vol. in* 12. *mar. r. l. r. pap. d'Hol.*

1173 Les amours d'Horace, par Pierre Jos. de la Pimpie de Solignac. *Col.* (*Amst.*) 1728. — la Saxe galante, ou l'Histoire des amours d'Auguste I. Roi de Pologne. *Amst.* 1736. *in* 12. *vel.*

1174 Tibulli & Propertii Opera, ex editione J. Broukhusii. *Glasguæ, Foulis*, 1753. *in* 8. *pap. d'Holl. bl.*

1175 Les amours de Tibulle, par Jean de la Chapelle. *Par. v^e. Delaulne*, 1732. 2 *vol. in* 12. *v. f.*

1176 Pub. Ovidii Opera, emendata à Barnaba Celsano. *Vicentiæ, Hermannus Coloniensis Lichtenstein*, 1480. *in fol. mar. r.*

1177 Pub. Ovidii Opera. *Parmæ, Lucantonii Florentini impensa, à Mattheo Capcasa Parmensi, accuratissime impressa: felici faustoque auspicio hic clauduntur anno* 1489. *pridie calendas Januarias.* 2 *tom.* 1 *vol. in fol. mar. r.*

1178 Eadem, *Venet. in ædibus Hæred. Aldi*, 1533. 3 *vol. in* 8. *form. in* 4. *v. f.*

1179 Eadem, ex recens. Dan. Heinsii, *Lugd. Bat. ex off. Elzevir.* 1629. 3 *vol. in* 12. *vel.*

1180 Eadem cum integris Nic. Heinsii & lectissimis variorum notis, studio Borch. Cnippingii. *Lugd. Bat. ex off. Hackiana*, 1670. 3 *vol. in* 8. *mar. r.*

1181 Eadem, cum integris Jac. Mycilli, Herc. Ciofani, Dan. & Nic. Heinsiorum & aliorum notis, ex recens. & cum notis Pet. Burmanni. *Amstelod. Jan J. Waesbergii*, 1727. 4 *vol. in* 4. *c. m. mar. r.*

1182 Les Métamorphoses d'Ovide en latin & en

BELLES-LETTRES.

franç. trad. par Pierre du Ryer, avec de nouv. explications hist. mor. & polit. & des figures gravées par Clowet sur les desseins de Diepenbeck. *Bruxelles, Fr. Foppens.* 1677. *in fol. v. f.*

1183 Les mêmes, avec des remarq. & des explic. hist. par Ant. Banier, avec des figures gravées par B. Picart. *Amst. Westein*, 1732. *in fol. gr. p. mar. r.*

1184 Phædri Fabularum Æsopiarum libri V. notis perpetuis illustrati & cum integris aliorum, observ. in lucem editi à Joan. Laurentio. *Amstel. Jo. Jans. à Waesberge*, 1677. *in 8. mar. r.*

1185 Eædem : notis illustravit in usum Ser. Princ. Nassavii, David Hoogstratanus, cum figuris. *Amst. Fr. Halma.* 1701. *in 4. c. m vel.*

1186 Eædem : & Pub. Syri Sententiæ. *Par. Typ. regia.* 1729. *in 16. mar. bl. c. m.*

1187 Eædem, acced Flavii Aviani Fabulæ. *Par. Coustelier*, 1742. *in 12. mar. r.*

1188 L'Etna de P. Cornel. Severus, & les Sentences de Syrus, trad. avec des remarq. par Jos. Accarias de Serionne. *Paris*, 1736. *in 12. v. f.*

1189 Senecæ Tragœdiæ cum commento Gellii Bernardini Marmitæ. *Lugd. Ant. Jambillon.* 1491. *in 4. mar. r.*

1190 Eædem Tragœdiæ cum notis Th. Farnabii. *Amst. Jo. Blaeu*, 1645. *in 12. mar. r.*

1191 Eædem. *Ibid. Id.* 1656. *in 12. m. r.*

1192 Eædem, cum notis Jo. Frid Gronovii & variis aliorum. *Amstel. Henr. Boom.* 1682. *in 8. mar. r.*

1193 Eædem, cum notis integris Joh. Fred. Gronovii & selectis Justi Lipsii, Ant. Delrii, Jani Gruteri, H. Commelini, Jos. Scaligeri, Dan. & Nic. Heinsiorum, Th. Farnabii & observ. Hug. Grotii : ex recens. & cum animadv. Joan. Caspari Schroderi. *Delphis, Adr. Beman*, 1728. 2 vol. *in 4. c. m. v. f.*

P ij

116   BELLES-LETTRES.

1194 Eædem. *Ib. idem.* 1728. 2 *vol. in* 4. *c. m. m. r.*

1195 L. An. Senecæ & P. Syri Mimi & aliorum Sententiæ ex recenſ. Jani Gruteri, cum notis ejuſdem : acced. notæ & nova Verſio græca Joſ. Scaligeri. *Lugd. Bat. Joh. du Vivié,* 1708. *in* 8. *v. f.*

1196 Poëme de Petrone, ſur la guerre civile entre Ceſar & Pompée, avec deux Epitres d'Ovide, trad. en vers franç. avec des remarq. & des conjectures ſur le Poëme intitulé *Pervigilium Veneris,* par J. Bouhier. *Lond. Ch. Hoguel.* 1737. *in* 4. *v. f.*

1197 Lucanus. *Venet. in Ædibus Aldi.* 1515. *in* 8. *mar. bl.*

1198 Idem, cum Hug. Grotii, Th. Farnabii notis integris & variorum ſelectiſſimis, accur. Corn. Schrevelio. *Amſtel. ex off. Elzevir,* 1669. *in* 8. *m. r.*

1199 Idem cum ſcholiaſte hucuſque inedito & notis integris Henr. Glareani &c. curante Franc. Oudendorpio. *Lugd. Bat. Sam. Luchtmans,* 1728. *in* 4. *c. m. bl.*

1200 Idem, cum comment. Petri Burmanni, *Leidæ, Conr. Wishoff.* 1740. *in* 4. *c. m. mar. r.*

1201 La Pharſale de Lucain, ou les Guerres civiles de Ceſar & de Pompée, en vers françois par de Brebeuf. *Leid. Jean Elzev.* 1658. *in* 12. *vel.*

1202 Silii Italici Punicorum libri. *Parmæ.* 1481. *in fol. mar. r.*

1203 Iidem, cum comment. diverſorum. *Venet. Bapt. de Torris.* 1483. *in fol. mar. r.*

1204 Iidem. *Venet. Octav. Scottus,* 1492. *in fol. v. m.*

1205 Iidem, cum argum. Herm. Buſchii. *Par. Sim. Colinæus.* 1531. *in* 8. *mar. r.*

1206 Iidem, cum excerptis ex Franc. Modii novantiquis lectionibus & Caſp. Barthii adverſariis, tum Dan. Heinſii crepundiis Silianis & notis poſthumis Nic. Heinſii, curante Arnoldo Drakenborch. *Traj. ad Rhen. Guil. Water.* 1717. *in* 4. *v. f.*

BELLES-LETTRES.

1207 P. Papinii Statii Thebaidos, Achilleidos & Sylvarum libri, ex Domitii Calderini recognitione & interpr. *Romæ.* 1475. *in fol. mar. r.* *Clair.* 42ᵇ

1208 Ejufd. Statii Silvæ cum Domitii commentariis: Thebais cum comm. Placidi Lactantii. *Venetiis. Pet. de Quarengis.* 1488. *in fol. v. m.* 6 —

1209 Eadem. *Venet. in ædibus Aldi.* 1502. *in 8. m. v.* 4 12

1210 Eadem. *Venet. Aldus.* 1519. *in 8. mar. r.* 4 6

1211 Eadem, cum notis variorum ; accurante Johan. Veenhufen. *Lugd. Bat. ex off. Hackiana,* 1671. *in 8. mar. r.* 1 2 —

1212 C. Valerii Flacci Argonauticon libri cum Ægidii Maferii Commentariis. *Par. Joan. Parvus.* 1519. *in pergameno, cum fig. minio & auro depictis. in fol. mar. r.* 80 1

1213 Ejufdem C. Valer. Flacci Argonautica. *Venet. Aldus.* 1523. *in 12. mar. b. l. r.* 10 —

1214 M. Valerius Martialis cum comment Domitii Calderini. *Romæ. Jon. Gensberg.* 1474. *in 4. mar. b.* *Clair.* 18

1215 Idem: nova editio. *Venetiis.* 1480. *in fol. v. f.* 12 —

1216 Idem. *Venet. in ædibus Aldi.* 1517. *in 8. m. r.* 7 16

1217 Idem, cum fcholiis Had. Junii. *Antverp. Plantinus.* 1568. *in 12. vel.* 2 —

1218 Idem : cum notis Th. Farnabii & variorum, ftudio Corn. Schrevelii. *Lugd. Bat. ex off. Hackiana.* 1670. *in 8. mar. r.* 13.

1219 Idem : Interpret. & notis illuftravit Vincentius Colleffo, ad ufum Ser. Delphini. *Par. Ant. Cellier.* 1680. *in 4. v. f.* 23 —

1220 Idem. *Par. Robuftel.* 1754. 2 *vol. in* 12. *pap. d'Holl. bl.* 3 —

1221 A. Perfii Satyræ. J. Juvenalis Satyræ. Sulpiciæ Satyræ, edente cum notis Pet. Pithoeo. *Lut. Mam. Patiffonius.* 1585. *in 8. v. f.* 1 4

1222 D. Junii Juvenalis Satyræ. *Par. Typ. regia.* 1644. *in fol. v. b.* 3 11

1223 Eædem, ex doctorum virorum emendatione. *Amst. Lud. Elzevir.* 1651. *in* 16. *v. b.*

1224 Eædem : cum scholiis veterum & commentariis integris, selectis Is. Grangæi, Jo. Britannici, Nic. Rigaltii, Pet. Pithœi, Th. Pulmanni &c. acced. Auli Persii Satyræ ex recens. & cum comment. Is. Casauboni. *Lugd. Bat. Pet. Vander Aa.* 1695. *in* 4. *v. f.*

1225 Traduction des Satyres de Perse & de Juvenal, par le P. Jer. Tarteron. *Par.* 1714. *in* 12. *v. b.*

1226 Cl. Claudiani Opera, edente cum comment. Casp. Barthio. *Francof. J. Naumannus.* 1650. 2 vol. *in* 4. *v. f.*

1227 Eadem, ex recens. & cum notis Nic. Heinsii. *Lugd. Bat. ex off. Elzevir.* 1650. *in* 12. *mar. r.*

1228 Eadem : ex recensione Nic. Heinsii, cum notis variorum, accurante Corn. Schrevelio. *Amstel. ex off. Elzeviriana.* 1665. *in* 8. *mar. r.*

1229 Les Pastorales de Nemesien & de Calpurnius, trad. avec des remarq. & un discours sur l'Eclogue. *Brux.* (*Par.*) 1744. *in* 12. *v. f.*

1230 Ausonii Peonii Poetæ disertissimi Opera. *Venet. Mag. Joannes de Cereto aliàs Tacuinus de Tridino. an.* 1494. *in fol. mar. r.*

1231 Eadem : cum integris Scaligeri, Mariang. Accursii, Freheri & variorum notis selectis, ex editione Jac. Tollii. *Amstel. Jo. Blaeu.* 1671. *in* 8. *mar. r.*

1232 Eadem : interpret. & notis illustravit Julianus Floridus in usum Ser. Delphini: recensuit, supplevit, emendavit; dissertationem de vita & scriptis Ausonii, suasq. animadversiones adjunxit Joan. Bapt. Souchay. *Par. Jac. Guerin.* 1730. *in* 4. *v. f.*

1233 Marci Manilii Mathematici Poetæ clarissimi Astronomicon ad Cesarem Augustum. *Mediol. Ant. Zarotus* 1489. *quinto idus Novembris sub il-*

BELLES-LETTRES. 119

luſt. Principe, Joan. Galeazio duce Mediolani sexto. in fol. mar. r.

1234 Idem Manilii Aſtronomicon, interpret. & notis ac figuris illuſtravit Michael Fayus, in uſum Ser. Delphini : acced. Pet. Dan. Huetii animadv. & Scaligeri notæ. *Par. Fred. Leonard.* 1679. *in* 4. *v. f.*

1235 Idem : ex recenſione & cum notis Richardi Bentleii. *Lond. Paulus Vaillant.* 1739. *in* 4. *v. f.*

1236 Pervigilium Veneris, ex edit. Petri Pithœi, cum notis variorum : accedunt Auſonii Cupido cruci adfixus, cum iiſdem notis. *Hagæ Comit. Scheurleer.* 1712. *in* 8. *v. f.*

1237 Poetæ latini minores, ſive Gratii Faliſci Cynegeticon : Marci Aurelii Olympi Nemeſiani Cinegeticon & Eclogæ IV. T. Calpurnii Eclogæ VII. Cl. Rutbilii Iter : Q. Serenus Samonicus de Medicina : Vindicianus ſive Marcellus de Medicina : Q. Rhemnius Fannius Palæmon de ponderibus & menſuris : & Sulpiciæ Satyra, cum integris doctorum virorum notis, curante Per. Burmanno. *Leidæ, Conr. Wishoff.* 1731. *in* 4. *c. m. vel.*

1238 Poetæ latini minores ex edit. Petri Burmanni fideliter expreſſi. *Glaſguæ, Rob. Foulis.* 1752. *in* 8. *bl. pap. d'Holl.*

1239 Pet. Chompré Selecta latini ſermonis è ſcriptoribus probatiſſimis : editio altera. *Par. Guerin.* 1751. 6 *vol. in* 12. *bl.*

1240 Synopſis communium locorum præcipuè ad mores ſpectantium ex Poetis latinis collecta, in uſum puerorum. *Lond. Guill. Bowyer.* 1709. *in* 8. *v. f.*

1241 Recueil de penſées ingénieuſes tirées des anciens Poetes latins, avec les imitations ou traductions en vers françois, par P. Ch. Berthelin. *Par. Durand.* 1752. *in* 12. *mar. r.*

BELLES-LETTRES.

POETES LATINS MODERNES.

1242 Jo. Jov. Pontani Carmina, (Vrania five de stellis). *Venet. in ædibus Aldi.* 1505. *in* 8. *mar. r.*

1243 Ejusd. Pontani Opera poetica. *Venet. Aldus,* 1513-1518. 2 *vol. in* 8. *v. f.*

1244 Ejusd. Pontani Poemata : Amorum libri duo. *Venet. in ædibus Aldi,* 1518. *in* 8. *mar. b. exemplar Grolierii. Litteræ majusculæ sunt auro depictæ.*

1245 Stroziorum (Pater & Filius, Titi scilicet & Herculis) Poemata. *Venet. Aldus,* 1513. *in* 12. *vel.*

1246 Le Zodiaque de la vie, trad. du latin de Marcel Palingene par J. B. C. de la Monnerie. *La Haye,* 1731. 2 *vol. in* 12.

1247 Carmina quinque illustrium Poëtarum (Pet. Bembi, And. Naugerii, Balth. Castillioni, Joan. Cottæ, Ant. Flaminii) secunda editio. *Florent. Laur. Torrentinus,* 1549. *in* 8. *v.*

1248 Cent Fables choisies des anciens Auteurs, mises en vers latins par Gab. Faerne, & trad. en vers franç. par Perrault, avec des figures en taille douce. *Lond. Cl. du Bosc,* 1743. *in* 4. *gr. p. bl.*

1249 Syphilis, ou le Mal Vénérien, Poëme latin de Jerome Fracastor, trad. avec des notes par Jacq. Lacombe. *Par.* 1753. *in* 12. *br.*

1250 Anabion, sive Lazarus redivivus, Comœdia sacra, autore Joan. Sapido. *Baf.* 1540. *in* 8. *v. b.*

1251 Jac. Sannazarii Opera latinè scripta. *Venet.* 1535. *in* 12. *mar. b. l. r.*

1252 Eadem, ex secundis curis Jani Broukhusii : acced. Gab. Altilii, Dan. Cereti & fratrum Amaltheorum carmina : vitæ Sannazarianæ & notæ Petri Ulamingii. *Amstelodami, Ger. Onder de Linden,* 1728. *in* 8. *v. m.*

1253 Theod. Bezæ Poemata Juvenilia. *Infigne Capitis mortui. in* 12. *v. f.*

1254.

BELLES-LETTRES.

1254 Theodori Bezæ Vezelii Poemata. *Lugd. Bat.* (*Par.*) 1757. *in 12. pap. d'Holl. bl.*

1255 Mich. Hospitalii Carmina: nova editio auctior, edente Petro Ulamingio. *Amstelod. Balth. Lackman*, 1732. *in 8. c. m. vel.*

1256 Jo. Oweni Epigrammatum editio nova. *Lugduni Bat. Fr. Hegerus*, 1642. *in 16. v. b.*

1257 Eadem. *Amst. Ludovic. Elzevirius*, 1647. *in 16. mar. cit.*

1258 Georg. Buchanani Poemata. *Amstelod. Henr. Westenius*, 1687. *in 16. mar. v.* (*Lelaire.*)

1259 Sidronii Hoschii Elegiarum Libri sex. *Ant. Balt. Moretus*, 1656. *in 8. vel.*

1260 Calvidii Leti (Cl. Quilleti) Callipædia, seu de pulchræ prolis habendæ ratione Poema. *Lugd. Bat.* 1655. *in 4. vel.* *bonne édition*

1261 La Callipedie lat. & fr. trad. de Cl. Quillet. *Paris, Pissot*, 1749. *in 8. bl. pap. d'Holl.*

1262 La Sarcothée, Poéme trad. du latin du Pere Jacq. Masenius par Jos. Aur. Toussaint Dinouart. *Paris, Barbou*, 1757. *in 12. bl. pap. d'Holl.*

1263 Ren. Rapini Eclogæ, cum dissertatione de carmine pastorali. *Parisiis, Sebast. Cramoisy*, 1659. *in 4. v. f.*

1264 Jo. B. Santolii Opera poetica. *Paris. Dionis. Thierry*, 1694. *in 12. mar. r.*

1265 Ejusdem Hymni sacri & novi. *Par. Dion. Thierry*, 1698. *in 12. v. b.*

1266 P. Barthol. Luder Epigrammata & Elogia divorum Societatis Jesu, ac præcipuarum familiarum in Polonia. *Colon. Agripp. Ant. Cholinus*, 1738. *in 8. bl.*

1267 Pet. Burmanni Poemata, curante Petro Burmanno juniore. *Amstelodami, Meinardus Vytwerf*, 1746. *in 4. v. f.*

1268 Franc. Grimaldi de vita aulica Libri duo,

Q

122 BELLES-LETT

cum annot. Aristotelicis. *Aug.*
1754. *in* 8. *bl.*
1269 Franc. Jos. Desbillons Fabu
rum Libri quinque. *Par. Guerin*,
1270 Deliciæ quorumdam Poetar
collectæ à Friderico Rostgaard. *I*
Luchtmans, 1693. 2 *tom.* 1 *vol.*
1271 Varia doctorum piorumque
rupto Ecclesiæ statu Poemata, cu
Flacci Illyrici. *Bas. Lud. Luçius*,

POÈTES LATINS MACARO

1272 Opus Merlini Cocaii Macar
culani, *Lacus Benacensis*, 1521.
1273 Ant. de Arena Provencalis a
gnones &c. augmentatus, & à n
dorum Abbatis Yo de Rothoma;
voyatus. 1670. —— Epistolæ ol
rum &c. *Lond. H. Clements*, 17

POÈTES FRAN

1274 Recueil de l'origine de la L
françoise, Ryme & Romans; p
sommaires des Œuvres de CXX\
çois vivans avant l'an 1300, pa
Paris, Mamert Patisson, 1581.
1275 Les Poésies du Roi de Nav
notes & un Glossaire françois, pr;
toire des révolutions de la Langue
puis Charlemagne jusqu'à S. Loui
sur l'ancienneté des chansons f
Pierre-Alex. Levêque de la Rava
L. Guerin, 1742. 2 *tom.* 1 *vol. in*
1276 Romant de la Rose, où l'art e
close (commencé par Guill. de L

BELLES-LETTRES. 123

par Jean Clopinel, dit de Meun) avec le testament & codicile de Maistre Jehan de Mehun. *Mss. sur velin. in fol. fig. mar. cit.*

1277 Le même nouvellement revu & corrigé, oultre les précédentes impressions (par Clement Marot) avec fig. *Paris, Galliot du Pré*, 1529. *in 8. mar. b. l. r.*

1278 Rommant de la Roze,
Où tout l'art d'amours est encloze:
Hystoires & auctorités,
Et maints beaulx propos usités;
Qui a été nouvellement
Corrigé suffisamment,
Et cotté bien à l'avantaige,
Com on voit en chacune paige.
Par. Galiot du Pré, 1531. *in fol. goth.* —— Faits & Dicts d'Alain Chartier. *Par. le même*, 1526. *in fol. goth. v. b.*

1279 Le même Roman de la Rose, revu sur plusieurs éditions & sur quelques anciens Mss. avec des notes & un glossaire par Nic. Lenglet du Fresnoy. *Par. Ve. Pissot*, 1735. 3 v. *in 12. v. f.*

1280 Le Champion des Dames, contenant la défense des Dames, (ou Critique du Roman de la Rose) par Martin Franc. *Paris, Galiot du Pré*, 1530. *in 8. mar. cit. fig.*

1281 Roman des Oiseaux par Gace de la Vigne. *Msf. sur velin in fol. mar. v.*

1281* La grant Danse Macabre des hommes & des femmes, hystoriée & augmentée de personnages & beaulx dits en latin, en vers. *Troyes, Nic. le Rouge, in fol. fig. goth. v. f.*

1282 Poésies de Guill. Coquillard. *Paris, A. U. Coustelier*, 1723. *in 8. v. f.*

1283 Le Séjour d'honneur par Octavien de S. Gelais. *Paris, Ant. Verard*, 1519. *in 8. goth. v. f.*

Q ij

BELLES-LETTRES.

1284 Extraits de quelques Poéfies du XII, XIII & XIV fiecle. *Laufanne*, 1759. *in* 12. *br.*

1285 Fabliaux, & Contes des Poètes françois des XII-XV fiecles, tirés des meilleurs auteurs par M. Barbazan. *Amfterd.* (*Paris*,) 1756. 3 *vol. in* 12. *bl.*

1286 Le Miroir de l'ame pécherefse par Marguerite de France, Reyne de Navarre, ou la Marguerite des Marguerites &c. *Lyon, P. de Tours,* 1549. 2 *v. in* 12. *m.r.*

1287 Œuvres de Clement Marot. *Lyon, Eftienne Dolet.* 1541. *in* 8. *mar. r.*

1288 Les mêmes. *La Haye, Moetjens,* 1700. 2 *vol. in* 12. *mar. b.*

1289 Les mêmes augm. de celles de Jean & de Michel Marot, des Pieces du différend de Clement avec Franç. Sagon : nouv édition donnée avec une Préface hift. & des obfervat. critiques prr Nic. Lenglet du Frefnoy. *La Haye, P. Goffe,* 1731. 4 *vol. in* 4. *gr. pap. v. m.*

1290 Les Mimes, Enfeignemens & Proverbes de J. Ant. de Baif. *Par. Houzé,* 1597. *in* 12. *v. m.*

1291 Le Siecle d'Or & autres vers divers, par Berenger de la Tour d'Albenas. *Lyon, de Tournes,* 1551. *in* 8. *mar. bl.*

1292 Œuvres de Mathurin Regnier, contenant fes Satyres, & autres piéces de poéfies. *Amft. Eft. Roger,* 1710. *in* 8. *v. b.*

1293 Les mêmes avec des remarques par Cl. Broffette. *Londres* (*Par.*) 1729. *in* 4. *gr. pap. mar. r.*

1294 Poéfies de Franç. de Malherbe, avec les obfervations de Gilles Ménage. *Paris, Th. Jolly,* 1666. *in* 8. *vel.*

1295 Les mêmes rangées par ordre chronol. avec des remarq. hiftoriq. & critiq. par Ch. Hugues le Fevre de S. Marc. *Par. Jof. Barbou,* 1757. *in* 8 *gr. pap. mar. r.*

BELLES-LETTRES.

1296 La Pucelle, ou la France délivrée, Poëme héroïq. par Jean Chapelain. *Paris, Aug. Courbé*, 1656. *in fol. gr. pap. mar. r. fig.*

1297 Alaric, ou Rome vaincue, Poëme heroïq. par Georges de Scudery. *Paris, Aug. Courbé*, 1654. *in fol. v. b. fig.*

1298 Œuvres de Jean de la Fontaine; nouv. édit. *Anvers (Par.)* 1726. 3 vol. *in 4. mar. bl.*

1299 Fables choisies mises en vers par Jean de la Fontaine, avec fig. *Anv.* 1688. 2 v. *in 12. mar. r.*

1300 Les mêmes, avec un nouveau commentaire par Pierre Coste. *Par.* 1743. 2 v. *in 12. bl.*

1301 Les mêmes, nouv. édition ornée d'estampes & gravées d'après les desseins d'Oudry par Ch. Nic. Cochin & autres. *Par.* 1755 *& suiv.* 3 vol. *in fol. gr. pap. bl. avec la souscription.*

1302 Nouvelles en vers par le même, avec fig. *Amst. H. Desbordes*, 1685. 2 tom. 1 v. *in 8. v. b.*

1303 Les mêmes. 2 vol. *in 8. vel.*

1304 Œuvres de Nicolas Boileau Despreaux, avec des éclaircissemens historiq. donnés par lui-même; nouv. édition revue, corrigée & augm. de diverses remarques (par Cl. Brossette) avec les figures gravées par Bern. Picart. *Amst. David Mortier*, 1718. 2 vol. *in fol. v. m.*

1305 Les mêmes, avec les fig. de Bern. Picard. *La Haye, Is. Vaillant*, 1722. 4 v. *in 12. mar. r.*

1306 Les mêmes, avec de petites notes par J. B. Souchay. *Par. David*, 1745. 2 vol. *in 12. v. m.*

1307 Les mêmes; nouv. édition augm. de plusieurs pieces, de remarques & de dissertations critiques par Ch. Hugues le Fevre de S. Marc. *Par. David*, 1747. 5. vol. *in 8. mar. r. pap. d'Holl.*

1308 Les mêmes. 5 vol. *in 8. v. f. pap. ordin.*

1309 Les mêmes; nouv. édition augm. de la vie de l'Auteur par Desmaizeaux. *Dresde, Conr. Walther*, 1748. 4 vol. *in 8. v. f. fig.*

1310 Les mêmes. *Par. David*, 1753. *in* 12. *mar. r.*

1311 Satyre contre les femmes par Boileau. *Par. Ch. Osmont*, 1698. *in* 4. *v. f.*

1312 Œuvres d'Estienne Pavillon. *La Haye, H. du Sauzet*, 1715. *in* 8. *gr. pap. vel.*

1313 Les mêmes; nouv. édit. augm. *Amst. (Par.)* 1750. 2 *vol. in* 12. *mar. r.*

1314 Poésies de Jean Renaud de Segrais. *Par. Ant. de Sommaville*, 1660. *in* 12. *mar. r.*

1315 Œuvres de Jean-Bapt. Rousseau; nouv. édit. revue, corrigée & augmentée sur les Mss. de l'Auteur, par Ant. Seguy. *Bruxelles (Par. Didot)* 1743. 3 *vol. in* 4. *gr. pap. mar. r.*

1316 La Muse nouvelle, ou les agréables divertissemens du Parnasse par T. de Lorme. *Lyon, Ben. Coral.* 1665. *in* 12. *mar. r.*

1317 Poésies de Ch. Auguste, Marquis de la Fare. *Amst. (P.)* 1755. 2 *vol. in* 12. *bl. pap. d'Holl.*

1318 Fables nouvelles par Ant. Houdart de la Motte, avec un discours sur la Fable : & des figures. *Par. Greg. Dupuis*, 1719. *in* 4. *gr. pap. v. m.*

1319 Noei Borguignon de Gui Barrozai (Bern. de la Monnoye) avec un glossa.re. *Ai Dioni*, 1720. *in* 8. *mar. bl.*

1320 De l'Amitié, Poëme par Pierre de Villiers. *Par.* 1692. *in* 8. *v. b.*

1321 ..... Poëme par de Grecourt. *Amsterdam*, 1720. *in* 12. *v. m.*

1322 La Henriade par Fr. Marie Arouet de Voltaire. *Londres (Par.)* 1730. *in* 8. *v. b.*

1323 Œuvres diverses (de Fr. Th. Marie de Baculard) d'Arnaud. *Berl. (Par.)* 1751. 3 *v. in* 12. *v. f.*

1324 Œuvres diverses de M. (Jean-Jacq.) le Franc. *Par. Chaubert*, 1750. 2 *vol. in* 12. *vel.*

1325 Poésies sacrées du même. *Paris, Chaubert*, 1751. *in* 8. *gr. pap. mar. r. fig.*

BELLES-LETTRES.

1326 Epître sur la Colonne de l'Hôtel de Soissons par (Jean-B. Louis) Gresset. *Par.* 1752. *in* 8. *bl.* — 12"--

1327 Poésies diverses par M. L. D. B. *Paris, Coignard,* 1744. *in* 8. *br.* — 4--

1328 Poésies sacrées & morales par l'Abbé S.... (Salmon.) *Par. Ve. Cailleau,* 1751. *in* 12. *mar. r.* — 3-19.

1329 Piéces dérobées à un Ami (par Gab. Ch. de Lattaignant) *Amst.* (*Par.*) 1750. 2 v. *in* 12. v. f. — 4-.4.

1330 L'Art d'aimer, Poëme héroïq. *Par.* 1745. *in* 12. *br.* — 1. 2.

1331 Le Temple de la Mort, Poëme : Lettre d'Heloïse à Abelard, trad. de Pope par Amé Jos. Feutry. *Par.* 1753. *in* 8. *gr. pap. bl.* — 1.

1332 Le Plaisir, Rêve : Poëme en 6 songes, attribué à M. le Comte d'Estaing. *Londres* (*Paris,*) 1755. *in* 8. *br.* — 2-1

1333 Augustin, Poëme. 1756. *in* 12. *br.* — "-- 12

1334 Recueil des plus belles pieces des Poètes François, depuis Villon jusqu'à Benserade. *Par.* 1752. 6 *vol. in* 12. *bl.* — 4-5

1335 Recueil de Vers choisis par le P. Bouhours. *Par. Josse,* 1701. *in* 12. *v. b.* — 1 7.

1336 Biblioth. Poétique, ou nouv. Choix des plus belles pieces de vers, depuis Marot jusqu'aux Poètes de nos jours, avec leurs vies & des remarques sur leurs Ouvrages (par Ad. Cl. le Fort de la Moriniere) *Par. Briasson,* 1745. 4 *vol. in* 4. *gr. pap. mar. r.* — 48-1.

1337 Nouv. Choix de Poésies morales & chrétiennes par le même. *Paris,* 1747. 3 *vol. in* 4. *gr. pap. mar. r.* — 38 4.

1338 Recueil de Poésies. *Villefr.* 1727. 2 v. *in* 8. *v. f.* — 8

1339 Recueil de pieces de vers, de chansons Mss. sur différents sujets. 11 *vol. in* 4. *mar. v.* — 230

1340 Recueil de Poètes Gascons, contenant les œuvres de Pierre Goudelin, avec le Dictionnaire — 9 3 de la langue Touloufaine. *Amft. Pein.* 1700. 2 *vol. in* 12. *v. b.*

POETES DRAMATIQUS FRANÇOIS.

1341 Pratique du Théatre, par Fr. Hedelin d'Aubignac. *Amft. Fr. Bernard.* 1715. 2 *vol. in* 8. *gr. pap. v. b.*

——1342 Bibliotheque des Théatres, ou Catalogue des Piéces Dramatiques, Opera, Parodies &c. par Maupoint. *Par. Prault.* 1733. *in* 8.

1343 Recherches fur les Théatres de France, dep. 1161 jufq. 1735. par P. Fr. Godard de Beauchamps. *Par. Prault.* 1735. *in* 4. *v. f.*

1344 Hiftoire du Théatre françois depuis fon origine, avec la vie des Poëtes Dramatiques & des extraits des pieces, par Franç. & Cl. Parfaict. *Amft.* 1735. *Par.* 1745. & *fuiv.* 15 *vol. in* 12. *bl.*

1.1345 Le Myftère de la Conception, Nativité, Mariage & Annonciation de la Benoifte Vierge Marie; avec la Nativité de J. C. & fon enfance. *Paris, Alain Lotrian.* 1539. —— s'enfuyt le Myftère de la Paffion de N. Seigneur J. C. nouvellement corrigée, avec les additions faictes par très-éloquent & fcientifique Docteur M. Jehan Michel, lequel Myftère fut joué à Angiers & dernierement à Paris. *Par. Phil. le Noir.* 1537.
—— s'enfuyt la Réfurrection de N. Seigneur J. C. par perfonnages. Comment il apparut à fes Apôtres & à plufieurs aultres, & comment il monta aux Cieulx le jour de fon Afcenfion. *Par. Alain Lotrian.* 1512. *in* 4. *mar. r.* (éclairci.)

1346 Le Myftère de la Paffion de N. Seigneur J. C. jouée à Angiers & à Paris. *Par. Ant. Verard.* 1499. avec une table mf. & additions mff. faictes par vener. & fcientifique Docteur M. Jehan Michel.

LES-LETTRES.

rt de velours cramoisy. (*éclair*)
tion de Troye la Grant mise par   59 - 19
(par Jacq. Milet). *Lyon, Mathis*
fol. Goth. mar. r. (*éclair*)
Pierre Corneille. *Rouen*, 1664.   26 - 1
b.
& les Poëmes dramatiques de Th.   17 - 1
?. 1664-1665. 10 *vol. in* 12. *vel.*
d'œuvres de Pierre Corneille, le   35 - 19
Cinna, Polieucte, Pompée, Ro-
le jugement des Savans à la suite
e. *Oxford, Jacq. Fletcher*, 1746.
. r.
Jean-Bapt. Pocquelin de Molie-   150.
s. *Paris*, 1734. 6 *v. in* 4. *mar. r.*
Jean Racine. *Londres, Jean Ton-*   72 - 1
vol. in 4. v. m.
de Grammaire sur Racine par Jos.   3 - 12
Gandouin, 1738.—Racine ven-
des Fontaines. *Avignon*, 1739.

lées d'Aug. Nadal. *Par. Briasson,*   2 19
2 12. bl.
Théatre de Phil. Nericault Des-   8 - 16
Prault, 1744. 5 *vol. in* 12. *v. f.*
, Trag. avec quelques pieces de
Voltaire. *Par.* 1749. *in* 12. *br.*
arel, ou les Epreuves de la vertu,   4 . 9
Denys Diderot. *Amsterd.* (*Par.*)

famille, Comédie, par le mê-   1
ris) 1758. *in* 8. *br.*
françois.—François II en cinq   1 10
Jean-François Henault. *Paris*;
f.
de Thalie, ou les Tableaux des   2 10
R

divers ridicules que la Comédie préfente ; Portraits, caracteres, critique des mœurs &c. par Pons-Aug. Alletz. *Paris*, 1751. 2 v. *in* 12. *v f.*

1361 Hiftoire du Théatre de l'Opera en France, depuis fon établiffement jufqu'à préfent (par Jacq. Bern. Durey de Noinville.) *Par. Jof. Barbou*, 1753. *in* 8. *v.*

1362 Recueil des Opéra repréfentés par l'Acad. royale de Mufique depuis fon établiffement. *Par. Chrift. Ballard*, 1703 & *fuiv.* 14. v. *in* 12. *v.f.*

1363 Paroles de vingt-trois Ballets danfés par Louis XIV, depuis 1654 jufq. 1671. *in* 4. *parch.*

1364 Hiftoire du Théatre italien, depuis la décadence de la Comédie latine, avec un Catalogue des Tragédies & Comédies italiennes imprimées depuis 1500 jufq. 1660, & une Differtation fur la Comédie moderne par Louis Riccoboni. *Par.* 2 *vol. in* 8. *v.f.*

1365 Le Théatre anglois, trad. par M. de la Place. *Par.* 1745. 8 *vol. in* 12. *v.f.*

1366 Idée des Spectacles anciens & nouveaux. *Par. Brunet*, 1668. *in* 12. *mar. r.*

1367 Obfervations fur la Comédie & fur le génie de Moliere, par Louis Riccoboni. *Par. Veuve Piffot*, 1736. *in* 12. *v. f.*

1368 De la Réformation du Théatre par le même. *Paris*, 1744. *in* 12. *v.f.*

1369 Differtation fur les Tragédies efpagnoles, trad. de D. Aug. de Montiano y Luyando par d'Hermilly. *Par. Quillau*, 1754. 2 v. *in* 12. *v.f.*

POETES ITALIENS, ESPAGNOLS, ANGLOIS.

1370 Roland furieux, Poëme héroiq. de l'Ariofte, trad. par François Mirabaud. *La Haye* (*Paris, Barrois*) 1741. 4 v. *in* 12 *gr. pap. mar. cit.*

1371 L'Arcadie de Sannazar trad. par Ant. Pecquet. *Paris, Nyon*, 1737. *in* 12. *mar. bl.*

BELLES-LETTRES.

1372 La Gierusalemme liberata di Torq. Tasso, con le figure di Gian Batista Piazetta. *In Venezia, Albrizi*, 1745. *in fol. mar. r.*

1373 Jerusalem délivrée, Poëme héroïq. du Tasse, trad. en fr. par Franç. Mirabaud : nouv. édition revue & corrigée. *Paris, Jacq. Barrois*, 1735. 2 *vol. in* 12. *v. f.*

1374 Poesie del Pietro Metastasio. *Parigi, Quillau*, 1755. 9 *vol. in* 8. *bl. pap. d'Holl.*

1375 Tragédies, Opéra de Metastasio, trad. en franç. *Vienne (Par.)* 1751. 6 *vol. in* 12. *bl.*

1376 La Lusiade du Camoens, Poëme hér. sur la découverte des Indes orientales, trad. du Portug. par du Perron de Castera. *Paris, Huart*, 1735. 3 *vol. in* 12.

1377 Paradis perdu de Milton, trad. nouv. par Louis Racine. *Par. Desaint*, 1755. 3 *v. in* 8. *bl.*

1378 La Christiade, ou le Paradis reconquis par Jacq. Franc. de la Beaume. *Bruxelles (Paris)* 1753. 6 *vol. in* 12. *bl. pap. d'Holl.*

1379 Hudibras, Poëme angl. & franç. trad. en vers franç. avec des remarq. & des figures par Amé Joseph Feutry. *Londres (Paris,)* 1757. 3 *vol. in* 12. *bl.*

1380 Principes de la Morale & du Goût : Essai sur l'Homme, Poëmes trad. de Pope par Jean-Franç. du Resnel. *Par. Briasson*, 1737. *in* 8. *bl.*

1381 Les mêmes. *Par. Briasson*, 1738. *in* 12. *v. b.*

1382 Essai sur l'Homme par Pope, trad. de l'angl. par Et. de Silhouette. *Par.* 1736.—Sur la Critique par le même, trad. par le même. *Paris*, 1736. *in* 12. *v. m.*

1383 Le même. *Lausanne, Bousquet*, 1745. *in* 4. *m. r.*

2384 Le même. *Par.* 1752. *in* 12. *mar. r.*

1385 Choix de différens morceaux de Poésie, trad. de l'angl. par Jacq. Arnould Trochereau. *Paris, Pissot*, 1749. *in* 12. *v. f.*

R ij

1386 Idée de la Poésie angloise, ou Traduction des meilleurs Poètes anglois par Yart. *Par. Cl. Briasson*, 1749. 8 *vol. in* 12. *gr. pap. v. f. & bl.*

1387 Satyres du Prince Cantemir, avec l'histoire de sa vie trad. en françois. *Londres, J. Nourse*, 1749. *in* 12. *mar. r.*

MYTHOLOGIE.

Mythologistes anciens & modernes.

1388 Mythographi Latini, C. Julius Hyginus; Fab. Planciades Fulgentius; Lactantius Placidus; Albricus Philosophus, edente Thoma Münckero. *Amst. Vid. à Someren*, 1681. 2 *vol. in* 8. *mar. r.*

1389 Le Temple des Muses orné de LX Tableaux où sont représentés les évenemens les plus remarquables de l'Antiquité fabuleuse, dessinés & gravés par B. Picart & autres, avec des explications & des remarq. *Amst. Châtelain*, 1749. *in fol. gr. pap. mar. bl.*

1390 Explication historique des Fables, où l'on découvre leur origine & leur conformité avec l'Histoire ancienne par Ant. Banier. *Paris, Fr. le Breton*, 1715. 3 *vol. in* 12. *v. b.*

1391 La Mythologie & les Fables expliquées par l'Histoire, par le même. *Par. Briasson*, 1738. 3 *vol. in* 4. *v. f.*

1392 Nouv. Histoire poétique, & deux Traités abregés, l'un de la Poésie, l'autre de l'Eloquence, par Jacq. Hardion. *Paris, Jacq. Guerin*, 1751. 2 *vol. in* 12. *v. f.*

1393 Fables diverses, tirées d'Esope & autres, avec des explications par Raphael Trichet du Fresne; avec les figures de Sadeler. *Paris, Fred. Leonard*, 1659. *in* 4. *v. f.*

BELLES-LETTRES.

ROMANS.

Romans Grecs & Latins.

1394 Traité de l'origine des Romans par Pierre-Dan. Huet. *Par. Moette*, 1685. *in* 12. *v. f.*

1395 De l'Usage des Romans, où l'on fait voir leur utilité & leurs différens caracteres, avec une Bibliotheque des Romans par Gordon de Percel (Nic. Lenglet du Fresnoy.) *Amst.* (*Par.*) 1734. 2 vol. *in* 12. *v. f.* avec les Romans justifiée

1396 Heliodori Æthiopicorum Libri X, gr. lat. ex emendat. & cum animadvers. Jo. Bourdelotii. *Lut. Par. Lud. Februrier*, 1619. *in* 8. *v. f.*

1397 Longi pastoralium de Daphnide & Chloe Libri IV. gr. lat. distincta 29 fig. æri incisis à Bern. Audran, juxta delineationem celss. Ducis Aurel. Philippi: acced. alia ornamenta, partim ab A. Cochin, partim à C. Eisen ornata, & à Sim. Fokke in æs incisis. *Lut. Par. in gratiam curiosorum*, 1754. *in* 4. *c. m. mar. r. à dentelles*.

1398 Les Amours pastorales de Daphnis & Chloe, avec fig. *Par.* 1731. *in* 8. *bl.*

1399 Musæi de Herone & Leandro Carmen, gr. lat. cum scoliis gr. nunc primùm è codice ms. Bibliot. Bodlejanæ editis ex recens. Matt. Rover, qui variantes lectiones & notas adjecit. *Lugd. Bat. Theod. Haak*, 1737. *in* 8. *v. f.*

1400 L. Apulei Metamorphoseos Libri XI, cum annotationibus uberioribus Joan. Pricæi. *Gouda, Guill. Vander Hoeve*, 1650. *in* 8. *mar. r.*

1401 Les Métamorphoses, ou l'Asne d'or d'Apulée, trad. par Jean de Montlyard, & revues par Nic. de la Coste, avec fig. de Michel l'Asne. *Par. de la Coste*, 1648. *in* 8. *mar. bl. l. r.*

BELLES-LETTRES

Romans de Chevalerie.

1402 Mémoires sur l'ancienne Chevalerie, considerée comme un Etablissement politique & militaire, par J. B. de la Curne de Sainte Palaye. *Par. Duchesne*, 1759. 2 *vol. in* 12. *br.*

1403 L'Ordene de Chevalerie par Hue de Tabarie, avec un glossaire &c. par M. Barbazan. *Paris, Chaubert*, 1759. *in* 12. *br.*

1404 Le Roman de Lancelot du Lac, Chevalier de la Table ronde (translaté de latin en romance par Rob. de Borron ou de Bourron.) *Mss. sur velin, avec des miniatures.* 3 *vol. in fol. mar. r.* (*l'ain*)

1405 Histoire des quatre Fils Aymon & de Regnauld de Montauban. *très ancienne édition*, goth. *in fol. avec fig. v. b.* (*l'ain cin imui*)

1406 Amadis des Gaules par Mlle. de Lubert. *Amst.* (*Par.*) 1750. 4 *vol. in* 12. *fig. br.*

1407 Hist. de Don Quichotte de la Manche, trad. de Mich. de Cervantes (par Filleau de S. Martin.) *Par.* 1741. 6 *vol. in* 12. *mar. r. l. r.* (*l'ain*) (On a inféré dans cet Exemplaire les figures de l'édition espagnole. *in* 8.)

1408 Les principales Avantures de Don Quichotte représentées en figures par Coypel, Picart le Romain, & autres habiles Maîtres, avec les explications des XXXI Planches, tirées de l'espagnol de Miguel de Cervantes. *La Haye*, *P. de Hondt*, 1746. *in fol. br.*

1409 Les mêmes. *in fol. mar. r.*

Romans moraux, politiques &c.

1410 Poliphili Hypnerotomachia, ubi humana omnia non nisi somnium esse ostendit. *Venet. Aldus Manucius*, 1499. *in fol. v. f.* (*l'ain*)

BELLES-LETTRES

1411 Franc. Florii de amore Camilli & Emiliæ Aretinorum Libri. *Vetus editio sine anno, loci & Typographi nomine.* in 4. mar. bl.

1412 Joan. Barclaii Argenis, cum clave. *Lugd. Bat. ex Off. Elzev.* 1630. *in* 12. *mar. cit.*

1413 Eadem, cum notis variorum, necnon continuatione. *Lugd. Bat. ex Off. Hackiana*, 1664. 2 *vol. in* 8. *mar. r.*

1414 L'Argenis de Barclay trad. pat Louis Joffe. *Chartres*, N. Besnard. 1732. 3 *vol. in* 12. *v. b.*

1415 Avantures de Télémaque par Fr. de Salignac de la Motte Fénelon, avec des remarques. *Rotterdam*, J. Hofhout, 1725. *in* 12. *v. b.*

1416 Les mêmes, avec figures. *Par. Jacq. Eftienne*, 1730. *in* 4. *gr. pap. v. br.*

1417 Les mêmes; nouv. édition conforme au Ms. original & enrichie de figures de Bern. Picart. *Amsterdam*, J. Westein, 1734. *in fol. mar. bl. doublée de tabis.*

1418 Les mêmes, avec les mêmes figures. *Amst.* 1734. *in* 4. *mar. r.*

1419 Critique génér. des Avantures de Télémaque. *Cologne*, 1700. *in* 12. *v. b.*

1420 Sethos, Histoire ou vie tirée des monumens anecdotes de l'anc. Egypte, par Jean Terrasson. *Paris, Jacq Guerin*, 1731. 3 *vol. in* 12. *v. f.*

1421 Le Philofophe Anglois, ou Histoire de Cleveland par Ant. Fr. Prevost. *Par. Jacq. Guerin*, 1731. 4 *vol. in* 12. *v. b.*

1422 La Médaille curieuse où sont gravés les deux principaux écueils de tous les jeunes cœurs: nouvelle maniere de Roman par L. C. D. V. *Paris*, 1672. *in* 12. *v. b.*

1423 Les Sonnettes, ou Mémoires du Marquis D.... (par Guiart de Servigné.) *Paris*, 1751. *in* 12. *v. f.*

Romans satyriques, comiques &c.

1424 Titi Petronii Satyricon : acced. diverforum Poetarum Lufus in Priapum, Pervigilium Veneris &c. cum commentariis & notis doctorum virorum, concinnante Mich. Hadrianide. *Amft. Jo. Blaeu*, 1669. *in* 8. *mar. r.*

1425 Idem, curante Pet. Burmanno. *Amft. Janf. Waesbergii*, 1743. 2 *vol. in* 4. *c. m. mar. r.*

1426 Petrone lat. & fr. trad. avec des remarq. par Fr. Nodot. *Rouen*, 1709. 2 *vol. in* 12. *fig. mar. bl.*

1427 Œuvres de Franç. Rabelais. (*Leyde, Elfeviers*) 1663. 2 *tom.* 5 *vol. in* 12. *mar. bl.*

1428 Les mêmes. 2 *vol. in* 12. *mar. r. l. r.*

1429 Les mêmes. (*Elzevier.*) 1665. 2 *v. in* 12. *vel.*

1430 Les mêmes, nouv. édit. avec les remarq. hiftor. & crit. de Jacob le Duchat, & les figures de Bern. Picart. *Amft. Fred. Bernard*, 1741. 3 *vol. in* 4. *gr. pap. mar. r.*

1431 Le Rabelais moderne, ou les Œuvres de Fr. Rabelais mifes à la portée de la plupart des Lecteurs. *Amfterdam, (Paris,)* 1752. 6 *v. in* 12. *bl. pap. d'Hollande.*

1432 Jugement & nouv. Obfervations fur les Œuvres de Rabelais, ou le véritable Rabelais réformé, par Fr. Bernier. *Par. Laur. d'Houry*, 1697. *in* 12. *v. b.*

1433 Les Songes drolatiques de Pantagruel, où font contenues plufieurs figures de l'invention de Fr. Rabelais, avec 120 figures. *Par. Ric. Breton*, 1565. *in* 8. *mar. r.*

1434 Euphormionis, five Jo. Barclaii Satyricon : acced. Confpiratio Anglicana. *Amft. ex Off. Elzevir.* 1658. *in* 12. *mar. cit.*

1435 Idem. *Lugd. Bat. ex Off. Hackiana*, 1675. *in* 8. *mar. r.*

BELLES-LETTRES.

1436 Le Diable boiteux, par Alain René le Sage: nouv. édit. augm. des entretiens des cheminées de Madrid, & des bequilles dud. Diable. *Lond.* 1751. 2 vol. in 12. mar. r.

1437 Le Roman comique de Paul de Scarron. *Par. Guill. de Luyne,* 1658. 2 vol. in 12. mar. r. l r.

1438 Le Roman bourgeois par Antoine Furetiere. *Par. Guill. de Luyne,* 1666. in 8. v. f.

Collections de Nouvelles.

1440 Contes & Nouvelles de Bocace, trad. libre avec les figures de Romain de Hooge. *Cologne,* 1702. 2 vol. in 8. v. é.

1441 Nouveaux Contes à rire & Avantures plaisantes, ou Récréations françoises. *Cologne, Bontems,* 1722. 2 vol. in 12. fig. v. f.

1442 Choix d'Histoires tirées de Bandel, de Belleforest, de Boistuau &c. par Feutry. *Lond.* (*Par. Durand*). 1753. 4 vol. in 12. bl.

1443 Les facécieuses nuicts de Jean-Franç. Straparole, trad. par Pierre de la Rivey. *Par.* 1726. 2 vol. in 12. v. b.

1444 Les Cent Nouvelles nouvelles, avec les fig. de Romain de Hooge. *Colon.* (*Amst.*) 1701. 2 vol. in 8. fig. détachées, v b.

1445 Contes & nouvelles de Marguerite de Valois, Reine de Navarre, avec fig. *Amst. Gallet.* 1708. 2 vol. in 8. v. f.

1446 Serées de Guillaume Bouchet sieur de Brocourt. *Paris, Jerôme Perier.* 1608. 3 vol. in 12. mar. r.

1447 Les Contes & Discours d'Eutrapel, par de la Herissaye (Noel du Fail). *Rennes, Noël Glamer.* 1597. in 8. v. f.

1448 Bigarrures & Touches du Seigneur des Ac-

S

cords, avec les Apophthegmes du Sr. Gaulard, & les Efcraignes Dijonoifes, par Eſt. Tabourot. *Rouen, L. Dumeſnil.* 1628. *in* 12. *mar. v.*

1449 Recueil gen. des œuvres & fantafies de Tabarin. *Rouen.* (*Amſt.*) 1664. *in* 12 *mar. r.*

1450 Nugæ Venales, five Thefaurus ridendi & jocandi ad graviffimos feveriffimofque viros, Patres Melancholicorum confcriptos. 1658. *in* 12.

1451 Le Petit Tréfor latin des ris & de la joye, dédié aux Rev. PP. de la Mélancolie. **Lond.** 1741. *in.* 12. *v. b.*

PHILOLOGUES.

Critiques anciens & modernes.

1452 Auli Gellii Noctium Atticarum Commentarii. *Venetiis, Andreas Jacobi Catharenſis*, 1477. *in fol.*

1453 Eædem Auli Gellii Noctes Atticæ. *Amſt. Lud. Elzevirius*, 1651. *in* 12. *mar. r.*

1454 Eædem, cum felectis novifque commentariis, & accuratâ recenfione Ant. Thyfii & Jacobi Oifelii. *Lugd. Batavor. Pet. Leffen*, 1666. 2 *vol. in* 8. *mar, r.*

1455 Aur. Theodofii Macrobii Opera: acced. notæ integræ If. Pontani, Joh. Meurfii, Jacobi Gronovii. *Lugd. Batavorum Arnold. Goude*, 1670. *in* 8. *mar. r.*

1456 Alexandri ab Alexandro genialium dierum Libri fex, cum integris commentariis And. Tiraquelli, Dion. Gothofredi, Chrift. Coleri & Nic. Merceri. *Lugd. Bat. ex Off. Hackiana.* 1673. 2 *tom.* 3 *vol. in* 8. *mar. r.*

1457 And. Schotti Obfervat. humanarum Libri V. quibus græci & latini Scriptores, Philologi, Poetæ, Hiftorici, Oratores & Philofophici emen-

BELLES-LETTRES.

dantur, supplentur & illustrantur &c. *Hanoviæ, Typis Wechel*, 1615. *in* 4. *v. f.*

1458 Gazophylacium eruditionis sacræ & prophanæ, collectum à Pet. Jos. de Bois. *Aug. Vindel. Matt. Riegers*, 1754. 3 *vol. in* 8. *v. f.*

1459 Parallele des Anciens & des Modernes, en ce qui regarde les Arts & les Sciences, par Cl. Perrault. *Paris*, 1688. *in* 12. *v. f.*

1460 Lettre sur le Discours de Fontenelle sur la question de la prééminence entre les Anciens & les Modernes. *Rouen*, 1703. *in* 12. *v. f.*

1461 Recueil des Pieces publiées sur le Discours de J. J. Rousseau. *Gotha, Mevius*, 1753. 2 tom. 1 *vol. in* 12. *v. f.*

1462 Discours sur les avantages des Sciences & des Arts, avec la Réponse de Jean J. Rousseau. *Geneve*, 1752. 2 *vol. in* 8. *br.*

1463 Discours sur l'origine & les fondemens de l'inégalité parmi les Modernes par Jean Jacques Rousseau. *Amst. Marc Mich. Rey*, 1755. *in* 8. *bl.*

1464 Les Beaux Arts réduits à un même principe par Ch. le Batteux. *Par. Durand*, 1746. *in* 8. *v. f.*

1465 Cours de Belles-Lettres distribué par exercices par le même. *Paris, Desaint*, 1747. 3 *vol. in* 12. *v. f.*

1466 Essai sur l'hist. des Belles-Lettres, des Sciences & des Arts par Juvenel de Carlencas. *Lyon, Duplain*, 1740. 2 *vol. in* 12. *v. f.*

1467 Les Préjugés du Public, avec des observat. par Denesle. *Paris, Pierre Giffart*, 1747. 2 *vol. in* 12. *v. f.*

1468 Connoissance des Poëtes Latins, ou Moyen facile de prendre une teinture des Humanités, (par Pons-Aug. Alletz.) *Paris, Nyon*, 1752. 2 *vol. in* 12. *bl.*

1469 Tablettes pour l'intelligence des Historiens

& des Poëtes latins. *Paris, Lottin*, 1755. 2 vol. in 12. *bl.*

1470 Traité sur la maniere de lire les Auteurs avec utilité par Bachelier. *Paris, Veuve Lottin*, 1747 & suiv 3 vol. in 12. *bl.*

1471 Progrès des Allemands dans les Sciences, les Belles-Lettres & les Arts. 1752. *in 12. v. f.*

1472 Remarques sur les Germanismes par Mauvillon. *Amst. Mortier.* 1753. 2 tom. 1 v. in 12. v. f.

1473 Agenda des Auteurs, ou Calpin littéraire à l'usage de ceux qui veulent faire des livres. 1755. *in 12. br.*

1474 Bagatelles morales par Coyer. *Par. Duchesne*, 1754. *in 12. bl.*

Satyres, Apologies, &c.

1475 Pasquillorum Tomi duo. *Eleutheropoli.* 1544. in 8. *parch.*

1476 Traité préparatif à l'Apologie pour Herodote par Henri Estienne; nouv. édit. avec les remarq. de Jacob le Duchat. *La Haye, H. Scheurleer.* 1735. 3 vol in 8. *mar. r.*

1477 Le Conte du T..... par Jonathan Swift, trad. de l'angl. *La Haye, Henri Scheurleer*, 1741. 2 vol. *in 12. vel.*

1478 Lettres historiques & philol. du Comte d'Orreri sur la vie & les ouvrages de Swift. *Paris, Lamqert*, 1753. *in 12.*

1479 Aresta amorum LII. (autore Martiale Arverno) cum comment. Bened. Curtii. *Par. Car. Angelier*, 1555. in 12. *mar. bl. l. r.*

1480 LIII Arrêts d'amour avec le comment. de Benoist le Court. *Rouen, Th. Mallard*, 1587. *in 12. mar. bl.*

1481 Les mêmes, avec l'Amant rendu Cordelier

BELLES-LETTRES. 141

à l'obfervance d'amours ; nouv. édit. augm. de pluf. arrêts & d'un gloffaire par Nic. Lenglet du Fresnoy. *Amft.* 1731. 2 v. *in* 8. *mar. r.*

1482 L'Intitufation & Rec. (en 98 Livres) de toutes les Œuvres de Bernard de Bluet Darberes, Comte de Permiffion. *in* 12. *mar. r.* avec fig. fans nom de lieu & fans datte. *(Eclair.)* — 48.

1483 Eloge de la Folie par Erafme, trad. par P. Gueudeville, avec les notes de Gerard Liftre, & les figur. de Holben. *Amft. Fr. l'Honoré.* 1728. *in* 8. *v. b.* — 5.

1484 La même ; nouv. édit. revue & corrigée fur le texte de l'Edition de Bafle, avec de nouvelles figures & des notes. *Par.* 1751. *in* 8. *format in* 4. *mar. r.* — 23 19

1485 De generibus ebrioforum & ebrietate vitanda : acced. de Meretricum in fuos amatores & Concubinarum in Sacerdotes fide Quæftiones : 1557 Epiftolæ obfcurorum virorum. 1557. *in* 12. *mar. cit.* — 9.

1486 Thefes ex univerfa Vinofophia, & vino fumofiffima Bacho inaugurato Promotio in vinofophia. *In Germania*, 1750. *in* 8. *v. f.* — 3.

1487 La fameufe Compagnie de la Lefine ou Alefne, ou la maniere d'efpargner, acquerir & conferver, trad. de l'italien. *Paris, Rolet Boutonné.* 1618. *in*-12. *v. f.* *(Eclair cinnuum)*

1488 La Contrelefine, ou Difcours, conftitutions & louanges de la libéralité ; avec une Comédie intit. les Nopces d'Antilefine. *Par. Rolet Boutonné :* 1618. *in* 12°. *v. f.* — 12-19

1489 Lettres fur l'établiffement d'une Capitation générale en France. *Liege*, 1695. Deux autres Pieces &c. *in* 12. *mar v.* — 10 1

1490 Formulaire fort récréatif de tous Contracts, Donations, Teftamens, Codicilles & autres Ac- — 8.

tes &c. par Bredin le Cocu. *P.* 1585, *in* 12. *mar. r.*

1491 Ouvrage de P..... &c. *Amst.* 1748. 3 *vol. in* 12. *v. f.*

1492 L'Art de défoppiler la rate, par André Panckoucke. *Gallipoli,* (*Paris*), 1758. *in* 12. *mar. v.*

APOPHTHEGMES, ADAGES &c.

1493 Cl. Æliani varia Historia gr. lat. ad mss. codices recognita & castigata, cum versione Justi Vulteii, & perpetuo commentario Jac. Perizonii. *Lugd. in Batavis, Joan. du Vivié.* 1701. 2 *vol. in* 8. *mar. r.*

1494 Eadem: cum notis integris Conr. Gesneri, Joh. Schefferi, Tan. Fabri, Joach. Kuhnii, Jac. Perizonii & interpr. lat. Justi Vulteii, curante cum adnot. Abrah. Gronovio. *Amst. J. Westenius.* 1731. 2 *vol. in* 4. *c. m. v. f.*

1495 Valerii Maximi dictorum & factorum mémorabilium libri IX cum scholiis & notis marginalibus mss. *Codex membranaceus. in fol. v. b.*

1496 Iidem. *Moguntiæ, Pet. Schoyffer de Gernshem,* 1471. *in fol. mar. r.* (Editio princeps).

1497 Iidem, cum selectis variorum observat. & nova recensione A. Thysii. *Lugd. Bat. ex off. Hackiana.* 1670. *in* 8. *mar. r.*

1498 Iidem: cum notis integris Henr. Loriti Glareani, Steph. Pighii, Justi Lipsii, Christ. Coleri, & Joh. Vorstii, nec non selectis aliorum observat. acced. emendationes ineditæ Casp. Barthii, Franc. Guyeti & Marq. Gudii: observat. Jac. Perizonii &c. ex recens. & cum notis Abr. Torrenii. *Leidæ, Luchtmans.* 1726. 2 *vol. in* 4. *v. f.*

1499 Iidem. *Ibid.* 2 *vol. in* 4. *c. m. bl.*

1500 Poggiana, ou la vie, le caractère, les Sentences & les bons mots de Pogge, avec son his-

BELLES-LETTRES.

toire de la République de Florence, par Jacq. Lenfant. *Amst. P. Humbert.* 1720. 2 tom. 1 vol. *in* 8. v. f.

1501 Menagiana, ou les bons mots & remarques critiq. hist. de Gilles Menage, avec les notes de Bern. de la Monnoye. *Par. Delaune*, 1715. 4 vol. *in* 12. mar.   14-1

1502 Sevigniana ou recueil de pensées ingénieuses, tirées des Lettres de Mad. la Marq. de Sevigné. *à Grignan.* 1756. *in* 12. br.   1-10.

1503 Longueruana, ou recueil de pensées, de discours & de conversations de Louis du Four de Longuerue. *Berlin.* (*Paris*). 1754. 2 v. *in* 12. br.   1-13.

1504 Maupertuisiana. *Ambourg.* 1753. *in* 8. br.   4-5

1505 Voltariana, ou éloges amphigouriques de Franç. Marie Arrouet sieur de Voltaire. *Paris*, 1748. *in* 8. v. b.   5-19

1506 Les Ornemens de la mémoire, ou les traits brillans des Poètes François : avec des dissertations sur chaque genre de stile, par Alletz. *Par. Didot.* 1749. *in* 12. v. f.   2-

1506* Histoires choisies des Auteurs profanes, trad. avec des notes mor. & hist. par Ch. Simon. *Par. d'Houry.* 1752. 2 vol. *in* 12. bl.   1

1507 L'Art de peindre à l'esprit, ouvrage dans lequel les préceptes sont confirmés par les exemples tirés des meilleurs Orateurs & Poètes françois. (par le P. Sansaric). *Par. Aug. M. Lothtin.* 1758. 3 vol. *in* 8. gr. pap. bl.   4-6.

508 De l'Esprit, par M. Helvetius. *Par.* 1758. *in* 4. gr. p. br.

509 Catéchisme du livre de l'Esprit. *in* 12. br.

POLYGRAPHES.

510 Luciani Opera gr. lat. cum latina doct. viro-   29-10

rum interpret. ex recenf. & emendat. Joan. Bour-
delotii.*Lut. Par. Febvrier.* 1615.*in fol. c. m.v.f.*

1511 Eadem, gr. lat. ex verfione Joan. Benedicti,
cum notis integris Joan. Bourdelotii, Jac. Pal-
merii à Grentemefnil, Tanaq. Fabri &c. edente
Joan. Georg. Grævio. *Amftel. Jo. Blaeu.* 1687.
2 *tom.* 4 *vol. in* 8. *mar. r.*

1512 Eadem, Gr. lat. cum notis variorum; ex
edit. Tiberii Hemfterhufii & Jo. Fred. Reitzii.
Amft. Weftein. 1743. 3 *vol. in* 4. *C. M. bl.*

1513 Luciani Opufcula ex interpret. Def. Erafmi.
Venet. in ædibus Aldi. 1516. *in* 8. *mar. r. exem-
plar Grolierii : Litteræ majufculæ funt auro
depictæ.*

1514 Œuvres de Lucian, trad. par Filbert Bretin.
Par. Abel l'Angelier. 1583. *in fol. mar. r. l. r.*

1515 Lucien de la trad. de Nic. Perrot d'Ablan-
court, avec des remarques. *Amft. Pierre Mortier.*
1709. 2 *vol. in* 8. *mar. bl.*

1516 Philoftratorum Opera gr. lat. ex recenf. &
cum notis Gottfridi Olearii. *Lipf. Th. Fritfch.*
1709. *in fol. c. m. v. f.*

1517 Lucii Apuleii Opera, interpret. & notis il-
luftravit Jul. Floridus in ufum Ser. Delphini.
Par. Fred. Leonard. 1688. 2 *vol. in* 4. *v. f.*

1518 Rob. Gaguini Epiftolæ, Orationes : de con-
ceptione Virginis defenfio : de arte metrificandi
precepta : epigrammata &c. *Par. Durandus Ger-
lerus.* 1498. *in* 4. *mar. r.*

1519 Georgii Vallæ de expetendis & fugiendis re-
bus Opus, ftudio Joan. Pet. Vallæ. *Venet. in ædi-
bus Aldi.* 1501. 2 *vol. in fol. c. m. mar. v.*

1520 Joan. Joviani Pontani Opera foluta oratione
compofita. *Venet. in ædibus Aldi.* 1518. 3 *vol.
in* 4. *mar. r.*

1521 Joan. Jov. Pontani Opera foluta oratione
compofita.

BELLES-LETTRES. 145

compoſita. *Venet. in Ædibus Aldi.* 1518. *in* 8. *mar. bl. c. m. exemplar Grolierii.*

1522 Joan. Jov. Pontani de aſpiratione libri: Dialogi, Charon, Antonius Aetius, Ægidius; Aſinus &c. *Venet. in aedibus Aldi.* 1519. *in* 8. *c. m. mar. r.*   9.

1523 Joſ. Mar. Thomaſii Opera. *Romæ, Nic. Palearinus.* 1754. 7 *vol. in* 4. *bl.*   12 -

1524 Bern. Pezii Theſaurus anecdotorum noviſſimus, ſeu monumentorum Eccleſiaſticorum &c. *Aug. Vindel. Weith.* 1721. 5 *vol. in fol. bl.*   12 - 15

1525 Méditations hiſtoriques de Phil. Camerarius, trad. par Simon Goulart. *Par. Ad. Beys.* 1608. 2 *vol. in* 8. *mar. bl. l. r.*   13 - 19

1526 Eſſais de Michel, Seigneur de Montaigne. *Par. Abel l'Angelier.* 1588. *in* 4. *mar. cit.*   8   1

1527 Les mêmes, avec des notes, par Pierre Coſte. *Par.* 1725. 3 *vol in* 4. *v. f.*   32 - 10

1528 Les mêmes: nouv. édit. *Lond. (Paris).* 1754. 10 *vol. in* 12. *bl.*   10.

1529 L'Eſprit de Montaigne, ou les maximes, penſées, jugemens & réflexions de cet Auteur, redigés par ordre des matieres, par Joſ. Peſſelier. *(Paris).* 1753. 2 *vol. in* 12. *bl.*   3.

1530 Œuvres de (Savinien) Cyrano Bergerac. *Amſt. Desbordes.* 1709. 2 *vol. in* 12. *fig. vel.*   6 - 4.

1531 Les mêmes. *Amſt. des Bordes.* 1710. 2 *vol. in* 12. *v. f. fig.*   6 - 12

1532 Œuvres de Ch. de S. Denis ſieur de S. Evremond. *Amſt. Mortier.* 1699. 8 *tom.* 7 *vol. in* 12. *mar. r.*   7.

1533 Les mêmes: publiées ſur les mſſ. de l'Auteur, par Pierre Deſmaizeaux. *Lond. Jac. Tonſon.* 1709. 3 *vol. in* 4. *v. f.*   37 - 10

1534 Les mêmes. *Par.* 1753. 11 *vol. in* 12. *bl. pap. d'Holl.*   13   17

T

BELLES-LETTRES.

1535 Œuvres de (Cefar Vichard) Saint Real: nouv. édit. *Par. David.* 1745. *3 vol. in 4. mar. r.*

1536 Œuvres diverses de Pierre Bayle. *la Haye. P. Huſſon.* 1727-1731. *4 tom. 5 vol. in fol. v. m.*

1537. Examen du Pyrrhoniſme ancien & moderne, par Jean de Crouſaz. *la Haye P. de Hondt.* 1733. *in fol. v. m.*

1538 Réponſe aux queſtions d'un Provincial, par Pierre Bayle. *Rotterd. Rein. Leers.* 1704. *5 vol. in 12. v. f.*

1539 Œuvres d'Ant. Houdart de la Motte. *Par. Prault* 1754. *11 vol. in 12. gr. pap. bl.*

1540 Œuvres diverſes de Pope, trad. *Amſterd. Merkus.* 1754. *6 vol. in 12. mar. r.*

1541 Recueil de divers Ouvrages en proſe & en vers, par le P. Pierre Brumoy. *Par. J. Bapt. Coignard.* 1741. *4 vol. in 8. v. f.*

1542 Œuvres diverſes de Nic. Gedoyn. *Par. Debure.* 1745. *in 12. v. f.*

1543 Diſcours & autres Ouvrages de M. le Chancel. d'Agueſſeau. *Amſt.* (*Paris*), 1756. *2 tom. 1 vol. in 12. v. f.*

1544 Œuvres de Louis Secondat de Monteſquieu. *Par.* 1758. *3 vol. in 4 bl.*

1545 Œuvres de Bernard le Bovier de Fontenelle: nouv. édit. augm. *Par. Mich. Brunet.* 1742. *6 vol. in 12. v. f.*

1546 Œuvres de Franç. Marie Arouet de Voltaire: nouv. édit. revue, corrigée & augmentée. *Dreſde, Walther.* 1758. *19 vol. in 8. br.*

1547 Micromegas, du par le même: avec une Hiſtoire des Croiſades &c. *Londres.* 1752. *in 12. br.*

1548 Œuvres de Remond de S. Mard. *Amſt.* (*Paris*), 1749, *5 vol. in 12. v. f.*

1549 Œuvres de Louis Racine, (contenant Mémoires ſur la vie de J. Racine: Lettres, Poèmes

BELLES-LETTRES. 147
de la Grace & de la Religion : Poéfies diverfes :
Réflexions fur la Poéfie &c.) *Amft.* 1750. *Mich.
Rey*, 6 *vol. in* 12. *vel.*
1550 Opufcules de M. Elie Catherine Freron.
Amft. (*Par*). 1753. 4 *vol. in* 12. *bl.*   3.
1551 Voyage de Bachaumont & Chapelle. *Amft.
de Coup.* 1708. *in* 12. *mar. r.*   8.
1552 Effais fur divers fujets de littérature & de
morale, par Nic. Ch. Jof. Trublet de la Flourie.
IVe. édit. *Par. Briaffon.* 1749. 3 *vol. in* 12.
form. in 8. *bl.*   4.
1553 Mélanges de littérature, d'hiftoire & de
philofophie, (par Jean le Rond d'Alembert).
Berlin. (*Par*). 1753. 2 *vol. in* 12. *mar. r.*   3—10
1554 Mélanges hiftoriq. & philologiq. par Jean
Bern. Michault. *Paris*, *N. Tilliard.* 1754.
2 *vol. in* 12. *v. f.*   4—10
1555 Mémoires hift. polit. crit. & littéraires, par
Nic. Ab. Amelot de la Houffaie. *Amft.* (*Paris*),
1737. 3 *vol. in* 12. *v. m.*   4—2
1556 Mémoires hift. crit. & litter. par Fr. Bruys,
avec la vie de l'Auteur. *Par. J. Th. Hériffant.*
1751. 2 *vol. in* 12. *v. f.*   4—5.
1557 La Bigarure ou Meflange de critique, de
morale, de poéfie &c. *la Haye, Goffe.* 1749.
& *fuiv.* 20 *vol. in* 12. *bl.*   9—10
1558 La nouvelle Bigarure &c. *la Haye*, P. *Goffe.*
1753. 16 *vol. in* 12. *bl.*   8—1
1559 Variétés hiftoriques, phyf. & litt. *Par. Nyon.*
1752. 3 *vol. in* 12. *bl.*   1—14
1560 Petit Réfervoir, contenant une variété de
faits hift. & critiq. de littérature, de morale &
de poéfies &c. *la Haye, Néaulme.* 1750. 5 *vol.
in* 12. *br.*   6—1
1561 Pieces de Littérature des Années 1751-1752
& 1753. *Amft. Rey.* 1754. *in* 12. *br.*   1—10

T ij

BELLES-LETTRES.

1562 Mémoires, pour servir à l'histoire du Genre humain : Ouvrage critique & moral. *la Haye*, 1754. 2 *vol. in* 12. *br.*

1563 Considérations sur les Ouvrages d'Esprit. *Amst.* (*Paris*), 1758. *in* 12. *br.*

1564 Mémoires de l'Académie des Sciences, nouvellement établie à Troyes, (par André le Fevre & Pierre-Jean Grosley), *Troyes*, *Paris. Duchesne.* 1756. *in* 12. *br*

DIALOGUES.

1565 Desid. Erasmi Colloquia, cum notis selectis variorum : accurante Cornel. Schrevelio. *Lugd. Bat. ex off. Huckiana.* 1664. *in* 8. *mar. r.*

1566 Cymbalum mundi, ou Dialogues satyriques sur différents sujets : par Bonav des Periers, avec une Lettre de Prosper Marchand sur cet Ouvrage : nouvelle édit. avec les notes de Bern. de la Monnoye. *Amst.* (*Par.*) 1732. *in* 12. *v. b.*

1567 Neuf Dialogues faits à l'imitation des anciens, par Orasius Tubero. (Franc. la Mothe le Vayer.) *Francfort.* (*Paris*) 1606. *in* 4. *mar. r.*

1568 Les mêmes. *in* 4. *mar. cit. l. r.*

1569 Hexameron rustique, par Franç. la Mothe le Vayer. *Par. L. Billaine.* 1670. *in* 12. *v. b.*

1570 Le même. *Amst. Jacq. le Jeune* 1671. *in* 12. *vel.*

1571 Entretiens d'Ariste & d Eugene, par le P. Domin. Bouhours. *Paris, ve. Delaulne.* 1737. *in* 12. *v. f.*

EPISTOLAIRES.

1572 C. Plinii Epistolæ : Panegyricus : Suetonius de claris Grammaticis : Julius Obsequens de Pro-

BELLES-LETTRES.

digiis &c. *Venet. in ædibus Aldi.* 1518. *in* 8. *mar. r.*
Exemplar Grolierii; Littera majuscula auro depicta.

1573 Eædem. *Lugd. Bat. ex off. Elzevir.* 1640. *in* 12. *mar. cit.* — 6.

1574 Eædem : cum notis integris Is. Casauboni, Jani Gruteri & variorum, edente Joan. Veenhusio. *Lugd. Bat. ex off. Hackiana.* 1669. 2 *vol. in* 8. *mar. r.* — 15.

1575 Eædem, & Panegyricus : editio nova ex recens. & cum notis Joan. Nic. Lallemand. *Parisiis, Desaint.* 1749. *in* 12. *bl. pap. d'Holl.* — 2 —

1576 Lettres de Pline, trad. par Louis Saci. *Par.* 1721. 3 *vol. in* 12. *v. f.* — 4.

1577 Libanii Epistolæ gr. lat. ex vers. & cum notis Joan. Christ. Wolfii. *Amstel. Janss. Waesbergii.* 1738. *in fol. c. m. mar. r.* — 24-19

1578 Epistolæ obscurorum virorum. *Lond. Hen. Clements.* 1710. *in* 12. *mar. r. l. r.* (*relaiv.*) — 6-12

1579 Francisci Philelfi Epistolarum familiarium Libri XXXVII. ex ejus exemplari transsumpti. *Venetiis, Joan. & Greg. de Gregoriis fratres.* 1502. *in fol. v. b.* — 35-19

1580 Fr. Philelfi ad Jac. Ant. Marcellum Patricium Venetum de obitu Valerii filii Consolatio. *Romæ.* 1475. *in fol. v. f.* — 14.——

1581 Miscellaneorum ex mss. libris Bibliothecæ Collegii Romani Soc. Jesu, tomus primus (Theod. Prodromi & Jacobi Sadoleti Epistolæ). *Romæ.* 1754. *in* 8. *br.* — 1 — 1

1582 Sylloges Epistolarum à viris illustribus Tomi quinque collecti & digesti per Pet. Burmannum. *Leidæ. Sam. Luchtmans.* 1727. 5 *vol. in* 4. *c. m. vel.* — 48.

1583 Lettres d'Ant. Arnauld. *Nancy.* (*Amsterd*). 1727. 8. *vol. in* 12. *mar. r.* — 9.

1584 Lettres de critique, de littérature, d'histoire &c. écrites à divers sçavans de l'Europe, — 2 · 10 par Gisbert Cuper, recueillies par de Burman. *Amst. J. Westein.* 1743. *in* 4. *v. f.*

1585 Lettres choisies de Henry-François de la Riviere. *Par. Debure.* 1751. 2 *vol. in* 12. *v. f.*

1586 Lettres sur les Anglois, les François, & sur les voyages, par Muralt. 1726. 2 *vol. in* 12. *v. b.*

1587 Lettres Persanes, par de Montesquieu. *Colog.* (*Paris*). 1750. *in* 12. *v. b.*

1588 Lettres Turques : (par Germain Franç. Poullain de S. Foix). *Amsterd.* (*Par.*) 1750. *in* 12. *m. r.*

1589 Lettres d'un François, par Jean Bern. le Blanc. *La Haye*, 1745. 3 *vol. in* 12. *v. f.*

1590 Les mêmes. nouv. edit. *Amst.* (*Paris.*) 1751. 3 *vol. in* 12. *v. f.*

1591 Lettres de Mad. du Moutier à sa fille, avec les réponses. *Lyon, Bruyset.* 1756. *in* 12. *br.*

1592 Lettres Juives, ou correspondance philosop. historiq. & critiq. par Jean Bapt. de Boyer. Marq. d'Argens. *La Haye.* 1754. 8 *vol. in* 12. *bl.*

1593 Lettres Cabalistiques, par le même. *La Haye.* 1754. 7 *vol. in* 12. *bl.*

1594 Lettres Chinoises, ou correspondance philosophiq. historiq. & critiq. &c. nouv. édit. aug. par le même. *La Haye, P. Gosse.* 1751. 5 *vol. in* 12. *v. f.*

HISTOIRE.

GÉOGRAPHIE.

Geographes anciens & nouveaux.

1595 Geographiæ veteris Scriptores Græci minores, cum interpret. latina, dissertationibus ac annotationibus, studio Joan. Hudson. *Oxon. è Th. Sheldon.* 1698-1712. 4 *vol. in* 8. *v. b.*

HISTOIRE.

1596 Strabonis rerum Geographicarum libri XVII. gr. lat. cum notis integris G. Xilandri, If. Cafauboni, Fr. Morellii &c. acced. Chreftomathia gr. lat. ftud. Theod. Janſſon. ab Almeloveen. *Amftelod. Joan. Wolters.* 1707. *in fol. v. m.* 40 —

1597 Steph. Byzantinus de Urbibus gr. lat. ex recenf. Cl. Salmafii & verfione, cum comm. Abr. Berkelii : acced. Jac. Gronovii variæ lectiones. *Lugd. Bat. Dan. à Gaesbeck.* 1688. *in fol. v. b.* 19

1598 Vetera Romanorum Itineraria five Antonini Aug. Itinerarium cum integris Jof. Simleri, Hier. Suritæ, & And. Schotti notis. Itinerarium Hierofolymitanum & Hieroclis Grammatici Synecdemus, ftudio Pet. Weſſelingii. *Amft. Jo. Weftenius.* 1735. *in 4. c. m. v. f.* 21 – 1

1599 Pomponii Melæ de fitu orbis libri tres cum notis Jac. Gronovii; acced. Julii Honorii excerpta Cofmographiæ, Æthici Cofmographia & Anonymi Ravennatis Geographia, ex editione Abrah. Gronovii. *Lugd. Bat. Luchtmans.* 1722. *in* 8. *v. f.* 8 – 19

1600 Chrift. Cellarii Notitia orbis antiqui. *Leipf. Gleditfch.* 1701. 2 *tom.* 4 *vol. in* 4. *v. m.* 20 —

1601 Eadem : nova editio cum novis tabulis geograph. ftudio L. Jo. Conr. Schwartz. *Lipf. J. Fr. Gleditfchius.* 1731. 2 *vol. in* 4. *v. m.* 23 – 10

1602 La Cofmographie de l'Abbé Expilly. *Avignon. Dom. Seguin.* 1748. *in* 8. *bl.* 1

1603 Eſſai fur l'hiftoire de la Géographie, fur fon origine, fes progrès & fon état actuel, par Robert de Vaugondy. *Paris.* 1755. *in* 12. *bl.* " – 15

1603 * Méthode pour étudier la Géographie, par Nic. Lenglet du Frefnoy, troifiéme édit. *Paris, Rollin.* 1742. 8 *vol. in* 12. *v. f.* 21 —

1604 La Géographie rendue aifée, ou Traité méthodique pour apprendre la Géographie, par Ant. Leris. *Par. Jombert.* 1753. *in* 8. gr. *pap. v. f.* 3 – 12

252 HISTOIRE.

1605 Mich. Ant. Baudrand Geographia ordine litterarum disposita. *Par. Steph. Michallet.* 1681. 2 *vol. in fol. c. m. mar. r.*

1606 Dictionnaire géographique universel, tiré du Diction lat. de Baudrand, & revu par C. Maty. *Amst. Fr. Halma.* 1701. *in* 4. *vel.*

1607 Dictionnaire géographique & critique, par Aug. Bruzen de la Martiniere. *La Haye*, *P. Gosse.* 1726. *& suiv.* 10 *vol. in fol. gr. pap. v. f.*

1608 Dictionnaire portatif géographique, trad. de Laur. Echard, & aug. par Vosgien. (Ladvocat). *Par. Didot.* 1747. *in* 8. *v. f.*

Descriptions & Cartes Géographiques.

1609 Car. à S. Paulo Geographia sacra, sive notitia antiqua Diocesium Patriarchalium, Metropolit. & Episcop. vet. Ecclesiæ: cum notis & animadv. Lucæ Holstenii, edente Joan. Clerico. *Amst. Franc. Halma.* 1704. *in fol. c. m fig. v b.*

1610 Nic. Sanson, Geographia sacra ex vet. & N. Testamento desumpta: acced. Descriptio terræ Chanaan sive terræ promissæ: J. C. & Apost. Pet. & Pauli vitæ &c. cum notis Joan. Clerici. *Amst. Fr. Halma.* 1704. *in fol. c. m.*

1611 Abr. Ortelii orbis terrarum Parergon, sive veteris Geographiæ Tabulæ, cum comment. geogr. & histor. *Ant. off. Plantiniana.* 1614. *in fol. v. b.*

1612 Peutingeriana Tabula itineraria quæ in Augusta Biblioth. Vindobonensi nunc servatur accurate exscripta: studio Franc. Christ. de Scheyb. *Vindobonæ, Typ. Trattneriana.* 1753. *in fol. forma atlantica. bl.*

1613 L'Atlas universel, ou Recueil de 108 cartes geogr. dressées sur les observat. les plus exactes

par

HISTOIRE.

MM. Robert & de Vaugondy. *Par. Boudet. in fol. gr. pap.*

1614 XXXIX Cartes de Sanson, par Robert & Jaillot. *gr. pap.*

1615 Mappemonde & Cartes de l'Europe, de l'Asie, Afrique & Amérique, par Sanson, données par Jaillot, montées sur gorge.

1616 Recueil de Cartes géographiques de Guil. de Lisle, Sanson & Jaillot. *in fol.*

1617 XXX Cartes par de Lisle : dont Normandie. *gr. pap.*

1618 VI Cartes de le Rouge : dont Bataille de Rocoux.

1619 XVI Cartes de Bourguignon Danville : dont Carte de l'Ethiopie orientale.

1620 CXXXII Cartes de Jacq. Nic. Bellin : dont les Isles Açores, Minorque, Maiorque &c.

1621 Plans de Port Mahon : Isle Minorque, environs de Petersbourg & Carthagène, par le Cheval. de Baurain.

1622 IX Cartes & Plans, dont Port de Brest &c.

1623 Carte générale (LXIV) de France en CLXXII feuilles, proposé par souscription : par M. Cassini de Thury, avec la Carte des Triangles.

1624 Le Neptune François, ou Recueil des Cartes marines levées & gravées par ordre du Roi. *Par. Impr. Roy.* 1693. *in fol magno. vel v.*

1625 Le même : nouv. édit. donnée avec un Mémoire sur les Cartes par M. Bellin. 1753. *in fol. gr. pap.*

VOYAGES.

1626 Voyages de Rabbi Benjamin, fils de Jona de Tudele en Europe, en Asie & en Afrique, depuis l'Espagne jusqu'à la Chine, où l'on trouve plusieurs choses remarquables concernant l'Histoire & la Géographie des Juifs au XII Siécle, trad. de l'Hébreu, avec des notes & des dissertations historiq. & critiq. sur ces voyages : par J. Phil. Baratier. *Amst.* 1734. 2 *vol. in* 12. *mar. r.*

1627 Voyage autour du monde fait dans les années 1740-1744, par Georges Anson, à la Mer du Sud : tiré des Journaux & autres papiers de ce Seigneur, & publié par Richard Walter, orné de cartes & de figures, traduit de l'Anglois. *Amst.* Merkus. 1749. *in* 4. *v. f.*

1628 Voyage Littéraire de deux Bénédictins : (Dom Edmond Martene & Ursin Durand). Voyage de Nicolas de Bosc, Evêq. de Bayeux, pour négocier la paix entre les Couronnes de France & d'Angleterre en 1381. Iter Indicum Balth. Spinger. *Par. Montalant.* 1724. 2 *vol. in* 4. *v. f.*

1629 Joh. Mabillon, Mich. Germain Iter italicum litterarium an. 1685 & 1686. *Lut. Par. Vid. Martin.* 1687. *in* 4. *v. b.*

1630 Nouveau voyage d'Italie, par Maxim. Misson. IVe. édit. aug. *La Haye.* H. Van Bulderen. 1702. 3 *vol. in* 8.

1631 Lettres sur le voyage d'Espagne (par Coste d'Arnobat), (*Par*). 1756. *in* 12. *br.*

1632 Voyages de Jean Struys en Moscovie, en Tartarie, en Perse, aux Indes, avec des remarques sur la qualité, la Religion, le Gouvernement, les Coûtumes & le Négoce des lieux qu'il a vus; avec fig. par Glanius. *Amst. Ve. Van Meurs.* 1681. *in* 4. *v. b.*

1633 Voyages faits en Moscovie, Tartarie & Perse, par Adam Olearius : en Perse, aux Indes Orientales, par Jean Albert de Mandelslo ; trad.

par Ab. de Wicquefort, avec des fig. *Amst. Ch. la Cene.* 1727. 2 *vol. in fol. gr. pap. bl.*

1634 Voyages de Corn. le Brun par la Moscovie, en Perse & aux Indes Orientales, avec plus de 320 fig. avec la route d'Isbrants, & des remarq. contre Chardin & Kempfer. *Amst. Westeins.* 1718. 2 *vol. in fol. vel.*

1635 Relation d'un voyage du Levant fait par ordre du Roi, contenant l'Histoire de plusieurs Isles de l'Archipel, de C. P. des côtes de la Mer noire, de l'Armenie, de la Géorgie, des frontieres de Perse & de l'Asie mineure &c. par Jos. Pitton de Tournefort. *Par. Impr. Roy.* 1717. 2 *vol. in* 4. *v. b.*

1636 Les six voyages de J. B. Tavernier en Turquie, en Perse & aux Indes. *Amsterd.* 1679. 3 *vol. in* 12. *vel.*

1637 Voyages de Jean Chardin, en Perse & autres lieux de l'Orient, avec des figures qui représentent les antiquités & les choses remarquables du Pays : nouv. édit. aug. du couronnement de Soliman III. & d'un nombre de passages tirés du ms. de l'Auteur. *Amst.* 1735. 4. *vol. in* 4. *vel.*

1638 Journal d'un voyage fait aux Indes orientales, sur une escadre commandée par M. du Quesne, dep. le 24 Fevr. 1690 jusq. 20 Août 1691. avec des remarques, (par Robert Chasles.) *La Haye.* 1721. 3 *vol. in* 12. *v. f.*

1639 Voyages de Rob. Lade en différentes parties de l'Afrique, de l'Asie & de l'Amérique, trad. de l'Angl. par Ant. Fr. Prevost. *Par. Didot.* 1744. 2 *vol. in* 12. *v. f.*

1640 Voyages de Shaw, dans plusieurs Provinces de la Barbarie & du Levant, contenant des observations géographiques, physiques, philologiques & mêlées, sur les Royaumes d'Alger &

de Tunis, fur la Syrie, l'Egypte & l'Arabie Petrée, avec des Cartes & des figures : trad. de l'Angl. *La Haye. J. Paupie.* 1743. 2 *vol. in* 4. *v. f.*

1641 Voyage d'Egypte & de Nubie, par Fr. L. Norden. IV Parties. I. Defcription de l'ancienne Alexandrie. II. de la nouv. Alexandrie. III. du v. & du nouv. Caire. IV. des Pyramides avec des remarq. fur les Obelifques. *in fol. gr. pap. bl.*

1642 Nouv. Voyage aux Ifles de l'Amérique, contenant l'Hiftoire naturelle de ce Pays, l'origine, les mœurs, la Religion & le Gouvernement des habitans &c. par le P. J. B. Labat. nouv. édit. *Par. Guil. Cavelier.* 1742. 8. *vol. in* 12. *v. f.*

1643 Voyage hiftorique de l'Amérique Méridionale, par D. George Juan & D Ant. de Ulloa, contenant une Hiftoire des Yncas du Perou, & des obfervat. aftronom. & phyf. pour déterminer la figure & la grandeur de la Terre. trad. (par Mauvillon). *Par.* (*Amfterdam*). 1752. 2 *vol. in* 4. *bl.*

1644 Relation du voyage de la Mer du Sud aux côtes du Chily & du Perou, pendant les années 1712-1714. par Frezier. *Paris, Nyon.* 1716. *in* 4. *v. f.*

1645 Voyages du Baron de la Hontan, dans l'Amérique Septentrionale. *Amft. Honoré.* 1705. 2 *vol. in* 12. *fig. v. b.*

1646 Voyage fait par ordre du Roi en 1750 & 1751, dans l'Amérique Septentrionale, pour rectifier les Cartes des Côtes de l'Acadie, de l'Ifle Royale & de l'Ifle de Terre neuve, & pour en fixer les principaux points, par des obfervations aftronomiques, par de Chabert. *Paris, Imprim. Roy.* 1753. *in* 4. *v. f.*

1647 Journal d'un Voyage au Nord en 1736 & 1737, par Outhier. *Par. Piget.* 1744. *in* 4. *gr. pap. v. f.*

HISTOIRE.

1648 Voyage de la Baye de Hudson en 1746 & 1747, pour la découverte du passage de Nord-Ouest, trad. de l'Ang. d'Henry Ellis. *Par. Ant. Boudet.* 1749. 2 vol. *in* 12. *mar. r.*

1649 Histoire des Voyages ou nouv. Collection de toutes les relations de Voyages par mer & par terre, publiés par des Auteurs Anglois: trad. & continuée par Ant. Fr. Prevost. *Par. Fr. Didot.* 1746. & *suiv.* 12 *vol. in* 4. *gr. pap. bl. avec la souscription.*

1650 Recueil de Voyages au Nord, contenant divers Mémoires très-utiles au commerce & à la navigation. *Amst. J. Fr. Bernard.* 1715. & *suiv.* 9 *vol. in* 12. *v. f.*

1651 Recueil des Voyages qui ont servi à l'établissement & aux progrès de la Compagnie des Indes Orientales, formée dans les Prov. unies des Pays-bas, avec le Voyage de Gautier Schouten. *Amst. Est. Roger.* 1702-1707. 7 *v. in* 12. *v. f.*

VOYAGES IMAGINAIRES.

1652 Voyages de Cyrus, par Michel Ramsay. *Londres, Jacq. Bettenham.* 1730. *in* 4. *gr. pap. mar. r.*

1653 Les mêmes. *Par. Quillau.* 1753. 2 *v. in* 12. *bl.*

1654 Voyages & avantures de Jacques Massé, (par Mauvillon). *Bourdeaux, Laveugle.* 1710. *in* 12, *mar. r.*

1655 Entretien d'un Européan avec un Insulaire du Royaume de Dumocala, (par Stanislas Lezezinski Roi de Pologne). 1754. *in* 12. *br.*

CHRONOLOGIE.

1656 L'Antiquité des tems rétablie & défendue contre les Juifs & les nouveaux Chronologistes par le P. Paul Pezron. *Paris, Veuve Martin,* 1687. *in* 4. *v. b.*

HISTOIRE.

1657 Défense du précédent ouvrage, où l'on soutient la tradition des Peres & des Eglises contre celle du Talmud, & où l'on fait voir la corruption de l'hebreu des Juifs, par le même. *Paris, L. Boudot*, 1691. *in* 4. *v. b.*

1658 Hier. Vecchietti de anno primitivo ab exordio mundi ad annum Julianum accommodato & de sacrorum temporum ratione Libri octo. *Augusta Vindel. And. Aperger.* 1621. *in fol. vel.*

1659 L'Art de vérifier les dates des faits hist. des chartres, des chroniques &c. depuis J. C. (par D. Maur d'Antine & D. Ch. Clemencet.) *Par. Guill. Desprez*, 1750. *in* 4. *mar. cit.*

1660 Jo. Dom. Musantii Tabulæ chronologicæ, quæ sacra, politica, bellica, fortuita, litteras & artes ad omnigenam historiam complectuntur ab orbe condito ad annum 1750. *Romæ*, 1750. *in* 4. *v. f.*

1661 Tablettes chronologiques de l'Histoire univers. sacrée & profane, depuis la création du monde jusq. 1743, par Nic. Lenglet du Fresnoy. *Par. Debure*, 1744. 2 *vol. in* 8. *v. f.*

1662 Tables chronol. de l'Histoire par Lenglet du Fresnoy, montées sur gorge. 2 *feuilles.*

1663 Tables (XVI.) chronologiques de l'Histoire universelle depuis le commencement du monde jusq. 1663, par Rou. *in fol. v. f.*

1664 Calendrier perpétuel & Table par C. Pajaud. 1751. *in fol. gr. pap.*

HISTOIRE UNIVERSELLE.

1665 Lettres sur l'Histoire par Henri S. Jean Lord Vicomte Bolingbroke, trad. (par Jacq. Barbeu du Bourg.) *Par.* 1752. 2 *vol. in* 12. *br.*

1666 Méthode pour étudier l'Histoire, avec un

HISTOIRE. 159

Catalogue des Historiens, & des remarques sur la bonté de leurs ouvrages & sur le choix des meilleures éditions, par Nicol. Lenglet du Fresnoy, avec le Supplément. *Paris, P. Gandouin*, 1729-1739. *6 vol. in 4. gr. pap. v. m. & f.*

1667 Justini historiarum ex Trogo Pompeio Libri XLIV, cum notis select. variorum: Berneggeri, Bongarsii, Vossii, Thysii &c. accurante S. D. M. C. (Cornel. Schrevelio.) *Amst. Lud. & Dan. Elzevirii*, 1669. *in 8. mar. r.*

1668 M. Juniani Justini Historia ex Trogo Pompeio, ex recens. Tanaq. Fabri. *Salmurii, Ren. Pean*, 1671. *in 12. mar. r.*

1669 Discours sur l'Histoire universelle, depuis le commencement du monde jusqu'à l'Empire de Charlemagne, par Jacq. Ben. Bossuet. *Par. Seb. Mab. Cramoisy*, 1681. *in 4. gr. pap. mar. r.*

1670 Fr. Vincentii Bellovacensis Ord. Præd. Speculum historiale: in fine legitur, *Impressum per Johannem Mentellin.* 1473, *quartâ die Decemb.* 4 *vol. in fol. v. f.*

1671 Dix Livres du Miroir historial: sçavoir les XVIII & XIX Livres du trois. volume, & le quatrieme volume en entier contenant huit Livres, (trad. du latin de Vincent de Beauvais par Jean de Vignay) *Ms. sur vel. avec miniatures. in fol. max. velours rouge.*

1672 La Mer des histoires jusq. 1536 (trad. du latin de Jean Columna, & continuée par Bouchart.) *Par. Galliot du Pré*, 1536. 2 *vol. in fol. goth. mar. cit.*

1673 Histoire universelle dep. le commencement du monde, trad. de l'angl. d'une Société de Gens de Lettres. *Amst. Merkus*, 1742 & *suiv.* 10 *vol. in 4 v. f.*

1674 Introduction à l'Histoire génér. & polit. de

l'Univers par Sam. Baron de Pufendorf, complétée & continuée jufq. 1743 par Bruzen de la Martiniere. *Amft. Zach. Châtelain*, 1743. 11 *vol. in* 12. *mar. r.*

1675 La même; nouv. édit. revue & augm. per M. de Grace. *Paris*, 1753. 3 *vol. in* 4. *gr. pap. bl.*

1676 Hiftoire univerfelle, compofée par ordre des Dames de France, par Jacp. Hardion. *Par. Guil. Defprez*, 1754. 6 *vol. in* 12. *bl.*

1677 Lud. de Holberg Synopfis hiftoriæ univerfalis. *Francof.* 1753. *in* 8. *bl.*

1678 Abregé chronol. de l'Hiftoire univerfelle jufq. 1725. *Par. Vincent*, 1757. *in* 8. *bl.*

1679 Education complette, ou Abregé de l'Hift. univerfelle par Me. de Beaumont. *Lond. Jean Nourfe.* 1753. 3 *vol. in* 12. *bl. pap. d'holl.*

1680 Abregé chronolog. de l'hiftoire ancienne des Empires & des Républiq. qui ont paru avant J. C. par Jacq. Lacombe. *Par. J. Th. Heriffant*, 1757. *in* 8. *bl.*

1681 Analyfe chronol. de l'Hift. univerfelle depuis le commencement du monde jufqu'à l'Empire de Charlemagne (par Eft. And. Philippe de Pretot.) *Par. Lambert*, 1752. *in* 12. *v. f.*

1682 Mémoires hift. milit. & polit. de l'Europe, depuis l'élévation de Charles V. jufq. 1748 par Raynal. *Amft. (Par.)* 1754. 3 *vol. in* 8. *bl.*

1683 L'Europe illuftrée, contenant l'hiftoire abregée des Souverains, des Princes &c. célebres dans le XV. fiecle, par Jean-Franç. Dreux du Radier, avec les portraits d'Odieuvre. *Paris*, *le Breton*, 1755. 3 *vol. in* 4. *gr. pap. bl.*

1684 Hiftoire du XVI. fiecle par David Durand. *La Haye, de Hondt* 1734. 4 *vol. in* 12. *v. b.*

1685 Mémoires de Vittorio Siri, depuis 1640 jufq. 1655, trad. & abregé par Jean-Bapt. Requier,

quier. *P*. 1756. *in* 4 *les* 2 *prem.v. avec la foufcrip.*

1686 L'Efpion dans les Cours des Princes Chrétiens, ou Mém. pour fervir à l'hift. de ce fiecle depuis 1637 jufq. 1697 ; nouv. édit. augmentée. *Amft.* (*Par.*) 1756. 9 *vol. in* 12. *bl.*

1687 Hiftoire politique du fiecle, depuis le Traité de Weftphalie jufqu'à la Paix d'Aix-la-Chapelle. *Lond.* (*Laufanne*) 1754. 2 *v. in* 12. *bl.*

1688 Lettres & Mémoires du Baron de Pollnitz, contenant les obfervations qu'il a faites dans fes voyages, & le caractere des perfonnes qui compofent les principales Cours de l'Europe. *Amft. Lohner*, 1744. 5 *vol. in* 12. *vel.*

1689 L'Europe vivante & mourante, ou Tableau annuel des princip Cours de l'Europe par Jacq. Deftrée. *Brux Fr. Foppens*, 1759. *in* 16. *mar. r.*

1690 Mercure de France dep. Janvier 1750 jufq. Juin 1759 incluf. *Par. Chaubert*, 1750 *& fuiv.* 139 *vol. in* 12. *br.*

1691 Choix des anciens Mercures, avec un Extrait du Mercure Franç. *Par.* 33 *v. in* 12. *br.*

1692 Suite de la Clef, ou Journal hiftorique fur les matieres du tems, depuis Janvier 1750 jufq. Décembre 1757 incluf. *Verdun* (*Par.*) 1750 *& fuiv.* 94 *parties. in* 12. *br.*

1693 Car. Stephani Dictionarium hift. geograph. poeticum, auctum à Nic. Lloyd : nova editio auctior. *Lond. B. Tooke*, 1686 *in fol. v. m.*

1694 Dictionnaire hiftorique par Louis Moreri & autres. *Bafle, J. Brandmuller*, 1731. 6 *v. in f.v.b.*

1695 Supplémens au Dictionnaire hiftorique de Louis Moreri par Cl. Pierre Goujet. *Par. J. B. Coignard*, 1735-1749. 4 *vol. in fol. v. f.*

1696 Jo. Jac. Hofmanni Lexicon univerfale, hiftoriam facram & profanam explanans : nova edit. auctior. *Lugduni Batavor. Jac. Hackius*, 1698. 4 *vol. in fol. v. f.*   X

162   HISTOIRE.

1697 Dictionnaire hist. portatif, contenant l'hist. des Patriarches, Empereurs, Rois, Papes &c. par Jean-Bapt. Ladvocat. *Paris, Didot*, 1752. 2 *vol. in* 8. *bl.*

1698 Dictionnaire hist. littéraire & critique, contenant une idée abregée de la vie & des hommes illustres. *Avignon (Auxerre)* 1759. 6 v. *in* 8. *bl.*

1699 Dictionnaire historique & critique par Pierre Bayle. *Amst.* 1720. 4 *vol. in fol. gr. pap. mar. r.*

1700 L'Abbé Marsy sur Bayle. *Londres (Paris,)* 1755. 4 *vol. in* 12. *bl.*

1701 Remarques critiques sur le Dictionnaire de Bayle par Joly. *Dijon, Desventes*, 1752. *in fol. bl.*

1702 N. Dictionnaire hist. & crit. pour servir de Supplément au Dictionnaire de Bayle par Jacq. George de Chaufepié. *Amst. Châtelain*, 1750. 2 *vol. in fol. bl. avec la souscription.*

1703 Dictionnaire historique, ou Mémoires crit. & littéraires, concernant la vie & les ouvrages de divers personnages distingués dans la Répub. des Lettres, par Prosper Marchand. *La Haye, P. de Hondt*, 1758. *in fol. tom.* 1. *bl. gr. pap.*

HISTOIRE ECCLÉSIATIQUE.

Histoire Ecclésiastiq. du V. & du N. Testament.

1704 Histoire de l'ancien & du nouv. Testament & des Juifs par D. Aug. Calmet. *Par. Emery*, 1719. 2 *vol. in* 4. *gr. pap. mar. cit.*

1705 La même; nouv. édition corrigée. *Par. Gab. Martin*, 1737. 4 *vol. in* 4. *bl.*

1706 Barthol. Gaii Epitome hist. chronologica gestorum omnium Patriarcharum, Ducum, Judicum; Regum & Pontificum Populi hebraici, ab Adam ad Agrippam usque Juniorem, propriis uniuscujusque iconibus aucta ac illustrata;

HISTOIRE.

acced. Effigies Regum Babyloniorum, Perfarum, Græcorum ac Ptolomæorum, quibus Populus hebr. fubjectus paruit. *Romæ, Fauſtus Amedeus,* 1751. *in f. bl.*

1707 Mœurs des Ifraélites par Cl. Fleury. *Par. P. Emery,* 1712. *in* 12. *v. b.*

1708 Hiſtoire du Peuple de Dieu, depuis fon origine jufqu'à la naiſſance du Meſſie, par le P. Iſ. Joſ. Berruyer. *Paris, Veuve Piſſot,* 1728. 7 *vol. in* 4. *gr. pap. v. b.*

1709 Suite de la même Hiſtoire, depuis la naiſſance du Meſſie jufqu'à la fin de la Synagogue. *La Haye,* (*Par.*) 1755. 4 *vol. in* 4. *gr. pap. bl.*

1710 La même Hiſtoire. *La Haye* (*Par.*) 1753. 8 *vol. in* 12. *br.*

1711 Suite de la même Hiſtoire. *Lyon,* 1758. 3 *vol. in* 4. *gr. pap. bl.*

1712 Les Grandeurs de J. C. & la défenſe de ſa Divinité contre les PP. Hardouin & Berruyer, (par D. Prudent Maran.) *Par.* 1756. *in* 12. *bl.*

1713 Remarq. théol. & crit. ſur l'hiſt. du Peuple de Dieu (par Montignot.) *Par.* 1756. *in* 12. *br.*

1714 Obſervations théol. & morales ſur la 2e. partie du Livre du P. Berruyer. *Paris,* 1757. 3 *vol. in* 12. *br.*

1715 Le Pere Berruyer convaincu d'Arianiſme, de Pélagianiſme, de Neſtorianiſme &c. (*Par.*) 1755-1756. 2 *vol. in* 12. *br.*

1716 Pieces pour & contre le Pere Berruyer. *in* 8. & *in* 12. *br.*

1717 Jac. Uſſerii Annales vet. Teſtamenti à prima mundi origine deducti, unà cum rerum Aſiaticarum & Ægyptiacarum chronico à temporis hiſtorici principio ufque ad Maccabaicorum initia producto. *Lond. J. Flesher,* 1650. 2 *v. in f. m. r.*

1718 Athan. Kircheri Arca Noë, ſive de rebus ante

164 HISTOIRE.

Diluvium; de Diluvio & ejus duratione, & de rebus poſt Diluvium à Noemo geſtis. *Amſtelod. Joan. Janſſ. Waesbergius*, 1675. *in fol. v. m.*

1719 Joan. Matt. Haſii Deſcriptio geogr. hiſtor. regni Davidici & Salomonei, cum delineatione Syriæ & Ægypti : juncta eſt Urbium maximarum veterum & recentiorum comparatio, cum mappis geogr. & ichnographicis, minio & color. pictis : ſecunda editio. *Officina Homanniana*, 1754 *in fol. v. f.*

1720 Les Mœurs des Chrétiens par Claude Fleury. *Paris, Emery*, 1712. *in* 12. *v. b.*

1721 Sulpitii Severi Opera. *Lugd. Bat. ex offic. Elzevir.* 1643. *in* 12. *mar. r.*

1722 Eadem, cum reliquis ejus Operibus : editio tertia cum variorum notis, ex editione Georgii Hornii. *Amſtel. Elzevirii*, 1665. *in* 8. *mar. r.*

1723 Hiſt. de l'Egliſe depuis J. C. juſq. 591, par Euſebe, Socrate, Sozomene, Theodoret & Evagre &c. trad. par Louis Couſin. *Par. (Amſterd.)* 1686. 6 *vol. in* 12.

1724 Mémoires pour ſervir à l'Hiſtoire eccléſiaſt. des ſix premiers ſiecles, par L. Seb. le Nain de Tillemont. *Par. Ch. Robuſtel*, 1701 & *ſuiv.* 16 *vol. in* 4. *v. f.*

1725 Eclairciſſemens ſur la Doctrine & ſur l'Hiſtoire eccléſ. des deux premiers ſiecles par P. Faydit. *Maſtricht*, 1696. *in* 8. *v. b.*

1726 Hiſtoire eccléſ. par Cl. Fleury, avec la continuation par Jean Cl. Fabre. *Bruxelles, Eug. H. Frick*, 1723 & *ſuiv.* 36 *vol. in* 12. *v. m.*

1727 Chrétiens anc. & modernes, ou Abregé des points les plus intéreſſans de l'hiſt. Eccléſiaſtiq. 1754. *in* 8. *br.*

1728 Hiſtoire de l'Egliſe, depuis J. C. juſqu'à préſent, par Jacq. Baſnage. *Rotterd. Rein. Leers*, 1699. 2 *vol. in fol. v. b.*

HISTOIRE.   165

1729 Abregé de l'Hiſtoire eccléſiaſtique, avec des réflexions par Bonavent. Racine. *Cologne*, (*Par.*) 1752. 13 vol. *in* 12. *bl.*

1730 Lettres à Morenas ſur ſon prétendu Abregé de l'Hiſtoire eccléſiaſtiq. *Liege*, 1753. *in* 12. *br.*

1731 Abregé chronol. de l'Hiſtoire eccléſiaſtique par Phil. Macquer. *Par.* 1751. 2 *vol. in* 8. *br.*

1732 Abregé chronologique depuis le XIe. ſiecle juſque 1713. *Utrecht*, 1730. *in* 16. *v. b.*

1733 Franc. & Joſephi Blanchini Demonſtratio hiſtoriæ eccleſiaſticæ quadripartitæ comprobatæ monumentis pertinentibus ad fidem temporum & geſtorum, cum tabulis ære inciſis ab Ant. Joſ. Barbazza. *Romæ*, 1752. *in fol. bl. tom.* 1. 3 *part.*

1734 Cérémonies, & Coutumes religieuſes repréſentées par des figures deſſinées par Bernard Picard, avec une explication hiſtorique & des diſſertations. *Amſt. J. Fred. Bernard*, 1723 *& ſuiv.* 9 *vol. in fol. gr. pap. bl.*

1735 Journal d'Ant. Dorſanne. *Amſterdam*, 1753. 2 *vol. in* 4. *br.*

1736 Le même; ſeconde édition. *Paris*, 1756. 5 *vol. in* 12. *br.*

HISTOIRE DES CONCILES.

1737 Hiſtoire du Concile de Piſe par Jac. Lenfant. *Amſt. P. Humbert*, 1724. 2 *vol. in* 4. *vel.*

1738 Hiſtoire de la guerre des Huſſites & du Concile de Baſle, par le même. *Amſt. P. Humbert*, 1731. 2 *vol. in* 4. *vel.*

1739 Hiſtoire du Concile de Conſtance par le même. *Amſt. P. Humbert*, 1727. 2 *vol. in* 4. *vel.*

1740 Hiſtoire du Concile de Trente de Fra-Paolo Sarpi, trad. par Nic. Abr. Amelot de la Houſſaye, avec des remarq. hiſtor. polit. & morales. *Amſt. J. Blaeu*, 1686. *in* 4. *v. f.*

1741 La même trad. de l'italien en franç. avec des

notes crit. hist. & théolog. par Pierre-François le Courayer. *Londres, Sam. Idle*, 1736. 2 *vol. in fol. mar. r.*

1742 La même. *Amsterdam, J. Westrein*, 1736. 2 *vol. in* 4. *gr. pap. mar. r.*

1743 Instructions & Lettres des Rois très chrét. & de leurs Ambassadeurs & autres, concernant le Concile de Trente, par Pierre du Puy. *Paris, Seb. Cramoisy*, 1654. *in* 4. *v. b.*

1744 Lettres & Mémoires de Franç. de Vargas, de Pierre de Malvenda touchant le Concile de Trente, trad. de l'espagn. avec des remarq. par Michel le Vassor. *Amst. P. Brunel*, 1699. *in* 8. *vel.*

1745 Notes sur le Concile de Trente, avec une Dissertation sur la réception & l'autorité de ce Concile en France par Est. Racicod. *Bruxelles*, (*Paris*) 1708. *in* 8. *v. b.*

1746 Histoire de la réception du Concile de Trente dans les différens Etats catholiques, avec des pieces. *Amsterd.* (*Par.*) 1756. 2 *vol. in* 12. *br.*

1747 Recueil de Pieces sur le Concile d'Embrun. *in* 4. *v. br.*

HISTOIRE DES PAPES ET DES CARDINAUX.

1748 Anastasii Bibliothecarii Vitæ Rom. Pontificum à B. Petro ad Nicolaum I. adjectis vitis Hadriani II & Stephani VI, auctore Guillelmo Bibliothecario; nova editio studio Franç. Blanchini. *Romæ, Jo. Mar. Salvioni*, 1718. 4. *v. inf. v. f.*

1749 Platina in vitas SS. Pontificum ad Sixtum IV. *Nuremb. Ant. Koberger*, 1481. *in fol. mar. r.* Eelai.

1750 Alphonsi Ciaconii Vitæ & Res gestæ Pontificum Romanorum & Cardinalium, ad Clementem IX cum notis, ex recognitione Augustini Oldoini. *Romæ, Ant. de Rubeis*, 1677. 4 *vol. in fol. mar. r.*

HISTOIRE.

1751 Matii Guarnacci Vitæ & Res gestæ Pont. Rom. & Cardin. à Clemente X ad Clementem XII. *Romæ*, 1751. 2 *tom.* 1 *vol. in fol. c. m. mar. r.*

1752 Histoire des Papes depuis S. Pierre jusqu'à Benoist XIII par Franç. Bruys. *La Haye, Henr. Scheurleer*, 1732. 5 *vol. in* 4. *gr. pap. mar. r.*

1753 Histoire de la Papesse Jeanne, tirée de la dissertation lat. de Spanheim par Jacq. Lenfant. *La Haye*, 1736. 2 *vol. in* 12. *velin.*

1754 Histoire du Pontificat de S. Grégoire le Gr. par Louis Maimbourg. *Paris, Cl. Barbin*, 1686. *in* 4. *gr. pap. mar. r.*

1755 Mémoires historiq. sur la vie de Grégoire VII. *Rouen*, 1743, 3 *vol. in* 12. *br.*

1756 Vie du Pape Alexandre VI & de Cesar Borgia, contenant les guerres de Charles VIII & de Louis XII en Italie depuis 1492 jusq. 1506, par Alex. Gordon, trad. de l'anglois. *Amsterd. P. Mortier*, 1732. 2 *vol. in* 12. *mar. r.*

1757 Hadrianus VI, sive Analecta historica de Hadriano VI Traj. Papa Rom. collegit, edidit & notas adjecit Casp. Burmannus. *Trajecti ad Rhen. Jac. à Poolsum*, 1727. *in* 4. *c. m. vel.*

1758 Histoire de Clement XI Pape, par Reboulet. *Avignon, Delorme*, 1752. *in* 4. *bl.*

1759 Hist. des Conclaves depuis Clement V. jusqu'à présent. *Colog.* 1694. 2 *tom* 1 *v. in* 12. *vel.*

1760 Le Nepotisme de Rome, ou Relation des raisons qui portent les Papes à aggrandir leurs neveux, trad. de l'ital. *Amst.* 1669. 2 *vol. in* 12. *mar. r.*

1761 Jo. Frid. Mayeri Tractatus de osculo pedum Pontificis Romani. *Lipsiæ*, 1714. *in* 4. *v. m.*

1762 L'Origine des Cardinaux, avec deux Traités des Legats à latere & le Traité de Pise. *Cologne* (*Amst.*) 1670. *in* 12. *v. f.*

HIST. DES ORDRES MONAST. ET RELIG.

1763 Histoire des Ordres Religieux de l'un & de l'autre sexe, gravés par Adrien Schoonebeck. *Amst. Desbordes*, 1700. 3 *vol. in* 8. *fig. v. b.*

1764 Les Moines Empruntez par Pierre-Joseph (de Haitze.) 1698. 2 *tom.* 1 *vol. in* 12. *v. b.*

1765 Vie du Vén. P. Simon Gourdan. *Par.* 1755. *in* 12. *br.*

1766 Description du plan en relief de l'Abbaye de la Trappe par le Fr. Pacome. *Paris, Collombat*, 1708. *in* 4. *v. m.*

1767 Réglemens de l'Abbaye de N. D. de la Trappe, en forme de Constitutions. *Par.* 1718. *in* 12.

1768 Histoire de la Réforme de l'Abbaye de Sept-fons par J. B. Drouet de Maupertui. *Par. L. Guerin*, 1702. *in* 12. *v. m.*

1769 Abregé de l'histoire de P. R. par Jean Racine. *Par.* 1742. *in* 12. *br.*

1770 Histoire de P. R. *Auxerre*, 1752. 6 *vol. in* 12. *br.*

1771 Histoire générale de P. R. *Paris*, 1755. 10 *vol. in* 12. *br.*

1772 Mémoires histor. & chronologiques sur P. R. *Par.* 1755. 8. *vol. in* 12. *br.*

1773 Mémoires de Fontaine. *P.* 1753. 4 *v. in* 12. *bl.*

1774 Statuta Ordinis Cartusiensis à Domno Guigone Priore Cartusiæ edita. *Basileæ*, 1510. *in f. v. m. cum fig. minio & auro depictis.* (*Clair.*)

1775 Liber conformitatum vitæ B. Francisci cum vita Jesu Christi, edente Joan. Mapello. *Mediolani, Zanotus Castilioneus*, 1513. *in fol. mar. r.*

1776 Traité des conformités du Disciple avec son Maître, c'est-à-dire, de S. Franç. avec J. C. en tous les mysteres de sa naissance, vie, passion, mort

HISTOIRE.

Mort &c. par Fr. Valentin Marée, Vicaire du Couvent de Bolland. *Liege*, 1658. 2 *vol. in* 4. *mar. r.* (avec les fig. de Bern. Picard encadrées.)

1777 Extrait de cet ouvrage. *Amst.* 1734. 3 *vol. in* 12. *mar. r.* (*Éclair.*)

1778 Les Gymnopodes, ou de la Nudité des pieds, disputée de part & d'autre par Seb. Roulliard. *Par.* 1624. *in* 4. *v. b.* (*Éclair.*)

1779 La Guerre séraphique, avec la Dissertation de Thiers sur l'inscription du Portail de l'Eglise des Cordeliers de Reims. *La Haye, P. de Hondt*, 1740. *in* 12. *v. m.*

1780 Vie de S. Fidel de Sigmarangen de l'Ordre des Capucins, par le P. Theod. de Paris. *Par. Guerin*, 1745. *in* 12. *v. f.*

1781 Figures & abregé de la vie, de la mort & des miracles de S. François de Paule par Fr. Ant. Dondé. *Par. Fr. Muguet*, 1671. *in fol. mar. r.*

1782 Regulæ Societatis Jesu. *Burgis, Phil. Junta*, 1583 *in* 8. *v. b.*

1783 Constitutiones Societatis Jesu, cum earum declarationibus. *Romæ*, 1583. *in* 8. *mar. r.*

1784 Constitutiones Societatis Jesu &c. *Ant. Joan. Meursius*, 1635. 2 *vol. in* 8. *vel.*

1785 Imago primi sæculi Societatis Jesu à Provincia Flandro-belgica ejusd. Societ. repræsentata. *Ant. Balt. Moretus*, 1640. *in fol. v. b.*

1786 Imagines Præpositorum generalium Societatis Jesu delineatæ & exculptæ ab Arnoldo van Westerhoult: acced. brevis Descriptio vitæ à P. Nic. Galeotti. *Romæ*, 1748. *in fol bl.*

1787 Recueil de pieces touchant l'histoire de la Compag. de Jesus, par le P. Jos. Jouvenci. *Liege*, (*Amst.*) 1713. *in* 12. *v. f.*

1788 Histoire de D. Inigo de Guipuscoa par Hercule Rasiel. *La Haye, Veuve le Vier.* 1736. 2 *tom.* 1 *vol. in* 8. *v. b.*

1789 La Vie du B. Jean-Fr. Regis par le P. Guill. Daubenton. *Par. le Clerc*, 1716. *in* 4. *mar. cit.*

1790 Lucii Corn. Europæi Monarchia Solipsorum. (*Amstelod.*) 1648. *in* 12. *vel.*

1791 La Monarchie des Solipses par Melchior Inchofer avec des remarques. *Amsterd. Wytwerf.* 1753. *in* 12. *br.*

1792 Vie de la vénérable Mere Marguerite-Marie Alacoque par M. Jean-Jos. Languet. *Paris, Ve. Mazieres*, 1729. *in* 4. *v. b.*

HISTOIRE DES ORDRES MILITAIRES, &c.

1793 Histoire des Ordres Militaires ou de Chevalerie, par Adrien Schoonebeek. *Amst.* 1699. 2 *vol. in* 8. *fig. v. b.*

1794 Histoire de l'Ordre militaire des Templiers par Pierre Dupuy; nouv. édit. revue & augm. de Pieces justificatives. *Bruxelles, P. Foppens*, 1751. *in* 4. *v. f.*

1795 Histoire des Chevaliers hospitaliers de S. Jean de Jerusalem &c. par René d'Aubert de Vertot d'Aubœuf, avec les portraits des grands-Maîtres. *Par. Rollin*, 1726. 4 *vol. in* 4. *v. m.*

1796 La même. 4 *vol. in* 4. *gr. pap. bl.*

1797 Histoire de Pierre d'Aubusson grand-Maître de Rhodes par le P. Dom. Bouhours. *Paris, Seb. Mabre Cramoisy*, 1676. *in* 4. *v. m.*

1778 Statuts de l'Ordre de S. Michel avec les fig. de C. Nic. Cochin. *Paris, Imprimerie Royale*, 1725. *in* 4. *v. b.*

1799 Statuts de l'Ordre du S. Esprit établi par Henry III au mois de Décembre 1578. *Paris, Imp. Royale*, 1711. *in* 4. *mar. r.*

HISTOIRE.

Martyrologes et Vies des Saints.

1800 Les véritables Actes des Martyrs recueillis sous le titre d'Acta Martyrum, trad. par Drouet de Maupertui. *Par.* 1708. 2 v. *in* 8. v. b.

1801 Acta SS. Martyrum orient. & occident. studio Steph. Evodii Assemani. *Roma, Jos. Collinus,* 1748. 2 vol. *in fol. c. m. mar. r.*

1802 Martyrologium Romanum Gregorii XIII; nova editio aucta & castigata, in qua nonnulla Sanctorum nomina in præteritis editionibus omissa supplentur: alia item Sanctorum & Beatorum nomina ex integro adduntur. *Roma, Joan. Mar. Salvioni,* 1748. *in fol. c. m. mar. r.*

1803 Kalendaria Ecclesiæ universæ, cum originibus Ecclesiarum Orientis & Occidentis, studio Jos. Simonii Assemani. *Roma, Faustus Amidæus,* 1755. 6 vol. *in* 4. *c. m. bl.*

1804 Almanach de tous les Saints, gravé par Seb. le Clerc. *Amst.* 1730. 2 vol. *in* 4. *mar. b.*

1805 Jac. de Voragine de Legendis Sanctorum Opus. *Venet. Ant. de Strata de Cremona.* 1480. *in fol. v. f.*

1806 Legende de nos Seigneurs les Saints du Paradis, avec une interprétation du grand & dernier Jugement de Notre-Seigneur Jesus-Christ. *Ms. sur velin avec miniatures. in fol. v. b. avec des fermoirs.*

1807 Cathalogue des Saincts & Sainctes, tant du vieil que du nouv. Testament, translaté du latin de Pierre des Natalles. *Paris, Galliot du Pré,* 1524. 2 vol. *in fol. sur velin, avec des fig. enlumin.*

1808 Vies de plusieurs Saints illustres de divers siecles, choisies & trad. par Rob. Arnauld d'Andilly. *Par. P. le Petit,* 1665. 2 vol. *in* 8. *v. f.*

Y ij

1809 Vies des SS. Peres des Deserts & de quelques Saintes, escrites par des Peres de l'Eglise & autres anciens Auteurs ecclés. trad. par Robert Arnauld d'Andilly. *Par. P. le Petit*, 1653. 2 *vol. in* 4. *v. b.*

1810 Vies des Saints composées sur ce qui nous est resté de plus autentique & de plus assuré dans leur histoire &c. par Adrien Baillet. *Par. Louis Roulland*, 1701 *& suiv.* 17 *vol. in* 8. *mar. r.*

1811 Recueil de Lettres critiques sur les Vies des Saints de Baillet. *in* 8. *v. f.*

1812 Vie de S. Athanase, avec l'histoire de S. Eustache d'Antioche, de S. Paul de CP. de S. Hilaire de Poitiers, de S. Eusebe de Verceil, des Papes Jule & Libere, & la naissance & le progrès de l'Arianisme, par God. Hermant. *Paris, P. Aubouyn*, 1671. 2 *vol. in* 4. *mar. r.*

1813 La Vie de S. Basile le Grand, de S. Gregoire de Nazianze par le même. *Par. Ant. Dezallier*, 1679. 2 *vol. in* 4. *mar. r.*

1814 Vie de S. Ambroise par le même. *Par. Ant. Dezallier*, 1679. *in* 4. *mar. r.*

1815 Vie de S. Jean Chrysostome par le même. *Paris, Ch. Savreux*, 1664. *in* 4. *mar. v.*

1816 Vie de S. Thomas Arch. de Cantorberi, par Thomas Sr. du Fossé. *Par. Ant. Dezallier*, 1679. *in* 4. *mar. r.*

1817 Vie de S. Charles Borromée, trad. de l'ital. de J. B. Juissano par le P. Edme Cloyseault. *Lyon, J. Certe*, 1635. *in* 4. *v. f.*

1818 Vies des Evesques d'Alet, Angers &c. *Par.* 1756. 2 *vol. in* 12. *bl.*

1819 Pauli Aringhi Roma subterranea novissima, in qua post Ant. Bosium, Joan. Severanum & alios scriptores, antiqua Christianorum & praecipuè Martyrum Cœmeteria, Tituli, Monimenta, Epitaphia, Infcriptiones &c. illuftrantur. *Col.* 1659. 2 *vol. in fol. v. f.*

1820 Ant. Mariæ Lupi Differtatio & animadverfiones ad nuper inventum Severæ martyris Epitaphium. *Panormi, Typ. Steph. Amato*, 1734. *in fol. v. f.*

1821 Recueil de Lettres fur la vérification des Reliques de S. Germain d'Auxerre. 1753. *in* 8. *br.*

Hift. des Hérétiques & de l'Inquifition.

1822 Hiftoire des Anabaptiftes, contenant leur Doctrine, les diverfes opinions qui les divifent en plufieurs Sectes. *Amft. de Bordes*, 1700. *in* 12. *mar. cit.*

1823 Phil. à Limborch Hift. Inquifitionis: acced. Liber fententiarum Inquifitionis Tolofanæ ab an. 1307 ad an. 1323. *Amftelod. Henr. Weftenius*, 1692. *in fol. v. m.*

HISTOIRE PROFANE.

Hiftoire ancienne : des Juifs &c.

1824 Hiftoire ancienne des Egyptiens, des Carthaginois, des Affyriens, des Babyloniens, des Medes & des Perfes, des Macédoniens, des Grecs par Ch. Rollin. *Par. Jacq. Etienne*, 1730. 13 *tom.* 14. *vol. in* 12. *v. b.*

1825 Effais de critique fur les Ecrits de M. Rollin: fur les traduction d'Herodote: fur le Dictionnaire géog. de la Martiniere, par Franç. Bellanger. *Amft. Fr. l'Honoré*, 1740. *in* 12. *vel.*

1826 Hiftoire des Empires & des Républiques depuis le Déluge jufqu'à J. C. par Guyon. *Par. H. L. Guerin*, 1736. 12. *vol. in* 12. *v. f.*

1827 Fl. Jofephi Opera, gr. lat. cum notis & nova verfione Joh. Hudfoni; acced. notæ integræ Ed.

Bernardi, Jac. Gronovii, Fr. Combefisii, Joan. Sibrandæ &c. edente cum notis Sigeb. Havereampo. *Amst. Westenii*, 1726. 2 *v. in fol. c. m. v. f.*

1828 Ejusd. Josephi Antiquitates & de Bello judaico Libri VII. lat. ex interpret. Ruffini & Epiphanii. *Aug. Vindel. Joan. Schurler Augustensis*, 1470. *in fol. c. m. mar. r.*

1829 Joseph Juif & Hebrieu, Historiographe gr. de l'Antiquité judaïque, translaté de lat. en vulgaire françoys par Guill: Michel. *Paris, Galliot du Pré*, 1534. *in fol. sur vel.* orné de lettres initiales & figures peintes en or & en coul. *m. r. l. r.*

1830 Histoire des Juifs écrite par Flavius Joseph, trad. par Robert Arnauld d'Andilly. *Par. P. le Petit*, 1670. 2 *vol. in fol. v. f.*

1831 La même, avec figures. *Bruxelles, H. Frik*, 1701. 5 *vol. in* 8. *mar. v.*

1832 Histoire du monde sacrée & profane depuis la création du monde jusqu'à la destruction de l'Empire des Assyriens à la mort de Sardanapale, & jusqu'à la décadence des Royaumes de Juda & d'Israel, par Sam. Shuckford, trad. de l'angl. par J. P. Bernard. *Leyde, Jean Verbeek*, 1738. 3 *vol. in* 12. *mar. r.*

1833 Histoire des Juifs & des Peuples voisins depuis la décadence des Royaumes d'Israel & de Juda jusqu'à la mort de J. C. par Humphroi Prideaux, trad. de l'angl. nouv. édition revue, corrigée & augm. (par M. Freret & le P. Jos. Tournemine.) *Amst. (Par.)* 1726. 7 *vol. in* 12.

1834 La même : nouv. édition restituée & augm. *Amst. H. du Sauzet*, 1728. 6 *vol. in* 12. *v. f.*

1835 La même : nouv. édit. (conforme à celle de 1728.) *Amst. H. du Sauzet*, 1744. 6 *v. in* 12. *m. r.*

1836 La République des Hebreux, où l'on voit l'origine de ce Peuple, ses Loix, sa Religion,

HISTOIRE. 175

son Gouvernement eccles. & polit. ses Cérémonies, ses Coutumes &c. par Pierre Cuneus trad. *Amst. P. Mortier*, 1705. 3 vol. in 8. v. f. fig.

1837 Antiquités judaïques, ou Remarq. critiques sur la République des Hebreux par Jacq. Basnage. *Amst. Châtelain*, 1713. 2 vol. in 8. v. f.

1838 Histoire des Juifs depuis J. C. par le même. *La Haye, Henri Schurleer*, 1716. 15 v. in 12. v. f.

1839 Recueil des Hystoires de Troyes par Raoul le Fevre. Ms. sur vélin in fol. avec fig. enlum. couvert de petit velours. en mosaïque. (Clair)

HISTOIRE GRECQUE.

1840 Pausaniæ Græciæ Descriptio accurata, gr. lat. ex versione Romuli Amasæi : acced. Guill. Xilandri & Frid. Sylburgii Annotationes ac novæ notæ Joachimi Kuhnii. *Lipsia, Th. Fritsch*, 1696. in fol. v. f.

1841 Pausanias, ou Voyage historiq. de la Grece, trad. avec des remarq. par Nic. Gedoyn. *Paris, Didot*, 1731. 2 vol. in 4. gr. pap. mar. r.

1842 Herodoti historiarum Libri IX, gr. lat. cum interpretatione Laur. Vallæ, studio Jac. Gronovii. *Lugd. Bat. Sam. Luchtmans*, 1715. in fol. c. m. vel.

1843 Herodoti Halicarnassei historiarum Libri novem ex versione Laur. Vallensis. *Venet. Jacobus Rubeus natione Gallicus*, 1474, Nicolao Marcello Duce Ven. in fol. mar. r.

1844 Histoires d'Herodote, trad. du gr. par Pierre Saliat. *Paris, Estienne Groulleau*, 1556. in fol. mar. r. l. r.

1845 Recherches & dissertations sur Herodote par Jean Bouhier, avec des mémoires sur la vie de l'Auteur. *Dijon, P. Desaint*, 1746. in 4. v. f.

1846 Thucydidis de Bello Peloponnesiaco Libri octo gr. lat. studio Joan. Hudson. *Lond. Th. Sheldon*, 1696. *in fol. c. m. mar. r.*

1847 Iidem, gr. lat. cum Henr. Steph. & Joan. Hudsoni annotat. studio Car. And. Dukeri. *Amst. Westenii*, 1731. 2 *vol. in fol. c. m. mar. r.*

1848 Ex Thucydide Institutum funebris orationis apud Athenienses : & Periclis oratio funebris : item Pestis Atheniensis, gr. lat. *Glasguæ, Foulis*, 1755. *in* 12. *br.*

1849 Histoire de Thucydide de la guerre du Peloponese, trad. par Nic. Perrot d'Ablancourt. *Amst.* 1713. 3 *vol. in* 12. *v. b.*

1850 La Cyropædie, ou l'histoire de Cyrus, trad. de Xenophon par Franç. Charpentier. *La Haye, Vaillant*, 1717. 2 *tom.* 1 *vol. in* 8. *v. f.*

1851 La Retraite des dix mille de Xenophon, ou l'Expédition de Cyrus contre Artaxerxes, trad. avec des remarq. par Nic. Perrot Sr. d'Ablancourt. *Par. Ve. Barbin*, 1706. *in* 12. *v. f.*

1852 Diodori Siculi Bibliothecæ historicæ Libri XV de XL gr. lat. ex Laur. Rhodomani interpret. & cum notis ejusdem. *Hanoviæ*, 1604. *in fol. v. f.*

1853 Iidem, gr. lat. ad fidem mss. recensiti à Petro Wesselingio, qui suas adnotat. Henr. Stephani, Laur. Rhodomani, Fulvii Ursini, Henr. Valesii & Jac. Palmerii notis adjecit &c. *Amstel. Jac. Westenius*, 1746. 2 *vol. in fol. c. m. mar. r.*

1854 Diodori Siculi Bibliothecæ historiæ Libri, ex interpretat. Poggii. *Venet. Andreas Jac. Katharensis*, 1476. *in fol. mar. r.*

1855 Hist. universelle de Diodore de Sicile trad. par Jean Terrasson. *Paris, Debure*, 1737. 7 *vol. in* 12. *v. f.*

1856 Arriani de expeditione Alexandri M. historiarum

HISTOIRE. 177

toriatum Libri VII : ejufdem Indica, gr. lat. ex Bon. Vulcanii interpret. ex recenfione Nic. Blancardi. *Amft. Joan. Janffonius à Waesberge*, 1668. *in* 8. *mar. r.*

1857 Ejufd. Ars tactica, Acies contra Alanos &c. gr. lat. cum notis, ex recenfione & mufeo Nic. Blancardi. *Amftelod. Janff. Waesbergii*, 1683. *in* 8. *mar. r.*

1858 Q. Curtii de rebus geftis Alexandri Magni Regis Macedonum Libri : Plutarchi Apophthegmata laconica, lat. *Venet. Vindelinus de Spira*, 1471. *in fol. mar. r.* (Editio princeps.) *(Claire)*

1859 Iidem. *Venetiis, Aldus.* 1520. *in* 12. *mar. r.*

1860 Iidem, cum notis felectiffimis variorum: Raderi, Freinshemii, Loccenii, Blancardi, accurante Corn. Schrevelio. *Lugd. Bat. Jo. Elzevirius.* 1673 *in* 8. *mar. r.*

1861 Iidem : cum fupplem. comment. & notis Fr. Modii, V. Acidalii, T. Popmæ, Jo. Freinshemii, Jo. Schefferi, Chrift. Cellarii, Nic. Heinfii &c. curante Henr. Snakenburc. *Delphis, Ad. Beman.* 1724. 2 *vol. in* 4. *c. m. v. b.*

1862 Quinte-Curce lat. & franç. de la trad. de Cl. Favre de Vaugelas, avec les fupplémens de Jean Freinshemius, trad. par P. du Ryer. *La Haye, Alberts*, 1727. 2 *vol. in* 12. *v. b.*

1863 Hiftoire de Grece, trad. de l'Ang. de Temple Stanyan. (par Denys Diderot.) *Par. Briaffon*, 1745. 3 *vol. in* 12. *v. é.*

1864 Hiftoire des fept Sages, par Ifaac de Larrey. *Rotterd. Mich. Bohm.* 1713-1716. 2 *v. in* 8. *v. m.*

1865 Pet. Petiti Differtatio de Amazonibus. *Lut. Par. And. Cramoify.* 1685. *in* 12. *v. f.*

1866 Hiftoire des Amazones, enrichie de Médailles, par Guyon. *Par. J. Villette.* 1740. *in* 12. *v. f.*

1867 Histoire de Zenobie, Impératrice-Reine de Palmyre, par Euvoi de Hauteville, *Paris, Estienne.* 1758. *in* 12. *br.*

1868 Mœurs & Usages des Grecs, par Leon Menard. *Lyon, de la Roche.* 1743. *in* 12. *v. f.*

HISTOIRE ROMAINE.

1869 Dionysii Halicarnassensis Antiquitatum Romanarum libri, gr. lat. studio Joan. Hudsoni. *Oxon. Theat. Scheldon.* 1704. 2 *v. in f. v. f.*

1870 Eædem Origines, sive Antiquitates Romanæ latinè : interprete Lampo Birago. *Tarvisii, Bernardinus Colerius de Leure*, 1480. *in fol. mar. r.*

1871 Titi Livii historiarum libri, (Editio princeps.) *Venet. Vindelinus de Spira.* 1470. *in fol. mar. r.*

1872 Iidem. *Venet. in Ædibus Aldi*, 1518. 5 *vol. in* 8. *l. r. rel. à. compartim.*

1873 Titi Livii Historiæ : acced. Decadum XIII. Epitomæ, & Lucius Florus. *Venet. Aldus*, 1520. *in fol. v. b.*

1874 Eædem, ex recens. J. Fr. Gronovii. *Lugd. Bat. ex off. Elzevir.* 1645. 3 *vol. in* 12. *vel.*

1875 Eædem : cum perpetuis Car. Sigonii & J. Fr. Gronovii notis ; edente cum notis, Jac. Gronovio. *Amstel. Dan. Elzevirius*, 1679. 3 *tom.* 6 *vol. in* 8 *mar. r.*

1876 Le livre que fist Titus Livius des excellens faits des Romains, lequel contient trois Décades, translaté de latin en françoys, à la requête du Roy Jehan, par Frere Pierre Bercheure, Prieur. de S. Eloy de Paris. *Ms. sur velin, du XIV. siécle.* 3 *vol. in fol. couv. de velours cramoisy.*

1877 L. Annæus Florus : Cl. Salmasius addidit Lucium Ampelium. *Lugd. Bat. apud Elzevirios*, 1638. *in* 12. *v. b.*

HISTOIRE. 179

1878 Idem Florus cum notis integris Cl. Salmasii & selectissimis variorum, accurante Cornel. Schrevelio : acced. L. Ampelius ex Bib. Cl. Salmasii. *Amstel. ex off. Elzeviriana*, 1674. *in* 8. *m. r.*

1879 Idem Florus, ex Criticorum observ. correctus, cum textus ratione, notisque variorum hist. polit. & antiquariis Laur. Begeri. *Col. Marchicæ, Ulr. Liebpertus*, 1704. *in fol. v. f.*

1880 P. Velleii Paterculi Historia Romana. *Basil. Joan. Frobenius*, 1520. *in fol. exemplar Grolierii.*

1881 Eadem : cum selectis variorum notis, edente Ant. Thysio. *Lugd. Bat. ex off. Hackiana*, 1668. *in* 8. *mar. r.*

1882 Abregé de l'Histoire rom. & grecq. trad. de Vellejus Paterculus, par Jean Doujat. *Par. P. le Petit*, 1672. *in* 12. *v. b.*

1883 Sex. Aur. Victoris Historiæ Romanæ Breviarium cùm Schotti, Machanei, Vineti, Lipsii, Casauboni, Gruteri &c. integris notis. *Lugd. Bat. Dan. à Gaasbeck*, 1670. *in* 8. *mar. r.*

1884 Polybii Historiarum libri gr. lat. ex emendat. versione & cum comment. Isaaci Casauboni : acced. Æneæ Comment. de toleranda obsidione gr. lat. ex vers. & cum notis ejusd. Casauboni. *Par. Hier. Drouardus*, 1619. *in fol. c. m. mar. r.*

1885 Iidem, gr. lat. ex interpret. Isaaci Casauboni, & recensione. Jac. Gronovii, cum notis utriusque Casauboni, Fulvii Ursini, Henr. Valesii, & Jac. Palmerii. *Amst. J. Jans. à Waesberge*, 1670. 3 tom. 5 vol. *in* 8. *mar. r.*

1886 Histoire de Polybe, trad. par D. Vinc. Thuillier, avec un Commentaire ou un corps de science militaire, enrichi de notes crit. & hist. par Charles de Folard. *Par. P. Gandouin*, 1727. 6 vol. *in* 4. *gr. pap. mar. r. fig.*

1887 Mémoires militaires sur les Grecs & les Ro-

Z ij

mains, où l'on a rétabli fidélement sur le texte de Polybe & des Tacticiens grecs & latins, la plûpart des ordres de batailles & des grandes opérations de la guerre &c. par Ch. Guischard. *La Haye, P. de Hondt*, 1758. 2 *vol. in* 4. *gr. pap. bl.*

1888 Polybii, Diod. Siculi, Nic. Damasceni, Dion. Halicar. Appiani Alex. Dionis & Joan. Antiocheni Excerpta ex collectaneis Constantini Augusti Porphirogenetæ gr. lat. studio Henr. Valesii. *Par. Mat. Dupuys*, 1634. *in* 4. *v. f.*

1889 Appiani Alexandrini Romana Historia gr. lat. Alex. Tollius utrumque textum emendavit, correxit, & Henr. Stephani ac doctorum virorum selectas annot. adjecit. *Amst. J. Jans. à Waesberge*, 1670. 2 *vol. in* 8. *mar. r.*

1890 Eadem, è græco latine reddita à Petro Candido. *Venet. Vindelinus de Spira*, 1472. *in fol. v. f.* (Editio princeps.) (*clair.*)

1891 Eadem, lat. ex interpret. ejusd. Candidi. *Venet. Bern. Pictor & Erhardus Ratdolt de Augusta &c.* 1477. *in fol. mar. r.* (*clair.*)

1892 C. Crispi Sallustii Conjuratio Catilinæ, & Bellum Jugurthinum. *Venet. Vindelinus de Spira.* 1470. *in fol. mar. r.* (Editio princeps.) *clair.*

1893 Ejusdem Sallustii Opera. *Mediolani, Phil. Lavanius*, 1476. *in fol. mar. r.*

1894 Ejusd. Sallustii Opera. *Mediolan. Jac. Marrianus*, 1477. *in fol. v. f.* (*clair.*)

1895 Eadem, cum vet. Historicorum fragmentis. *Lugd. Bat. ex off. Elzevir.* 1634. *in* 12. *v. b.*

1896 Eadem : cum comment. integris Jon. Rivii, Aldi Manutii, Pet. Ciacconii &c. & selectis Jani Gruteri, H. Glareani &c. *Lugd. Bat. ex off. Hackiana*, 1677. *in* 8. *mar. r.*

1897 Eadem : cum notis Glareani, Rivii &c. acced. Julius Exsuperantius, Portius Latro, & Frag-

menta hiſtoricorum vett. cum notis A. Popmæ, ex
recenſ. & cum notis Joſ. Waſſe, & vita Salluſtii
à Joan. Clerico. *Cantab. Typis Academ.* 1710.
in 4. *v. f.*

1898 Eadem. *Lut. Par. David,* 1744. *in* 12. *m. r.*

1899 Eadem. *Glaſguæ,* 1749. *in* 8. *mar. r.*

1900 Eadem. *Glaſguæ, Rob. Foulis.* 1751. *in* 8 *m.r.*

1901 Hiſtoire de la Conjuration de Catilina, avec
les Catilinaires de Ciceron, (par Iſaac Bellet.)
Par. H. Guerin, 1752. *in* 12. *v. f.*

1902 C. Julii Cæſaris Opera, ex emendat Joſ.
Scaligeri. *Lugd. Bat. ex off. Elzevir.* 1635.
in 12. *vel.*

1903 Eadem : cum annot. Sam. Clarke, & tabulis
æneis ornata. *Lond. Jac. Tonſon,* 1712. *in fol.*
c. m. mar. cit.

1904 Eadem : cum animadv. integris Dion. Voſſii,
J. Daviſii & aliorum variis notis, ex muſeo Joan.
Georg. Grævii. *Lugd. Bat. Vid. Bouleſteyn,* 1713.
in 8. *mar. r.*

1905 Eadem : cum notis integris variorum, ex
edit. Fr. Oudendorpii. *Lugd. Batav. Luchtmans,*
1737. 2 *vol. in* 4. *c. m. bl.*

1906 Eadem : cum fragmentis : acced. indices &c.
ex recenſ. Sam. Clarke. *Glaſguæ, Rob. Foulis,*
1750. *in fol. bl.*

1907 Commentaires de Ceſar, trad. par Nic.
Perrot d'Ablancourt. *Par.* 1672. *in* 12. *mar. r.*

1908 Commentaires de Ceſar, d'une traduction
nouvelle, (par J. Bapt. le Mercier.) *La Haye,*
Jean Swart, 1743. 2 *vol. in* 12. *v. f.*

1909 Hiſtoire des deux Triumvirats, depuis la
mort de Catilina juſqu'à celle d'Antoine, par
Citry de la Guette, avec l'Hiſtoire d'Auguſte,
par Iſ. de Larrey. *Amſt. Trevoux.* 1715. 4 *tom*
2 *vol. in* 12.

1910 La même, *Amst. Mortier.* 1720. 4 *tom.* 2 *vol. in* 12. *mar. r. l. r.*

1911 Mémoires de la Cour d'Auguste, tirés de l'Angl. de Thom. Blackwell, (par Amé Jos. Feutry), *Par. P. Simon.* 1754. 3 *vol. in* 12. *bl.*

1912 Vie de Mecenas, avec des notes hist. & critiq. par Henry Richer. *Paris, Chaubert.* 1747. *in* 12. *br.*

1913 Corn. Taciti Opera, (Editio princeps). (Colon.) *in fol. mar. cit.* Vid. Catal. Cl. de Boze no. 1718.

1914 Eadem : exactâ cura recognita & emendata. *Venet. in Ædibus Hær. Aldi Manutii* 1534, *in* 8. *v. f.*

1915 Eadem, ex recens. Justi Lipsii cum comment. ejusd. acced. C. Velleius Paterculus cum notis ejusdem. *Ant. Joan. Moretus* 1607. *in fol. mar. r. l. r.*

1916 Eadem : cum comment. J. Lipsii, Rhenani, Ursini &c. edente cum notis Joh. Frid. Gronovio. *Amstel. Dan. Elzevirius.* 1672. 2 *tom.* 5 *vol. in* 8. *mar. r.*

1917 Eadem : cum comm. integris B. Rhenani, Fulvii Ursini, Ant. Mureti, Josiæ Merceri, J. Lipsii, Val. Acidalii, Curtii Pichonæ, Jani Gruteri, Hugonis Grotii, Joan. Freinshemii, Joan. Fred. Gronovii & selectis aliorum, ex recens. & cum notis Jac. Gronovii. *Traj. ad Rhenum. Jac. à Poolsum.* 1721. 2 *vol. in* 4. *v. b.*

1918 Eadem, ex editione Ja. Gronovii. *Glasgua, Rob. Foulis.* 1753. 4 *vol. in* 12. *pap. d'holl. bl.*

1919 Tacite, avec des notes polit. & hist. par Nicolas Amelot de la Houssaie. *Amst. Westeins.* 1716. 4 *vol. in* 12. *v. m.*

1920 Traduction de quelques Ouvrages de Tacite, par (Jean-Phil. René de la Bleterie.) *Paris, Duchesne.* 1755. 2 *vol. in* 12. *br.*

1921 Caii Suetonii Tanquilli de vita XII Cæ-

HISTOIRE. 183

farum libri XII. *Venet. Nic. Janfon , Gallus.*
1471. *in fol. mar. r.* Vid. Cat. Cl. de Boze.
no. 1726.

1922 Iidem. *Romæ , Conradus Sweynheym & Arn.*
Pannartz. 1472. *in fol. mar. r.*

1923 Suetonius , Eutropius , Aurelius Victor ,
& Paulus Diaconus , cum annot. Jo. Bapt. Egna-
tii & Def. Erafmi. *Venet. Aldus.* 1516. *in 8.*

1924 C. Suetonii XII Cæfares &c. *Venet.in Ædibus*
Aldi. 1521. *in 8. mar. bl.*

1925 C. Suetonius Tranquillus. *Paris , è Typ.*
regia. 1644. *in* 12. *mar. r.*

1926 Idem. *Ibid. mar. cit. in* 12.

1927 Idem : cum commentario Sam. Pitifci &
notis variorum. *Traj. ad Rhenum , Franç. Halma.*
1690. 2 *tom.* 4 *vol. in* 8. *mar. r.*

1928 Caii Suetonii Opera , & in illa Comment.
Sam. Pittifci , in quo antiquitates Romanæ ex
autoribus gr. & lat. explicantur cum figuris
in æs incifis , Editio fecunda ornatior & lima-
tior. *Leovardiæ , Fr. Halma.* 1714. 2 *vol. in* 4.
c. m. mar. r.

1929 Caffii Dionis Hiftoria Romana gr. lat. cum
annot. Henr. Valefii , Joan. Alb. Fabricii , ac
paucis aliorum , ftudio Herm. Sam. Reimari.
Hamb. Chrift. Heroldus. 1750. 2 *vol. in fol.*
c. m. mar. r.

1930 Dion Caffius Nicæus Ælius Spartianus :
Julius Capitolinus : Ælius Lampridius : Vulca-
tius Gallicanus cum annot. Joh. Bapt. Egnatii.
Par. Rob. Stephanus. 1544. *in* 8. *v. f.*

1931 Hiftoire Romaine écrite par Xiphilin : Zo-
nare & Zofime , depuis l'an 67 avant J. C.
jufqu'en 409 , trad. du grec , par Louis Coufin.
Par. (*Amft*), 1686. 2 *vol. in* 12.

1932 Herodiani Hiftoriæ de Imperio poft Marcum, vel de suis temporibus libri octo è græco translati, AngeloPolitiano interprete. *Bononiæ pulcherrimis his caracteribus impressit Plato de Benedictis*, an. 1493. *pridie Kalendas Septembres. in fol. mar. r.*

1933 Histoire d'Herodien, trad. du Grec avec des remarq. par L. Mongault. *Paris*, 1745. *in* 12. *v. f.*

1934 Historiæ Augustæ Scriptores. *Mediolani, Phil. de Lavagna.* 1475. *in fol. m. r.* (Editio princeps.)

1935 Historiæ Augustæ Scriptores VI. cum integris notis Is. Casauboni, Cl. Salmasii & Jani Gruteri. *Lugd. Bat. ex off. Hackiana*, 1671. 2 *tom.* 4 *vol. in* 8. *mar. r.*

1936 Scriptores historiæ Romanæ notis variis illustrati à Car. Henr. de Klettenberg; edente Bonnono Caspato Haurisio, cum fig. *Heidelb. J. J. Hæner.* 1743. 3 *vol. in fol. c. m. bl.*

1936* —— Le fait des Romains compilé ensemble de Saluste, de Suestone & de Lucan: le premier livre est de Julius Cesar. *ms. sur velin in fol.*

1937 Histoire des Empereurs & des autres Princes qui ont regné durant les six prem. siécles de l'Eglise &c. par L. Seb. le Nain de Tillemont. *Par. Ch. Robustel.* 1720 *& suiv.* 6 *vol. in* 4. *v. f.*

1938 Nouv. Abregé chronol. de l'histoire des Empereurs, par Adrien Richer. *Par. David.* 1753. 2 *vol. in* 8. *bl.*

1939 Guill. Bellendeni de tribus luminibus Romanorum libri XVI. *Par. Tuss. du Bray.* 1633. *in fol. mar. r.*

1940 Histoire Romaire, depuis la fondation de Rome jusqu'à la trtranslation de l'Empire, par Constantin: trad. de l'Angl. de Laur. Echard, par Dan. Latroque, revue par Guyot des Fontaines. *Par.* 1729.-1742. 16 *v. in* 12. *v. b.*

1941

HISTOIRE. 185

1941 Notitia Dignitatum Imperii Romani ex nova recenf. Phil. Labbe. *Par. Typ. regia.* 1651. *in* 12 *mar. r.*

1942 Les Céfars de l'Emp. Julien trad. du grec, par Ezec. Spanheim, avec des remarq. & des preuves enrichies de plus de 300 Médailles gravées par Bern. Picart. *Amft. Franç. l'Honoré*, 1728. *in* 4. *v. f.*

1943 Vie de l'Emp. Julien, par de la Bleterie : nouv. édition revue & augm. *Paris*, *Defaint.* 1746. *in* 12. *v. f.*

1944 Hiftoire de l'Emp. Jovien, avec une trad. de quelq. ouvrages de l'Emp. Julien, par le même. *Par. Prault.* 1748. 2 vol. *in* 12. *v. f.*

1945 Hiftoire de Theodofe le Grand, par Efprit Flechier. *Par. Seb. Mabre Cramoify.* 1679. *in* 4. *gr. pap. mar. r.*

1946 Confidérations fur les caufes de la grandeur des Romains & de leur décadence, par Louis Secondat de Montefquieu. *Amft. Desbordes.* 1744. *in* 12. *v. f.*

1947 Les Mœurs & les Ufages des Romains : nouv. édition, revue & aug. *Paris, Briaffon.* 1744. 2 vol. *in* 12. *v. f.*

1948 Vies des Hommes illuftres Grecs & Romains, comparées l'une avec l'autre, par Plutarque : trad. par Jacq. Amyot. *Par. Vafcofan.* 1567-1574. 13 vol. *in* 8. *mar. r.*

1949 Les mêmes. Vie d'Hannibal & Scipion : trad. par Ch. de l'Eclufe : Decade contenant les Vies de X Empereurs &c. par Ant. Allegre &c. 15 vol. *in* 8. *mar. bl.*

1950 Les Vies des Hommes illuftres de Plutarque, revues fur les mff. & trad. avec des remarq. hiftoriq. & critiq. par André Dacier. *Paris, Mic. Cloufter* 1721. 8 vol. *in* 4. *gr. pap. v. b.*

A a

186 HISTOIRE.

1951 Les mêmes. *Amst. Chatelain*, 1735 & *suiv.* 9 *vol. in* 12. *mar. r.*

1952 Corn. Nepotis Vitæ excellentium Imperatorum, observat. ac notis commentatorum quotquot hactenus innotuere, illustratæ. *Lugd. Bat. ex off. Hackiana*, 1675. *in* 8. *mar. r.*

HISTOIRE BYZANTINE.

1953 Corpus historiæ Byzantinæ, seu Imperii C. P. à Constantino M. ad captam à Turcis C. P. ex variis Scriptoribus collectis & editis gr. lat. cum notis, comment. &c. per varios doctos viros. *Par. è Typ. regia*, 1648. & *seqq.* 31 vol. *in fol. mar. r.* Vide enumerationem in Catalogo Biblioth. Dom. Bernard de Rieux. no. 2461.

1954 Histoire de C. P. depuis le regne de l'anc. Justin, jusqu'à la destruction de cet Empire par les Turcs, trad. de Procope, d'Agathias, de Theophilacte, Simocatte, de Nicephore, d'Anne Comnene, de Nicetas, de Pachymere & autres, par Louis Cousin. *Par.(Amst.)* 1685. 10 *vol. in* 12.

1955 Constantini Porphyrogenneti Imp. C. P. libri duo de Cerimoniis Aulæ Byzantinæ gr. & lat. cum commentariis; studio Joan. Hen. Leichii & Joan. Jac. Reiskii. *Lipsiæ, Jo. Frid. Gleditschius.* 1751. *in fol c. m. mar. r.*

1956 Imperium Orientale, sive Antiquitates Constantinopolitanæ, studio D. Ans. Banduri. *Par. J. Bapt. Coignard*, 1711. 2 *vol. in fol. c. m. v. f.*

1957 Car. du Fresne du Cange Dissertatio de Imperatorum C. P. seu inferioris ævi vel imperii numismatibus. *Romæ, Jo. mar. Salvioni*, 1755. *in* 4. *v. f.*

1958 Mich. le Quien Oriens Christianus, in quatuor Patriarchatus digestus. *Par. Typ. regia*, 1740. 3 *vol. in fol. c. m. f.*

HISTOIRE.

1959 Pet. Boschii Tractatus hist. chronol. de Patriarchis Antiochenis. *Venet. J. B. Albrizzi*, 1748. *in fol. bl.*

1960 Guil. Cuperi Tractatus hist. chron. de Patriarchis Constantinopolitanis. *Venet. J. Bapt. Albrizzy*, 1751. *in fol. bl.*

1961 Histoire de l'Empire de Constantinople &c. sous les Empereurs François, par Geoffroy de Villehardouin, Phil. Mouskes & autres, avec les observations de Ch. du Fresne sieur du Cange. *Par. impr. roy.* 1657. *in fol. gr. pap. mar. r.*

1962 La même. *in fol. pet. pap. mar. r.*

1963 Histoire des révolutions de l'Empire de Constantinople, depuis la fondation de cette Ville jusqu'en 1453, que les Turcs s'en rendirent maîtres, par de Pouilly de Burigny. *Par. Debure*, 1750. 3 *vol. in* 12. *mar. r.*

HISTOIRE D'ITALIE.

1964 Scriptores rerum Italicarum, collecti & editi à Lud. Ant. Muratorio. *Mediol. Societas Palatina*, 1723. *& seqq.* 24 *tom.* 27 *vol. in fol. c. m. v. f.*

1965 Ejusdem Muratorii Antiquitates Italicæ medii ævi, sive Chronica & dissertationes, quibus referuntur facies & mores Italici populi post declinationem Rom. Imperii ad an. 1500. *Mediolani Soc. Palatina.* 1738-1741. 5 *vol. in fol. c. m. v. f. fig.*

1966 Histoire des guerres d'Italie, trad. de l'It. de Franç. Guichardin, depuis 1490 jusqu'en 1532. *Londres*, (*Paris*), 1738. 3 *vol. in* 4. *gr. pap. v. f.*

1967 Castruccii Bonamici de rebus ad Velitras gestis anno 1744, & de bello Italico Commentarius. *Lugd. Bat.* 1749-1750. 2 *vol. in* 4. *bl.*

1968 Nuova Pianta di Roma, data in luce da Giam Batt. Nolli. 1748. *in fol. bl.* A a ij

188   HISTOIRE.
1969 Tableau de la Cour de Rome, (par Jean Aymon.) *La Haye. Ch. Delo*, 1707. *in* 12. *br.*
1970 Hiſtoire civile du Royaume de Naples, trad. de l'Ital. de P. Giannone, avec des notes, des réflexions & des médailles &c. *La Haye.* (*Lauſanne*), 1741. 4 *vol. in* 4. *gr. pap. bl.*
1971 Sanctuarium Capuanum, collectore Mich. Monacho. *Neap. Octavius Beltranus*, 1630. *in* 4. *v. f.*
1972 Rocchi Pirri Sicilia ſacra diſquiſitionibus & notitiis illuſtrata: IIIa. éditio emendata, & continuatione aucta, ſtudio Antonini Mongitore. acced. Viti Mariæ Amici additiones & notitiæ, Abbat. Ord. S. Benedicti, Ciſtercienſium &c. *Panormi, Pet. Coppula*, 1733. 2 *vol. in fol. ç. m mar. r.*
1973 Bern. Juſtiniani de origine Urbis Venetiarum, rebuſque à Venetis geſtis Libri XV. *Venet. Bernardinus Benalius*, 1492. *in fol. v. f.*
1974 And. Mauroceni Hiſtoria Veneta ab anno 1521. ad an. 1615. *Venet. Ant. Pinellus*, 1623. *in fol. v. f.*
1975 Hiſtoria Fiorentina da Lionardo Aretino tradotta da Donato Acciaioli. *Vinegia, Jac. de Roſſi*, 1476. — Hiſtoria Fiorentina di Poggio, trad. da Jacopo ſuo figlivolo. *Vineg. Jacopo de Roſſi*, 1476. *in fol. v. b.*
1976 Hiſtoire de Florence, de Nicolas Machiavel, trad. par de Brinon. *Par.* 1615. *in* 8. *v. f.*
1977 Joan. Simonetæ rerum geſtarum Franç. Sphortiæ Mediolanenſium Ducis Libri XXXI. *Mediolani, Ant. Zarotus*, 1479. *in fol. v. f.*
1978 Théatre des Etats du Duc de Savoye, trad. du latin, *La Haye, Moetjens*, 1720. 2 *vol. in fol. gr. pap. mar. r.*

HISTOIRE DE FRANCE.

Topographie de la France &c.

1979 Bibliotheque hiftorique de la France, contenant le Catalogue de tous les ouvrages imprimés & mſſ. qui traitent de l'hiſt. de ce Royaume, ou qui y ont rapport, avec des notes crit. & hiſt. par Jacq. le Long. *Par. Gab. Martin*, 1719. *2 vol. in fol. gr. pap. v. m.*

1980 Catalogue des Rolles gaſcons, normans & françois, conſervés dans les Archives de la Tour de Londres par Thom. Carte. *Londres (Paris)* 1743. *2 tom. 1 vol. in fol. mar. r.*

1981 Deſcription hiſt. & géogr. de la France ancienne & moderne, avec pluſieurs Cartes géograph. (par Louis du Four de Longuerue. *Par.*) 1722. *in fol. v. f.*

Hiſtoire générale, Civile & Eccléſ. de France.

1982 Antiquité de la Nation & de la langue des Celtes, autrement appellés Gaulois par D. Paul Pezron. *Par. Proſp. Marchand*, 1703. *in 12. v. f.*

1983 Hiſtoire des Celtes, & particulierement des Gaulois & des Germains, par Simon Pelloutier. *La Haye, Iſ. Beauregard*, 1740. *in 12. v. f.*

1984 La Religion des Gaulois, tirée des plus pures ſources de l'Antiquité, par D. Jacq. Martin, avec fig. *Par. Saugrain*, 1727. *2 vol. in 4. v. f.*

1985 Hiſtoire des Gaules & des conquêtes des Gaulois depuis leur origine juſqu'à la fondation de la Monarchie Françoiſe par D. Jacq. Martin, continuée par D. Jean-Fr. de Brezillac. *Paris, le Breton*, 1754. *2 vol. in 4. bl.*

1986 Hiſtoire critique de l'établiſſement de la Mo-

narchie Françoise dans les Gaules par Jean-Bapt.
Dubos ; nouv. édit. revue , corrigée & augm.
Par. Didot, 1741. 2 *vol. in* 4. *v. f.*

— 1987 Mœurs & Coutumes des François dans les
différens tems de la Monarchie , par Louis le
Gendre. *Par.* 1712. *in* 12.

1988 Les mêmes. *Paris*, 1734. *in* 12. *br.*

— 1989 La Grande Monarchie de France par Cl. de
Seyssel ; la Loy Salique premiere loy des François. *Paris, Galyot du Pré*, 1541. *in* 8. *mar. v.*

— 1990 Monumens de la Monarchie Françoise , qui
comprennent l'Histoire de France, avec les figures de chaque regne en fr. & en lat. par D.
Bern. de Montfaucon. *Paris , Gandouin* , 1729.
5 *vol. in fol. v. b.*

— 1991 Recueil des Historiens des Gaules & de la
France (les plus anciens & les contemporains
publiés dans leurs langues originales, avec des
préfaces , des notes &c.) par D. Martin Bouquet.
Par. 1738 *& suiv.* 8 *vol. in fol. gr. pap. mar. r.*
avec la souscription.

— 1992 Les grans Croniques de la généalogie des Rois
de France, & de quelle lignée ils sont descendus ; depuis le Roi Priam jusqu'au couronnement
de Charles VI (appellées les Croniques de S. Denys.) *Mss. sur velin, avec des miniatures. in fol.
magno v. f.*

— 1993 Grans Cronicques de France avecques aucunes additions extraictes de Robert Gaguin, tant
du Roy Charles VIII & de Louis XII (translatées en franç. par Pierre Desrey.) *Paris , Guill.
Eustace ,* 1514. 3 *vol. in fol. goth. v. b.*

— 1994 La Toison d'or par Guillaume (Fillastre)
Evêq. de Tournay, où sont contenus les faicts
des Maisons de France , Bourgogne &c. *Paris,
Ant. Bonnemere ,* 1517. 2 *tom.* 1 *vol. in fol. mar.*

HISTOIRE. 191

1995 Recueil sommaire de la Chronique françoise en vers héroïques par Guillaume Cretin & René Macé jusqu'à Hugues Capet. *Mf. sur velin.* 5 v. *in fol. manque le quatrieme.* (*Clair.*) — 50 -

1996 Cinquieme volume des mêmes Chroniques (jusqu'au XIIe. Chap. inclus.) différent du précédent. *Mf. sur velin orné de miniatures. in f. m. r.*

1997 Mer des Histoires & Chroniques de France, extraicte en partie des anciens Croniqueurs qui ont escript depuis la fondation du monde, des faicts & gestes des Françoys, & dont ils sont descendus jusqu'au temps de François I. (par Jean des Courtils &c.) *Paris, Galliot du Pré*, 1517 & 1518. 4 *vol. in fol. goth. v. b.* — 12 - 5

1998 Pauli Æmilii de rebus gestis Francorum ad an. 1488 Libri X : acced. (Joan. Tilii) Chronicon ad an. 1539. *Par. Mich. Vascojanus*, 1539 *in fol. c. m. mar. bl. l. r.* — 26 - 1

1999 Histoire des faicts, gestes & conquestes des Rois de France jusq. 1488, par Paul Æmyle, trad. par Jean Regnart. *Par. Fred. Morel*, 1581. *in fol. gr. pap. v. f. l. r.* — 12 -

2000 Les Grandes Annales & Histoire de France, depuis Clovis jusqu'à Henry III, par Franç. de Belle-forest. *Par. Buon*, 1579. 2 *vol. in fol.* — 9 -

2001 Recueil des Rois de France, de leurs guerres & traités avec l'Angleterre : des Grands de France &c. par Jean du Tillet Sr. de la Bussiere. *Mf. sur vel. 2 vol. in fol. v. b.* — 30 -

2002 Les Recherches de la France par Estienne Pasquier. *Paris, P. Menard*, 1643. *in fol. gr. pap. v. b. l. r.* — 3 - 1

2003 Œuvres d'Est. & Nic. Pasquier, contenant les Recherches de la France : leurs Lettres : Poésies &c. *Amsterdam*, (*Trevoux*) 1723. 2 *vol. in fol. gr. pap. v. f.* — 30 -

2004 Les Recherches des Recherches & autres Œuvres d'Estienne Pasquier (par Franç. Garasse.) *Par. Seb. Chappelet*, 1622. *in* 8. *mar. r.*

—— 2005 Le Rozier historiel de France contenant deux Roziers. *Paris*, 1522. *in fol. sur vel. mar. bl. avec fig. enlumin.* (Eclaircin.)

—— 2006 La France métallique contenant les actions célebres des Rois & des Reines, remarquées en leurs médailles d'or, d'argent & de bronze, par Jacq. de Bie. *Paris, Jean Camusat*, 1636. *in fol. v. f.*

2007 Histoire de France depuis Faramond jusqu'en 1598 : avec la vie de chaque Reyne, les portraits des Rois, Reynes & des Dauphins, & les médailles fabriquées sous chaque regne, par Franç. Eudes de Mezeray. *Par. Mat. Guillemot*, 1643-1646-1651. 3 *vol. in fol. gr. pap. mar. r. l. r.*

2008 Abregé chronol. de l'histoire de France, continuée jusqu'à la mort d'Henri IV en 1610, par le même. *Par. Th. Jolly*, 1668. 3 *vol. in* 4. *v. b.*

2009 Le même avec l'origine des François avant Clovis. *Amsterd. Ab. Wolfgang*, 1673-1688. 7 *vol. in* 12. *vel.*

—— 2010 Histoire de France depuis l'établissement de la Monarchie Franç. dans les Gaules jusqu'à la mort d'Henri IV. avec le Journal hist. du regne de Louis XIII, & les fastes de celui de Louis XIV, par le P. Gab. Daniel. *Par. D. Mariette*, 1729. 10 *vol. in* 4. *gr. pap. v. b.*

—— 2011 Souscription pour la même Histoire donnée par le P. Henri Griffet.

2012 Histoire de France (composée sous les yeux de M. de Harlay par Cl. Chalons.) *Par. Jean Mariette*, 1720. 3 *vol. in* 12. *v. m*

2013 Abregé de l'Histoire de France par Jacq. Ben. Bossuet. *Par. Desaint*, 1747. 4 *vol. in* 12. *v. f.*

2014

HISTOIRE. 193

2014 Histoire de France depuis l'établissement de
la Monarchie par Velly. *Paris, Desaint.* 1755.
2 vol. *in* 12. *bl.*

2015 Plan de l'histoire de la Monarchie françoise,
où l'on trouve l'histoire des Rois, des Maisons
illustres, des Fiefs, des Charges & des grands
Hommes, par Lenglet Dufresnoy. *Paris, Didot.* 1758. 3 vol. *in* 12.

6 —

2016 Nouv. Abregé chronol. de l'Hist. de France
par Ch. Jean-Franç. Henault. *Paris, Prault,*
1744. *in* 8. *v. m.*

1 — 17.

2017 La même : troisieme édit. corrigée & augm.
& ornée de vignettes & fleurons, dess. & gravés par Cochin, avec le Supplément. *Par.* 1749-
1756. *in* 4. *gr. pap. bl.*

48 —

2018 Portraits des Rois & Reines de France pour
insérer dans le précéd. Abregé par Michel Odieuvre, au nombre de LXXI.

Histoire particuliere des Rois de France.

2019 Histoire de S. Louys par Jean Sire de Joinville avec des observat. & dissertat. historiques :
les Etablissemens de S. Louis : le Conseil de Pierre
de Fontaines, & Pieces concernant ce Royaume
par Charles du Fresne Sr du Cange. *Paris, Seb.
Mab. Cramoisy.* 1668. *in fol. mar. r.*

6 ?-10

2020 Histoire du Différend d'entre le Pape Boniface VIII & Philippes le Bel depuis 1296 jusq.
1311, avec le Procès criminel fait à Bernard,
Evêq. de Pamiers en 1295, par Pierre du Puy.
Paris, Seb. Cramoisy, 1655. *in fol. mar. r.*

12 —

2021 Traitez concernant l'histoire de France; savoir la Condamnation des Templiers, avec quelques actes; l'histoire du Schisme par Pierre Dupuy. *Par. (Brux.)* 1700. *in* 12.

1. 12

Bb

HISTOIRE.

2022 Histoire de Bertrand du Guesclin, dep. 1326 jusq. 1380 avec les preuves, par Paul Hay du Chastelet. *Par. Billaine, 1666. in f. gr. pap. v. s.*

2023 Croniques de Fr. d'Anglet. Descoce, Depaigne, de Bretaigne, de Gascongne, de Flandres & lieux circonvoisins, depuis l'an 1326 jusqu'en 1400 par Jehan Froissart. *Par. Ant. Verard. 2 v. in fol. goth. sur velin avec des miniatures en or & en couleurs.* Les Sommaires des Chapitres sont écrits à la marge.

2024 Les mêmes, revues & corrigées sur divers exemplaires par Denys Sauvage. *Lyon, Jan de Tournes, 1559. 2 vol. in fol. v. f. l. r.*

2025 Histoire de Charles VI & des choses mémorables depuis 1380 jusq. 1422, par Jean Juvenal des Ursins, avec les preuves par Denys Godefroy. *Par. Imp. roy. 1653. in fol. mar. r.*

2026 Histoire de France sous les regnes de S. Louis, Phil. de Valois, du Roi Jean, de Charles V & Charles VI, par Franç. Thimoleon de Choisy. *Paris, Didot, 1750. 4 vol. in 12. mar. cit.*

2027 Histoire de Charles VI, par Baudot de Juilly, donnée par Marguerite de Lussan. *Paris, 1756. 9 vol. in 12. bl.*

2028 Harangue de l'Université au Roy Charles VI touchant le gouvernem. du Roy & du Royaume en 1406. *Par. Gilles Corrozet, 1561. in 8. parch.*

2029 Histoire de Charles VII par Jean Chartier, Jacq. le Bouvier dit Berry, Mathieu de Coucy, & autres Auteurs du temps, depuis 1422 jusq. 1461, avec les preuves par Denys Godefroy. *Par. Impr. royale, 1661. in fol. mar. r.*

2030 Histoire de Charles VII par Nic. Baudot de Juilly. *Paris, Didot, 1754. 2 vol. in 12. bl.*

2031 Histoire de Jeanne d'Arc, vierge, héroïne & martyre d'Etat, tirée des procès & autres pie-

ces originales du tems, par Nic. Lenglet du Fref-
noy. *Orleans* (*Par.*) 1754. 3 *vol. in* 12. *br.*

2032 Mémoires pour servir à l'Histoire de France
& de Bourgogne, contenant un Journal de Pa-
ris sous les regnes de Charles VI & de Charles
VII &c. (recueillis par l'Abbé des Salles, publiés
par D. Guill. Aubré.) *Par. Giffart*, 1729. *in* 4. *bl.*

2033 Les Chroniques de France, d'Angleterre, de
Flandres, de Bourgogne &c. depuis l'an 1400
jusq. 1467, par Enguerrand de Monstrelet. *Par.
Ant. Verard.* 3 *tom.* 2 *vol. in fol. goth. gr. pap.
mar. v. à compartim. l. r.*

2034 Mémoires de Philippes de Comines, conte-
nant l'histoire des Rois Louis XI & Charles VIII,
depuis l'an 1464 jusq. 1498, revus & corrigés
sur divers mss. augmentés de plusieurs Traictés,
Contracts, Testaments, autres actes & de di-
verses observations par Denys Godefroy. *Paris,
Imprim. royale*, 1649. *in fol. mar. r.*

2035 Les mêmes. *Leide*, *Elzevier*, 1648. 2 *vol.
in* 12. *mar. bl. l. r.*

2036 Les mêmes : nouv. édit. augm. par Nicolas
Lenglet du Fresnoy. *Paris*, *Rollin*, 1747. 4 *v.
in* 4. *gr. pap. v. f.*

2037 52 Portraits pour les Mémoires de Comi-
nes, gravés par les soins d'Odieuvre. *in* 4.

2038 Histoire de Louis XI, par Ch. Duclos, avec
un Recueil de pieces. *Par. Guerin*, 1745-1746.
4 *vol, in* 8. *v. f.*

2039 Histoire du regne de Louis XI, par Mlle de
Lussan. *Par. Pissot*, 1755. 6 *vol. in* 12. *bl.*

2040 Histoire de Charles VIII, par Guill. de Ja-
ligny, And. de la Vigne & autres, dep. 1483
jusq 1498. par Denys Godefroy. *Par. Impr. roy.*
1684. *in fol. mar. r.*

2041 Histoire de Louis XII, par l'Abbé Tailhé.

Par. Lottin, 1755. 3 *vol. in* 8. *br.*

2042 Le Siege de Mets en 1552, par Bern. de Salignac. *Paris, Ch. Eſtienne*, 1553. *Imprimé ſur vel. in* 4. *mar. r.*

2043 La Tragédie de Gaſpar de Colligni par Fr. de Chantelohue. 1581.——La Guiſiade, Tragédie par Pierre Matthieu. *Lyon, Jacq. Rouſſin*, 1589. *in* 8. *mar. v.*

2044 Mémoires de Condé : nouv. édit. donnée par Denis-François Secouſſe, avec un Supplém. publié par Nic. Lenglet du Freſnoy. *Par. Rollin*, 1743. 6 *vol. in* 4. *gr. pap. v. f.*

2045 Mémoires de l'Eſtat de France ſous Charles IX, dep. 1570 juſq. 1574. *Meidelbourg, Henri Wolf.* 1578. 3 *vol. in* 8. *v. f.*

2046 Mémoires de Michel de Caſtelnau (depuis 1559 juſq. 1570) avec les preuves par Jean le Laboureur : nouv. édit. augm. de pieces & de 400 armoiries. *Brux. J. Leonard*, 1731. 3 *vol. in fol. gr. pap. mar. r.*

2047 Commentaires de l'eſtat de la Religion & République ſous les Rois Henry & François II & Charles IX, (par Pierre de la Place.) 1565. *in* 8. *v. m.*

2048 Mémoires de la vie de François Scepeaux, Sire de Vielleville & Comte de Duretal, contenant pluſieurs anecdotes des regnes de François I, Henri II, François II & Charles IX, par Vincent Carlois. *Par. H. L. Guerin*, 1757. 5 *vol. in* 8. *bl.*

2049 Le Cabinet du Roy de France, dans lequel il y a trois Perles précieuſes d'ineſtimable valeur &c. (par Nic. Froumenteau.) 1581. *in* 8. *v. f.*

2050 Lettres de Paul de Foix, Ambaſſadeur du Roy auprès du Pape Grégoire XIII des années 1581 & 1582. *Paris, Ch. Chappelain*, 1628. *in* 4. *v. b.*

2051 Moyens d'abus, entreprises & nullités du Rescrit & Bulle du Pape Sixte V contre Henry de Bourbon, Roy de Navarre, & Henry de Bourbon, Prince de Condé, (par Pierre de Belloy.) *Coloigne, Hérman Jobin*, 1586. *in* 8. *vel.*

2052 Discours politiques & militaires de (François) Seign. de la Noue. 1587. *in* 8. *mar. r.*

2053 Satyre Menippée de la vertu du Catholicon d'Espagne, & de la tenue des Etats de Paris (par Pierre le Roy) avec les remarques de Pierre Dupuy, de Jacob le Duchat &c. avec figures. *Ratisbonne (Bruxelles,)* 1726. 3 *vol. in* 8. *v. b.*

2054 Recueil de diverses pieces servant à l'histoire d'Henry III. *Cologne*, 1666. *in* 12. *v. f.*

2055 Journal d'Henri III, ou Mémoire pour servir à l'histoire de France, par Pierre de l'Estoile: nouv. édit. avec des remarq. historiq. & des pièces, par Nic. Lenglet du Fresnoy. *Paris, ve. Gaudouin,* 1744. 5 *vol. in* 8. *v. f.*

2056 De justa Henrici III. Abdicatione e Francorum regno Libri IV. (autore Joan. Boucher.) *Par. Nic. Nivellius.* 1589. *in* 8. *v. f.*

2057 Sermons de la simulée conversion & nullité de la prétendue absolution de Henri de Bourbon, Prince de Bearn à S. Denys, le 25 Juillet 1593, prononcés en l'Eglise de S. Méry, depuis le prem. Août jusqu'au neuf dud. mois, par Jean Boucher. *Par. G. Chaudiere,* 1594. *in* 8. *vel.*

2058 Apologie pour Jehan Chastel, & pour les PP. & les Escholiers de la Soc. de Jesus, bannis du Royaume de France, contre l'Arrêt du Parlem. du 29 Décembre 1594 par Franç. de Verone (Jean Boucher,) 1595. *in* 8. *mar. r.*

2059 La même avec différens Traités. 1610. *in* 8. *v. f.*

2060 Apologia pro Joh. Castello mortis supplicio affecto, & pro Patribus &c. acced. alii Tractatus. *Lugd.* 1611. *in* 8. *mar. r.*

HISTOIRE.

2061 Recueil contenant les choses plus mémorab. advenues sous la Ligue, tant en France, Angleterre qu'autres lieux, depuis 1576 jusq. 1598, par Simon Goulart. *Geneve.*) 1590 & *suiv.* 6 vol. *in* 8. *v. f.*

2062 Les mêmes: nouv. édit. avec des notes hist. données par Cl. Pierre Goujet. *Par.* 1758. 6 v. *in* 4. *gr. pap. bl.*

2063 Histoire des Guerres civiles de France, sous François II, Charles IX, Henri III & Henri IV, depuis 1559 jusqu'en 1598, trad. de l'ital. de Henri Caterin Davila, avec des notes par Mallet. *Amst.* (*Par.*) 1757. 3 vol. *in* 4. *gr. pap. bl.*

2064 Le Bouclier d'honneur & les beaux Faits de Louis de Berton de Crillon, par le P. Franç. Bening. *Par.* 1759. *in* 12. *br.*

2065 Mémoires des sages & royales Œconomies d'Estat de Maxim. de Bethune, Duc de Sully, depuis 1572 jusq. 1610. *Amst.* 3 v. *in f. mar. r.*

2066 Les mêmes mis en ordre avec des remarques, par Pierre-Math. de l'Ecluse. *Lond.* (*Par.*) 1745. 3 vol. *in* 4. *gr. pap. v. f.*

2067 LVI Portraits pour les Mémoires de Sully, gravés par les soins d'Odieuvre.

2068 Observations sur la nouv. édition des Mémoires de Sully. *La Haye* (*Par.*) 1747. *in* 12. *v. b.*

2069 Lettres d'Arnauld Cardinal d'Ossat, avec des notes hist. & polit. de Nic. Abr. Amelot de la Houssaye. *Amsterdam*, *P. Humbert*, 1708. 5 vol. *in* 12. *v. f.*

2070 Jac. Aug. Thuani Historiarum sui temporis Libri, ab anno 1546 ad an. 1607. nova editio. *Lond.* 1733. 7 vol. *in fol. c. m. mar. bl.*

2071 Histoire universelle de Jacq. Aug. de Thou, depuis 1543 jusq. 1607, trad. sur l'Edition lat. de Londres. *Londres* (*Par.*) 1734. 16 vol. *in* 4. *gr. pap. v. f.*

HISTOIRE.

2072 Mémoires de la vie de Jacq. Aug. de Thou, par N. d'Ifs & Jacq. George le Petit, avec les Portraits & la Pyramide. *Amst. Franç. l'Honoré*, 1713. *in* 12. *vel.*

2073 Mémoires de (Louis Gonzague,) Duc de Nevers (depuis 1574 jusq. 1610) avec plusieurs pieces : redigés par Marin le Roy de Gomberville. *Par. L. Billaine*, 1665. 2 *v. in f. m. r.*

2074 Mémoires de la Vie de Théodore Agrippa d'Aubigné : de Frederic-Maurice de la Tour ; Relation de la Cour de France en 1700, par Priolo. *Amsterdam, Bernard*, 1731. 2 *tom.* 1 *vol. in* 12. *v. f.*

2075 Histoire du Roy Henry le Grand, par Hardouin de Perefixe. *Amst. Elzev.* 1661. *in* 12. *vel.*

2076 La même. *Par. Savoye*, 1749. *in* 12. *v. f.*

2077 Journal d'Henri IV par Pierre de l'Estoile avec des remarques hist. & polit. de Nic. Lenglet du Fresnoy. *La Haye*, (Paris,) 1741. 4 *vol. in* 8. *v. f.*

2078 Recueil des Pieces les plus curieuses composées pendant le regne du Connestable de Luynes. 1622. *in* 8. *mar. bl.*

2079 Mémoires d'Etat de Nic. de Neufville Sgr. de Villeroy sous Charles IX, Henry III, Henry IV & Louis XIII, depuis 1567 jusq. 1620, publiés par du Mesnil Basire. *Par.* 1525. 4 *vol. in* 8. *velin.*

2080 Mémoires de Phil. de Mornay, depuis 1572 jusq. 1623. *A la Forest*, 1624. *Amst. Cl. Elzev.* 1651. 4 *vol. in* 4. *m. v.*

2081 Histoire de la Vie de Phil. de Mornay (sur les Mémoires de Charlotte Arbalestre sa femme, par David de Licques.) *Leyde*, 1647. *in* 4. *mar. v.*

2082 Mémoires particuliers (d'Angoulesme, d'Estrées &c.) pour servir à l'histoire de France sous

HISTOIRE.

Henri III, Henri IV & Louis XIII. *Par. Didot*, 1756. 4 *vol. in* 12. *bl.*

2083 Recueil de pieces concernant le Prince de Condé, la Reine Mere ; la Rencontre de Maître Guillaume ; la Répônfe de Crofler;la Prédiction de Morgare & autres Pieces de 1614. *Paris*, 1614. *in* 8. *v. f.*

2084 Mém. de (Henry) Duc de Rohan, (depuis 1610 jufq. 1629.) *Par.* 1661. 2 *v. in* 12. *m. r.*

2085 Mémoires du Maréchal de Baffompierre. *Amft.* (*Trevoux*,) 1723. 4 *vol. in* 12. *mar. cit.*

2086 Ambaffade du même en Suiffe 1623 & 1625, en Efpagne en 1621, & en Anglet. en 1626. *Cologne*, (*Amft.*)1668. 2 *vol. in* 12. *mar. cit.*

2087 Avantures du Baron de Fœnefte par Théod. Agrippa d'Aubigné, avec les remarques de Jacob le Duchat. 1731. 2 *v. in* 12. *v. f.*

2088 Mémoires de Fr. de Bourdeille, Comte de Montrefor. *Leyde*, *J. Sambix*, (*Elzevier*) 1665. 2 *vol. in* 12. *vel.*

2089 Idée d'une belle mort, ou d'une mort chreft. dans le recit de la fin heureufe de Louis XIII, par le P. Ant. Girard. *P. Impr. roy.* 1656. *in f.m.r.*

2090 Hiftoire du regne de Louis XIII, contenant les chofes les plus remarquables arrivées en Fr. & en Europe, dep. 1610 jufq. 1643, par Mich. le Vaffor. *Amft. P. Brunel*, 1700. 10 *v. in* 12.

2091 Codicilles de Louis XIII à fon très cher fils aîné & fucceffeur. (*Par.*) 1643. 2 *v. in* 24. *m. bl.*

2092 Recueil de IX Pieces du Sr. de S. Germain contre le Cardinal de Richelieu, dont Lettres du P. Chantelou, de la Cordonniere, le Catholicon François. *in* 8. *v. f.*

2093 Recueil de Pieces au fujet de la Reine mere de Louis XIII Catholicon françois. — Séjour royal de Compiegne depuis Clovis, jufqu'à Louis

HISTOIRE.

Louis XIV. *Par.* 1647.——L'Horoscope du Card. Mazarin & autres Pieces sur le même Cardinal. *in* 4. *v. f.*

2094 Recueil des Testamens politiques de Richelieu, Louvois, Colbert &c. *Par. Didot*, 1754. 4 *vol. in* 12. *bl.*

2095 III Pieces sur le Testament du Card. de Richelieu, par MM. de Voltaire & de Foncemagne &c. *in* 12.

2096 Mémoires de la Porte, contenant plusieurs particularités des Regnes de Louis XIII & de Louis XIV. *Geneve (Paris,)* 1755. *in* 12. *br.*

2097 Histoire du Traité de Westphalie, ou des Négociations qui se firent à Munster & à Osnabrug pour établir la paix entre toutes les Puissances de l'Europe, par le P. Guil. Hyac. Bougeant. *Paris, Mariette*, 1744. 3 *vol. in* 4. *v. f.*

2098 Mémoires de Michel de Marolles (depuis 1600 jusq. 1655,) avec des notes hist. & crit. *Amst. (Par.)* 1755. 4 *vol. in* 12. *bl.*

2099 Procez verbaux des deux Conférences tenues à Ruel le 1 Février & le 16 Mars 1649 entre les Députés du Roi & ceux du Parlement & autres Compagnies souveraines. *Par.* 1649. *in* 4. *v. b.*

2100 Mémoires de Jean Franç. Paul de Gondy, Card. de Retz, conten. ce qui s'est passé pendant les prem. années du regne de Louis XIV. *Amst. Fred. Bernard*, 1731. 4 *vol. in* 12. *v. f.*

2101 Mémoires de Gui Joli. *Amst. J. Fred. Bernard*, 1738. 2 *vol. in* 12. *v. f.*

2102 Mémoires de Madame la Duchesse de Nemours jusqu'à la prison du Cardinal de Retz en 1652. *Amst. J. Fr. Bernard*, 1738. *in* 12.

2103 Jugement de tout ce qui a été imprimé contre le Card. Mazarin depuis le 6 Janvier jusqu'à la Déclaration du 1 Avril 1649, par Gab. Naudé. (718 pag.) *in* 4. *gr. pap. v. b.*

2104 Eclaircissement de quelques difficultés touchant l'administration du Cardinal Mazarin par Jean de Silhon. *Par. Impr. roy.* 1650. *in fol. v. b.*

2105 Entrée de Louis XIV & de Marie-Therese d'Autriche dans la Ville de Paris, avec les fig. de Chauveau. *Paris, P. le Petit,* 1662. *in fol. gr. pap. mar. r.*

2106 La Pompe funebre, & les Eloges de Jule Mazarini Card. Poëme héroïque de Vincent Duval. *Paris, Seb. Martin,* 1664, *in fol. mar. r.*

2107 Mémoires de M. de Bordeaux. (*Trevoux,*) 1758. 4 *vol. in* 12. *bl.*

2108 Mémoires pour servir à l'histoire d'Anne d'Autriche, (depuis 1615 jusq. 1666) par Me. Franç. Bertaut de Motteville. *Amsterd. Fr. Changuion,* 1723. 5 *vol. in* 12. *vel.*

2109 Les Divertissemens de Versailles donnés par le Roy au retour de la conquête de la Franche-Comté en 1674, par André Felibien. *Par.* 1674. *in* 12. *v. b.*

2110 Histoire de Louis XIV, depuis 1661 jusqu'à 1678, par Pelisson. *Paris, Rollin.* 1749. 3 *vol. in* 12. *v. f.*

2111 La Devise du Roi, justifiée par le P. Cl. Menestrier, avec un Recueil de 500 Devises pour le Roi & la Maison Royale. *Paris, Est. Michallet,* 1679. *in* 4. *v. b.*

2112 Apologie de Louis XIV & de son Conseil, sur la révocation de l'Edit de Nantes &c. (par de Caveirac. *Paris*), 1758. *in* 8.

2113 Le Triomphe de la Religion sous Louis XIV, représenté par des inscriptions & des devises, avec une explication en vers lat. & franç. par le P. le Jay. *Par. Gab. Martin.* 1687. *in* 12. *v. f.*

HISTOIRE.

2114 Mémoires ou Effai pour fervir à l'Hiftoire de M. le Tellier, Marquis de Louvois. *Amft. Le Cene*, 1740. *in* 12. *br.*

2115 Hiftoire de Louis de Bourbon II du nom Prince de Condé, contenant ce qui s'eft paffé en Europe depuis 1640 jufqu'en 1686, par P. Cofte. *La Haye*, *Neaulme*, 1748. *in* 4. *gr. pap. v. f.*

2116 Hiftoire des demêlez de la Cour de France avec la Cour de Rome, au fujet de l'affaire des Corfes, par Fr. Seraphin Regnier Defmarais. (*Par. Impr. roy.*) 1707. *in* 4. *v. f. l. r.*

2117 Teftament politique du Card. Jules Mazarin. *Amft.* 1695. *in* 12. *v. b.*

2118 La vie de Madame la Ducheffe de la Valiere. *Cologne*, 1695. *in* 12. *v. m.*

2119 Mémoires de M. de Torcy, pour fervir à l'hiftoire des négociations, depuis le Traité de Rifwick, jufqu'à la paix d'Utrecht. *La Haye*, (*Par.*) 1756. *3 vol. in* 12. *v f.*

2120 Jean &c. *Amft.* 1719 *5 vol. in* 12. *v. br.*

2121 Lettres de Louis XIV, recueillis par M. Rofe, avec des remarq. hift. par Morelly. *Par.* 1755. *2 vol. in* 12. *bl.*

2122 Lettres de Me. (Franç. d'Aubigné) de Maintenon, données par Laur. Angliviel de la Beaumelle. *Nancy*, 1752. *2 tom. 1 vol. in* 12. *m. r.*

2123 Les mêmes: nouv. édition augm. des Mémoires, par le même. *Brux.* 1755. *15 vol. in* 12. *bl. p. d'Holl.*

2124 Hiftoire de Louis le Grand par les médailles, emblêmes, devifes, jettons, infcriptions, armoiries recueillis & expliqués par le P. Cl. Franç. Meneftrier. *Par.* 1693. *in fol. gr. pap. mar. r.*

2125 Médailles fur les principaux évenemens du regne de Louis XIV, avec des explications hiftoriques, par l'Académie des Médailles & de-

Inscriptions. *Par. Imp. Roy.* 1702. *in* 4. *v.m.*

2126 Les mêmes, avec la Préface. *Par. Imp. roy.* 1702. *in fol. mar. r.* (*Clairein.*)

2127 Les mêmes, continuées jusqu'en 1723. *Par. Imp. roy.* 1723. *in fol. mar. r.*

2128 Vûes des Villes conquises par Louis XIV, au nombre de 89 pieces, gravées par Vander-Meulen. *in fol. gr. pap. v. b.*

2129 Les glorieuses Conquêtes de Louis XIV, (ou Description & Plans des Batailles, des Siéges & des Villes, avec les portraits des Princes, des Généraux &c.) depuis la Bataille de Rocroy jusqu'à la prise de Namur en 1692, par Seb. Pontault, Chev. de Beaulieu. 3 *vol. in fol. gr. pap. v. b.*

Le 3e. Vol. est composé des Plans, Profils des principales Villes de France, de Lorraine, d'Artois, de Catalogne &c. par le même Beaulieu: collés sur du papier grand aigle.

2130 Histoire Militaire de Flandre, depuis 1690 jusqu'en 1694, qui comprend le détail des marches, campemens, batailles, siéges &c. des Armées du Roi & de celles des Alliés pendant ces cinq campagnes, par le Chev. Beaurain. *Paris,* 1755. 2 *vol. in fol. bl.*

2131 Histoire militaire du regne de Louis XIV, enrichie de Plans, avec un Traité de pratiques & maximes de l'Art militaire, par le Marquis de Quincy. *Par. D. Mariette,* 1726. 7 *vol. in 4. v. b.*

2132 La même. 7 *vol in 4. gr. pap. bl.*

2133 Histoire de France sous le regne de Louis XIV, par Isaac de Larrey. *Rotterd. Bohm,* 1721. 9 *vol. in 12.*

2134 Histoire de la vie & du regne de Louis XIV, publiée par Aug. Bruzen de la Martiniere, avec

HISTOIRE.

des fig. & des médailles. *La Haye*, *van Duren*, 1740. 5 *vol. in* 4. *gr. pap. mar. r.*

2135 Histoire du regne de Louis XIV, par Reboulet. *Avignon*, *Franç. Girard*, 1744. 3 *vol. in* 4 *v. f.*

2136 LXXXI Portraits pour l'hist. de Louis XIV, par Reboulet, gravés par les soins d'Odieuvre.

2137 Annales politiques de Ch. Irenée Castel de S. Pierre. (*Paris*), 1757. 2 *vol. in* 8. *bl.*

2138 Histoire Littéraire du Regne de Louis XIV, par Cl. Franç. Lambert. *Par. Prault*, 1751. 3 *vol. in* 4. *br.*

2139 Liste des Gens d'affaires, contenant les taxes des personnes sujettes à la chambre de Justice, de 1715-1717. *in* 8. *v. f.*

2140 Histoire du système des Finances sous la minorité de Louis XV, en 1719 & 1720. *La Haye*, 1739. 6 *tom.* 3 *vol. in* 12. *v. f.*

2141 Histoire du Visa fait en France pour la réduction & l'extinction de tous les papiers Royaux & des Actions de la Compagnie des Indes &c. *La Haye*, *Scheurleer*, 1743, 4 *tom.* 2 *vol. in* 12. *v. f.*

2142 Mémoires de la Régence de M. le Duc d'Orléans, durant la minorité de Louis XV. *La Haye*. *J. Vanduren*, 1729. 3 *vol. in* 12. *vel.*

2143 La Vie de Philippe d'Orleans par L. M. D. M. *Londres*, 1737. 2 *vol. in* 12. *vel.*

2144 Mémoires de M. du Guay-Trouin. *Paris*, *Simon*, 1740. *in* 4. *gr. pap. v. m.*

2145 Mémoires de Madame de Staal, écrits par elle-même. *Lond.* (*Par.*) 1755. 3 *v. in* 12. *br.*

2146 Mémoires de l'Abbé de (Charles Alexandre) Montgon. *Paris*, 1750. 7 *vol. in* 12. *br.*

2147 Médailles du regne de Louis XV, par Godonnesche. *in fol. mar. r.*

2148 Histoire de Maurice Comte de Saxe. *Par.* 1752. 3 *vol. in* 12. *v. f.*

206 HISTOIRE.

2149 Plans & Journaux des sieges de la derniere guerre de Flandres rassemblés par deux Capitaines étrangers au service de France. *Strasbourg, Melchior Paufchinger*, 1750. *in* 4. *bl.*

2150 Les Campagnes de Louis XV le Bien-aimé, représentées par des figures allégoriques, avec des explications historiq. par A. Gosmond. *Par.* 1751. *in* 4. *bl*

2151 Recueil de pieces en vers & en prose au sujet de la petite vérole de M. le Dauphin en 1752. *in* 4.

2152 Pieces de vers & de prose sur la naissance de M. le Duc de Bourgogne. *in* 4.

2153 Mémoires des Commissaires du Roi & de ceux de Sa M. Brit. sur les possessions & les droits respectifs des deux Couronnes en Amérique, avec les actes publics & pieces justificatives. *Par. Impr. roy.* 1755-1756. 4 *vol. in* 4. *bl.*

2154 L'Observateur Hollandois sur l'état présent des affaires de l'Europe (par Jos. du Fresne de Francheville.) *La Haye*, (*Par.*) 1755 & *suiv.* 42 parties. *in* 12. *br.*

2155 Le Peuple Juge, par Genest. 1756. *in* 12. *br.*

2156 Le Peuple instruit, par le même. *Paris*, 1756. *in* 12. *br.*

2157 Pieces originales & Procédures du procès fait à Rob. Franç. Damiens, avec la Table des matieres, l'Arrêt & les deux figures. *Par. P. G. Simon*, 1757. *in* 4. *gr. pap. bl.*

2158 Parallele de la conduite du Roi avec celle du Roi d'Angleterre, relativement aux affaires de l'Empire. *Par. Imp. roy.* 1758. *in* 8. *br.*

2159 La Conduite du Roi comme Electeur, mise dans son vrai jour, ou Réponse à l'écrit précedent. 1759. *in* 12. *br.*

2160 Histoire de la Campagne de 1757 sur le Bas-Rhin, dans l'Electorat d'Hanovre &c. *Francf.* 1757. *in* 12. *br.*

HISTOIRE.

HIST. DES PROVINCES &c. DE FRANCE.

2161 Description de la Ville de Paris en vingt planches par de la Caille. *Par.* 1714. *in f. m. r.*
2162 Plan de Paris levé & gravé par les ordres de M. Turgot. 1740. *in fol. v. m.*
2163 Le même monté sur gorge.
2164 Théatre des Antiquités de Paris, où est traité de la fondation des Eglises & Chapelles de la Cité, Université, Ville & Dioc. de Paris &c. par Jacq. du Breul. *Par. Cl. de la Tour,* 1612. *in* 4. *v. f.*
2165 Histoire & Recherches des Antiquités de la Ville de Paris par Henry Sauval, avec les Amours des Rois de France. *Par. Ch. Moette,* 1724. 3 *vol. in fol. gr. pap. br.*
2166 Histoire de la Ville de Paris par D. Michel Felibien, revue, augmentée & mise au jour par D. Guy-Alexis Lobineau, avec les preuves. *Par. Guill. Desprez,* 1725. *in fol. gr. pap. v. f.*
2167 Nouv. Annales de Paris jusqu'au regne de Hugues Capet, avec le Poëme d'Abbon sur le siege de Paris par les Normans en 885 & 886, avec des notes par D. Toussaint du Plessis. *Par. Veuve Lottin,* 1753. *in* 4. *gr. pap. v. f.*
2168 Dissertations sur l'Histoire ecclés. & civile de Paris, suivies de plusieurs éclaircissemens sur l'Histoire de France par Jean Lebeuf. *Par. Durand,* 1739 *& suiv.* 3 *vol. in* 12. *v. f.*
2169 Essais historiques sur Paris, par de Saint Foix. *Par.* 1755. 2 *vol. in* 12. *bl.*
2170 Projet d'une Histoire de la Ville de Paris sur un plan nouveau par Coste. *Paris,* 1739. *in* 12.
2171 Histoire du Diocese de Paris, par Jean Lebeuf. *Par. Prault,* 1755. 11. *vol. in* 12. *bl.*
2172 S. Denis l'Aréopagite, Ev. de Paris, par Gab. de Gaumont. *Par. Flor. Lambert.* 1673. *in* 8.

HISTOIRE.

2173 Recueil & Mémoire historique touchant l'origine & ancienneté de la présentation du Tableau votif des Orfévres. *Par.* 1685. *in* 8. *v. f.*

2174 Chronologie hist. des Curés de S. Benoist, depuis 1181 jusq. 1752, par Jean Bruté. *Paris, Guil. Desprez.* 1752. *in* 12. *v. f.*

2175 Essai d'une histoire de la Paroisse de S. Jacques de la Boucherie. *Par.*, 1758. *in* 12. *bl.*

2176 Traicté de l'antiquité & privileges de la S. Chapellé de Paris, par Seb. Roulliard. *Par. Th. de la Ruelle,* 1606. *in* 12.

2177 Cæs. Egassii Bulæi Historia Universitatis Parisiensis. *Par.* 1665. 6 *vol. in fol. v. f.*

2178 Histoire de l'Abbaye de S. Germain des Prez, par D. Jacq. Bouillart. *Par. Dupuis,* 1727. *in fol. gr. pap. v. f.*

2179 Vues, Perspective & Tableaux de l'Eglise des Enfants trouvés de Paris, peints par L. Natoire, gravés par Et. Fessard en 1756 en 13 planches.

2180 Projet des embellissemens de la Ville de Paris, par Guill. Poncet de la Grave. *Par.* 1755. 3 *vol. in* 12. *gr. pap.*

2181 Carte des Environs de Paris par Jaillot, montée sur gorge.

2182 Histoire de l'Abbaye de Saint Denis, par D. Michel Felibien. *Par. Leonard,* 1706. *in fol. v. b. figures.*

2183 Histoire de l'Abbaye de S. Ouen de Rouen, avec celle des Abbayes de Ste Catherine & de S. Amand par D. Fr. Pommeraye. *Rouen, Rich. Lallemant,* 1662. *in fol. v. f.*

2184 Histoire de Bretagne par D. P. Hyac. Morice, avec les preuves. *Paris, Ch. Osmont,* 1744-1750. 4 *vol. in fol. gr. pap. bl.*

2185 Histoire de Rochefort, contenant l'établissement de cette Ville, de son Port & Arsenal de Marine,

HISTOIRE. 209

Marine, & les antiquités de son Château (par le Pere Theod. de Blois.) *Paris Briasson*, 1733. *in* 4. *v. m.*

2186 Histoire de Bresse & de Bugey par Sam. Guichenon. *Lyon, Ant. Huguetan*, 1650. 2 *v. in f. v. f.*

2187 Description de la Limagne, d'Auvergne, avec plusieurs Médailles, Statues, Oracles &c. par Gabriel-Symeon, trad. de l'italien par Ant. Chappuys. *Lyon, Guill. Roville*, 1561. *in* 4. *m.r.*

2188 Dissertations sur les anciens monumens de la Ville de Bordeaux, sur les Ducs d'Aquitaine &c. par l'Abbé Venuti. *Bordeaux*, 1754. *in* 4. *br.*

2189 Charges du Procès de M. Lescalopier, par M. le Franc. 1756. *in* 12. *br.*

2190 Histoire générale de Languedoc avec des notes & les pieces justificatives, par D. Cl. de Vic & D. Jos. Vaissete. *Paris, Vincent*, 1730 & *suiv.* 5 *vol. in fol. mar. r.*

2191 Discours historial de la Cité de Nismes, avec fig. par Jean Poldo d'Albenas. *Paris, Guill. Roville*, 1559. *in fol. v. b.*

2192 Histoire de la Ville de Nismes, avec des notes, des preuves & des dissertations &c. par Leon Mesnard. *Par. Chaubert*, 1750 & *suiv.* 3 *vol. in* 4. *gr. pap. bl.*

2193 Dissertation sur l'ancienne inscription de la maison carée de Nismes par Seguier. *Paris, Tillard*, 1755. *in* 12. *br.*

2194 Carte du Canal de Provence, du Canal d'Aix & de Marseille, par J. A. Floquet.

2195 La Chorographie, ou Description de Provence & l'histoire du même Pays, par Honoré Bouche. *Aix, Ch. David*, 1664. 2 *vol. in fol. mar. r.*

2196 Description de la Ville de Marseille, avec trois Vue & Perspective de la Ville de Marseille & de ses environs en cinq Cartes gravées par

Dd

P. J. Duret fous la direction du fieur le Bas. *En roulleau.*

2197 Hiftoire de la Ville de Marfeille, depuis fa fondation jufqu'à nos Rois, par Ant. de Ruffi : nouvelle édition augm. par Louis-Ant. de Ruffi. *Marfeille, H. Martel,* 1696. *in fol. gr p. m. r.*

2198 Remontrances de la Nobleffe de Provence pour la révocation des Arrêts portant réunion au Domaine du Roi des terres aliénées & inféodées par les Comtes de Provence, par Noel Gaillard. *Aix, J. B. Roize,* 1669. *in fol. v. f.*

2199 Mémoire de M. de Klinglin. *Grenoble (Par.)* 1753. *in* 12. *br.*

2200 Antiquités de la Gaule Belgique, Royaulme de France, Auftrafie & Lorraine, par Richard de Waffebourg. *Par. Vinc. Sertenas,* 1549. *in f. v. f.*

MESLANGES DE L'HIST. DE FRANCE.

2201 Hiftoire de l'anc. gouvernement de la France, avec XIV Lettres hiftor. fur les Parlemens ou Etats généraux, par Henry, Comte de Boulainvilliers. *La Haye,* 1727. 3 *vol. in* 8. *v. f.*

2202 Differtation hift. & crit. pour fervir à l'hift. des premiers tems de la Monarchie Françoife. *Colmar,* 1754. *in* 12. *br.*

2203 Etat de la France extrait des Mémoires dreffés par les Intendans pour M. le Duc de Bourgogne, par Henry, Comte de Boulainvilliers. *Londres (Trevoux)* 1752. 8 *vol. in* 12. *v. f.*

2204 Mémoires préfentés à M. le Duc d'Orleans, par le même. 1727. 2 *tom.* 1 *vol. in* 12. *v. b.*

2205 Le Sacre de Louis XV en 1722, gravé par les plus habiles Graveurs du tems. *in fol. gr. pap. mar. r. à dent.*

2206 Defcription des Fêtes données par la Ville

HISTOIRE.

de Paris à l'occasion du mariage de Me. Louise-Elisabeth de France & de D. Philippe &c. (le 29 & 30 Août 1739.) *Par.* 1740. *in fol. gr pap. v. b. à dent.*

2207 Fêtes publiques données par la Ville de Paris à l'occasion du mariage de Mgr. le Dauphin les 23 & 26 Février 1745. *in fol. m. bl.*

2208 Description de la Fête donnée par la Ville de Paris à l'occasion du mariage de M. le Dauphin avec la Princesse Marie Josephe de Saxe le 13 Févr. 1747. *in fol. bl.*

2209 Relation de l'arrivée du Roi au Havre-de-Grace le 19 Sept. 1749, & des fêtes qui se sont données à cette occasion. *Par.* 1753. *in fol. bl.*

2210 Représentation des fêtes données par la Ville de Strasbourg pour la convalescence du Roi, inventée, dessinée & dirigée par J. M. Weis. *in fol. gr. pap. mar. à dent.*

2211 Traité de la Majorité de nos Rois, & des Régences du Royaume : ensemble un Traité des prééminences du Parlement de Paris, par Pierre Dupuy. *Par. Ve. Dupuy,* 1655. *in* 4. *mar. r.*

2212 Lits de justice tenus par le Roi de France dans leurs Parlemens, tant pour la publication de leurs Edits qu'autres occasions, depuis 1487 jusq. 12. Avril 1633. *Mss. in fol. v. m.*

2213 Procez verbaux des Lits de justice & pieces à ce sujet. *in fol. & in* 4.

2214 Recueil gén. des pieces touchant l'affaire des Princes légitimes & légitimés. *Roterd.* (*Rouen.*) 1717. 4 *vol. in* 12. *v. f.*

2215 Histoire des Connestables, Chanceliers & Gardes des Sceaux, Maréchaux, Admiraux, Surintendans de la Navigation & Généraux des Galeres de France ; des grands-Maîtres de la Maison du Roi & des Prevosts de Paris, avec leurs armes & blasons, par Jean le Feron, revue & continuée par Denys Godefroy. *Paris, Imprim. roy.* 1658. *in fol. mar. r.*

2216 Histoire de la Milice françoise, & des changemens qui s'y sont faits depuis l'établissement de la Monarchie dans les Gaules jusqu'à la fin du regne de Louis XIV, par le P. Gab. Daniel. *Par. J. B. Coignard*, 1721. 2 *vol. in* 4. *gr. pap. v. f.*

2217 Lettres historiq. sur les Parlemens &c. *Par.* 1753. 2 *vol. in* 12. *br.*

2218 Eloge historique du Parlement de Paris par le P. Jacq. de la Baune en 1684, trad. avec des notes &c. *Par.* 1753, avec un Recueil de pieces. *in* 4. *br.*

2219 Histoire abregée du Parlement sous le Card. Mazarin. *in* 12. *br.*

2220 Histoire de la Pairie de France & du Parlement de Paris, par Jean le Laboureur. *Londres, Sam. Harding*, 1740. *in* 12. *v. m*

2221 Ordonnances, Edits, Déclarations, Arrêts & Lettres patentes concernant l'autorité & la jurisdiction de la Chambre des Comptes de Paris. *Paris, P. J. Mariette*, 1726. *in* 4. *v. m.*

2222 Traité de la Cour des Monnoyes & de l'étendue de sa jurisdiction, par Germain Constant. *Par. Seb. Cramoisy*, 1658. *in fol. gr pap v. b.*

2223 Recherches curieuses sur les Monnoyes de France, depuis le commencement de la Monarchie, par Cl. Bouteroue. *Paris, Seb. Cramoisy*, 1666. *in fol. v. m. fig.*

2224 Les Hommes illustres qui ont paru en France pendant le XVIII siecle, avec leurs portraits, par Ch. Perrault. *Paris, Ant. Dezallier*, 1697. *in fol. gr. pap mar. r. tom.* 1. (*éclair.*)

2225 Les mêmes. *Par.* 1697-1700. 2 *v. in fol. m. r.*

2226 Vies des Hommes illustres de la France, par

Gab. L. Calabre Perau. *in* 12. les tom. 18 & 19.

HISTOIRE D'ALLEMAGNE.

2227 Essai critique sur l'établissement & la translation de l'Empire d'Occident on d'Allemagne : les causes singulieres pour lesquelles les François l'ont perdu, par Guyon. *Paris, Villette,* 1752. *in* 8. *v. s.*

2228 Joan. Georg. Eccardi de origine Germanorum, eorumque vetustissimis Coloniis, migrationib. ac rebus gestis Libri duo, studio Christ. Lud. Scheidii. *Goettingæ.* 1750. *in* 4. *bl.*

2229 Rerum Germanicarum Scriptores ex Bibliotheca Marquardi Freheri ; edente Burcardo Gotthelffio Struvio. *Argent. Jo. Rein. Dulsseckerus,* 1717. 3 *vol. in fol. bl.*

2230 Joan. Schilteri Thesaurus antiquitatum Teutonicarum, eccles. civilium, litterariarum ; edente Jo. Christ. Simone. *Ulmæ,* 1728. 3 *v. in f. bl.*

2231 Joan. Frid. Schannat Vindemiæ litterariæ, hoc est, veter. monumentorum ad Germaniam sacram præcipuè spectantium Collectio, cum fig. æneis. *Fuldæ, Maur. Georg. Weidmannus,* 1723. 2 *vol. in fol. bl.*

2232 Histoire d'Allemagne, avant & depuis l'établissement de l'Empire jusqu'à l'Empereur regnant, par le P. Jos. Barre. *Paris, Herissant,* 1744. 11 *vol. in* 4. *gr. pap. mar. r.*

2233 LI Portraits des Empereurs d'Allemagne &c. pour l'histoire précédente, gravés par les soins d'Odieuvre.

2234 Annales de l'Empire depuis Charlemagne, par Voltaire. *Basle, Decker,* 1753. 2. *v. in* 12. *br.*

2235 Election & Couronnement de Matthias Empereur des Romains & de l'Impératrice Anne,

Reine de Hongrie. *Francfort, J. Bringer*, 1612. *in* 4. *v. b. avec fig.*

2236 Solemnia electionis & inaugurationis Leopoldi Impp. an. 1658, lat. & gall. *Francofurti, Casp. Merianus*, 1660. *in fol. v. b.*

2237 Mémoires pour servir à l'histoire de la Maison de Brandebourg, précédés d'un Discours & suivis de trois Dissertations sur la Religion, les mœurs, le gouvernement du Brandebourg, & sur les raisons d'établir ou d'abroger les loix, par Charles-Frederic III Roi de Prusse. *Berlin, J. Neaulme*, 1751. *in* 4. *gr. pap. mar. r.*

2238 Les mêmes. *Berlin, J. Neaulme*, 1751. *in* 8. *mar. r.*

2239 Les mêmes. (*Paris.*) 1751. *in* 12.

2240 Supplément aux Mémoires de Brandebourg, contenant la vie & l'histoire de Fred. Guillaume Roi de Prusse. 1758. *in* 8. *bl.*

2241 Origines Guelficæ, quibus tum veterum Altdorfii Comitum, & ex iis ortorum Burgundiæ Transjuranæ Regum, tum Guelforum recentiorum ab Azone, Italo Marchione satorum Bavariæ & Saxoniæ Ducum Vitæ, propagines & res præclaræ gestæ ex autoribus coævis &c. explicantur, & monumentis, figillis æri incisis illustrantur: ex schedis Gothof. Guill. Leibnitii, Joh. Georg. Eccardi & J. Danielis Gruberi; edidit Crist. Lud. Scheidius. *Hanov.* 1751. 4 *v. in f. bl.*

2242 Matt. Raderi Bavaria sancta. *Monachii*, 1704. *tom.* 1. *in fol. cum fig.*

2243 Oliverii Legipontii Monasticon Moguntiacum, sive Notitia vet. Monasteriorum in Archiepiscopatu Mogunt. & vicinis locis extantium & suppressorum. 1746. *in* 8. *bl.*

2244 Thuringia sacra, sive Historia monumentorum qui olim in Thuringia floruerunt, ex codi-

cibus mss. exhibita : acced. Sam. Reyneri Monumenta Landgraviorum Thuringiæ, & Marchionum Misniæ, cum fig. *Francof.* 1737. *in fol. bl.*
2245 Descriptio historica utriusque fortunæ Maximiliani Emmanuelis V. B. ac superioris Palat. Ducis, Comitis Palatini Rheni, secundùm heroïca Majorum suorum exempla repræsentata ab universa Soc. Jesu, an. 1715. *Pedeponti, Joan. Gastl.* 1715. *in fol. c. m. bl.*
2246 Historia Trevirensis diplomatica & pragmatica ab an. 418. ad an. 1745. *Aug. Vindel.* 1750. 3 *vol. in fol. v. f. fig.*
2247 Jo. Lud. Lev Gerhardi Dissertatio de litteraria Cenobii S. Michaelis in urbe Luneburga. *Luneb. Off. Sterniana,* 1755. *in* 4. *bl.*
2248 Codex traditionum Corbeiensium, cum notis criticis & historicis, ac tabulis geographicis & geneal. quibus Germaniæ, Saxoniæ status à Carolo M. ad Conradum II, & origines familiarum exhibentur, studio Joan. Frid. Falke. *Lipsiæ,* 1752. *in fol. bl. fig.*
2249 Chronicon Gotwicense, seu Annales Monasterii Gotwicensis. 1732. *in fol. c. m. tom.* 1.
2250 Mémoires critiques pour servir d'éclaircissements sur divers points de l'histoire ancienne de la Suisse, & sur des monumens d'antiquité qui la concernent, par Loys de Bochat. *Lausanne, Marc-Michel Bousquet,* 1747. 3 *vol. in* 4. *bl.*
2251 Histoire militaire des Suisses au service de la France, avec les pieces justificatives, par le Baron de Zurlauben. *Paris, Desaint,* 1751. 5 *vol. in* 12. *bl.*

HISTOIRE DES PAYS-BAS &c.

2252 Ant. Sanderi Chorographia sacra Brabantiæ.

HISTOIRE.

Hagæ Comitum, *Chrift. van Loom*, 1726. 3 v. in fol. c. m. bl.

2253 Hiftoire de la Guerre de Flandre, par Famianus Strada, trad. par Pierre du Ryer. *Amft.* 1665. 2 *vol. in* 8. *mar. cit. l. r. fig.*

2254 La même. *Paris*, 1675. 4 *vol. in* 12. *v. b.*

2255 Apologie & défenfe de Guillaume Prince d'Orange &c. contre le Ban & Edit du Roi d'Efpagne qui profcript ledit Prince, préfentée aux Etats généraux des Pays-bas. *Leyde*, *Ch. Sylvius*, 1581. *in* 4. *v. f.*

2256 Le Miroir de la tyrannie efpagnole perpétrée aux Pays-Bas par le Duc d'Albe & autres, avec les Tyrannies commifes aux Indes Occidentales par les Efpagnols, avec des fig. *Amft. Evér. Cloppenburg*, 1620. *in* 4. *mar. r.*

2257 Idée de la Vie & des Ecrits de G. de Witte Pafteur de l'Eglife paroch. de Malines. *Paris*, 1756. *in* 12. *br.*

2258 Hiftoire métallique des XVII Provinces des Pays-bas, depuis l'abdication de Charles Quint jufqu'à la Paix de Bade en 1716, trad du holl. de Gerard van Loon. *La Haye*, *P. Goffe*, 1732. 5 *vol. in fol. v. f.*

2259 Annales des Provinces-Unies, depuis les négociations pour la Paix de Munfter, par Jacques Bafnage. *La Haye*, 1719. *in fol.*

2260 Hiftoire des Provinces-Unies des Pays-bas, depuis l'an M. D. LV. jufqu'à l'an M. DC. XVIII. avec des médailles & leurs explications, par Jean le Clerc. *Amfterdam*, *Châtelain*, 1723. 3 *tom.* 2 *vol. in fol. v. b.*

2261 Hiftoire du Stadhouderat depuis fon origine jufqu'à préfent, par Raynal; V. édit. (*Paris*,) 1750. 2 *vol. in* 8. *mar. r.*

2262 La même. *Par.* 1750. 4 *vol. in* 12. *mar. r. l. r.*

2263

HISTOIRE.

2263 La véritable Religion des Hollandois, ou Apologie contre Sroupe, par Jean Brun. *Amst. Abl. Wolfgang*, 1675. *in* 12. *mar. r.*

2264 Ant. Thysii Historia navalis, sive Præliorum quæ mari gesserunt Batavi, Descriptio. *Lugd. Bat. Jacob. Mouke*, 1682. *in* 4. *bl.*

2265 Vie de Michel de Ruyter, où est comprise l'histoire maritime des Provinces Unies depuis 1652 jusq. 1676, trad. du Hollandois de Gerard Brandt, avec figures. *Amst. J. Blaeu*, 1698. *in fol. mar. bl.*

2266 Joan. Smetii Antiquitates Neomagenses. *Noviom. Batavorum*, 1678. *in* 4. *v. f.*

HISTOIRE D'ESPAGNE.

2267 Histoire générale d'Espagne, trad. de l'espagnol de Jean de Ferreras, avec des notes hist. & crit. & des cartes géograph. par d'Hermilly. *Par. Gissey*, 1751 *& suiv.* 10 *v. in* 4. *gr. p. mar. r.*

2268 Hist. du ministere du Card. Fr. Ximenès, par Jacq. de Marsollier. *Paris, L. Dupuis*, 1739. 2 *vol. in* 12. *mar. r.*

2269 Mémoires pour servir à l'Histoire d'Espagne sous Philippe V, par D. Vincent Bacallar y Sanna Marq. de S. Philippe. *Amsterd.* (*Paris,*) 1756. 4 *vol. in* 12. *br.*

2270 Descripcion breve del Monasterio de S. Lorenzo del Escorial, por P. Francisco de los Santos. *En Madrid, Imprenta real*, 1657. *in fol. v. f.*

2271 Histoire générale de Portugal, par Lequien de la Neufville. *Par. Anisson*, 1700. 2 *v. in* 4. *v. f.*

2272 Histoire des Révolutions de Portugal par de Vertot. *Paris*, 1711. *in* 12. *v. b.*

2273 Les mêmes. *Par.* 1737. *in* 12. *v. f.*

2274 Réflexions sur le désastre de Lisbonne avec

le Supplément. *Paris*, 1756. 2 *v. in* 12. *br.*

2275 Réflexions d'un Portugais &c. *Paris*, 1758. *in* 12. *br.*

HISTOIRE D'ANGLETERRE &c.

2276 Délices de la Grande Bretagne & de l'Irlande par James Béeverell. *Leyde*, *Vander Aa*, 1707. 8 *tom.* 4 *vol. in* 12. *vel.*

2277 Chronique des Rois d'Anglererre, écrite selon le stile des anciens Historiens Juifs, par Nathan-ben-Saddi. *Londres*, 1750. *in* 12. *br.*

2278 Histoire d'Angleterre, d'Ecosse & d'Irlande, par Isaac de Larrey, avec les Portraits des Rois, Reines, & autres personnes illustres. *Rotterdam*, *Leers*, 1697. 4 *tom.* 5 *vol. in fol. mar. r.*

2279 Histoire d'Angleterre par Rapin Thoyras. *La Haye*, *Rogissart*, 1727. 10 *vol. in* 4. *v. b.*

2280 Histoire navale d'Angleterre, depuis la Conqueste des Normands en 1066 jusqu'à la fin de l'année 1734, trad. de l'anglois de Thomas Lediard par Phil. Florent de Puisieux. *Lyon*, *Duplain*, 1751. 3 *vol. in* 4. *gr. pap. v. f.*

2281 Les trois Livres de Nic. Sanders, contenant l'origine & progrès du Scisme d'Angleterre, trad. 1587. *in* 8. *v. b.*

2282 Discours de la vie abominable, ruses, trahisons, meurtres &c. de Leceftre, trad. de l'angl. (*Par.*) 1585. *in* 8. *v. f.*

2283 Histoire d'Olivier Cromwel, par Franç. Raguenet. *Par. Cl. Barbin*, 1691. *in* 4. *mar. cit. l. r.*

2284 Histoire de la Rebellion & des guerres civiles d'Angleterre, depuis 1641 jusqu'au rétablissement du Roi Charles II. par Edward Comte de Clarendon. *La Haye*, 1704. 6 *vol. in* 12. *v. m.*

2285 Les Amours de Messaline, ci-devant Reine

HISTOIRE.

de l'Isle d'Albion, trad. de l'angl. *Colog.* 1689. *in* 12. *v. f.*

2286 Histoire du Couronnement de Jacques II, Roi d'Angleterre en 1685, par Francis Sandford, Hérault d'armes (en anglois,) avec des figures de Whole Work. *Lond.* 1687. *in fol. v. m.*

2287 Traité du Pouvoir des Rois de la Gr. Bretagne, trad. de l'angl. *Amsterdam, Bernard,* 1714. *in* 12. *v. b.*

2288 Mémoires de la derniere Révolution d'Angleterre, contenant l'abdication de Jacques II & l'avenement du Roi Guillaume III. *La Haye, l'Honoré,* 1702. 2 *vol. in* 12. *v. b.*

2289 Histoire du Droit héréditaire de la Couronne de la Gr. Bretagne en faveur du Prince de Galles. *La Haye, Husson,* 1707. *in* 8. *mar. r.*

2290 Les Avocats pour & contre Sacheverell avec plusieurs pieces concernant le procès de ce Docteur, trad. de l'angl. *Amsterdam, P. Humbert,* 1711. *in* 8. *v. b.*

2291 Rapport du Comité secret &c. fait le 9 Juin 1715, par Robert Walpole. *Amsterdam, Westein,* 1715. *in* 8. *mar. v.*

2292 Histoire du Parlement d'Angleterre, par Raynal. *Londres* (*Par.*) 1748. 2 *vol. in* 8. *m. r. l. r.*

2293 Parallele de la conduite des Carthaginois à l'égard des Romains, avec celle de l'Angleterre à l'égard de la France, par Seran de la Tour. *Par.* 1757. *in* 12. avec le N.º 2277.

2294 Le Politique Danois, ou l'Ambition des Anglois démasquée par leurs pirateries, par Scovau. *Par.* 1756. *in* 12. *br.*

2295 Etat politiq. de l'Angleterre, par Genest. *Par.* 1757. 4 *vol. in* 12. *br.*

2296 Testament politique de l'Amiral Byng, trad. *Paris,* 1759. *in* 12.

Ee ij

HISTOIRE

2297 Autores de Vita & rebus geſtis Mariæ Scotorum Reginæ, recenſiti à Sam. Jebb. *Londini, Woodman*, 1725. 2 vol in fol. v.f.

2298 Hiſtoire de Marie Stuart, avec les pieces juſtificatives, par Fr. Marie de Marſy. *Par.* 1742. 3 vol. in 12. v.f.

HIST. DES PAYS SEPTENTRIONAUX.

2299 Monumens de la Mythologie & de la Poéſie des Celtes, & particulierement des anciens Scandinaves, pour ſervir de ſupplément & de preuves à l'introduction de l'hiſtoire de Dannemarc, par Mallet. *Geneve*, 1756. in 4. br.

2300 Lettres ſur le Dannemarc. *Geneve, Philibert*, 1757. in 8. gr. pap. br.

2301 Hiſtoire des Révolutions de Suede par de Vertot. *Par Nyon*, 1736. 2 vol. in 12. v.f.

2302 Hiſtoire du regne de Charles Guſtave, trad. en franç. ſur le latin de Sam. de Puffendorf, avec des figures & des cartes. *Nuremberg, Chriſt. Riegel.* 1697. 2 vol. in fol. v. b.

2303 Mémoires concernant Chriſtine Reine de Suede: pour ſervir d'éclairciſſement à l'hiſtoire de ſon regne, & principalement de ſa vie privée, avec deux ouvrages de cette Princeſſe. *Amſt. P. Mortier*, 1751. 2 vol. in 4. v.f.

2304 Hiſtoire de Charles XII, trad. du ſuédois de J. A. Nordberg *La Haye, P. de Hondt*, 1748. 3 vol. in 4. gr. pap. mar. cit.

2305 Actes de ce qui s'eſt paſſé de plus remarquable à la Diete de Suede des années 1755 & 1756. *Par.* 1756. in 12. br.

2306 Relation de l'état préſent de la Ruſſie, trad. de l'angl. avec l'hiſtoire des révolutions arrivées ſous l'uſurpation de Bovis &c. (par Ant. des Barres.) *Paris, Cl. Barbin*, 1679. *in* 12. *v. b.*

2307 Histoire de Pierre I, Empereur de Russie, enrichie de Plans de batailles & de Médailles. *Amst. Merkus*, 1742. *in* 4. *v. f.* — 8.

2308 Scriptorum rerum Polonicarum & Russicarum Collectio nova XV tractatus complectens, cum figuris. *Dantisci*, 1753. *in* 4. *bl.* — 4-10

2309 Comitia Warlovica de eligendo Polonorum Rege. 1669. *in* 4. *v. m.* — 1-4.

2310 Scriptores rerum Hungaricarum veteres, ac genuini, curâ & studio Joan. Georgii Schwandtneri. *Vindobona, Joan. Paul. Kraus.* 1746. 3 *vol. in fol. bl.* — 35-19

2311 Histoire des Revolutions de Hongrie, où l'on donne une idée juste de son légitime Gouvernement, avec les Mémoires du Prince Franç. Rakoczy sur la guerre de Hongrie, depuis 1703 jusqu'à sa fin, & ceux du Comte Betlem Niklos sur les affaires de Transylvanie. *La Haye, J. Neaulme*, 1739. *in* 4. *gr. pap. v. f.* — 19-19

Hist. des Pays hors de l'Europe.

2312 Bibliotheque orientale, ou Dictionnaire contenant ce qui regarde la connoissance des Peuples de l'Orient, leurs histoires & traditions, leurs Religions, Sectes & politique &c. par Barthel. d'Herbelot. *Par.* 1697. *in fol. mar. r.* — 50.

2313 Mœurs & Usages des Turcs, leur Religion, leur Gouvernement civil, militaire & politique, avec un abregé de l'Histoire Ottomane, par J. Ant. Guer. *Paris, Merigot*, 1747. 2 *vol. in* 4. *gr. pap. v. f.* — 49.

2314 Vie de Mahomet, avec des réflexions sur la Religion mahometane, & les Coutumes des Musulmans par le Comte de Boulainvilliers. *Amst. Changuion*, 1731. *in* 12. *fig. v. f.* — 4-12

HISTOIRE.

2315 Recueil des rits & cérémonies du Pélérinage de la Mecque, par Ant. Galland. *Par. Desaint*, 1754. *in* 8. *bl.*

2316 Nouv. Mémoires des Missions de la Comp. de Jesus dans le Levant. *Paris, Nic. le Clerc*, 1715-1745. 8 *vol. in* 12. *v. f.*

2317 Lettres édifiantes & curieuses écrites des Missions étrangeres par quelques Missionaires de la Comp. de Jesus. *Paris, Nic. le Clerc*, 1707 & suiv. 26 *tom.* 24 *vol. in* 12. *v. f.*

2318 Histoire de Chypre, de Jerusalem, d'Arménie & d'Egypte, par Dominique Jauna. *Leyde*, 1747. 2 *vol. in* 4. *bl.*

2319 Description des Isles de l'Archipel, trad. du flamand d'Olfert Dapper. *Amsterdam, Gallet*, 1703. *in fol. v. b. fig.*

2320 Le Couronnement de Soleiman Roi de Perse, par Jean Chardin. *Par. Cl. Barbin*, 1671. *in* 12. *mar. r.*

2321 Mémoires historiques sur les Missions des Indes Orientales, par le P. Norbert. *Lucques*, (*Par.*) 1745. 4 *vol. in* 12.

2322 Lettres sur la visite apostolique de M. de la Baume, Evesq. d'Halicarnasse, par Favre. *Venise*, 1753. 3 *vol. in* 12. *br.*

2323 Mémoire pour M. de la Bourdonnais, avec les pieces justificatives, par Pierre de Genes. *Par. la Guette*, 1750. *in* 4.

2324 Mémoire pour M. Dupleix contre la Compagnie des Indes, avec les pieces justificatives, par le même. *Par. le Prieur*, 1759. *in* 4. *br.*

2325 L'Ambassade de la Compagnie Orientale des Provinces-unies vers l'Empereur de la Chine, ou Grand Cam de Tartarie, par Jean de Nieuhoff, trad. par Jean le Carpentier. *La Haye*, *de Meurs*, *in fol.* 1665. *v. f. fig.*

HISTOIRE.

2326 Legatio Batavica ad M. Tartariæ Chamum Sungteium modernum Sinæ Imper. per Johan. Nieuhovium, latinitate donata per Georg. Hornium. *Amstel. Jac. Meursius*, 1668. *in fol. bl. fig.* — 6.-

2327 Histoire naturelle, civile & ecclés. de l'Empire du Japon, composée en allem. par Engelbert Kæmpfer, trad. en franç. sur la version angl. de J. Gasp. Scheuchzer, avec figures. *La Haye, P. Gosse*, 1729. 2 tom. 1 vol. *in fol. v. m.* — 18.-

2328 Introduction à l'histoire de l'Asie, de l'Afrique & de l'Amerique, par Aug. Bruzen de la Martiniere. *Amst. Châtelain*, 1739. 2 v. *in 12. br.* — 3.-

2329 Description de l'Afrique, trad. du flam. d'O. Dapper. *Amst. Boom*, 1686. *in fol. vel.* — 13-4.

2330 Nouv. Relation de l'Afrique occidentale, contenant une Description du Senegal & des Pays situés entre le Cap blanc & la Riviere de Serrelione &c. par J. B. Labat. *Par. Guil. Cavelier*, 1728. 5 vol. *in 12. v. f.* — 12-12.

2331 Description de l'Egypte, contenant des remarques sur la Géographie anc. & moderne de ce Pays, sur ses monumens anciens, sur les mœurs, les coutumes & la religion des habitans &c. par J. B. le Mascrier sur les Mémoires de Maillet, avec des cartes & des fig. *Par. L. Genneau*, 1735. *in 4. v. f.* — 15-5.

2332 Histoire de Saladin Sultan d'Egypte & de Syrie, par Louis Marin. *Paris, Tilliard*, 1758. 2 vol. *in 12. bl.* — 3-1.-

2333 Description du Cap de Bonne Espérance, où l'on trouve ce qui concerne l'histoire naturelle du Pays, la religion, les mœurs & les usages des Hottentots, par P. Kolbe. *Amst. J. Catuffe*, 1741. 3 vol. *in 8. fig.* — 10-15

2334 Histoire de la Virginie, trad. de l'anglois. *Amst. P. Lombrail*, 1707. *in 12. mar. v. l. r.* — 4-19

2335 Histoire de la Conqueste du Mexique, ou de la nouv. Espagne, trad. de l'espag. de Dom Ant. de Solis par Citry de la Guette. *Paris , J. Boudot,* 1691. *in* 4. *mar. v.*

2336 Histoire du Paraguay par le P. Pierre-Franç. Xavier de Charlevoix. *Paris , Didot,* 1756. 3 *vol. in* 4. *bl.*

2337 Histoire naturelle & morale des Isles Antilles de l'Amérique, avec des fig. & un Vocabulaire Caraibe, par César de Rochefort. *Rotterd. Arn. Leers,* 1658. *in* 4. *mar. r. l. r.*

2338 Description géogr. des Isles Antilles possedées par les Anglois, savoir la Jamaïque, la Barbade &c. par Jacq. Nic. Bellin. *Par.* 1758. *in* 4. *br.*

2339 Histoire de l'Isle Espagnole, ou de S. Dominique, écrite sur les Mémoires mss. du P. J. B. le Pers par le P. Pierre Fr. Xavier de Charlevoix. *Par. H p. L. Guerin,* 1730. 2 *v. in* 4. *gr. p. m. cit.*

2340 Nouv. Relation de la France Equinoxiale, contenant la Description des Costes de la Guiane, de l'Isle de Cayenne; le commerce de cette Colonie &c. par Pierre Barrere. *Par. Piget ,* 1743. *in* 12. *v. f.*

2341 Histoire de la Jamaïque, trad. de l'anglois par M..... *Londres,* (*Par.*) 1751. 2 *tom.* 1 *vol. in* 12. *v. f.*

8342 Histoire géographique de la nouvelle Ecosse. *Londres ,* (*Paris ,*) 1755. *in* 12. *br.*

2343 Conduite des François par rapport à la nouv. Ecosse, par George-Marie Butel Dumont. *Par.* 1755. *in* 12.

2344 La même. *Par. le Breton ,* 1756. *in* 12. *br.*

2345 Etat présent de la Pensilvanie, depuis la défaite du Génér. Braddock jusqu'à la prise d'Oswego, avec une Carte particuliere de cette Colonie. 1756. *in* 12. *br.*

Histoire

HISTOIRE. 225

Histoire héraldique & généalogique.

2346 Dictionnaire généal. héraldique, chronol. & historique, (par Franç. Alex. de la Chanaye Desbois.) *Paris, Duchesne*, 1757. 3 vol. in 8. *bl.* — 6-1

2347 Hier. Henninges Theatrum genealogicum, ostentans omnes omnium ætatum familias Monarcharum, Regum &c. *Magdeburgi, Kirchnarus*, 1598. 4 vol. in fol. mar. r. — 95-5-

2348 Histoire généal. de la Maison de France & des grands Officiers de la Couronne &c. par le P. Anselme (Pierre de Guibours); nouv. édition, revue & continuée par Honoré Caille Sr. du Fourny, & par les PP. Ange (Franç. Raffart) & Simplicien. *Par.* 1726-1733. 9 vol. in fol. v. b. — 63-10

2349 Extrait de la généalogie de la Maison de Mailly, suivi de l'histoire de la branche des Comtes de Mailly Marquis d'Haucourt, & de celle des Marquis du Quesnoy. *Paris, Ballart*, 1757. in fol. v. f. — 7-10

2350 Marquardi Hergott Genealogia diplomatica augustæ gentis Hasburgicæ. *Vienna Austria, Leop. Joan. Kaliwoda*, 1737. 3 vol. in fol. v. m. — 52-1

2351 Monumenta Domûs Austriacæ, sigilla vetera & insignia quibus usi sunt Marchiones, Duces, Archiducesq. Austriæ ex tabulariis eruta, typisque æneis expressa, studio Marq. Hergott. *Vienna Austria*, 1750. 3 vol. in fol. c. m. bl. — 40-10

2352 Histoire génér. de l'auguste Maison d'Autriche, par Jean-Laurent Krafft. *Bruxelles, Veuve Jacobs*, 1744. 3 vol. in fol. v. f. — 41-2

2353 Histoire généal. de la Maison de Savoye, justifiée par titres &c. par Sam. Guichénon. *Lyon, Guill. Barbier*, 1660. 2 vol. in fol. gr. pap. m. r. — 161-1-

Ff

HISTOIRE.

ANTIQUITÉS.

RITES, USAGES ET COUT. DES ANCIENS.

total
19 Volumes
§. Pap. Velin
1762.—

2354 Thesaurus Græcarum Antiquitatum, congestus & editus à Jac. Gronovio : acced. Jo. Potteri Archæologia græca, & Indices in corpus Antiquitatum, cum figuris. *Lugd. Bat. Pet. vander Aa, 1697 & seqq. 14 tom. 12 vol. in fol. c.m.vel.*

2355 Thesaurus Antiquitatum Romanarum congestus à Jo. Georg. Grævio, cum figuris. *Lugd. Bat. Vander Aa, 1694 & seqq. 12 v. in f. c. m. vel.*

2356 Alb. Henr. de Sallengre novus Thesaurus Antiquitatum Romanarum, cum figuris. *Hagæ Comitum, Henr. du Sauzet, 1716 & seqq. 3 vol. in fol. c. m. vel.*

17.—

2357 Idem. *Hagæ Comit. 3 vol. in fol. c. m. v. f.*

Vendu au
C.M. 2357.—

2358 Utriusque Thesauri Antiquitatum Græc. & Rom. nova Supplementa congesta à Jo. Poleno, cum figuris. *Venet. J. B. Pasquali, 1737. 5 vol. in fol. c. m. vel.*

70.—

2359 Sam. Pitisci Lexicon Antiquitatum Romanarum, in quo Ritus & Antiquitates cum græcis ac romanis communes, tum romanis peculiares, sacræ & profanæ, publicæ & privatæ, civiles ac militares exponuntur. *Leovardiæ, Fr. Halma, 1713. 2 vol. in fol. v. f.*

2360 Idem. *2 vol. in fol. c. m. vel.*

Vendu au
C.M. 2357.

2361 Thesaurus Antiquitatum & historiar. Italiæ mari Ligustico & Alpibus vicinæ, collectus curâ Jo. Georg. Grævii, & cum Præfationibus Petri Burmanni ; cum figuris. *Lugd. Bat. 1723 & seqq. 9 tom. 30 vol. in fol. c. m. vel.*

total 7 ç
Volumes

2362 Thesaurus Antiquitatum & Historiarum Siciliæ, Sardiniæ, Corsicæ, aliarumque Insularum adjacentium ; digeri cœptus à Jo. Georg. Græ-

(vio, editus à Petro Burmanno, cum figuris. *Ibid.*) 1723 & 1725. 15 *vol. in fol. c. m. vel.*

2363 L'Antiquité expliquée & représentée en fig. (lat. & franç.) par D. Bern. de Montfaucon. *Par. Flor. Delaulne*, 1719. 10 *vol. in fol. gr. p. v. b.* — 66 —

2364 Pet. Danetii Dictionnarium Antiquitatum rom. & græc. in usum Ser. Delphini. *Lut. Par. Vid. Thiboust*, 1698. *in* 4. *mar. r.* — 20 —

2365 Ant. van Dale Dissertationes de origine ac progressu idolatriæ & superstitionum; de vera ac falsa prophetia, uti & de divinationibus idololatricis Judæorum. *Amstelod. H. Boom.* 1696. *in* 4. *v. f.* — 5-19

2366 Ejusdem de Oraculis veterum Ethnicorum Dissertationes duæ; de eorum origine & auctoribus; de ipsorum duratione & interitu: editio secunda adaucta. *Amst. H. Boom.* 1700. *in* 4. *v. f.* — 11 —

2367 Réponse à l'hist. des Oracles de Fontenelle, dans laquelle on réfute le systême de Vandale sur les Oracles du Paganisme &c. par le P. Jean-Franç. Baltus. *Strasbourg*, 1707-1708. 2 *v. in* 8. *v. f.* — 5 —

2368 Des Sibylles célébrées tant par l'Antiquité payenne que par les SS. Peres &c. par David Blondel. *Charenton*, *Ve. Perier*, 1649. *in* 4. — 7 —

2369 Archæologia græca, sive vet. Græcor. præcipuè verò Atheniensium Ritus civiles, religiosi, militares & domestici fusius explicati per Joan. Potterum. *Lugd. Bat. Pet. vander Aa*, 1701. *in f.v.b.* — 11-19

2370 Guil. Bellendenus de statu prisci orbis, in Religione, Re politica & litteris &c. *Par. Herveus Dumesnil*, 1615. *in* 8. *v. f.* — 12 —

2371 Laur. Pignorii Mensa Isiaca, quâ sacrorum apud Ægyptios ratio & simulachra exhibentur & explicantur, cum fig. acced. ejusdem de magna Deûm Matre Discursus; Jac. Phil. Thomasini Manus ænea &c. *Amstelod. And. Frisius*, 1669. *in* 4. *v. f.* — 5-19

Ff ij

228 HISTOIRE.

2372 De l'Origine des Loix, des Arts & des Sciences, & de leurs progrès chez les anciens Peuples, par Goguet. *Par. Desaint*, 1759. 3 vol. in 4. *br.*

2373 Histoire du commerce & de la navigation des Anciens, par Pierre-Dan. Huet. *Par. Ant. Coustelier*, 1727. *in* 12.

2374 Usages des Postes chez les Anciens & les Modernes; avec tous les Edits, Déclar. Lettres pat. Arrêts &c. de nos Rois pour perfectionner la police des Postes. *Par. L. Den. de la Tour*, 1730. *in* 12. *v. f.*

2375 Henr. Dodwelli de veteribus Græcorum & Romanorum Cyclis, obiterque de Cyclo Judæorum, ætate Christi Dissertationes X. cum tabulis. *Oxon. Th. She'don.* 1701. 2 vol. *in* 4. *v. f.*

2376 Joan. Schefferi de militia navali Veterum Libri IV. *Ubsaliæ, Joh. Janssonius*, 1654. *in* 4. *v. f.*

2377 Laz. Bayfii Annotationes in L. II. de captivis & postliminio reversis, in quibus tractatur de re navali : ejusdem Annot. in tractatum de auro & argento leg. quibus vestimentorum & vasculorum genera explicantur: acced. Ant. Thylesii de coloribus Libellus, à coloribus vestium non alienus. *Par. Rob. Steph.* 1549. *in* 4. *v. f.*

2378 Alb. Rubenii de re vestiaria Veterum, præcipuè de lato clavo Libri duo : acced. alia ejusd. Opuscula. *Ant. Balt. Moretus*, 1665. *in* 4. *v b.*

2379 Octavii Ferrarii de re vestiaria Libri VII, cum iconibus. *Patavii, P. M. Frambottus*, 1685. *in* 4. *v. b.*

2380 Petrus Ciacconius de Triclinio, sive de Modo convivandi apud priscos Romanos. *Amst. Frisius*, 1664. *in* 12. *v. f.*

2381 Joan. Guill. Stuckii Opera, continentia antiquitates convivales. *Lugd. Batav. Jac. Hackius*, 1695. *in fol. v. f.*

2382 Joan. Schefferi de re vehiculari veterum Libri duo : acced. Pyrrhi Ligorii de vehiculis fragmentum. *Francof. Jo. Andreas*, 1671. *in* 4. *v. f.*
2383 Tychonis Rothe Schediasma de gladiis veterum, imprimis Danorum. *Havniæ*, 1752. *in* 8. *bl.*
2384 Agonisticon Petri Fabri, sive de re Athletica, ludisque veterum gymnicis, musicis & circensibus spicilegiorum Tractatus. *Lugd. Th. Soubron*; 1595. *in* 4. *v. f.*
2385 Fr. Ficoronii Dissertatio de Larvis scenicis & figuris comicis antiquorum Romanorum, ex italica in latinam linguam versa. *Romæ, Ant. de Rubeis*, 1750. *in* 4. *c. m. mar. cit.*
2386 Joh. Kirchmanni de funeribus Romanorum Libri IV, cum appendice & fig. acced. Nic. Rigaltii Funus parasiticum. *Lugd. Batavor. Hackii*, 1672. *in* 12. *vel.*
2387 Discours de la Religion des anc. Romains ; de la castrametation & discipline militaire d'iceux ; des bains & antiques exercitations grecques & romaines, par Guill. du Choul. *Lyon, Guill. Roville*, 1567. *in* 4. *v. f. fig.*
2388 Le Reveil de Chindonax, Prince des Vacies, Druydes Celtiques, Dijonois, avec la sainteté, religion & diversité des cérémonies observées aux anciennes sépultures, par Jean Guenebaud. *Dijon, Cl. Guyot*, 1621. *in* 4. *v. b. fig.*
2389 Joan. Meursii Atticæ Lectiones. *Lugd. Bat. Off. Elzeviriana*, 1617. *in* 4. *v. f.*
2390 D. Bened. Bacchini de Sistris, eorumque figuris ac differentia Dissertatio : Jac. Tollius dissertatiunculam & notulas adjecit. *Trajecti ad Rhenum, Franc. Halma*, 1696. *in* 4. *v. f. fig.*
2391 Henr. Kirchii de Anulorum aureorum origine, usu, jure, varietate, abusu, efficacia: Phrontisma Plinianum arithmologicum. *Lipsiæ, Henr. Grosius*, 1614. *in* 4. *v. f.*

Hist. lapidaire, ou des Inscriptions, Marbres &c.

2392 Inscriptiones antiquæ totius orbis Romani, à Jano Grutero collectæ: editio nova multis accessionibus locupletior, curante Jo. Georg. Gronovio. *Amstel. Fr. Halma*, 1707. 4 v. in f. c. m. vel.

2393 Marmora Oxoniensia ex Arundellianis, Seldenianis aliisque conflata, recensuit & comment. explicavit Humphridus Prideaux, cum annot. Seldeni & Lydiati: acced. Sertorii Ursati de notis Romanorum Commentarius. *Oxonii, Theat. Sheldon*, 1676. in fol. v. f.

2394 Marmora Pisaurensia notis illustrata. *Pisauri*, 1738. in fol. bl.

2395 Jo. Bapt. Donii Inscriptiones antiquæ nunc primùm editæ, notisque illustratæ & xxvi indicibus auctæ ab Ant. Franc. Gorio: acced. Deorum Aræ tabulis æreis incisæ, cum observationibus. *Florentiæ, J. Caj. Tartinius*, 1731. in f. v. f.

2396 Inscriptiones antiquæ græcæ & romanæ quæ extant in Etruriæ urbibus, cum notis Ant. Mariæ Salvinii, studio Ant. Franc. Gorii. *Florentiæ*, 1727. 3 vol. in fol. v. f.

2397 Ant. van Dale Dissertationes IX antiquitatibus & marmoribus tum romanis tum græcis illustrandis inservientes, cum figuris. *Amstel. H. Boom.* 1702. in 4. v. f.

Histoire métallique, ou Médailles, Monnoyes &c.

2398 Discours sur les médailles & gravûres antiques, principalement romaines, avec une exposition par Ant. le Pois. *Paris, Mam. Patisson*, 1579. in 4. mar. r.

2399 Los Dialogos de Antonio Agostino de las me-

HISTOIRE.

dallas, inscripciones y otras antiquedades. *Taracone, por Philippe Mey*, 1587. *in* 4. *mar. cit.*

2400 Discorsi di D. Antonio Agostini sopra le medaglie & altre anticaglie, trad. della lingua spagnuola nell' italiana. 2 *vol. in* 4. *v. b.*

2401 Discours sur les médalles antiques par Louis Savot. *Par. Seb. Cramoisy*, 1627. *in* 4. *v. f.*

2402 Ezechielis Spanhemii Dissertationes de præstantia & usu numismatum antiquorum, studio Isaaci Verburgii. *Londini, Rich. Smith*, 1706. *Amstel. Westenii*, 1717. 2 *vol. in fol. c. m. mar. r.*

2403 Histoire des Médailles, ou Introduction à la connoissance de cette science, par Ch. Patin. *Amst.* 1695. *in* 12. *v. b.*

2404 La Science des Médailles par le P. Jos. Jobert. *Paris, J. Boudot*, 1715. *in* 12. *v. b.*

2405 La même; nouv. édition avec des remarques hist. & critiques, par Jos. Bimard, Baron de la Bastie. *Par. Debure*, 1739. 2 *v. in* 12. *gr. p. v. f.*

2406 Epitome Thesauri antiquitatum, hoc est, Impp. Rom. Orientalium & Occidentalium iconum ex antiquis numismatibus deliniatarum ex musæo Jac. de Strada. *Lugduni, idem*, 1553. *in* 4. *c. m. v. f.*

2407 Traduction du même Epitome, par Jean Louveau. *Lyon, Jac. de Strada*, 1553. *in* 4. *parch.*

Collections de Médailles.

2408 Hub. Goltzii de re nummaria antiqua Opera. *Antverp. Henr. Verdussen*, 1708. 5 *v. in f. v. f.*

2409 Selectiora Numismata in ære moduli è musæo Fr. de Camps, cum interpret. concisis J. Foy-Vaillant. *Par. Ant. Dezallier*, 1695. *in* 4. *v. f.*

2410 Eadem, triplo auctiora: à Duce Vict. Maria d'Estrées adquisita, à Ludovico XV. Galliæ Rege

regali Gazæ demum addita. 1737. *in* 4 *mar. r.*
2411 Numifmata antiqua à Jacobo Mufellio collecta & edita. *Verona,* 1751. *in fol. bl.*
2412 Antiqua Numifmata maximi moduli aurea, argentea, ærea, ex mufeo Alexandri Card. Albani in Vaticanam Bibliothecam à Clemente XII P. M. tranflata, & à Rod. Venuto notis illuftrata. *Romæ, impenfis Chalcographei Cameralis,* 1739. 2 *vol. in fol. c. m. bl.*
2413 Numifmata Cimelii Cæfarei regii Auftriaci Vindobonenfis, quorum rariora iconifmis, cetera Catalogis exhibita, juffu Mar. Therefiæ Imperatricis. *Vindobonæ, Typis Th. Trattner,* 1754-1755. 3 *vol. in fol. c. m. bl.*
2414 Alberti Mazzolini Commentarii & animadverfiones in numifmata ærea felectiora maximi moduli, è Mufeo Pifano olim Corrario. *In Monaft. Bened. Cafinato,* 1740-1741. 2 *vol. in fol. c. m. mar. r.*
2415 Numifmata quædam cujufcunque formæ & metalli Mufei Honorii Arigoni. *Tarvifii, fumptibus Auctoris,* 1741. *in fol. c. m. mar. r.*
2416 Catalogue de Médailles modernes de tout métail du Cabinet de S. A. S. M. le Duc du Maine, depuis Pharamond jufqu'à Louis XIV. 1728. *Mf. in fol. v. b.*
2417 Catalogue des Médailles modernes de tout métail & de tout Pays du Cabinet de S. A. S. M. le Duc du Mayne. 1735. *Mf. in fol. v. b.*
2418 Thefaurus Brandenburgicus felectus, five gemmarum & numifmatum græcorum in Cimeliarchio electorali Brandenburgico elegantiorum Series, cum comment. Laur. Begeri. *Coloniæ Marchicæ, Ulr. Liebpert,* 1696. 3 *vol. in f. v. m.*
2419 Gotha Nummaria fiftens Thefauri Fridericiani numifmata antiqua, aurea, argentea, ærea defcripta

cripta à Chrift. Sigifm. Liebe. *Amftelod. Joan. Weftenius*, 1730. *in fol. v. f.*

2420 Teforo Britannico, overo il Mufeo nummario, ove fi contengono le medaglie greche e latine in ogni metallo e forma, non prima pubblicate ; delineate & defcritte da Nicolo Franc. Haym. *In Londra, Giac. Tonfon*, 1719. 2 *vol. in* 4. *v. f.*

2421 Nummi véteres Collegii Turnonenfis Soc. Jef. *Avenione, Fr. Jof. Domergue*. 1731. *in* 12. *v. f.*

2422 Médailles de grand & moyen bronze du Cabinet de la Reine Chriftine, gravées d'après les originaux par Pietro Santes Bartolo, en LXIII planches, expliquées par un commentaire de Sigebert Havercamp, trad. *La Haye, P. de Hondt*, 1742. *in fol. gr. pap. mar. r.*

Médailles anciennes, héb. grecq. rom. &c.

2423 Seleucidarum Imperium, five Hiftoria Regum Syriæ ad fidem numifmatum accommodata per Jo. Foy Vaillant : fecunda edit. *Hag. Comit. P. Goffe*, 1732. *in fol. bl.*

2424 Ejufdem Hiftoria Ptolemæorum Ægypti Regum ad fidem numifmatum accommodata. *Amft. G. Gallet*, 1701. *in fol. bl.*

2425 Ejufdem Arfacidarum Imperium, five Regum Parthorum Hiftoria : acced Imperium Achæmenidarum, five Regum Ponti, Bofphori & Bithyniæ Hiftoria ad fidem numifmatum accommodata. *Par. Car. Moette*, 1725. 2 *vol. in* 4.

2426 Dubia de Minnifari, aliorumq. Armeniæ Regum numis & Arfacidarum Epocha, nuper vulgatis, propofita per Erafm. Froelich. *Viennæ Auftriæ*, 1754. *in* 4. *bl.*

2427 Hiftoire des Rois de Thrace & de ceux du

Bosphore Cimmerien, éclaircie par les médailles, par Felix Cary. *Par. Desaint*, 1752. *in* 4. *v. f.*

2428 Nummi antiqui Familiarum Romanarum perpetuis interpretationibus illustrati per J. Foy-Vaillant. *Amst. G. Gallet*, 1703. 2 *v. in f. m. r.*

2429 Thesaurus Morellianus, sive Familiarum Romanarum Numismata, conquisita, delineata & juxta ordinem Fulvii Ursini & Car. Patini disposita ab And. Morellio : acced. Nummi miscellanei Urbis Romæ, Hispanici & Goltziani dubiæ fidei omnes ; edente, cum comment. Sigeberto Havercampo. *Amstel. J. Westenius*, 1734-1752. 5 *vol. in fol. c. m. v. f. & bl.*

2430 Joan. Foy-Vaillant Numismata Imperatorum Romanorum præstantiora, à Julio Cæsare ad posthumum usque, editio aucta. *Romæ, J. Bapt. Bernabo*, 1743. 3 *vol. in* 4. *c. m. v. f.*

2431 Ejusdem Numismata ærea Imperatorum, Augustarum & Cæsarum, in Coloniis, Municipiis & Urbibus jure latio donatis. *Parisiis, D'an. Horthemels*, 1697. 2 *vol. in fol. bl.*

2432 Imperatorum Romanor. Numismata à Pompeio Magno ad Heraclium, ab Adolfo Occone olim congesta ; Augustorum iconibus, notis historicis & additamentis illustrata à Franc. Mediobarbo Birago : nova editio correctior & aucta additionibus, & observ. criticis, studio Phil. Argelati. *Mediol. Soc. Palatina*, 1730. *in f. v. f.*

2433 Regum & Imperatorum Rom. Numismata aurea, argentea, ærea, à Romulo & Cl Julio Cæsare usque ad Justinianum Aug. curâ & impensis Car. Ducis Croyiaci : acced. Ant. Augustini Dialogi. *Antverpiæ, Henr. Aertsens*, 1654. *in fol. v. b.*

2434 Car. Patini Numismata Imperatorum Rom. ex ære mediæ & minimæ formæ. *Amst. Georg. Gallet*, 1696. *in f. v. f.*

2435 Numismata Imperatorum Rom. à Trajano Decio ad Palæologos augustos: acced. Bibliotheca Nummaria, sive Auctorum qui de re nummaria scripserunt, studio D. Anselmi Banduri. *Parisiis, Montalant*, 1718. 2 *vol. in fol. c. m. v. f.*

2436 Joan. Pet. Bellorii Annotationes in XII priorum Cæsarum numismata ab Ænea Vico olim edita. *Romæ, Ant. de Rubeis*, 1730. *in fol. bl.*

2437 Histoire de Carausius Empereur de la Gr. Bretagne, prouvée par les médailles, par Genebrier. *Par. Jacq. Guerin*, 1740. *in 4. v. m.*

2438 Jo. Pet. Bettorii Notæ in Numismata, tum Ephesia, tum aliarum urbium apibus insignita. *Romæ, Varesius*, 1658. *in 4. v. f.*

2439 Numismata Pontificum Romanorum, quæ à tempore Martini V usque ad annum 1699, vel autoritate publicâ, vel privato genio in lucem prodière, explicata & illustrata à P. Phil. Bonanni. *Romæ, Dom. Ant. Hercules*, 1699. 2 *vol. in fol.*

2440 Numismata Rom. Pontificum à Martino V. ad Benedict. XIV, per Rodulphum Venuti aucta & illustrata. *Romæ, J. Bapt. Bernabo.*, 1744. *in 4. c. m. v. f.*

2441 Numismata Summ. Pontificum Templi Vaticani Fabricam indicantia, chronologica ejusdem Fabricæ narratione explicata à P. Phil. Bonanni. *Romæ, Dom. Ant. Hercules*, 1696. *in fol. c. m. mar. r.*

2442 Numismata Pontificum Roman. & aliorum Ecclesiasticorum rariora & elegantiora ex Cimeliarchio Regio-Electorali Brandenburgico selecta, & ære expressa; cum Dialogo Laur. Begeri. *Col. Brandenb. Ulr. Liebpertus*, 1704. *in fol. v. b.*

2443 Antiqui Romanorum Pontificum Denarii, à Benedicto XI ad Paulum III, una cum nummis S. P. Q. R. nomine fignatis : nunc prodeunt notis illuftrati à Benedicto Ab. Floravante. *Roma, Bernabo*, 1738. *in* 4. *v. f.*

2444 La Sicilia di Filippo Paruta, defcritta con medaglie, e riftampata con aggiunta da Leon. Agoftini, hora in miglior ordine difpofita da Marco Maier. *In Lione, Marco Maier*, 1697. *in fol. v. f.*

2445 Mufeo de'las Medallas defconocidas Efpañolas, por Vinc. Juan de Laftanofa : con eftampas. *Huefca, Noguez*, 1645. *in* 4. *vel.*

2446 Nummotheca, atque rariora Becceleriana, prout fe obtulerunt & fub ftylum venerunt, confignante D. Rudd Capello. *Hamb. Conr. Konigius*, 1750. *in fol. bl.*

2447 Remarques hiftoriques fur les Médailles & les Monnoyes, par Jean David Koehler. *Berlin, J. P. Schmid*, 1740. 2 *vol. in* 4. *bl.*

2448 Georgii Agricolæ de menfuris & ponderibus Romanorum & Græcorum Libri. *Bafil. Frobenius*, 1550. *in fol. v. f.*

2449 Lucæ Pæti de menfuris & ponderibus rom. & græcis, cum his quæ hodie Romæ funt collatis Libri V. Ejufd. variarum lectionum Liber. *Venet.* 1573. *in fol. v. f.*

2450 Joh. Fred. Gronovii de Seftertiis, feu Subfcivorum pecuniæ veteris græcæ & rom. Libri IV : acced. L. Volufius Mæcianus & Balbus Menfor de affe &c. *Lugd. Bat. Joan. du Vivié*, 1691. *in* 4. *v. f.*

2451 Traité des Finances & de la fauffe monnoye des Romains, avec une differtation fur la maniere de difcerner les médailles antiques d'avec les contrefaites, *Par. Briaffon*, 1740. *in* 12. *v. f.*

2452 Traité hiftorique des Monnoyes de France avec leurs figures : avec une Differtation hiftor.

HISTOIRE.

sur quelques monnoyes de Charlemagne, de Louis le Débonnaire, de Lothaire & de leurs successeurs, frappées dans Rome, par François le Blanc. *Amst. P. Mortier*, 1692. *in* 4. *gr. p. v. b.*
2453 Traité des Monnoyes, par Jean Boizard. *Par. Coignard*, 1692. *in* 12. *gr. pap. v. f.*
2454 De Monetis Italiæ variorum illustrium virorum Dissertationes, studio Phil. Argelati. *Mediolani*, 1750. *in* 4. 4 part. *bl.*
2455 Lettre de Grauman concernant les Monnoyes d'Allemagne &c. singulierement celles du Duché de Brunswik, trad. de l'allemand. *Berlin*, 1752. *in* 12. *br.*

Descriptions d'anciens Monumens, Edifices &c.

2456 Explication de divers Monumens singuliers qui ont rapport à la Religion des plus anciens Peuples: avec l'Examen de la derniere édition des Ouvrages de S. Jérôme, & un Traité sur l'Astrologie judiciaire, par D. Jacq. Martin. *Par. Lambert*, 1739. *in* 4 v. *f.*
2457 Les Ruines des plus beaux Monumens de la Grece, par le Roy. *Paris, Nyon*, 1758. *in fol. gr. pap. bl.*
2458 Les Ruines de Balbec autrement dite Heliopolis dans la Cœlosyrie. *Londres*, 1757. *in fol. gr. pap. avec figures. bl.*
2459 Les Ruines de Palmyre autrement dites Tedmor au Desert, par Rob. Wood. *Lond. A. Millar*, 1753. *in fol. gr. pap. mar. r.*
2460 Admiranda Romanarum antiquitatum, ac veteris Sculpturæ vestigia, à Petro Sancto Bartolo delineata, incisa, & notis Jo. Pet. Bellorii illustrata. *Romæ*, *in fol. obl. v. f.*
2461 Collectanea Antiquitatum Romanarum, quas

centum tabulis æneis incifas, & à Rodulphino Venuti notis illuftratas exhibet Ant. Borioni. *Romæ, Roc. Bernabo,* 1736. *in fol. c. m. mar. r.* fig

2462 Joan. Ciampini Synopfis hiftorica de facris Ædificiis à Conftantino Magno conftructis. *Romæ, J. Jac Komarek,* 1693. *in fol. vel.* fig

2463 Roma illuftrata, five Antiquitatum Roman. Breviarium: acced. Georg. Fabricii veteris Romæ nova Collectio, ex recenf. Ant. Thyfii. *Amft. Lud. & Dan. Elzevirii,* 1657. *in* 12. *v. b.*

2464 Pet. Marcellini Corradini & Jofephi Rocci Vulpii Vetus Latium profanum & facrum. *Romæ, Fr. Gonzaga,* 1704-1736. 7 vol. *in* 4. *v. m.* fig

2465 Veteris Latii antiqua veftigia, Urbis Mœnia, Pontes, Templa, Pifcinæ, Balnea &c. cum figuris. *Romæ, Joh. Bouchard.* 1751. *in* 4. *obl. bl.* fig

2466 Le Magnificenze di Roma moderna e antica, delineate, inventate ed incife da Giambattifta Piranefi, raccolte da Giov. Bouchard. *In Roma,* 1751. *in fol. formâ atlanticâ.* bl. fig

2467 Veftigi della Antichita di Roma, Tivoli, Pozzuolo & altri luochi da Ægid. Sadeler. *Roma, Jac. de Roffi,* 1660. *in fol. obl. v. f.* fig

2468 Les Reftes de l'ancienne Rome, recherchez, mefurez, deffinez fur les lieux & gravez par Bonaventure Doverbeke. *Amfterd.* 1709. 2 tom. 1 vol. *in fol. gr. pap. v. m.* fig

2469 Les Edifices antiques de Rome deffinés & mefurés par Ant. Defgodets. *Par. J. B. Coignard,* 1682. *in fol. v. b.* fig

2470 Templum Vaticanum & ipfius origo, cum ædificiis maximè confpicuis antiquitùs & recens ibidem conftitutis, editum à Car. Fontana: latinis litteris confignatum à Joan. Jof. Bonnerve de S. Romain. *Romæ, Jo. Fr. Buagnus,* 1694. *in fol. c. m. v. m.* fig

HISTOIRE.

2471 Dell' Obelisco di Cæsare Augusto, scav dalle rovine del Campo Marzo, commentario di Angelo Maria Bandini, con alcune lettere, e dissertazioni di vomini illustri. *In Roma, Pagliarini*, 1750. *in fol. c. m. mar. r.*
2472 Histoire des grands Chemins de l'Empire Romain, par Nic. Bergier : nouv. édition enrichie de cartes & de figures. *Brux. J. Leonard*, 1728. 2 vol. *in* 4. *gr. pap. v. f.*
2473 Picturæ antiquæ Cryptarum romanarum & sepulchri Nasonum delineatæ & expressæ à Petro Sancti Bartholi & Franc. ejus filio descriptæ & illustratæ à Joan. Pet. Belloro & Mich. Ang. Causseo : Opus nunc primùm lat. redditum. *Romæ, Hier. Mainardus*, 1738. *in fol. mar. r.*
2474 Jo. Ern. Imm. Walchii Antiquitates Herculanenses litterariæ : acced. Sylloge Inscriptionum Herculanei atque in ejus confiniis erutarum. *Ienæ*, 1751. *in* 4. *bl.*
2475 Justi Fontanini de Antiquitatibus Hortæ Coloniæ, Etruscorum Libri tres, cum figuris & appendice monumentorum ex codicibus Vaticanis. *Roma, Rocchus Bernabo*, 1723. *in* 4. *c. m. v. f.*
2476 Musei Guarnaccii antiqua Monumenta Etrusca, eruta è volaterranis Hypogæis, in lucem edita & illustrata observat. Ant. Franc. Gorii. *Florent. Typ. Albiziniana*, 1744. *in fol. v. f.*
2477 Thesaurus Antiquitatum Beneventanarum. *Roma, ex Typog. Palladii*, 1754. *in fol. c. m. bl.*

Diverses Antiquités, Pierres gravées, Cachets &c.

2478 Traité des Pierres gravées, par Pierre Jean Mariette. *Paris, le même*, 1750. 2 v. *in fol. m. r.*
2479 Gemmæ & Sculpturæ antiquæ depictæ ab Leonardo Augustino, additâ earum enarratione

2480 Pierres antiques gravées, sur lesquelles les Graveurs ont mis leurs noms, dessinées & gravées en cuivre sur les originaux ou d'après les empreintes par Bern. Picart, tirées des principaux Cabinets de l'Europe, expliquées par Philippe de Stosch en lat. & en franç. trad. par H. Phil. de Limiers. *Amsterdam*, *Bern. Picart*, 1724. *in fol. gr. pap. mar. r.*

2481 Images des Héros & des grands Hommes de l'Antiquité, dessinées sur des Médailles, des pierres antiques, par Jean-Ange Canini, gravées par Picart le Romain, avec les observ. de Jean Ang. & Marc Ant. Canini, trad. *Amst.* 1731. *in 4. gr. pap. bl.*

2482 Effigies virorum ac fœminarum illustrium, quibus in græcis aut latinis monumentis aliqua memoriæ pars datur, & C. antiquis marmoribus, saxis, numismatibus, gemmisque expressæ, in IX partibus vel IV voluminibus distinctæ. *Lugd. Bat. Pet. Vander Aa. in fol. mar. r.*

2483 L'Histoire d'Hercule le Thebain, tirée de différens Auteurs, à laquelle on a joint la description des Tableaux qu'elle peut fournir par M. le Comte de Caylus. *Paris*, *Tilliard*, 1758. *in 8. bl.*

2484 Museum Odescalcum, sive Thesaurus antiquarum gemmarum quæ à Ser. Christina Suecorum Reg. collectæ in Museo Odescalco adservantur, & à Pet. Sancto Bartolo quondam incisæ, nunc primùm in lucem proferuntur. *Romæ*, *Ven. Monaldini*, 1747. *in fol. v. f. tom.* 1.

2485 Museum Veronense, hoc est, antiquarum Inscriptionum & Anaglyphorum Collectio, studio Scip. Maffei. *Verona*, *Typ. Seminarii*, 1749. *in fol. v. f.*

2486

2486 Museum Capitolinum, Philosophorum, Poetarum, Oratorum, virorumque illustrium hermas continens, cum animadversionibus italicè primùm nunc latinè editis. *Romæ, Ant. de Rubeis*, 1750-1755. 3 v. *in fol. c. m. mar. r. & bl.*

2487 Remarques sur la piece antique de bronze trouvée aux environs de Rome : avec une description de la chambre des raretés de l'Auteur, par Nic. Chevalier. *Amst. Abl. Wolfgang*, 1694. *in 12. v. b.*

2488 Museum Cortonense, in quo vetera monumenta complectuntur, anaglypha, thereumata, gemmæ inscalptæ insculptæque quæ in Acad. Etrusca ceterisque nobilium virorum domibus adservantur, in plurimis tabulis æreis distributum, & à Franc. Valesio, Ant. Franc. Gorio & Rodulphino Venuti notis illustratum. *Romæ, Faustus Amideus*, 1750. *in fol. c. m. mar. r. fig*

2489 Recueil de pierres gravées antiques, dessinées, gravées & expliquées (par Michel Phil. Levesque de Gravelle.) *Paris, Mariette*, 1732. 2 vol. *in 4. bl. fig*

2490 Ab. Gorlæi Dactyliotheca; seu annulorum sigillarium apud Græcos & Rom. ex ferro, ære, argento & auro Promptuarium : nova editio auctior cum explicationibus Jac. Gronovii. *Lugd. Bat. Pet. Vander Aa*, 1695. *in 4. c. m. vel. fig*

2491 Eadem. *Lugd. Bat. Henr à Damme*, 1707. 2 vol. *in 4. mar r.*

2492 Gemmarum affabre sculptarum Thesaurus, collectus à Joan. Mart. ab Ebermayer; digestus & recensitus à Joan. Jac. Baiero. *Norimb.* 1720. *in fol. v. f. fig*

2493 Descriptio brevis gemmarum Musei Guill. Baronis de Crassier. *Leodii, Ever. Kints*, 1740. *in 4. v. f. fig*

2494 Antiche Lucerne fepolcrali figurate, raccolte, difegnate ed intagliate da Piet. Santi Bartoli. con l'offervationi di Gio, Pietro Bellori. In Roma, Gio: Fr. Buagni, 1691. in fol. v.f.

2495 Veterum Lucernæ fepulcrales collectæ ex cavernis & fpecubus fubterraneis urbis Romæ delineatæ à Petro Sanctio Bartolio, cum obfervat. Joan. Petri Bellorii : ex italico in lat. tranftulit Alex. Dukerus. Lugd. Batav. Pet. Vander Aa, 1728. in fol. bl.

2496 Lucernæ fictiles Mufei Pafferii. Pifauri, fumptibus Acad. Pifaurenfis, 1739. in fol. v. m.

Collections d'Antiquités, de Cabinets &c.

2497 Jac. Sponii Mifcellanea eruditæ antiquitatis. Lugd. Th. Amaulry, 1685. in fol v. b.

2498 Recherches curieufes d'antiquités contenues en plufieurs differtations fur des médailles, bas-reliefs, ftatues, mofaïques & infcriptions antiques, par Jacques Spon. Lyon, Th. Amaulry, 1683. in 4. v. b.

2499 Recueil d'antiquités Egyptiennes, Etrufques, Grecques & Romaines, par M. le Comte de Caylus. Paris, Defaint, 1752 - 1756. 2 vol. in 4. mar. r. & bl.

2500 Laur. Begeri Spicilegium antiquitatis, five variarum ex antiquitate elegantiarum, vel novis luminibus illuftratarum, vel recens etiam editarum fafciculi. Colon. Brandenb. Ulr. Liebpertus, .692. in fol. v. b.

2501 Romanum Mufeum, five Thefaurus eruditæ antiquitatis : operâ & ftudio Mich. Aug. Caufei. Romæ, Fauftus Amideus, 1746. 2 v. in f. c. m.v.f.

2502 Galeria Giuftiniana del Marchefe Vincenzo Giuftiniani. Romæ, 1650. 2 v. in f. gr. pap. v. f.

HISTOIRE.

2503 Muſeum Florentinum exhibens inſigniora vetuſtatis monumenta quæ Florentiæ ſunt in Theſauro Medicæo, cum obſervationibus Ant. Franc. Gorii & figuris. *Florentiæ*, *Mich. Neſtenus*, 1731-1742. 5 tom. 6 vol. in fol. c. max. mar. r. à dent. doublés de tabis. *fig.*

2504 Muſeum Etruſcum, exhibens inſignia veterum Etruſcorum monumenta æreis tabulis CC nunc primùm edita & illuſtrata obſervationibus Ant. Franc. Gorii. *Florentiæ*, *Cajet. Albizinius*, 1737. 2 vol. in fol. v. f. *fig.*

2505 Le Cabinet de la Bibliothèque de Ste Genevieve, contenant les antiquités de la Religion des Chrétiens, des Egyptiens & des Romains, des tombeaux, des poids & des médailles; des monnoyes, des pierres antiques gravées &c. par le P. Cl. du Moulinet. *Paris*, *Ant. Dezallier*, 1692. in fol. gr. pap. vel. *fig.*

2506 Muſeum Teſſinianum, operâ Comitis Car. Guſt. Teſſin collectum. *Holmiæ*, *Laur. Salvius*, 1753. in fol. c. m. v. f. *fig.*

2507 Ceimelia Bibliothecæ reg. Berolinenſis Æthiopica, deſcripta à Jo. Dieterico Wincklero. *Erlangæ*, 1752. in 8. bl.

HISTOIRE LITTÉRAIRE.

Traité des Lettres, des Langues &c.

2508 Eſſai ſur les Hieroglyphes des Egyptiens, où l'on voit l'origine & le progrès du langage & de l'écriture, l'antiquité des Sciences en Egypte, & l'origine du culte des Animaux, par Warburthon, trad. de l'angl. par M. Leonard de Malpeine. *Par. H. L. Guerin*, 1744. 2 v. in 12 v. f.

2509 Les Fables Egyptiennes & Grecques, dévoilées & reduites au même principe, avec une explication des Hieroglyphes & de la Guerre de Troye, par D. Ant. Joseph Pernety. *Par. Bauche*, 1758 2 *v. in* 12. *br.*

2510 D. P. Carpentier Alphabetum Tironianum, seu notas Tironis explicandi Methodus, cum pluribus Ludovici Pii chartis, quæ notis iisdem exaratæ sunt hactenus ineditæ, ad Historiam & Jurisdictionem cum eccles. tum civilem pertinentibus. *Lut. Parisior. Hyp. Ludovic. Guerin*, 1747. *in fol. v. f.*

2511 D. Bernardi de Montfaucon Palæographia græca, sive de ortu & progressu Litterarum græcarum, & de variis omnium sæculorum scriptionis græcæ generibus : itemque de abbreviationibus & de notis variarum artium ac disciplinarum, additis figuris & schematibus ad fidem mss. codicum. *Par. Lud. Guerin*, 1708. *in fol. c. m. v. f.*

Figura Dion. Halicarnassei est duplex : una in papyro, altera in Pergameno minio & coloribus deauratis depicta.

2512 Joh. Mabillon de re diplomatica Libri VI : acced. Commentarius de antiquis Regum Francorum Palatiis : veterum scripturarum Specimina & Supplementum. *Lut. Par. Lud. Billaine, Car. Robustel*, 1681-1704. 2 *vol in fol. v. b.*

2513 Danielis Eberhardi Baringii Clavis diplomatica, specimina vet. Scripturarum tradens, Alphabeta varia &c. acced. Bibliotheca Scriptorum rei diplomaticæ. *Hanoveræ, Nic. Færsterus*, 1754. *in* 4. *mar. r.*

2514 Nouv. Traité de Diplomatique, où l'on examine les fondemens de cet art ; l'on établit des regles sur le discernement des titres, & l'on expose historiquement les caracteres des Bulles pontificales & des Diplomes, par D. René-Prosper

HISTOIRE. 245

Taffin. *Par. Guill. Desprez*, 1750. *in* 4. *tom.* 1. *gr. pap. bl.* avec la fouscription.

2515 Lexicon diplomaticum abbreviationes syllabarum & vocum in diplomatibus & codicibus à sæculo VIII ad XVI usque occurentes exponens : junctis alphabetis & scripturæ speciminibus integris, studio Joan. Waltheri, cum præfatione Joan. Davidis Koeleri. *Gottingæ, Schmidii*, 1745-1747. *in fol. c. m. br.*

2516 Charta plenariæ securitatis, data anno 38 Justiniani Imper. æri incisa an. 1694. *IV. folia. pap. gr. Jesus.*

2517 Codex diplomaticus Siciliæ, complectens documenta à primo chrift. Religionis sæculo ad nostram ætatem, edente cum notis & differt. Joh. de Johanne. *Panormi*, 1743. 2 *vol. in fol. br.*

2518 Alphabeti ex diplomatibus & codicibus Thuricensibus specimen publicatum à Joh. Jac. Schauuchzer & Joh. Lochmann Calcographo. *Tiguri, Typis Geffnerianis*, 1730. *in fol. vel.*

2519 Justi Fontanini Hist. litteraria Aquilejensis : acced. ejusd. Differt. de anno mortuali S. Athanasii & virorum illustrium Provinciæ Fori Julii Catalogus. *Romæ, Nic. Palæarinus*, 1742. *in* 4. *v. f.*

Histoire de l'Imprimerie, de la Librairie &c.

2520 Bern. à Mallinkrot de ortu & progreffu Artis typographicæ. *Col. Agrip. Jo. Kinchius*, 1639. *in* 4. *v. m.*

2521 Jac. Mentelii de vera Typographiæ origine Parænesis. *Par. Rob. Ballard*, 1650. *in* 4. *v. m.*

2522 Histoire de l'Imprimerie & de la Librairie, où l'on voit son origine & son progrès, jusqu'en 1689, par Jean de la Caille. *Paris, le même,* 1689. *in* 4. *v. b.*

2523 Origine de l'Imprimerie de Paris, differtation hift. & critique, par André Chevillier. *Par. J. Delaulne*, 1694. *in* 4. *v. b.*

2524 Hiftoire de l'origine & des premiers progrès de l'Imprimerie, par Profper Marchand. *La Haye, Veuve le Vier*, 1740. *in* 4. *v. f.*

2525 Mich. Maittaire Annales typographici ab artis inventæ origine ad an. 1664. *Amft. P. Humbert*, 1733-1741. 4 *tom.* 8. *vol. in* 4. *v. m. & f.*

2526 Origine e progreffi della ftampa ofia dell' arte impreffioria, e notizie dell' opere ftampate dall' anno 1457 fino all' anno 1500, di Fr. Peregrino Ant. Orlandi. *Bononia*, 1732. *in* 4. *v. f.*

2527 Ad. Henr. Lackmanni Annalium typographicorum felecta quædam Capita. *Hamb. Joh. Car. Bohnius*, 1740. *in* 4. *bl.*

2528 Mich. Maittaire Hiftoria Stephanorum vitas ipforum ac libros complectens. *Lond. Benjam. Motte*, 1709. *in* 8. *v. b.*

2529 Ejufdem Hiftoria Typographorum aliquot Parifienfium, vitas & libros complectens. *Londini, Chrift. Bateman*, 1717. *in* 8. *v. b.*

2530 Henr. Stephani Artis Typographicæ Querimonia de illitteratis quibufdam Typographis : acced. Epitaphia græca & latina doctorum quorumdam Typogr. ab eodem fcripta. *Excudebat id. Stephanus*, 1569. — Rem. Bellaquei Tumulus. *Lut. Mam. Patiffonius*, 1577. — Fed. Jamotii Poemata, gr. & lat. *Ant. Vid. Moreti*, 1593. *in* 4. *v. b.*

2531 Joan. Conr. Zeltneri Centuria correctorum in Typographiis eruditorum *Norimb. Felfecherus*, 1716. *in* 8. *bl.*

2532 Joan Conr. Spoerlii Introductio in notitiam Infignium Typographicor. *Norimb.* 1730. *in* 4. *bl.*

2533 Eftat de la Librairie de France fous M. le

HISTOIRE. 247

Chancelier de Pontchartrain &c. mſ. 2 vol. in fol. mar. cit.

2534 Code de la Librairie & Imprimerie de Paris (par Cl. Marin Saugrain.) Par. 1744. in 12. v. f.

2535 Statuts & Réglem. pour la Communauté des Relieurs & Doreurs de livres de Paris. Paris, le Mercier, 1750. in 12. mar. r.

2536 De Typographiis, earumque initiis & incrementis in Regno Poloniæ & magno Ducatu Lithuaniæ, cum variis obſervationibus. Dantiſci, 1740. in 4. v. f.

2537 Projet de l'établiſſement d'une Imprimerie royale à Berlin, dreſſé & imprimé (à Paris) par Cl. Fr. Simon. 1741. in fol. br.

2538 La Science pratique de l'Imprimerie, contenant des inſtructions pour ſe perfectionner dans cet art, par Dom. Fertel. S. Omer, le Même, 1741. in 4. v. f.

2539 L'Art & ſcience de la vraie proportion des lettres attiques ou antiques &c. par Geoff. Tory. Paris, Vivant Gaultherot, 1549. in 8. v. b.

2540 Epreuves générales des caracteres qui ſe trouvent chez Cl. Lameſle. Paris, 1742. in 4. v. b.

2541 Modeles des caracteres de l'Imprimerie & des autres choſes néceſſaires audit art, gravés par Simon P. Fournier le jeune. Par. 1742. in 4. obl. br.

Hiſtoire des Académies, Univerſités &c.

2542 Le College royal de France par Guill. Duval. Paris, Macé Bouillote, 1644. in 4. v. m.

2543 Mémoire hiſtorique & littéraire ſur le Collége royal de France, par Cl. Pierre Goujet. Par. Aug. Mart. Lottin, 1758. in 4. gr. pap. bl.

2544 Hiſtoire de l'Académie des Inſcriptions & Belles-Lettres, depuis ſon établiſſement, avec

248 HISTOIRE.

les éloges des Académiciens depuis son renouvellement, par Cl. Gros de Boze. *Par. Hyp. L. Guerin*, 1740. 3 *vol. in* 8. *v. f.*

2545 Histoire & Mémoires de l'Académie des Inscriptions & Belles-Lettres. *Par. Imprim. royale*, 1717 & *suiv.* 15 *vol. in* 4. *v. b.* & *bl.*

2546 Histoire & Mémoires de l'Académie Royale des Sciences, depuis 1666 jusq. 1698 incluf. *Par. Guerin*, 1733. 11 *tom.* 13 *vol. in* 4.

2547 Suite des mêmes, depuis 1699 jusq. 1743. *Par. Boudot*, 1718. 48 *vol. in* 4 *v. b.* & *bl.*

2548 Table alphab. des matieres contenues dans l'Hist. & les Mém. de l'Acad. des Sciences &c. jusq. 1740 (par Louis Godin.) *Paris, Guerin*, 1729-1734. 4 *vol. in* 4. *v. b.*

2549 Machines & Inventions approuvées par l'Académie &c. avec leur description par Louis Godin, dessinées & publiées par Gallon. *Paris, Guerin*, 1735. 6 *vol. in* 4. *v. b.*

2550 Mémoires de Mathématique & de Physique, présentés à l'Acad. des Sciences par divers Savans, & lus dans ses assemblées. *Par. Impr. R.* 1750. *in* 4. *v. f. tom.* 1.

2551 Mémoires de Mathématique & de Physique, par le P. Gouye. *Paris, Imprim. royale*, 1692-1693. *in* 4. *v. f.*

2552 Etablissement de l'Acad. roy. de Peinture & d'Architecture. *Paris, Jacq. Collombat*, 1724. *in* 4. *mar, r.*

2553 Mémoires de l'Académie Royale de Chirurgie. *Par. Ch. Osmont*, 1743. *in* 4. *v. f. tom.* 1.

2554 Ant. à Wood Historia & Antiquitates Universitatis Oxoniensis. *Oxon. e Th. Sheldoniano*, 1674. 2 *vol. in fol. v. f.*

—2555 Transactions philosophiques de la Société Royale de Londres, traduites par François de Bremond.

Bremond. *Paris*, *Piget*, 1741. 4 *vol. in* 4. *v. f.*
2556 Commentarii Academiæ scientiarum Imperialis Petropolitanæ, ab anno 1726. *Petropoli, Typis Academicis*, 1728 & *seq.* 9 *vol. in* 4. *v. f.* — 3 6 —
2557 Recueil de Pieces & Mémoires sur le sujet du Prix proposé par l'Académie de Berlin, sur le Système des Monades. *Berlin*, 1748. *in* 4. *bl.* — 1 - 10

Traités des Livres & des Bibliothéques.

2558 Guill. Saldenus de libris, varioq. eorum usu & abusu Libri duo. *Amstelod. Theod. Boom.* 1688. *in* 8. *v. f.* — 4 - 16
2559 Joan. Vogt Catalogus historico-criticus librorum rariorum. *Hamburgi*, 1747 *in* 8. *br.* — 9 —
2560 Frid. Gotthif Freytag Analecta litteraria de libris rarioribus. *Lipsiæ*, 1750. 1755. 3 *vol. in* 8. *bl.* — 10 - 11 —
2561 Jac. Frid. Reimmanni Idea systematis antiquitatis litterariæ. *Hillesheim*, 1718. *in* 8. *bl.* — 2 —
2562 Index librorum prohibitorum & expurgandorum pro Catholicis Hispan. regnis Philippi IV. *Madriti, Did. Diaz*, 1667. *in fol. v. f.* — 7 —
2563 Appendix ad Indicem librorum prohibitorum, ab anno 1716, usque ad ann. 1718. *Romæ*, 1718. *in* 8. *br.* — 1 —
2564 Dan. Franci Disquisitio de Papistarum indicibus librorum prohibitorum & expurgandorum. *Lips. Frid. Lanckisius.* 1684. *in* 4. *bl.*
2565 Discours sur le rétablissement de la Bibliothéque de Fontainebleau, par Abel de Sainte-Marthe. 1668. *in* 4. *mar. r.* } 2 —
2566 Petri Lambecii Commentarii de Bibliotheca Cæsarea Vindobonensi, Libri VIII, cum annotat. & figuris. *Vindobonæ. Matt. Cosmerovius*, 1665-1679. 8 *vol. in fol. mar. r.* — 3 10 —

Ii

HISTOIRE.

2567 Dan. de Neffel Catalogus five Recenfio fpecialis omnium Codicum mff. græcorum, nec non linguarum orientalium Bibliothecæ Cæfareæ Vindobonenfis. *Vindobonæ, Leop. Voigt.* 1690. 2 *vol. in fol. v. f.*

2568 Jac. Frid. Reimmanni Bibliotheca acroamatica. *Hannov.* 1712. *in* 8. *bl.*

2569 Jac. Burckhard Hiftoria Bibliothecæ Auguftæ quæ Wolffenbuteli eft. *Lipf. J. Chrift. Mainerus,* 1744. *in* 4. *bl.*

2570 Magni O. Celfii Hiftoria brevis Bibliothecæ regiæ Stockolmenfis. *Holmiæ, Laur. Salvius,* 1751. *in* 8. *bl.*

Bibliographes généraux.

2571 Photii Myriobiblon five Bibliotheca Librorum quos legit & cenfuit Photius gr. lat. cum notis Davidis Hoefchelii & verfione & fcholiis And. Schotti. *Rothom. Joan. Berthelin,* 1653. *in fol. v. b.*

2572 Jofiæ Simleri Epitome Bibliothecæ Conr. Gefneri, auctus à Joh. Jac. Frifio. *Tiguri, Chriftoph. Frofchoverus,* 1583 *in fol. v. f.*

2573 Th. Pope-Blount Cenfura celebriorum autorum five Tractatus in quo varia virorum doctorum de fcriptoribus cujufque fæculi judicia traduntur : editio nova correctior. *Genev. G. de Tournes,* 1710 *in* 4. *v. f.*

2574 Hiftoria Bibliothecæ Fabricianæ qua finguli ejus Libri & eorum contenta, Auctorum vitæ &c. indicantur, auctore Joan. Fabricio. *Wolffenbuttelii. God. Freytagius,* 1717. 5 *vol. in* 4. *v. f.*

2575 Bibliotheque curieufe, hiftorique & critique, ou Catalogue raifonné de livres difficiles à trouver, par David Clement. *Gottingen. J.*

HISTOIRE.

Guill. Schmid. 1750 & *suiv.* 7 *vol. in* 4. *br.* & *bl.*

2576 Jugemens des Sçavans fur les principaux ouvrages des Auteurs, par Ad. Baillet : revus, corrigés & augmentés par Bern. de la Monnoye. *Par Ch. Moette,* 1722. 7 *v. in* 4. *Gr. Pap. v. b.*

2577 Singularités hiftoriques & littéraires, par Dom J. Liron. *Par. Didot,* 1734. 4 *v. in* 12. *bl.*

2578 Nouveaux Mémoires d'Hiftoire, de Critique & de Litterature, par d'Artigny. *Par Debures* 1749 & *suiv.* 7 *vol. in* 12. *v. f.*

2579 Julii Bartholoccii Bibliotheca Rabbinica, de fcriptoribus & fcriptis Hebraicis : acced. Jof. Imbonati Supplementum. *Romæ,* 1675-1694. 5 *vol. in fol. v. f.*

2580 Jo. Alb. Fabricii Bibliotheca græca, five Notitia fcriptorum veterum Græcorum : editio fecunda. *Hamb. Chrift. Liebezeit,* 1708 & *feqq.* 14 *vol. in-*4. *v. f.*

2581 Ejufdem Bibliotheca latina five Notitia Auctorum veterum Latinorum. *Venet. Seb. Coleti,* 1728. 2 *vol. in-*4. *bl.*

2582 Eadem. *Hamb.* 1721. 3 *vol. in* 8.

2583 Jo. Alb. Fabricii Bibliographia antiquaria, five Introductio in notitiam fcriptorum qui antiquitates hebraicas, gr. rom. & chrift. fcriptis illuftrarunt. Editio 2. auctior *Hamb. Chrift. Liebezeit,* 1716. *in* 4. *v. f.*

2584 Jo. Henr. Boecleri Bibliographia critica, fcriptores omnium Artium & Scientiarum ordine percenfens : nova editio aucta ex mff. Boeclerianis : edente Jo. Gottlieb. Kraufe. *Lipf. J. Groffus,* 1715. *in* 8. *form. in* 4. *v. f.*

2585 Bibliotheque de François Grudé fieur de la Croix du Maine, ou Catalogue des Auteurs qui ont écrit en françois depuis 500 ans & plus,

I i ij

jusqu'à ce jourd'hui. *Paris*, *Abel l'Angelier*, 1584 *in fol. gr. pap. mar. cit.*

2586 Bibliotheque d'Antoine du Verdier, contenant le Catalogue de tous ceux qui ont écrit ou traduit en françois, avec le Supplément de l'Epitome de la Bibliotheque de Gesner. *Lyon*, *Barthel. Honorat*, 1585. *in f. v. f.*

2587 Bibliotheque Françoise, ou Histoire de la Littérature Françoise, par Claude Pierre Goujet. *Par P. J. Mariette.* 1741 *& suiv.* 16 *vol. in* 12. *v. f. & bl.*

2588 Notitia de Libri rari nella lingua Italiana, da Nic. Haym. *Londra*, 1726. *in* 8. *v. f.*

2589 Burcardi Gotthelffii Struvii Introductio in notitiam rei litterariæ & usum Bibliothecarum. *Ienæ*, *Ernesti*, 1710 *in* 12. *v. b.*

2590 Eadem. *Francof* 1729. *in* 8. *bl.*

2591 Ejusdem Collectanea mss. ex codicibus, fragmentis &c. excerpta & in XV. fasciculos digesta. *Ienæ*, 1713. 1717. 2 *vol. in* 8. *bl.*

2592 Ejusdem Bibliotheca librorum rariorum. *Ienæ*, 1719. *in* 4. *bl.*

2593 Ejusdem Bibliotheca Philosophica, studio Jo. Georg. Lotteri. *Ienæ*, 1728. *in* 8. *bl.*

2594 Ejusdem Bibliotheca selecta: emendavit & copiose locupletavit Christian Gottlieb. Buder. *Ienæ*, 1740. 2 *vol. in* 8. *br.*

2595 Ad. Henr. Lackmanni Miscellanea litteraria. *Hamb. Kisnerus*, 1721. *in* 8. *blanc.*

2596 Nic. Hier. Gundlingii Observationes selectæ ad rem Litterariam spectantes. *Francof.* 1707 & *seqq.* 10 *vol. in* 8. *bl.*

2597 Bibliotheca mss. maxima Anecdotorum & Historicorum ex recens. Jo. Jac. Moser. *Norimb.* 1722. *in* 4. *br.*

2598 Symbolæ litterariæ Opuscula varia, philolo-

HISTOIRE.

gica, scientifica, antiquaria, signa, lapides, numismata medii ævi nunc primum edita complectentes. *Roma*, 1751 & *seq.* 10 vol. in 8. br.

2599 Jac. Frid. Reimmanni Historia litteraria de libris genealogicis vulgatioribus & rarioribus. *Lips. in* 8. *blanc.*

2600 Car. Arndii Bibliotheca politico-heraldica selecta, *Rostochii*, 1705. *in* 8. *v. f.*

2601 Ejusdem Bibliotheca aulico-politica. *Rostochii*, 1706. *in* 8. *v. f.*

2602 Frid. Bonneri Bibliotheca librorum rariorum physico-medicorum historico-critica. *Helmsta-* 1751 *in* 4. *blanc.*

2603 Vinc. Placcii Theatrum anonymorum & pseudonymorum, edente Jo. Alb. Fabricio. *Hamb.* 1708. 2 vol. *in fol. v. f.*

Journaux Litteraires.

2604 Journal des Sçavans, depuis Janvier 1750, jusqu'au mois de Septembre 1759. *Paris*, 1750. 10 vol. *in* 4. *br.*

2605 Table generale des Matieres contenues dans les Journaux des Sçavans, de l'edition de Paris, depuis 1665 jusqu'en 1750, par André Declaustre. Par. *Ant. Briasson*, 1753. 8 vol. *in* 4. *bl.*

2606 Histoire des Ouvrages des Sçavans, depuis Septembre 1687 jusqu'à Juin 1709, par Henry Basnage de Bauval. *Rotter. Rein. Leers*, 1687 & *suiv.* 23 vol. *in* 12. *vel.*

2607 Bibliotheque ancienne & moderne, par Jean le Clerc. *La Haye, P. Husson*, 1726. 29 vol. *in* 12. *v. b.*

2608 Journal de Trévoux, depuis Janvier 1750, jusqu'à Avril 1759. *Paris*, 1750. 156 vol. *in* 12. *br.*

254 HISTOIRE.
2609 Acta litteraria Sueciæ, an. 1720 publicata. Upsalia, 1720. in 4. v. f.
2610 Bibliotheca Lubecensis. Lübeca, Jo. Christ. Schmidius, 1725. 12 vol. in 8. bl.
2611 Nova Bibliotheca Lubecensis. Lubeca, id. 1753. 2. vol. in 8. bl.
2612 Lettres sérieuses & badines sur les Ouvrages des Sçavans, par Janiçon & autres. La Haye. J. Van Duren, 1740. 12 vol. in 12. v. f.
2613 Jugemens sur quelques Ouvrages nouveaux, par Guyot Desfontaines. Avignon. (Paris.) 1744. 11 vol. in 12.
2614 Mémoires secrets de la République des Lettres, ou le Théatre de la Vérité, par le Marquis d'Argens. La Haye. Neaulme, 1743. 6 vol. in 12. bl.
2615 Nouvelle Bibliotheque Germanique, depuis Janvier 1746, jusqu'en Mars 1756, par Sam. Formey. Amst. Mortier, 1746 & suiv. 18 v. in 8. bl.
2616 Lettres sur quelques Ecrits de ce tems, par Elie-Catherine Freron. Paris, 1749 & suiv. 13 vol. in 12. bl.
2617 L'Année Littéraire, ou suite des Lettres précédentes, par le même. Paris. Lambert, 1755. 27 vol. in 12. bl.
2618 Lettres de Clément sur les Ouvrages de Littérature, depuis 1748 jusqu'à 1752. Parls, 1756. 2 vol. in 12. bl.
2619 Bibliothéque impartiale, depuis Janvier 1750, jusqu'à Février 1756, par Jean-Henry-Samuel Formey. Leide, 1750 & suiv. 13 vol. in 8. bl.
2620 Relationes de Libris novis anni 1752. Fasciculi V. Gottingæ, vid. Vandenhoeckii, in 8. bl.
2621 Observations sur la Littérature moderne, par Jos. de la Porte. Paris. Duchesne, 1752. 9 vol. in 12. bl.

HISTOIRE.

2622 Mercure Danois, depuis Mars 1753, jufqu'à Février 1754. *Coppenhague. Lud. H. Lillie.* in 8. *bl.*

2623 Bibliothéque des Sciences & des beaux Arts, depuis 1754, jufqu'à Mars 1755, par Charles Chais. *Paris,* 1754. 14 *vol. in* 12. *bl.*

2624 Journal Etranger, depuis Avril 1754, jufqu'à Décembre 1755. *Paris,* 1754 & *fuiv.* 22 *vol. in* 12. *br.*

2625 Lettres critiques, ou Analyfe & Réfutation de divers Ecrits modernes contre la Religion, par Gauchat. *Par. Hériffant,* 1755. *in* 12. *Tom. I. bl.*

2626 Journal Encyclopédique, par une Société de Gens de Lettres, depuis Janvier 1756, jufqu'à Septembre 1759. *Liége,* 1756 & *fuiv.* 89 *vol. in* 12. *br.*

2627 Nouvelle Bibliothéque Angloife, par E. de Joncourt, depuis le mois de Janvier 1756, jufqu'au mois de Juin 1757. *La Haye. P. Goffe,* 1756. 3 *Tom.* 9 *part. in* 8. *bl.*

2628 Annales Tyographiques. *Par.* 1759. *in* 4. *bl.*

2629 Le Confervateur, ou Collection de Morceaux rares & d'Ouvrages anciens, en 1756 & 1757. *Paris,* 1757 & *fuiv.* 14 *vol. in* 12. *br.*

2630 Affiches, Annonces & Avis divers, depuis le 13 Mai 1751, jufqu'au mois de Février 1760. 9 *vol. in* 8.

Bibliographes nationaux.

2631 Jac. Frid. Reimmanni Hiftoria litteraria Babylonior. & Sinenfium. *Brunfvigæ,* 1741. *in* 8. *bl.*

2632 Joan. Vogt Hiftoria litteraria Conftantini M. plus CL Scriptores rerum Conft. fiftens. *Hamburgi,* 1720. *in* 8. *v. b.*

HISTOIRE.

2633 Bibliotheca Napoletana del Nicolo Toppi Addizioni di Lionardo Nicodemo. *In Napoli, Ant. Bulifon*, 1678-1683. *in fol.*

2634 Antonini Mongitoris Bibliotheca Sicula, sive de Scriptoribus Siculis notitia, cum appendice. *Panormi, Didacus Bua,* 1708. 2 *tom.* 1 *v. in f. v. f.*

2635 Bibliotheca Aprosiana, ex lingua ital. in lat. conversa, edente Jo. Christ. Wolfio. *Hamburgi*, 1734. *in* 12. *br.*

2636 Histoire littéraire de la France, où l'on traite de l'origine & du progrès, de la décadence & du rétablissement des Sciences parmi les Gaulois & parmi les François &c. par les PP. Benedictins. *Par. Osmont,* 1733. 8 *vol. in* 4. *v. f.*

2637 Bibliotheque histor. & crit. du Poitou, par Jean-Franç. Dreux du Radier. *Paris, Ganeau*, 1754. 5 *vol. in* 12. *bl.*

2638 Bibliotheque Lorraine, ou Histoire littéraire des Hommes illustres de Lorraine, par D. Aug. Calmet. *Nancy, le Seure,* 1751. *in fol. bl.*

2639 Jos. Hartzheim Bibliotheca Coloniensis, in qua vita & libri typo vulgati & mss. recensentur. *Col. Aug. Th. Odendall.* 1747. *in fol. bl.*

2640 Burc. Gotth. Struvii Bibliotheca Saxonica, Scriptores rerum Saxon. Misnens. Thuringicar. exhibens. *Halæ Magdeb.* 1736. *in* 8. *bl.*

2641 Nicol. Pet. Sibbern Bibliothera historica Dano-Norvegica, sive de Scriptoribus rerum Dano-Norvegicarum. *Hamb. Liebezeit,* 1716. *in* 12. *v. b.*

2642 Alberti Thura Idea historiæ litterariæ Danorum. *Hamb. Felgineus,* 1723. *in* 8. *bl.*

2643 Jo. Dan. Janozki Polonia Litterata nostri temporis. *Uratislaviæ Lorm.* 1750. *in* 8.

2644 Val. Andreæ, Aub. Miræi, Franc. Swertii Bibliotheca Belgica, sive virorum in Belgio vita, scriptisque illustrium Catalogus, librorumque
nomenclatura

HISTOIRE.

nomenclatura, studio Joan. Franc. Foppens. *Bruxel. Pet. Foppens*, 1739. 2 v. *in* 4. v. f.

2645 Nic. Antonii Bibliotheca Hispana vetus, complectens Scriptores qui ab Octaviani Augusti imperio usque ad an 1000 floruerunt, prodit jussu & expensis Jos. Saenz Card. de Aguirre. *Romæ, Ant. de Rubeis*, 1696. *in fol. v. f.*

2646 Ejusdem Bibliotheca Hispana, sive Hispanorum, qui sive latinâ, sive populari, sive alia quâvis linguâ scripto aliquid consignaverunt. *Romæ, Nic. Aug. Tinassius*, 1672. 2 v. *in f. v. f.*

2647 Specimen Bibliothecæ Hispano-majansianæ, sive Idea novi Catalogi critici Operum Scriptorum hispanorum, quæ habet in sua Bibliotheca Gregorius Majansius, ex museo Dav. Clementis. *Hannov. J. G. Schmidius*, 1753. *in* 4. *bl.*

2648 Gerh. Ernesti de Franckenau Bibliotheca Hispanica historico-genealogico-heraldica. *Lips. Georg. Weidmannus*, 1724. *in* 4. v. m.

2649 Mémoires histor. polit. & littér. concernant le Portugal, avec la Bibliotheque des Ecrivains & des Historiens de ces Etats, par le Chevalier d'Oliveyra. *La Haye*, 1743. 2 vol. *in* 12. v. f.

2650 Th. Tanneri Bibliotheca Britannico-Hibernica, sive de Scriptoribus Angliæ, Scotiæ & Hiberniæ ad sæculum XVII : acced. Dav. Wilkinsii Præfatio, Historiam litterariam Britannorum ante Cæsaris adventum exhibens. *Londini, Guilel. Bowyer*, 1748. *in fol.* v. m.

Bibliographes Ecclésiastiques &c.

2651 Guill. Cave Historia litteraria Scriptorum ecclesiasticorum à Christo nato ad sæculum XIV digesta : acced. Scriptores gentiles, notitia Conciliorum, & duæ appendices ad an. 1517. *Genev. Chouet*, 1705. *in fol.* v. f.

Kk

HISTOIRE.

2652 Eadem cum duabus appendicibus. *Oxonii*, *Th. Sheldon.* 1740. 2 *vol. in fol. v. m.*

2653 Fr. Wokenii Bibliotheca theol. philol. philof. hiftorica, quâ varia, difficillima dubia ad Theologiam fpectantia ex principiis genuinis folvuntur. *Wittemb.* 1732. *in* 8 *partes.* v. *bl.*

2654 Jac. Frid. Reimmanni Acceffiones ad Catalogum Bibliothecæ theol. fiftematico-criticum. *Brunfvigæ*, 1747. *in* 8. *bl.*

2655 Bibliotheque hift. & crit. des Auteurs de la Congr. de S. Maur, par D. Filipe le Cerf. *La Haye*, P. *Goffe*, 1726. *in* 12. *v. m.*

2656 P. Dionyfii Genuenfis Bibliotheca Scriptorum Ordinis Minorum S. Francifci Capuccinorum, retexta & extenfa à Fr. Bern. à Bononia. *Venet. Seb. Coleti*, 1747. *in fol. bl.*

2657 Dictionnaire des livres Janféniftes, ou qui favorifent le Janfénifme (par Louis Patouillet.) *Anvers*, (*Lyon*) 1752. 4 *vol. in* 12. *mar. r.*

2658 Rec. de deux pieces fur le précédent ouvrage.

Catalogues de Bibliotheques.

2659 Differtation fur les Bibliotheques, avec une Table alphab. des Ouvrages publiés fous le titre de Bibliotheques, de Catalogues. *Par. Chaubert*, 1758. *in* 12. *v. b.*

2660 Chrift. Frid. Wilifch Index Bibliothecæ ad ufum Collegii Fridericiani Altenburgi. *Altenb.* J. *Lud. Richterus*, 1721. *in* 8. *bl.*

2661 Bibliotheca Anonymiana. *Hag. Comitum*, 1728. *in* 8 *br.*

2662 Catalogue des Livres du Comte d'Autry. *Par. Martin*, 1750. *in* 12. *br.*

2663 Catalogus Librorum Bibliothecæ Nic. Bachelier. 1725 *in* 4. *v. f.*

HISTOIRE.

2664 Index Bibliothecæ Francisci Barberini Card. Romæ, Mich. Hercules, 1681. 2 vol. in fol. v.b.

2665 Catalogue des Livres de M. Bellanger, par Gab. Martin. Paris, le même, 1740. in 8. v. f. avec les prix.

2666 Bibliotheca Bentefiana, sive Catalogus Librorum Alberti Bentes, cum pretiis. Amstelodami 1702. in 4. v. b.

2667 Catalogue des Livres de la Bibliotheque de le Blanc. Par. Martin, 1729. in 8. v. b. avec les prix.

2668 Thomæ Hyde Catalogus impressorum librorum Bibliothecæ Bodleianæ in Academia Oxoniensi. Oxon. Th. Sheldon. 1674. in fol. v. b.

2669 Bibliotheca Duboisiana, ou Catalogue de la Bibliotheque du Card. du Bois. La Haye, Swart, 1725. 4 vol. in 12. v, f.

2670 Catalogue des Livres de Bonneau. Paris, Damonneville, 1754. in 8. br.

2671 Catalogue des Livres de la Bibliotheque de Bossuet. Par. 1742. in 12. v. f.

2672 Catalogue de la Bibliotheq. de Bourret. Par. Boudot, 1735. in 12. br.

2673 Catalog. des Livres du Cabinet de (Claude Gros) de Boze. Par. Imp. roy. 1745. in f. m. r.

2674 Le même. Paris, Martin, 1753. in 8. br.

2675 Catalog. des Livres provenans de la Bibliotheque de M. de Boze. Paris, Martin, 1754. in 8. br.

2676 Scriptorum Poloniæ & Prussiæ historicorum, polit. &c. in Biblioth. Brauniana collectorum Catalogus & judicium. Colon. 1723. in 4. bl.

2677 Musæum selectum, sive Catalogus librorum Mich. Brochard. Paris, Martin, 1729. in 8. v. b. avec les prix.

2678 Catalogus Bibliothecæ Bunavianæ. Lipf. Vid. Fritschii, 1750 & seqq. 5 vol. in 4. bl.

2679 Burckardianum Musæum continens Biblio-

thecam in iv partes diftributam: acced. Index &
Vita Burckardi. *Helmeſtad. J. Chriſt. Meiſner*,
1750. 5 *vol. in* 8. *bl.*

2680 Catalog. de la Bibliotheque de Burette. *Par.
Martin*, 1758. 3 *vol. in* 12. *v. f.*

2681 Catalog. des Livres du Cabinet d'Imbert de
Cangé. *Paris, Guerin*, 1733. *in* 12. *v. f.*

2682 Catalog. des Livres de la Bibliotheque de J.
Fr. le Fevre de Caumartin, Ev. de Blois. *Paris,
Barrois*, 1734. *in* 12. *v. f.*

2683 Catalog. des Livres de la Bibliotheque du
Chev. de Charoſt. *Par. Barrois*, 1742. *in* 8. *v. f.*

2684 Catalog. des Livres du Préſ. Chauvelin. *Par.
Davonneville*, 1754. *in* 8. *br.*

2685 Bibliotheca Coiſliniana, olim Segueriana,
ſive mſſ. omnium græcorum quæ in ea conti-
nentur Deſcriptio, ubi operum ſingulorum no-
titia datur, ætas cujuſq. mſ. indicatur, vetuſtio-
rum ſpecimina exhibentur, & alia multa anno-
tantur quæ ad Palæographiam græcam pertinent;
acced. Anecdota cum interpret. latina, ſtudio D.
Bern. de Montfaucon. *Pariſiis, Ludov. Guerin*,
1715. *in fol. v. b.*

2686 Catalogus librorum Bibliothecæ Colbertinæ.
Par. 1728. 3 *tom.* 1 *v. in* 12. *v. b.*

2687 Catalogus Bibliothecæ Car. Joac. Colbert
de Croiſſi, Epiſc. Monſpel. 1640. 2 *t.* 1 *v. in* 8. *v. f.*

2688 Catalogue d'une belle Collection de Livres
& d'Eſtampes, propre à former une Bibliotheque
des plus eſtimables. *Berl. Neaulme*, 1755. *in* 8. *br.*

2689 Catalogue des Livres de la Bibliotheque du
Grand Conſeil, diſpoſé par M. l'Abbé Boudot.
Paris, Simon, 1739. *in* 8. *v f.*

2690 Catalogne des Livres de Coquelet, avec le
Supplément. *Par. Bauche*, 1754. *in* 12.

2691 Catalogus librorum mſſ. Bibliothecæ Cotto-

HISTOIRE.

nianæ : acced. Thomæ Smithi Vita Rob. Cottoni, & Bib. Cottonianæ Historia & synopsis. *Oxonii*, *è Th. Sheldon*, 1696. *in fol. v. f.*

2692 Catalogue des Livres de la Bibliotheque de Couvay. *Par. Desprez*, 1750. *in 8. br.*

2693 Catalog. des Livres de Crozat de Tugny, par Jean Boudot. *Par. Thiboust*, 1751. *in 8. br.*

2694 Catalogue des Livres de Danty d'Isnafd. *Par. Martin*, 1754. *in 12. v. b.*

2695 Catalogus librorum J. B. Dodart. Huguet de Semonville : de Camilly. *Par.* 1731. *in 8. v. f.*

2696 Bibliotheca selectissima, sive Catalogus librorum Sam. Engel. *Bernæ*, 1743. *in 8. v. f.*

2697 Catalogue des Livres de la Biblioth. de M. le Maréchal Duc d'Estrées. *Paris, Jacq. Guerin*, 1740. 2 *vol. in* 8.

2698 Bibliotheca Fayana, seu Catalogus librorum Biblioth. Car. Hier. de Cisternay du Fay, digestus & descriptus à Gab. Martin. *Parisiis, idem*, 1725. *in 8. v. b. cum pretiis.*

2699 Bibliotheca Joannis Galloys. *Paris*, 1710. *in 12. v. f.*

2700 Catalogus librornm Steph. Franc. Geoffroy. *Par. Martin*, 1731. *in 8. avec les prix.*

2701 Catalogus Bibliothecæ Joan. Georg. Grævii. *Traj. ad Rhen. in 12. v. b.*

2702 Livres & Estampes du Cabinet de M. Hallée. *Paris* 1730. *in 8. v. f.*

2703 Catalogus Biblioth. Harleianæ in locos communes distributus, cum indice Autorum. *Lond. Th. Osborne*, 1743. 4 *vol. in* 8. *v. b. & br.*

2704 Catalogue des Livres & Estampes de M. de la Haye. *Par. Martin*, 1754. *in 8. br.*

2705 Bibliotheca Heinsiana. *Lugduni Batavorum*, 2 *vol. in 8. vel.*

2706 Catalogue des Livres de M. Herbert *Paris*, 1758. *in 8. br.*

2707 Bibliotheca Hohendorfiana, ou Catalogue de la Bibliotheq. de George Guil. Baron de Hohendorf. *La Haye, Ab. de Hondt*, 1720. *in* 8. *m. b.*

2708 Catalogus librorum Bibliothecæ Car. Henr. Com. de Hoym, digeftus & defcriptus à Gab. Martin, cum pretiis. *Par. id.* 1738. *in* 8. *v. b.*

2709 Bibliotheca Hulfiana, five Catalogus librorum Samuelis Hulfii. *Hagæ Comitum*, 1730. 5 *vol. in* 8. *vel.*

2710 Bibliothecæ Jof. Renati Imperialis Card. Catalogus, fecundùm Autorum cognomina ordine alphab. difpofitus; unà cum altero Catalogo fcientiarum & artium. *Romæ, Fr. Gonzaga*, 1711. *in fol. v. f.*

2711 Bibliotheca Lambertina, feu Catalogus Biblioth. Nic. Lambert (cum pretiis.) *Par. Martin,* 1730. *in* 8. *v. b.*

2712 Catalogue des Livres de la Bibliotheque de l'Abbé de Lan. *Paris, Barrois*, 1755. *in* 8.

2713 Catalogue des Livres de Lancelot. *Paris, Martin*, 1741. *in* 12. *v. f.*

2714 Catalogue des Livres & Eftampes de M. Gafcq. de Lalande. *Par. Martin,* 1756. *in* 8. *br.*

1714 Catalogus librorum impreflorum & mff. Bibliothecæ publicæ Univerfitatis Lugduno Batavæ, *Lugd. Bat. Pet. Vander Aa*, 1716. *in fol. v. f.*

2715 Catalogue des Livres de la Bibliotheque de Louis du Four de Longuerue:de Boulanger.*Par. Barrois*, 1735. *in* 12. *v. f.*

2716 D Bern. de Montfaucon Bibliotheca Bibliothecarum mff. nova, ubi, quæ innumeris penè mff. Bibliothecis continentur, ad quodvis literaturæ genus fpectantia & notatu digna, defcribuntur & indicantur. *Parif. Briaffon*, 1739. 2 *vol. in fol. v. b.*

2717 Catalog. des Livres de M. le Comte de la Marck. *Par.* 1751. *in* 12. *br.*

2718 Bibliotheca Martiniana, ou Catalog. de la Bibliotheque de David Martini. *La Haye*, *Scheurleer*, 1752. *in* 8. *br.*
2719 Bibliotheca Meadiana, five Catalogus librorum Richardi Mead. *Lond.Baker*, 1755. *in* 8.*br.*
2720 Steph. Evodii Affemanni Catalogus codicum orientalium mff. Bibliothecæ Mediceæ, Laurentianæ & Palatinæ, ftudio Ant. Fr. Gorii. *Florent.Typ.Albiziana*, 1742. *in fol. c. m. mar. cit.*
2721 Catalogue des Livres de M. Giraud de Moucy. *Paris. Barrois*, 1753. *in* 8. *br.*
2722 Bibliotheca Nicolaiana, five Catalogus Cornelii Nicolai. *Amftelod.* 1698. *in* 8. *br.*
2723 Jac. Phil. Tomafini Bibliothecæ Patavinæ Manufcripti. *Utini*, 1639. *in* 4. *v. f.*
2724 Catalogue des Livres & Eftampes de la Bibliothéque de Pajot d'Onfenbray. *Paris. Martin*, 1756. *in* 8. *br.*
2725 Catalogus mff. Codicum Biblioth. Paulinæ concinnatus à L. Joach. Fellero. *Lipf.* 1686. *in* 12. *v. f.*
2726 Catalogue des Livres de M. le Pelletier des Forts. *Paris, Barrois*, 1741. *in* 8. *v. f.*
2727 Bibliotheca Perizoniana, five Catalogus Librorum Jacobi Perizonii. *Lugd. Bat.* 1715. *in* 12. *v. b.*
2728 Catalogue des Livres & Eftampes du Comte de Pontchartrain. *Par. Boudot*, 1747. *in*. 8. *v. f.*
2729 Catalogue des Livres de Gluc de Saint Port, par Jean Boudot. *Paris. Prault*, 1749. *in* 8. *br.*
2730 Catalogus Librorum Henr. Jof. Rega. *Lovanii*, 1755. *in* 8. *br.*
2731 Catalogue des Livres de la Bibliothéque de M. le Préfident Bernard de Rieux, avec les prix, *Par. Barrois*, 1747. *in* 8. *v. f.*
2732 Bibliotheca Rinckiana feu Supellex libro-

rum Eucharii Gotleeb Rinck. *Lipſiæ. in 8. bl.*

2733 Catalogue des Doubles de la Bibliothéque du Roi, compoſée de dix-huit mille Volumes. *Paris. Gandouin*, 1733. *in* 12. *v. f.*

2734 Catalogue des Livres imprimés de la Bibliothéque du Roi, par MM. les Abbés Sallier, Boudot & autres. *Paris. Impr. Roy.* 1739-1750. 5 *vol. in fol. v. m. & bl.*

2735 Catalogus codicum manuſcriptorum Bibliothecæ Regiæ. (Auctore Aniceto Mellot.) *Par. Typ. Regia*, 1739-1744. 4 *vol. in fol. v. m.*

2736 Catalogue des Livres de M. l'Abbé (Charles) d'Orleans de Rothelin, par G. Martin. *Paris. Le même*, 1746. *in* 8. *v. f.* avec les prix.

2737 Catalogue des Livres de M. *******. *Paris. Gandouin*, 1735. *in* 12. *v. f.*

2738 Catalogus Biblioth. Dan. Salthenii. *Regiomonti Boruſſorum*, 1751. *in* 8. *bl.*

2739 Henr. Leon. Schurzfleiſchii Notitia Bibliothecæ principalis Vinarienſis. *Ienæ*, 1715. *in* 4. *v. f.*

2740 Catalogue des Livres de la Bibliothéque de Secouſſe. *Paris. Barrois*, 1755. *in* 8. *br.*

2741 Bibliotheca ſelectiſſima. *Hag. Com.* 1716. *in* 8. *v. b.*

2742 Bibliotheca Telleriana, ſive Catalogus Librorum Bibliothecæ Car. Mauritii le Tellier, Arch. Rem. Autore Nic. Clement. *Par. Typ. Regia*, 1693. *in fol. c. m. mar. r.*

2743 Bibliotheca Triglandiana. *Lugd. Bat.* 1706. *in* 12. *vel.*

2744 Catalogue des Livres de la Bibliothéque de M. Turgor de Saint-Clair. *Paris. Piget*, 1744. *in* 12. *v. f.*

2745 Codices mſſ. Bibliothecæ Regii Taurinenſis Athenæi, ex recenſ. & cum animadverſ. Joſ. Paſini,

HISTOIRE.

fini. *Taurini. Typ. Regia*, 1749. 2 vol. in fol. c. m. br.

2746 Catalogus Librorum Pauli Vaillant. *Londini* 1745. in 8. br.
2747 Catalogus Librorum Vander Aa: Westeniorum: Moetjens : Husson. in 8. v. f.
2748 Jos. Simonii Assemani Bibliotheca Orientalis Clementino-Vaticana : in qua mss. codices Syriaci, Arabici, Persici, Turcici, Hebraic. Samar. Armen. Ethiop. Gr. Ægipt. Iber. & Malabar. continentur. Acced. singulorum Autorum Vitæ. *Romæ. Typ. Vat. de prop. fide*, 1719. 4 vol. in fol. bl.
2749 Latina & italica D. Marci Bibliotheca Codicum mss. per titulos digesta, præside & moderatore Laurent. Theupolo, jussu Senatus. *Venet.* 1740. 2 vol. in fol. gr. pap. v. f.
2750 Bibliotheca Uffenbachiana, sive Catalogus Librorum Zach. Conradi ab Uffenbach. *Francof. ad Moen.* 1729-1731. 4 vol. in 8. vel.
2751 Catalogue des Livres de M. la Vigne. *Paris.* 1759. in 8. br.
2752 Bibliotheca Vilenbroukiana; sive Catalogus Librorum Gosvini Vilenbroeck. *Amst. Westenii*, 1729. in 8. v. f.
2753 Catalogus Librorum Commelini : Voegelinorum : Chouet. in 8. vel.
2754 Catalogus Bibliothecæ de Wassenaer. *Hagæ Comit.* 1750. in 8. br.
2755 Catalogus Bibliothecæ Joh. Van Westrenen. *Lugd. Bat.* 1692. in 12. avec les prix.
2756 Catalogus Librorum Bibliothecæ Joannis de Witt. *Bruxellis*, 1752. in 12. br.
2757 Catalogue d'une très belle Bibliotheque. *La Haye*, 1756. in 8. br.
2758 Liasse de Catalogues de Londres. in 8.

2759 Biblioth. Annuelle, ou Catalogue des Livres imprimés en Europe depuis 1748 jufqu'à 1751. *Par.* 1751 *& fuiv.* 6 *vol. in* 12. *br.*

VIES DES PERSONNES ILLUSTRES &c.

2760 Eloges des Hommes favans, tirés de l'hift. de Thou, avec des additions par Ant. Teiffier. *Leyde, Theod. Haak,* 1715. 4 *vol. in* 8.

2761 Vitæ felectæ illuftrium virorum. *Uratiflaviæ, Chrift. Bauchius,* 1711. *in* 8. *v. f.*

2762 Mémoires pour fervir à l'hiftoire des Hommes illuftres dans la République des Lettres, par Jean-Pierre Niceron. *Par. Briaffon,* 1729 *& fuiv.* 43 *vol. in* 12. *bl.*

2763 Le Parnaffe François, avec le Supplément jufq. 1755, par Evrard Titon du Tillet. *Par. J. B. Coignard,* 1732-1755. *in fol. v. m.*

2764 Effais fur les honneurs & fur les monumens accordés aux illuftres Savans par le même. *Par. Chaubert,* 1734. *in* 12. *v. m.*

2765 La Vie de Pierre Aretin par de Boifpreaux, (Bénigne du Jardin.) *Paris,* 1750. *in* 12. *v. f.*

2766 Vie d'Erafme par M. l'Evefque de Burigny. *Par. Debure,* 1757. 2 *vol. in* 12. *bl.*

2767 Hiftoire de la Vie & des Ouvrages de Franç. Bacon. *Londres,* 1742. *in* 12. *v. f.*

2768 Pet. Pithœi Vita, Elogia, Opera, Bibliotheca : acced. Excerpta, notæ & appendices, accurante Joanne Boivin. *Parifiis, Petrus Cot,* 1711. *in* 4. *v. m.*

2769 Vie de Pierre Pithou, avec quelques mémoires fur fon pere & fes freres (par P. Jean Grofley.) *Par. Cavelier,* 1756. 2 *vol. in* 12. *bl.*

2770 Vie de Jerôme Bignon, par Louis Calabre Perau. *Par. J. Th. Heriffant,* 1757. *in* 12. *bl.*

HISTOIRE.

2771 Vie de Grotius, avec l'histoire de ses ouvrages & des négociations auxquelles il fut employé, par M. l'Evesque de Burigny. *Paris, Debure* 1752. 2 vol. in 12. v.f.

2772 La même, avec de nouvelles remarq. *Amst.* M. Mic. Rey, 1754. 2 vol. in 12. vel.

2773 L'Esprit d'Ant. Arnauld, par Pierre Jurieu. *Deventer*, 1684. 2 vol. in 12. mar. r.

2774 Les Imposteurs insignes, ou Histoires de plusieurs hommes de néant, qui ont usurpé la qualité d'Empereur, de Roi & de Prince, par J. B. de Rocoles. *Bruxelles*, 1728. 2 vol. in 12. v.f.

2775 Le Livre de Jehan Bocasse de la louange & vertu des nobles & cleres Dames, translaté par ordre de la Royne de France, Anne de Bretagne. *Par. Ant. Verard*, 1493. in fol. goth. mar. r. l.r. avec figures en bois.

SUPPLÉMENT.

2776 N. Testamentum lat. *Parif. è Typ. Regia*; 1649. 2 vol. in 12. mar. r. l. r.

2777 Missel de Paris, latin. *Paris* 1738. 4 vol. in 12. mar. cit.

2778 Heures à l'usage de Rome. *Mss. sur velin* avec des miniatures, in 8. chag. noir.

2779 Lucii Cæcil. Firmiani Lactantii Liber de Persecutione &c. cum notis Steph. Baluzii. *Par. Fr. Muguet.* 1679. in 8. mar. r.

2780 Pet. Pithoei Comes senectutis. *Parif.* 1709 in 12. v. b.

2781 Hieron ou Portrait de la condition des Rois par Xenophon, Gr. & Fr. trad. avec des notes, par P. Coste. *Amst.* 1711. in 8.

SUPPLÉMENT.

2782 Pet. Pithoei Comes rusticus. *Parisiis*, 1708. in 12.

2783 Hier. Rorarius, quod animalia bruta ratione utantur melius homine. *Par.* 1648. *in* 8.

2784 Traité de la superstition, par Plutarque, trad. par le Févre. *Saumur, Lesnier*, 1666 *in* 12.

2785 Siculus Flaccus ; Julius Frontinus, Aggenus Urbicus : Hygenus Gromaticus, & varii auctores de agrorum conditionibus & constitutionibus limitum, &c. cum figuris. *Par. Ad. Turnebus*, 1554. *in* 4. *v. f.*

2786 Recueil de cent fleurs, arbres ou Oiseaux, tirées de Tournefort &c. dont vingt-sept peintes en miniatures sur velin, très bien conservées. *in fol.*

2787 Essai d'Odontologie ou Dissertations sur les dents artificielles, par Mouton. *Paris, Boudet*, 1746. *in* 8.

2788 Mich. Majeri Viatorium. *Oppeinh. Th. de Bry*, 1618. *in* 4.

2789 Jo. Trithemii Steganographia. *Darmstadii*; 1621. *in* 4.

2790 Jo. Bapt. Porta de furtivis litterarum notis vulgo de Ziferis. *Neap.* 1563. *in* 4.

2791 Le Cabinet des beaux Arts, & Recueil d'Estampes, gravées d'après les Tableaux d'un Plafond où les beaux Arts sont représentés, avec l'explication. *Paris*. 1690. *in* 4. *obl.*

2792 Disegni diversi, inventati e delineati da Giovanni Giardini, intagliati da Massimil. Gius. Limpoch. *Roma*, 1714. *in fol. bl.*

2793 Raccolta di statue antiche e moderne, data in luce da Domenico de Rossi, illustrata colle sposizione a ciaschedune immagine di Pavolo Alessandro Maffei. *in Roma*. 1704. *in fol. mag. v. b.*

SUPPLÉMENT.

2794 Vûes d'anciens monumens de Rome &c. *in fol.*

2795 Le Fontane di Roma nelle Piazze e luoghi publici della Citta, con li loro Prospetti, disegnate & intagliate da Gio Batt. Falda, data in luce da Gio. Giac. de Rossi. *in Roma*, 1691. *in* 4. *obl. v. f.*

2796 Ædium Farnesianarum Tabulæ ab Annib. Caraccio depictæ, a Car. Cæsio æri insculptæ, & à Lucio Philarchæo explicationibus illustratæ. *Romæ. Ven. Monaldinus* 1753. *in fol. c. m. v. f.*

2797 Pitture del Salone imperiale del Palazzo di Firenze: si aggiuncono le Pitture del Salone e cortile dell' imperiali Villa della Petraia o del Poggio a Caiano: opere di varii celebri Pittori fiorentini in Tavole XXVI. *In Firenza.* 1751. *in fol.*

2798 Souscription de six Estampes pour le Plafond de l'Apothéose d'Hercule du Salon de Versailles : la Noce Flamande de Rubens & la Flore de Poussin.

2799 Description de la grande Galerie de Versailles & de ses Salons, par J. B. Massé. *Paris*, 1753. *in* 12.

2800 Discours de la Description des Invalides : de la Grotte de Versailles : des quatre Elémens : des Tableaux du Roi. *in fol.*

2801 Tapisseries du Roi où sont représentés les quatre Elémens & les quatre Saisons. *Paris, Impr. Royale* 1670. *in fol. max. mar. r.*

2802 Courses de Testes & de Bague en 1662, par Ch. Perrault, gravé par Rousselet. *Par.* 1670 *in fol. gr. pap. mar. r.*

2803 Relation de la Fête de Versailles du 18 Juillet 1668. avec les fig. *Par. Impr. Royale*, 1679. *in fol. v. br.*

2804 Statues, Bustes & Antiques du Jardin des

Thuilleries, gravées & deſſinées par Mellan ; Eſt. Baudet. *in fol. mag. v. m.*

2805 La Galerie du Luxembourg, peinte par Rubens. *in fol. gr. pap. v. br.*

2806 Delineatio templorum & cœnobiorum urbis Viennæ Auſtriæ & circumjacentium ſuburbiorum, deſignata per Salom. Kleiner & excuſa a Joh. And. Pfeffel. *Aug. Vindel.* 1734. *in fol. obl. bl.*

2807 Souſcription pour le ſecond vol. de la Galerie de Dreſde.

2808 Recueil de cent Eſtampes repréſentant différentes Nations du Levant. *Par.* 1714. *in fol. v. m.*

2809 Deſſeins des édifices, meubles, habits, machines, uſtenſiles des Chinois, gravés ſur les originaux deſſinés à la Chine, par M. Chambers, avec une Deſcription de leurs Temples, de leurs Maiſons, de leurs Jardins &c. *Londres*, 1757. *in fol. mag.*

2810 Les jeux & plaiſirs de l'enfance inventés par Jacq. Stella, gravés par Claudine Bouzonet Stella. *Par.* 1657. *in 4. obl. vel.*

2811 Recueil de pieces de Sylveſtre, de Perelle, de la Belle, Mariette. *in 4. obl. mar. r.*

2812 Pinacotheca Fuggerorum, S. R. J. comitum & Baronum, editio nova, multis imaginibus aucta. *Ulmæ, J. Frid. Gaum.* 1754. *in 4. blanc.*

2813 Eſtampes des Arts & Métiers, gravées par ordre du Roi ſur les deſſeins de l'Académie des Sciences, par Simonneau, &c.

2814 Recueil d'Ouvrages curieux de Mathématique & de Mécanique, ou Deſcription du Cabinet de M. Grollier de Serviere, avec des fig. *Lyon, Dav. Forey*, 1719. *in 4. v. m.*

2815 Di Tito Lucrezio della natura delle coſe libri ſei, trad. d'Aleſſ. Marchetti. *in Parigi*, 1754.

2 vol. in 8. fig. bl.
2816 Luc. An. Senecæ Tragœdiæ, cum notis Th. Farnabii. *Amst. Blaeu.* 1666. *in* 12. *mar. r.*
2817 Epigrammatum delectus. *Par. Savreux,* 1659. *in* 12. *v. br.*
2818 Jo. Fr. Pici Mirand. Hymni tres, cum comment. *Mediol. Alex. Minutianus,* 1507. *in fol.*
2819 Catholiques œuvres & Actes des Apôtres, rédigées en escript par S. Luc, & l'Apocalypse, joués par personnages à Paris en l'Hôtel de Flandres en 1541. *Paris. Arn. & Ch. les Angeliers,* 1541. *in fol. Goth. v. m.*
2820 La Magdeleine au Désert de la Sainte Baume, Poëme du P. Pierre de S. Louis & autres pieces. *Par.* 1714. *in* 12.
2821 Souscription pour la nouv. Edition de l'Orlando Furioso. *in fol.*
2822 Les Conceptions très excellentes & Divines de Hierosme Garimbert & d'autres Auteurs, par lui recueillies, pour écrire & deviser familierement à toutes personnes, extraites des Œuvres Italiennes dudit Garimbert, & mises en François. *Paris, l'Angelier* 1586. *in* 8. *à comp.*
2823 Hexameron rustique, par Fr. la Mothe le Vayer. *Par.* 1670. *iu* 12.
2824 N°. 1623. Ajoutez avec la souscription pour la trente-troisieme feuille jusqu'à la cinquante-neuvieme inclusivement.
2825 L'anc. Ville de Londres, l'Eglise de S. Paul, Pont de Westminster, feu d'artifice donné au Parc S. James en 1748. Château de Windsor.
2826 Deux Plans & vûes de la Ville de Malthe, par Palmeus.
2827 Carte du Ciel, de Jean Senex. *Londres.*
2828 Cartes des Constellations, par le P. Pardies, 1673.

SUPPLÉMENT.

2829 Deux Cartes marines de Verner, & Port de Breſt, par Ozanne.

2830 Souſcription pour le ſecond volume du Voyage de Norden. N°. 1641.

2831 N°. 1795. Ajoutez avec la ſouſcription.

2832 Souſcription pour la nouvelle Édition du Morery. 10 vol. in fol. N°. 1695 *.

2833 Abrégé de l'Hiſtoire Univerſelle par Voltaire. Lond. 1753. 2 vol. in 12. br.

2834 La même. La Haye, 1753. 2 vol. in 12. br.

2835 Souſcription pour le quatrieme vol. du Dictionnaire de Chaufepié dont on a trois volum. N°. 1702.

2836 Vies des Relig. de P. R. Amſt. 1750. 4 vol. in 12. mar. r.

2837 Supplément aux Mémoires de Fontaine, &c. Utrecht, 1740. in 12. v. b.

2838 Le Catéchiſme des Caſuiſtes, par Etienne Paſquier. Villefranche, 1602. in 8. vel.

2839 Recueil de Pieces, depuis 1620 juſqu'en 1626 Geneve, P. Aubert, 1631. 2 vol. in 8. mar. r.

2840 Arrianus de expeditione Alexandri M. gr. lat. en verſ. Bonav. Vulcanii. Henr. Stephanus. 1575. in fol.

2841 Suetonius de vitis XII. Cæſarum. Mediolan. Phil. Lavagna, 1475. in fol. v. f.

2842 Mettez au N°. 2011. Hiſtoire de France, par le P. Daniel, revûe & augm. par le P. Griffet. Par. 175 . 15 vol. in 4. gr. pap. bl. avec la Souſcription.

2843 Hiſtoire du Siecle de Louis XIV. par de Voltaire. La Haye. Gibert, 1752. 2 vol. in 8. bl.

2844 La même. Leipſic (Paris). 2 vol. in 12. bl.

2845 La même, nouv. Edition augment. Dreſde, Walther, 1753. 2 vol. in 8. bl.

SUPPLÉMENT. 275

2846 La même, avec des notes. *Francfort*, 1753. 4 vol. in 8. bl.   4 –

2847 L'Europe pacifiée par l'équité de la Reine de Hongrie, par Albert Van-Heuffen. *Bruxell.* 1745. in 12. bl.   ir – 15

2848 Soufcription pour la Chapelle des Enfans Trouvés, &c. N°. 2179.   avec N°. 2179

2849 Plans de l'Hôtel Royal de l'Ecole militaire en 1752 & 1753.   avec le N°. 2851

2850 N°. 2184. Ajoutez, avec la Soufcription pour le cinquieme volume.   avec le N°. 2184

2850 * Soufcription pour la fuite de l'Hiftoire de Nîmes. N°. 2192.   avec le N°. 2192

2851 Ballet de la Reine aux Nôces du Duc de Joyeufe. *Par.* 1582. in 4.   2 . 10

2852 Biga librorum rariorum. 1. W. Lazii Chorographia Auftriæ. 2. Æneæ Sylvii Hiftoria Goth. huc ufque inedita: edente Raym. Duellio. *Francof.* 1730. in fol. bl.   1   10

2853 Soufcription pour le Livre intitulé, Biographia Britannica.   manque

2854 Rap. Fabretti de aquis & aquæ ductibus vet. Romæ Differtationes. *Roma*, 1680. in 4.   11 – 15

2855 Soufcription pour la Bibliotheque curieufe. N°. 2575.   avec le N°. 2575

2856 Petri Zornii, Hiftoria Bibliorum pictorum ex antiquitatibus Hebræorum & Chriftianorum illuftrata. *Lipf.* 1743. in 4. bl.   1   10

2857 Confeils pour former une Bibliotheque, par Formey. *Berlin*, 1750. in 8. br.   2 –

F I N.

Mm

TABLE ALPHABETIQUE

Des noms des Auteurs & des Ouvrages sans nom d'Auteur, contenus dans le Catalogue de M. DE SELLE.

A

Abbadie *Jacq.* 252. 455
Abbo Floriac 329. 2167
Abregé de la Philosophie 439
Académia Pétropol. 2556.
Académie de Berlin 2557
—— De Chirurgie 2553
—— De Peinture 2552
—— Des Inscript. 2123 2127 (Hist. Mem.) 2544 2545
—— Des Sciences (Hist. mem. de l') 2546 2550
Acciaioli *Donato* 1875
Accord de la Nature &c. 437
Accursius *Mariangelus* 1231
Acidalius *Val.* 1861. 1917
Acier d'Alsace (Traité sur l') 648
Acron 1157
Acta Litteraria Sueciæ 2609
Adam Fitz-Adam 459
Ælianus *Cl.* 696 1493 1494
Æmylius Paulus 1998 1999
Æneas Tacticus 1884
Æschylus 1084
Æthicus 1599
Affiches, Annonces 2630
Agathias Scholasticus 1954
Agenda des Auteurs 1473
Aggenus Urbicus 2785
Agostini *Lion.* 2444
Agostino *Ant.* 2399 2400 2433
Agrémens de la Camp. 657.

Agricola *Georgius* 643 2448
Agrippa *Henr. Corn.* 584
d'Aguesseau *Henry Franc.* 1543
d'Albert Duc de Luynes *Louis Charles* 127 128
Albertus *Joan.* 971.
Albinus *Bern. Siegfried.* 768
Albinus *Flaccus* 129
Albricus Philosophus 1388
Alcoranus 313 314
Alchwinus *vid.* Albinus
d'Alembert (le Rond) *Jean* 865. 868. 1553.
Alet, Angers &c. (Vies des Ev. &c.) 1818
Alexander ab Alexandro 1456
Alexandrinus *Georgius* 1099
Algebra (Tractatus ms. de) 818
Alimens (Essai sur les) 755
Allegre *Antoine* 1949
Allemands (Progrès des) 1471
Aller *D. Albertus* 677
Allerz *Pons Aug.* 1360. 1468 1506
Almeloveen *Theod. Janßon.* 756 1596
Altilius *Gab.* 1252
Amalthei fratres 1252
Amasæus *Romulus* 1840
Ambrosius, Camaldul. 413
Amelot de la Houssaie *Nic. Abr.* 345 514 1555 1740

DES AUTEURS.

1919 2069
Amérique (Mémoir. sur les possef. de l') 2153
Amicus *Vitus Maria* 1972
Amœnitates Litterarum &c. 1066
Amontons *Guill.* 861
Ampelius *Lucius* 1877 1878
Amyot *Jacq.* 1948 1949
Anabaptistes (Histoire des) 1822
Anacreon 1092 1093
Anastasius Biblioth. 1748
Anciens & mod. (Lettre sur les) 1460
Ancillon *Charles* 745
Andreas *Joan.* 332
Andreas *Valerius* 2644
Angleterre (Pouvoir des Rois d') 2287 (Mém. de la Révolte d') 2288
Angliviel de la Beaumelle *Laurent* 431 2122 2123
d'Angoulême (Mémoires) 2082
Animaux (Descript. Anatom. d') 699
Annales typographiq. 2628
Anonymus Ravennas 1599
Anson *Georg.* 1627
Anthologia &c. 1094 1095
d'Antine *Maur.* 1659
Antiq. Benevent. 2477
Antiquitatum gr. rom. ital. &c. Tesauri 2354—2362
Antithese des faicts de J. C. 291
Antonin (Emper.) *Marc* 452 1598.
Antonini *Annibal.* 1002
Antonio *Car. a. S.* 1064
Antonius *Nicol.* 2645 2646
Apicius *vid.* Cœlius
Apollodorus 804

Apollonius Grammaticus 968
Apollonius Rhodius 1083
Apologie des Dominicains 156
Appianus *Alex.* 1828 — 1891
Apuleius *Lucius* 1400 1401 1517
Aquino *Thomas de* 432
Arbalestre *Charlotte* 2081
Architecture (Parallele de l') 926
Arcussia *Charles* 960
de Arena *Anton.* 1273
Aretino *Lion.* 1975
Argelatus *Phil.* 2432 2454
d'Argens (de Boyer) *Jean-Bapt.* 1592 - 1594 2614
d'Argenville *vid.* Dezallier
Argou *Franc.* 397
Aringus *Paulus* 1819
Ariosto *Ludov.* 1370 2881
Aristophanes 1086 1087
Aristote 423 1067
Arkudius *Petrus* 174
Arnaldus *Ant.* 41 139 168 965 1583
Arnauld d'Andilly *Robert* 1808 1809 1830 1831
D'Arnaud (de Baculard) *Fr. Th. Marie* 1323
Arndius *Car.* 2600 2601
Arnobius 112
Arnoldus *Christ.* 721
Arnoud *F. A.* 799
Arouet de Voltaire *Franc. Marie* 493 1322 1356 1505 1546 1547 2095 2234 2833 2834 2843 —2846
Arrêts (Recueil d') 405
Arrianus 448 1856 1857 2840
l'Art d'aimer 2330
Artelonge de Magona 959
D'Artigny (l'Abbé) 2578

M m ij

Arts &c. (Pieces fur les) 874
875 (Eftampes des) 2813
Affemanus *Jofeph. Simonius*
1803 2748
Affemanus *Steph. Evodius*
1801 2720
l'Atheifme, folie dangereufe
262
Athenæus 804
d'Aubenton 723
d'Aubignac (Hedelin) *Franc.*
1341
d'Aubigné *Theod. Agrippa*
2074 2087
d'Aubigné Marq. de Maintenon, *Franc.* 2122 2123
Aubin 849
Aubré *Guill.* 2032
Aubriet *Claude* 673
Audoul *Gafpard* 361
Auguftæ Hift. Scriptores 1934
1935
Auguftin, Poème 1333
S. Auguftinus 119—125
Avianus *Flavius* 1187
Aurele *Marc* 451
Aufonius 1230—1232 1236
Autorité du Pape 339
d'Auvergne *Claud.* 50
Aymon (Hiftoire des 4 Fils)
1405
Aymon *Jean* 1969

B

Bacchinus *D. Bened.* 2390
Baccius *Andreas* 688
Bachaumont (le Coigneux)
Franc. 1551
Bachelier 1470
Bacon *Franc.* (Vie de) 2767
Baconius *Franc.* 396
Badius *Jodocus* 1157
Bayerus *Joan. Jac.* 2492

Baif. *J. Ant. de* 1290
Baillet *Adrien* 418. 1810. 1811
2576
Baker *Henry* 714
Ballets (Paroles de) 1363 : de la Royne 2851.
Baltus *Jean Franç.* 2367
Baluzius *Stephan.* 398 399
2779
Bandini *Aug. Mar.* 2471
Banduri *Anfelmus* 1956 2433
Banier *Ant.* 1183 1390 1391
Baratier *J. Phil.* 1626
Barba *Alph.* 645
Barbazan 1285 1403
Barbazza *Ant. Jof.* 1733
Barbeu du Bourg *Jacques* 1666
Barbeyrac *Jean* 217 301 380 382 386 435 520
Barclaius *Joan.* 1412—1414 1434 1435
Baringius *Dan. Eberhardus* 2513
Barnes *Jofue* 1077
Barre *Jof.* 2232 2233
Barrelierus *Jacobus* 671
Barreme *Nic.* 817
Barrere *Pierre* 630 1340
Barres *Ant. des* 2306
Barthius *Cafp.* 1206 1226 1498
S. Bartholi *Petrus* 1138
2460 2494 2495
Bartholoceius *Julius* 2579
Bafnage de Bauval *Henry* 2606
Bafnage *Jacq.* 1728 1837 1838 2259
de Baffompierre *Franc.* 2085 2086
Batteux *Charles* 442 1171 1464 1465
Baudius *Domin.* 1060

Baudot de Juilly *Nic* 2030
Baudrand *Mic. Ant.* 1605 1606
Bayfius *Laz.* 2377
Bayle *Pierre* 839 1536 1538 1699
Bazin, 611. 707. 709
de Beauchamps (Godart) *Pierre Franc.* 1343
de Beaulieu (Pontault Chev.) *Seb.* 2129
de la Beaume *Jacq. Franç.* 1378
Beaumelle *vid.* Angliviel *de* Beaumont (Me.) 1679
de Beaursin 1621 2130
Becker (Demêlé de Thomas) 341
Beeverell *James*, 2276
Begerus *Laur.* 1879 2418 2442 2500
Bekker *Balth.* 581. Réfutation 582
Belidor *Bernard* 857
Bellanger *Franc.* 1825
Beliaqueus *Remig.* 2530
Belleforeft *Franc. de*, 2000
Bellegarde *vid.* Morvan
Bellendenus *Guillelmus* 1939 2370
Bellet *Isaac* 1901
Bellin *Jacq. Nic.* 1610-1625 2338
Bellorius , *Joan. Pet.* 2436 2469 2473 2494 2495
Belloy *Pierre de* 2051
Bembus *Pet.* 1247
Benedictus XIII. P. M. 69
Benedictus Abbas Floravent. 2443
Benedictus *Joan.* 1511
Bening *Franc.* 2064
Bentleius *Rich.* 1109 1163
Bercheure *Pierre* 1876

Bergier *Ant.* 739
Bergier *Nic.* 2472
Berkelius *Abr.* 446 1597
S. Bernard 130
Bernard *J. P.* 1832
Bernard (le petit) 42
Bernardus *Ed.* 1827.
Bernartius *Joan.* 433
Berneggerus *Matthias* 1667
Bernier *Franc.* 1432
B. (M. L. D.) 1317
Beroaldus *Phil.* 1155
Berquen *Robert de* 635
Berruyer *Isaac Jos.* 1708—1716
Berthelin *Ch.* 1074 1241
Beslerus *Basilius* 676
Bettorius *Joan. Pet.* 2438
Beveregius *Guill.* 103
Beverlandus *Hadr.* 311 312
Beza *Theod.* 1253 1254
Bible (Figures de la) 42
Bible Franç. 16—21
Biblia Colon. 11
Biblia Ectypa , 45
Biblia , Gryphius 8
Biblia Hebr. 4
Biblia *Neap.* Moravus 5
Biblia, Par. Vitré 15
Biblia, Plantinus 9
Biblia Polyg. Waltoni 2
Biblia Richeliana 14
Biblia , Rob. Stephanus 7
Biblia Sixti V 10
Biblia, Typ. regia 12 13
Biblia , Venet. 6
Biblia Polyg. Ximenes 1
Bibliotheca Lubecensis 2610 2611
Biblioth. des Phil. chimiques 794 795
Bibliotheques (Catalog. de) 2658 2759
Biblioth. annuelle 2759

de Bie *Jacq.* 2006
Bienféance (Difcours fur la) 479
la Bigarrure 1557 1558
Bimard Baron de la Baftie *Jof.* 2405
Bing (Teftam. de) 2296
Biographia Britannica 2853
Bion *Jean* 175
Bion *Nicolas* 859 860
Biragus *Lampus* 1870
Bito 804
Blackwell *Thomas* 1911
Blampin *Thom.* 119
Blanc *Franç. le* 2452
Blanc *Jean Bern. le* 1589 1590
Blancardus *Nic.* 1856 1857 1860
Blanchinus *Franc.* 852 1733 1748
Blanchinus *Jof.* 32 53 1733
Bleterie *Jean Phil. René de la* 1920 1943 1944
Blois *Theod. de* 2185
Blondel *David* 2368
Blondel *Jacq. Franç.* 929
Bocace *Jean* 1440 2775
Bochartus *Sam.* 58
Bochat *Loys de* 2250
Bocquillot *Laz. André* 96
Bodeau de Somaize *Ant.* 997 998
Bodin *Jean* 497 583
Boeclerus *Joan. Henr.* 2584
Boerhaave *Herman.* 705 761 783
Boethius *Anic. Manl. Torq. Sever.* 432 433
Boffrand *Germain* 954
Boileau Defpreaux. *Nicol.* 1304—1311
Boileau *Gilles* 415.
Bois *Pet. Jof.* 1458.
du Bois *vid.* Goifbaud.
Boifpreaux (Benig. du Jardin) 2765
Boiffardus *Jo. Lud.* 454
Boiffy fils 417
Boivin *Joan.* 2768
Boizard *Jean* 2453
Bolingbroke (Henry S. Jean Lord Vicomte de) 1665
Bona *Joan.* 94
Bonamicus Caftruccius 1967
Bonannus *Phil.* 2439 2441
Bond *Joan.* 1160
Bongarfius *Jacobus* 1667
Bonnerue de S. Romain *Joan. Jof.* 2470.
Bonnerus *Frider.* 2602.
Bonnet *Charles* 712
Bonneval *René de* 483
de Bonneville 940
Bonnot de Mably 390
Bononia *Bern. à* 2656
Bonrecueil *vid.* Duranty
de Boot *Anf. Boece* 634
de Bordeaux 2107
Borel *Pierre* 987 989
Borioni *Ant.* 2461
Borron ou Bourron *Robert de* 1404
du Bofc *Nicol.* 1628.
Bofchius *Petrus* 1959
Boffe *Abr.* 663 898
le Boffu *René* 1070
Boffuet *Jacq. Ben.* 178 246 247 281 285 286 287 492 570 1669 2013
Bouchard *Giov.* 1672 2466
Bouche *Honoré* 2195
Boucher *Joan.* 2056 -2060
Bouchet Sieur de Brocour *Guill.* 1446
Boudot (l'Abbé) 2689. 2734.
Bouffons (Recueil fur les) 853

DES AUTEURS. 279

de Bougainville Jean Pierre 1121
Bougeant Guill. Hyacinthe 613 2097
Bouguer Pierre 836 845 846
Bouhier Jean 374 375 1041 1042 1147 1196 1345
Bouhours Dom. 985 1335 1572 1797
Bouillard Jacq. 2178
de Boulainvilliers Henri 2201 2203 2204 2314
Bouquet Martin 1991
Bourdaloue Louis 206—209
Bourdelotius Joan. 1396 1510 —1512
Bourdon de Sigrais Cl. Guill. 933 934
de la Bourdonnais (Mahé) 2323
Bourgogne (Pieces sur la naissance du Duc de) 2152
Bourgoing de Villefort Jos. 130.
Bourguet 632
Bouteroue Cl. 2223.
Bouthillier de Rancé Franç. Armand 240 242
le Bouvier dit Berry Jacq. 2029.
Bouvieres de la Mothe-Guion Jeanne Marie 243
Bradley R. 653 659
Brandt Gerard 2265
Brantius Joan. 1053.
Brebeuf Guill. 1201
Bredin le Cocu 1490
Breil de Pontbriand René Franç. du 261
Bremond Franç. de 597 2555
Bretez L. 928
Bretin Filbert 1514
Bretonneau Franç. 214
Breviarium Minorum 82

Breviarium Lat. Par. 71 franç. 72
du Breul Jacq. 2164
de Brezillac Jean Franç. 1985
Brinon 1976
Britannicus Joan 1224
Brognolus Bened. 413
Broffette Cl. 1293 1304
Broukhufius Joan. 1174 1252
Brozet 763
Brown Eduardus 104
Bruhier Jacq. Jean 754
Brumoy Pierre 1038 1541
le Brun Corn. 1634
le Brun Joan. Bapt. 115.
Brun Jean 2263
le Brun Pierre 184 589
Brunus Jordanus 316
Bruffel 408
Bruté Jean. 2174
Bruys Franç. 1556 1752
Bruyere Jean de la 443— 445
de Bry Jean Theod. 943
Buchananus Georg. 1258
Bucnerus 977
Buder Chrift. Gottlieb. 2594
Buffon vid. le Clerc
Bulæus Cæf. Egaffius 2177
Bullarum collectio 333
Bumaldus Joan. Ant. 615
Burckhard Jac. 2569
de Burigny vid. Levefque
Burlamaqui Jean 383 384
Burmannus Cafp. 1757
Burmannus Joan. 681 682
Burmannus Pet. 1059. 1141 1181. 1200. 1237. 1238. 1267. 142. 1581. 2361. 2361.
Burmannus fil. Pet. 1726
Bufchius Herm. 1105
Buffon Julien 733
Burel Dumont George Marie

2343 2344
Buxbaus J. C. 680
Bynkershoek 520
Byzantinæ hiftoriæ Corpus 1953

C.

Cabinet des beaux Arts 2791
Cacouacs ([Mem. & Catéchifme des) 871 872
Cæfar C. Julius 1902—1908
Caille Jean de la 2161 2522
Caillé fieur de Fourny Honoré 2348
Calafio Marius de, 62
Calderinus Domitius 1207 1214
Callimachus 1083 *
Calmet Auguftin 19 56 65 586 1704 1705 2638
Calphurnius 1108
Calpurnius T. 1229 1237
Calvidius Lætus five Quilletus 1260
Camerarius Phil. 1525
Camoens 1376
Campanella Thomas 579
de Camps Franc. 2409 2410
le Camus Ant. 742
Camus Ch. Eft. Louis 813 816 831 835
Candidus Petrus 1890 1891
du Cange vide du Frefne
Canini Jean Ang. 2481
Canini Marc Ant. 2481
Cantemir (le Prince) 1387
de Cantillon 543
Capellus D. Rodd 2446
Capitation (Lettre fur la) 1489
Capitolinus Julius 1930
Cardinaux (Origine des) 1762

Carlet de Chamblain de Marivaux Pierre 460
Carlois Vincent 2048
Carpentier Jean le 2325
Carpentier Petrus 2510
Carpezou Joan. Gottleb. 54
Carrieres Louis de 19
Carte Thomas 1980
Carton Jean 641
CartufienfisOrd. Statuta 1774
Cary Felix 2427
Cafaubonus Ifaac 446 1124 1574 1596 1883—1885 1935
Cafelius Joan. 446
Caffini de Thury 833 1623
Caffiodorus M. Aur. 126
de Caftaigne P. Gab. 796
Caftel 897
Caftellus Edm. 3
Caftelnau Michel de 2046
Caftillionus Balth. 1247
Catalanus Jof. 69
Catalogues de Médailles 2416 2417
Cataneo J. dé 507
Catefby Marc 627
Cato Marcus 649
Catullus C. Valer. 1122—1127
Cave Guill. 2651 2652
de Caveirac 2112
Cauffeus Mich. Ang. 2473 2501
de Caylus (Charles de Tubieres) 180
Caylus (Phil. Cl. de Tubieres de) 1080 2483 2499
Cellarius Chrift. 977 1600 1601 1861
Celfanus Barnabas 1176
Celfius 835
Celfius Magnus O. 2570
Celfus Aur. Cornel. 737. 738.
Cérémoniale Epifcop. 69
Cérémonies

CérémoniesReligieuses,1734.
Ceretus *Daniel*, 1252.
le Cerf *Phil.* 2655.
Cervantes *Mich. de*, 1407.
Ceratus *Bened.* 717.
de Chabert, 1646.
Chais *Charles*, 171. 2623.
Chalcondyla*Demetrius*,1075.
Chalons *Cl.* 2012.
Chambon, 782.
de la Chambre (Cureau)
 Pierre, 205.
la Chambre, *vide* Ilharrat.
Chambre de Justice, 2139.
Chambre des Comptes (Ord.
 &c. de la) 2221.
Champdevaux, 477.
Chanaye des Bois *Fr. Alex.
 de la*, 2346.
Chantelohue *Franc. de*,2043.
Chapelain *Jean*, 1196.
Chapelle (Luillier) 1551.
Chapelle *Jean de la*, 741.
 1127. 1175.
Chappotin de S. Laurent,636.
Chappuys *Ant.* 2187.
Charas *Moyse*, 700. 780.
Chardin *Jean*, 1637. 2320.
Charles IX (Mémoires de)
 2043.
Charlevoix *Pierre Fr. Xavier
 de*, 2336. 2339.
Charp. 572.
Charpentier *Franç.*893.1850.
Charron *Pierre*, 469. 470.
Charta plen. securitatis,2516.
Chartier *Alain*, 1178.
Chartier *Jean*, 1029.
Chasles *Robert*, 1638.
du Chastelet (Hay) *Paul*,
 2022.
Chastillon, 663.
Chaufepié *Jacq. Georg.* 1702.
Chevalier, 766.

Chevalier *Nicolas*,637. 2487.
Chevillier *And.* 2523.
Cheyne, 741.
Child *Josias*, 541.
Chinois (Edifices, Meubles
 des) 2809.
Chioccus *And.* 717.
de Choisy *Fr.* Thimoleon,2026.
Chomel *Jean Bapt.* 669.
Chompré *Pierre*, 994. 1239.
du Choul *Guill.* 2387.
Chrétiens anc. & mod. 1727.
Christ. 878.
Christine (Mém. de) 2303.
Ciacconius *Petrus*, 1896.
 2380
Ciaconius *Alphonsus*, 1750.
Ciampinus *Joan.* 2462.
Cicero *Marcus Tullius*, 1010,
 1016—1055.
Ciofanus *Hercules*, 1181
Citry de la Guette, 1909.
 2335.
Clairaut, 831. 835.
Clarendon *Edouard de*,2284.
de Clarigny, 614.
Clarke *Samuel*, 271. 1903.
 1906
Claromontius *Scipio*, 610.
Claudianus *Cl.* 1226—1228.
Clausier J. L. 786.
Clemencet *Ch.* 1659.
Clemens *Alexand.* 107.
Clement V. P. M. 332.
Clement XI. P. M. 213.
Clement IX. (Paix de) 141.
Clement *David*, 2575. 2618,
 2647.
Clement *Nicol.* 2741.
le Clerc *Daniel*, 732.
le Clerc de Buffon *George-
 Louis*, 723—725. 855.
le Clerc *Josse*, 940.
le Clerc *Seb.* 825. 920. 1804.

TABLE

Clerée *Joan.* 103.
Clergé (Mémoires, Tables &c. du). 356—359.
Clericus *Joan.* 40. 416. 1085. 1609. 1610. 1897. 2260. 2607.
Clopinel, dit de Mehun, *Jean* 1276. 1279.
Cloyseault *Edme*, 1817.
Cnippingius *Borch.* 1180.
Cocaius *Merlinus* 1272. *vid.* Folongius.
Cochenille (Hist. de la) 711.
Code de la nature, 436.
Code Frédéric, 411. 412.
Codex medicamentarius Par. 776. 777.
Coelius Apicius, 756.
Coletus *Christ.* 1456. 1498.
Colin, 1026. 1027.
Collesso *Vincentius*, 1219.
Collius *Franc.* 157. 177.
Columelle. *Luc. Junius Moderatus*, 650. 651.
Columna *Fabius*, 639. 684.
Columna *Hier.* 1098.
Columna *Jean* 1672.
Combalusier, 785.
Combesisius *Franc.* 1827.
Comedie (Essai sur la) 185
Comines *Phil. de*, 2034—2037.
Commelinus *Henr.* 1193.
Commelinus *Joan.* 679.
Commerce, Finances &c. (Ecrits sur le) 526—566.
Comnene *Anne* 1954
Comte *Florent le*, 879
Compiegne (Séjour de) 2093.
Concilia Angliæ, 105.
Concina *Daniel* 159. 194.
Conclaves (Hist. des) 1759.
Condamine *Ch. Marie de la* 832. 836.

Condé (Henri de Bourbon Prince de) 2044.
le Conservateur, 2629.
Constant *Germain*, 2222.
Contes à rire, 1441.
Contr'assassin, 510.
Coquillard *Guill.* 1282.
Cornaro *Louis*, 750.
Corneille *Pierre*, 224. 1348 —1350.
Corneille *Thom.* 1349.
Cornucopia, 969.
Corradinus de Allio *Joan. Franc.* 1123.
Corradinus *Petr. Marcell.* 2464
Coste d'Arnobat, 1631.
Coste *Nicolas de la*, 1401.
Coste *Pierre*, 253. 271. 444. 574. 1102. 1300. 1527. 2115. 2172. 2781.
Cotereau, *Claud.* 651.
Cotes *R.* 599.
Cotta *Joan.* 1247.
de Coucy Matthieu 2029.
Courayer *Franc. le*, 161. 164. 167. 1070. 1741. 1742.
Courbeville *Jos. de*, 515.
Cours de Chimie, 787.
Courtils *Jean des*, 1997.
Cousin *Louis*, 1723. 1931. 1954.
Coustant *Pet.* 119.
Coustou l'aîné (Eloge de) 919.
des Coutures *vid.* Parain.
Coyer, 548. 1474.
Coypel *Ant.* 885.
Cramer. 788.
Creech *Thom.* 1117.
de Crescens *Pierre*, 652.
Cretin *Guill.* 1995.
la Croix du Maine [Grudé de] *Franc.* 2585.

DES AUTEURS.

de Crousaz *Jean*, 1537.
Croy *Franc. de* 292.
Crozat [Tableaux de] 909.
Cumberland *Richard*, 435
Cuneus *Pierre*, 1836.
Cuper *Gisbert*, 1584.
Cuperus *Guill.* 1960.
Curiosités [Catalogue des] 912 *.
Curtius Rufus *Quintus*, 1858 —1862.
Curtius *Bened.* 1479—1481.
S. Cyprien, 111.
Cyrano Bergerac *Savinien*, 1530. 1531.

D.

DACIER *André*, 422. 426. 449. 452. 736. 1067. 1167 1168. 1910.
Dacier [Anne le Fèvre] 1073. 1079. 1102. 1113.
Dagoumer *Guill.* 150.
van Dale *Ant.* 2365. 2366. 2397.
Damascenus *Nic.* 1888.
Damiens [Pieces du Procès de Rob. Franç.] 2157.
Danetius *Pet.* 978. 2364.
Dangeul, *vide* Plumard.
Daniel *Gab.* 2010. 2011. 2216.
Dannemarck [Lettres sur le] 2300.
Danville [Bourguignon] 1619.
Daoyz *Steph.* 331, 394.
Dappert *Olfert*, 2319. 2329.
Daubenton *Guill.* 1789.
Davila *Henr. Cather.* 2063.
Daviler *A. C.* 923.
Davisius *Joan.* 1904.
Dauphin [Pieces sur sa petite

vérole] 2151.
Dechalles, *vide* Millet.
Declaustre *André*, 2605.
Degraffalius *Carolus*, 360.
Dekerus *Paulus*, 925.
Delfau *Franc.* 119.
Delpech de Merinville *Jean*, 337.
Delrio *Ant.* 1098. 1193.
Demetrius Cretensis, 1075.
Demontiosus *Lud.* 900.
Demosthene, 1009. 1010.
Demours *Pierre*, 602. 714. 746.
Denesle, 1467.]
S. Denys [Chroniques de] 1992. 1993.
Deon de Beaumont *Louis*, 563. 564.
Deparcieux *Antoine*, 821.
Derham *Guill.* 273. 274.
Desbillons *Franc. Jos.* 1269. Deschamps *Felix*, 530.
Dresde [Galerie de] 2807.
Desfontaines (Guyot) *Pierre Fr.* 1145. 1353. 1940. 2613.
Desgodets *Ant.* 2469.
Deslandes *André Franç.* 476. 553. 554. 598.
Desmaizeaux *Pierre*, 1309. 1533. 1534.
Desmarets de Saint - Sorlin *Jean*, 450.
Desmarets, 597.
Despauterius *Joan.* 974.
Desprez *Ludov.* 1162.
Desrey *Pierre*, 1993.
Destrée *Jacq.* 1689.
Dezallier d'Argenville *Ant. Jos.* 628. 629. 901- 904. 914.
Dheguerty, 555.
Diction. Anatomique, 770.

Dictionnaire de la Bible, 66.
Dictionnaire hist. litter. 1698
Diction. de Medecine, 733.
Dictionnaire philosoph. 471.
Diction. Théol. 131.
Diderot *Denys*, 733. 865. 1357. 1358. 1863.
Dietericus *Joan. Georg. Nic.* 668.
Dinouart *Jos. Ant. Toussaint*, 1262.
Dio Chrysostomus, 1075.
Diodorus Siculus, 1852—1855. 1888.
Diogenes Laertius, 413—415.
Dion, 1888.
Dion Cassius, 1929. 1930.
Dionysius Halicarn. 1869. 1870. 1888.
Dionysius Gen. [Pater] 2656.
Directeur dans les voies du salut, 239.
Discours sur la liberté de penser, 322.
Dissertation sur l'approbation, &c. 160.
Doctrine de l'Eglise Gallic. 354.
Dodart *Denys*, 663.
Dodwellus *Henr.* 2375.
Doletus *Steph.* 975.
Dollincan, 745.
Domat *Jean*, 395.
Donati *Vitaliano*, 626.
Donatus *Ælius*, 1108.
Donius *Jo. Bapt.* 2395.
Dondé *Ant.* 1781.
Dorsanne *Ant.* 1735. 1736.
Doverbeke *Bonav.* 2468.
Doujat *Joan.* 1882.
Drakenborch *Arnaldus*, 1206.

Dreux du Radier *Jean Franç.* 1683. 2637.
Droits de l'Etat &c. sur les Bénéfices, 363—368.
Droit Germanique, 410.
Drouet de Maupertuis, 1768. 1800.
Dubos *Jean-Bapt.* 1068. 1069. 1986.
Duchat *Jacob le* 1430. 1478. 2051. 2087.
Duclos *Charles*, 463. 464. 965. 2038.
Duellius *Raym.* 2859.
Duguet [*Jacq. Jos.*] 52. 236. 490. 491.
Dukerus *Alexand.* 2495.
Dukerus *Car. And.* 1847.
Dulard *Paul Alexand.* 277.
Dumont *Jean*, 385. 386.
Duperron de Castera, 609.
Dupin, *vide* Ellies.
Dupré de Saint-Maur *Nic. Franc.* 562.
Dupuy *Pierre*, 351, 1743. 1794. 2020. 2021. 2053. 2211.
Durand *David*, 318. 621. 881. 1684.
Durand *Ursin*, 1628.
Duranti de Bonrecueil *Jos.* 30.
Durey de Noinville *Jacq. Bern.* 1361.
Dutot, 529.
Duval *Guill.* 2542.
Duval *Vincent*, 2106.

E.

EBERMAYER. *Joan. Mart.* ab 2492.
de Ebriosorum generibus, 1485.

Eccardus *Joan. Georg.* 2228. 2241.
Echard *Laur.* 1608. 1940.
de l'Eclu e *Charles*, 1949.
l'Ecluse *Pierre Matth. de* 2066.
Ecosse [Hist. de la nouvelle] 2342.
Edit de 1695. [Comm. sur l'] 369.
Edwards, 627.
Ffen *Juste van*, 323, 458
Effigies virorum ac fœm. 2482.
Egnatius *Joan. Bapt.* 1923, 1930.
Eidous, 733.
Ellies Dupin *Louis*, 355.
Ellis *Henri*, 1648.
Ellis *Joan.* 640.
Embrun [Ecrits sur le Concile d'] 1747.
Emmenessius *Jac.* 1134.
Empiricus *Sextus*, 427.
Encyclopédie, 865—869.
Encyclopédie perruquiere, 873.
Enfans trouvés [Eglise des] 2179.
Ennius *Quintus*, 1098.
Entrée de Louis XIV, 2105.
Epictetus, 446—450.
Epigrammatum delectus, 2817.
Epiphanius, 1828.
Epistolæ obscur. virorum, 1483, 1578.
Erasme *Didier*, 1483, 1484, 1512, 1565, 1923.
Erastus *Thomas*; 580.
Erythræus *Nicol.* 1134.
Espen *Bern. Van*, 377.
l'Espine *Jean de*, 290.
Espion dans les Cours, 1686.

Esprit [Consid. sur les ouvrages d'] 1563.
Essai sur les grands évenemens, &c. 516.
d'Estaing [le Comte] 1332.
Estiennes [les] &c. vide Stephanus.
l'Etoile *Pierre*, 2055, 2077.
d'Estrées *Jacques*, 2082.
Etude des Sciences [Introd. à l'] 964.
Evagre, 1723.
Evangelia & Epistolæ, 39.
Evangeliarium quadruplex, 32.
Eugraphius, 1108.
S. Evremont [de S. Denys] *Ch. de*, 1532—1534
Eusebe, 1723.
Eustathius, 1076.
Eutropius, 1923.
Euvoi de Hauteville, 1867.
Expilly, 1602.
Exsuperantius *Julius*, 1897.

F.

Faber *Basilius*, 977.
Faber *Joan.* 684.
Faber *Petrus*, 1061. 2384.
Faber *Tanaq.* 1494. 1511. 1668. 2784.
Fabre *Jean Claude*, 1726.
Fabrettus *Raph.* 2854.
Fabricius *Georg.* 2463.
Fabricius *Joan.* 2574.
Fabricius *Joan. Albert.* 276. 1929. 2580—2583.
Faernus *Gabr.* 1109. 1248.
Faillibilité des Papes, 338.
Falke *Joan. Frid.* 2248.
Faliscus *Gratius*, 1237.
la Fare *Ch. Auguste de* 1317.
Farnabius *Thom.* 1190. 1193.

1198. 1218.
Farnefe (Palais) 2796.
Fauchet *Claude*, 1274.
Favre *Pierre Franc.* 2322.
Faydit *Pierre*, 1725.
Faye *George de la* 771.
Fayus *Mich.* 1234.
Felibien *André*, 894. 912. 927. 2109.
Felibien *Michel*, 2166. 2188.
Fellerus *Lud. Joach.* 2725.
Fenelon, *vid.* Salignac.
Ferchault de Reaumur *René Ant.* 702. 706.
Ferdinand, Comte de Marfilli, *Louis*, 623. 692.
Fermes (Baux des , 406.
Ferrand *Jacq. Phil.* 896.
Ferrarius *Jo:n. Bapt.* 695.
Ferrarius *Octavius*, 2379.
Ferreras *Jean de* 2267.
Fertel *Domin.* 2538.
le Fevre *André*, 1564.
le Fevre *Raoul*, 1839.
le Fevre de Beauvroy *Cl. Rigobert*, 576.
le Fevre de S. Marc *Hugues*, 1295. 1307.
Feutry *Amé Jof.* 1231. 1379. 1442. 1911.
Fichetus *Guill.* 1005.
Ficinus *Marcilius*, 749.
Ficoronius *Franc.* 2385.
Filleau de S. Martin, 1407.
Finances des Romains (Traité des) 2451.
Finances (Hift. du Syftême des) 2140.
Financier citoyen, 566.
Fifcherus *Joan. Chrift.* 473. 1065.
Flaccius Illyricus, *vid.* Francowitz.
Flaminius *Ant.* 1247.

Flechier *Efprit*, 210. 1945.
Fleurs, Arbres & Oifeaux, 2786.
Fleury *Cl.* 200. 328. 486. 962. 1707. 1720. 1726.
Floquet *J. A.* 2194.
Florence (Peintures du Salon &c.) 2797.
Floridus *Julian.* 1232. 1517.
Florius *Franc.* 1411.
Florus *Lucius*, 1873. 1877 —1879.
Fogginius *Pet. Franc.* 1138.
de Foix *Paul*, 2050.
de S. Foix (Poullain) *Germ. Franc.* 1588. 2169.
Folard *Charles de* 1886.
Folengius *Theoph.* 1272.
Foncemagne (Laureault de) *Eftien.* 2095.
de la Font de S. Yennes, 931.
la Fontaine *Jean de* 1298 —1303.
Fontaine *Nicolas*, 1773.
Fontaines domeftiques, 955.
Fontana *Car.* 2470.
Fontaninus *Juftus*, 2475. 2519.
de Fontenelle (Bovier) *Bern.* 1545.
Foppens *Joan. Franc.* 2644.
Forbonnois, *vid.* Veron.
Formey *Samuel*, 440. 2615. 2619. 2857.
Fougerolles *Franc. de* 414.
du Fouilloux *Jacq.* 959.
Fouquet Me. 779.
Fournier le jeune *Sim. Pierre*, 899, 2541.
Fracaftor *Jerôme*, 1249.
le Franc *Jean Jacques*, 1324. 1325. 2189.
le Franc *Jean George*, 264. 288.

Franc *Martin*, 1280.
rance (Hiftoriens de)
F 1991.
de Franchieres *Jean*, 959.
S. Franc. Conformitates, &c. 1775——1777.
Franckenau *Gerh. Erneftus de* 2648.
Franklin *Benjamin*, 596.
Francowitz *Matthæus*, 70. 289. 1271.
Francus *Dan*. 2564.
Fréderic III; Roi de Pruffe, *Charles*, 2237—2240.
Freherus *Marq.* 1231. 2229.
Freinshemius *Joan.* 1860. 1861. 1917.
Freret *Nicolas*, 1833.
Freron *Elie Catherine*, 1550. 2616. 2617.
du Frefne de Francheville *Jof.* 2154.
Frefne du Cange *Car.* 979. 1957. 1961. 1962. 2019.
Frefnoy *Ch. Alph. du* 882.
Freytag *Frid. Gottief*, 1014. 2560.
Frezier, 947. 1644.
Frifius *Joan. Jac.* 2572.
Frizon *Pierre*, 16.
Froelich *Erafmus*, 2426.
Froiffard *Jehan*, 2023. 2024.
Frontin *Sexte Jules*, 932. 2785.
Froumenteau *Nic.* 2049.
Fuchfius *Leonardus*, 661.
Fuggerorum Pinacotheca, 2811.
Fuhrmannus *Mathias*, 158.
Furetiere *Ant.* 991——993. 1438.

G.

GACON *Franc.* 1093.
Gaguinus *Rob.* 1005. 1518. 1993.
Gaillard *Noel*, 2198.
Gaillard (Gab. Henry) 1007. 1073.
Gaius *Barthol.* 1706.
Galeottus *Nicol.* 1786.
Galeria Giuftiniana, 2502.
Gallæus *Servatius*, 114.
Galland *Ant.* 691. 2315.
Galles (Droit du Prince de) 2289.
Gallicanus *Vulcanius*, 1930.
Gallon, 2549.
Gallus *Cornel.* 1124.
Gallutius *Tarquinius*, 1150.
Galtier de S. Simphorien, 459
Garaffe (Jugem. & Anti.) 249. 250. 1004.
Garçons (Art de faire des) 761.
Garetius *Joan.* 126.
Garidel *Pierre*, 675.
Garimbert *Hier.* 2822.
Gariffolius *Anton.* 297.
Gaubius *Hier. David*, 705.
Gauchat, 2625.
Gavin *Ant.* 298.
Gauricus *Pomponius*, 900.
Gautier *Jacq.* 625. 886. 887.
de Gaumont *Gab.* 2173.
Gedoyn *Nicol.* 1004. 1542. 1841.
S. Gelais *Octavien de* 1283.
Gellius *Aulus*, 1452——1454
Gendre *Louis le* 1987. 1988.
Genebrier, 2437.
Genes *Pierre de* 2323. 2324.
Geneft, 2155. 2156. 2295.
Genre humain (Hiftoire du) 1562.

Geoffroy *Eft. Franc.* 739.
Gerhardus *Joan. Lud. Lev.* 2247.
Germain *Michel*, 1629.
S. Germain d'Aux. (Reliques de) 1821.
S. Germain (Morgues de) *Matt.* 2092.
Gerfaint *Edme Franc.* 727 —731. 905.
Gervaife *Fr. Armand*, 162.
Gefnerus *Conr.* 696. 1494.
Giannone *P.* 1970.
Giardini, *Giov.* 2792.
Giffard *Pierre*, 936.
Girard *Ant.* 2089.
Girard *Gab.* 984. 985.
Girard *Guill.* 199 228.
Girodat, 772.
Giry, *Louis*, 109.
Giuliani *Gian Batt.* 608.
Giuftiniano di Candia *Gio*, 1114.
Glanius, 1632.
Glareanus *Henr. Loritus*, 1199. 1498. 1896. 1897.
Glauber *Jean Rud.* 802. 803.
Glomy, 905. 910. 911.
Godeau, *Ant.* 24.
Godefroy *Denis*, 2025. 2029 2034. 2040 2215.
Godin *Louis*, 2548. 2549.
Goguet *Ant. Yves*, 2372.
Goisband du Bois *Phil.* 122. 123. 124. 1048. 1049. *
Gohors *Jacq.* 689.
Goltzius *Hubertus*, 2408.
Gonnelieu *Hier. de* 225.
Gordon *Alex.* 1756.
Gorius *Ant. Franc.* 2395. 2396. 2476. 2488. 2503. 2504. 2720.
Gorlæus *Abr.* 900. 2490. 2491.

Gofmod *A.* 2150.
Gothofredus *Dionif.* 393. 1456.
Gotwieenfe Chronicon, 2249
Goudelin *Pierre*, 1340.
Goujet *Pierre Cl.* 233. 1695. 2062 2543. 2587.
Goulart *Simon*, 1525. 1061.
Gouletus *Robertus*, 346.
Gourdan (Vie du P.) 1765.
Gournay, *vid.* Vincent.
Gouye, 2551.
de Grace, 1675.
Gracian *Baltaf.* 514. 515.
Grævius *Joan. Georg.* 977. 1023. 1032. 1035. 1047. 1082. 1125. 1511. 1904. 2355. 2361. 2362.
Grævius *Theod.* 1083 *.
Gramman, 2455.
Grangæus *Ifaacus*, 1224.
Gratius *Orthuinus*, 104.
Gravina *Janus Vinc.* 1063.
Grecourt (Willart) *Jean-Bapt. Jof.* 1321.
S. Gregoire Pape, 127. 128.
Gregoire VII. P. (Vie de) 1755.
Grenade *Louis de* 199. 228.
Greffet *Jean B. Louis*, 1326.
Griffet *Henri*, 2011.
Grimaldus *Franc.* 1268.
Grife *R. B. de* 451.
Grollier de Servieres, 2814.
Gronovius *Abr.* 696. 1494. 1599.
Gronovius *Jac.* 1455, 1597, 1599, 1827, 1842, 1875, 1885, 1917, 1918, 2354, 2479, 2490, 2491.
Gronovius *Joan. Fred.* 430, 1101, 1192, 1193, 1874, 1875, 1916, 1917, 2450.
Gronovius *Joan. Georg.* 2392

Gros

DES AUTEURS. 289

Gros *Nicol. le* 20.
Grosley *Pierre Jean*, 1564, 2769.
Grotius *Hugue*, 334, 381, 1071, 1085, 1193, 1198, 1917.
Gruberius *Jo. Dan.* 2241.
Gruterus *Janus Guil.* 1019, 1061, 1193, 1195, 1574, 1883, 1896, 1917, 1935, 2392.
Gualtierus *Nicol.* 715, 716.
Guarnaccus *Marius*, 1751.
du Guay-Trouin (Mémoires) 2144.
Gudius *Marq.* 1498.
Guenebaud *Jean*, 2388.
Guer *J. Ant.* 2313.
Guerre Séraphique, 1779.
Guesnié *Claud.* 119.
Guevara *Ant. de* 451.
Gueudeville *P.* 1483.
Guibours *Pierre de* 2348.
Guichardin *Franc.* 1966.
Guichenon *Sam.* 2186; 2353
Guigo Cartus. 1774.
Guillaume (Fillastre) Ev. de Tournay, 1994.
Guillelmus Biblioth. 1748.
Guillet de Blaru, 151.
Guion, *vid.* Bouvieres.
Guischard *Ch.* 1887.
Guisnée, 829, 830.
Gundlingius *Nic. Hier.* 2596
Guyart de Servigné, 1423.
Guyetus *Franc.* 1106, 1498.
Guyon, 1816, 1866, 2227.

H.

Hadrianides, *Mich.* 1424.
Hadrianus VI. P. (Vita) 1757
Haidius *Joan. Jac.* 668.

de Haitzé *Pierre Jos.* 1764.
Hales *P.* 602. 855.
Haller, 725.
Hallifax (le Marq. d') 485.
du Hamel du Monceau *Henri Louis*, 654, 655, 694, 847, 848.
Hanzelet, 946.
Hardion *Jacq.* 1392, 1676.
Hardouin *Jean*, 165, 620, 1012.
Hare *Franç.* 1107.
Harms *Ant. Fred.* 915.
Hartzheim *Josep.* 2639.
Hasius *Joan. Matt.* 1719.
Haudicquer de Blancourt *Fr.* 952.
Havercampus *Sigeb.* 1827, 2422, 2429.
Haurisius *Bonnonus Casp.* 1936.
Hauskbée, 597.
Haym *Nic. Franc.* 2420; 2588.
Hecquet *R.* 906; 907.
Heineccius *Joan. Gottl.* 1065
Heinsius *Dan.* 1161, 1179, 1181, 1193, 1206.
Heinsius *Nicol.* 1133, 1180, 1181, 1193, 1206, 1227, 1228, 1861.
Heliodorus, 1396.
Helle, 905, 911.
Hellot *Jean*, 646, 791.
Helvetius *Claude*, 1508.
Hemsterhuis *Tiberius*, 970, 1512.
Henault *Ch. Jean Franç.* 1359, 2016, 2017.
Henninges *Hier.* 2347.
Henry III. (Journal d') 2054, 2055.
d'Herbelot *Barth.* 2311.
Hergott *Marq.* 2350, 2351.

Oo

Hericourt Louis de, 350, 395.
de la Heriffaye (Noel du Fail) 1447.
Hermant Godefroi, 1812—1815.
d'Hermilly, 1369, 2267.
Hernandez Franc. 684.
Hero, 804.
Herodianus, 968, 1932, 1933,
Herodotus, 1075, 1842—1845.
Hefiodus Afcreus, 1081, 1082.
Heffelius Franc. 1098.
Hefychius, 971.
Heures à l'ufage de Chartres, 91, de Rome, 90.
Heures Mff. 85, 86, 88, 89, 2778.
van Heuffen, Albert, 2847.
Hierocles, 425, 426.
Hierocles Grammaticus, 1598
S. Hieronymus, 118.
S. Hilaire, 465.
Hippocrates, 734—736.
Hiftoire litt. de la France, 2636.
Hiftoire politique, &c. 1687.
Hiftoire univerf. 1673.
—Abregé, 1678.
Hift. du Droit public franc. 349.
Hœfchelius David, 2571.
Hofmannus Jo. Jac. 1696.
Holbac (le Baron d') 951.
de Holberg Ludov. 1677.
Holdenus Henr. 33.
Holmes Georgius, 391.
Holftenius Lucas, 424, 1609.
Homerus, 1075—1079.
Hongrie (Révolut. de) 2311.

Honorius Julius, 1599, de la Hontan, 1645.
Hoogftratanus David, 1185.
de l'Hopital Guill. Franc. 826, 827.
Horatius Flaccus Quintus, 1151—1173.
Hornius Georg. 1722, 2326.
Horftius Joan. Merlo, 84.
Hortus Amftel. 679. Eyftettenfis, 676.
Hofchius Sidronius, 1259.
Hofpitalius Mich. 1255.
Houbigant Car. Franc. 4.
Huart, 427.
Hubert (le Pere) 212.
Hudfon Jean. 1595, 1827, 1846, 1847, 1869.
Hue de Tabarie, 1403.
Huet Pierre Dan. 57, 1234, 1394, 2373.
Huiffiers (ftyle des) 409.
Hunault Pierre, 685.
Hutchefon Franc. 495.
Hyde Thomas, 2668.
Hyginus C. Julius, 1388.
Hygenus Gromaticus, 2785.

I.

JACOBÆUS Oligerus, 715.
S. Jacques de la Boucherie (Hift. de la Par.) 2175.
Jacques II, Roi d'Angleterre (Couronn. de) 2286.
Jaillot Hub. 1614—1616, 2181.
Jaligny Guill. de, 2040.
Jamaique (Hift. de la) 2341.
Jamblichus Chalcid. 424.
James, 733.
Jamotius Feder. 2530.
Janiçon, 2612.
Janozkus Joan. Dan. 2643.

Jardin de Hollande, 658.
Jault *Ant. Franc.* 989.
Jauna *Domin.* 2318.
le Jay *Gab.* 2113.
Jean, &c. 2120.
Jebb *Sam.* 2297.
Jeffrin *David*, 636.
d'Ifs *Nic.* 2072.
Imbonatus *Joseph*, 2579.
Indes Orient. (Voyages aux) 1651.
Index librorum prohib. & Appendix, 2562, 2563.
Intérêts de la Franc. &c. 545.
Invalides (Description des) 2800.
Joannes Antiochenus, 1888.
Jobert *Joseph*, 2404, 2405.
de Johanne *Joan.* 2517.
Johnson *Abrah.* 762.
Joinville *Jean Sire de*, 1019.
Joli *Gui*, 2101.
Joly *Phil. Louis*, 1701.
de Joncourt, 822.
de Joncourt (Mlle) 189.
de Joncourt *E.* 2627.
Jones *Inigo*, 922.
Jonstonus *Joan.* 693, 698.
Josephus *Flavius*, 1827— 1831.
Josse *Louis*, 1414.
Journal de Trevoux, 2608.
Journal de Verdun, 1692.
Journal des Sçavans, 2604, Table, 2605.
Journal Encyclopédiq. 2626.
Journal Etranger, 2614.
de l'Isle *Guill.* 1616, 1617.
Isnard *Christ.* 660.
Jubilé, 171, 172.
Juilliano *Jean-Bapt.* 1817.
Julien, 1944.
Jungermannus *Gothof*, 970.
Junius Brutus *Est.* 511.

Junius *Franc.* 880.
Junius *Hadr.* 971, 1217.
Juretus *Franc.* 1061.
Jurieu *Pierre*, 2773.
Jussieu *Ant. de*, 671.
Jussieu *Bernard*, 672.
Justice *Henr.* 1144.
Justification de P. R. 146.
Justification (Secrets de la) 132.
Justinianus *Bernardus*, 1973.
Justinus *M. Junianus*, 1667, 1668.
Juvenalis *Junius*, 1221— 1225.
Juvenel de Carlencas, 1466.

K.

KAMPFER *Engelbert*, 2327.
Keill *Joan.* 591.
Kempis *Thomas à*, 219— 225.
Kestlerus *Joan. Steph.* 593.
Kiggelaer *Franc.* 667, 679.
Kircherus *Athanasius*, 593, 633, 720, 1718.
Kirchmannus *Joh.* 2386.
Kitschius *Henr.* 2391.
Klettenberg *Car. Henr. de*, 1936.
Klinglin (Mém. de) 2199.
Kœlerus *Joan. David*, 2447, 2515.
Kolbe *Pierre*, 2333.
Krafft *George Wolfgang*, 603.
Krafft *Jean Laur.* 2352.
Krause *Jo. Gottlieb.* 25, 84.
Kreysig *Christ.* 958.
Kuhnius *Joach.* 970, 1494, 1840.
Kunckel, 951.
Kusterus *Lud.* 414, 972, 1087.

O o ij

TABLE

L.

LABAT *Jean-Bapt.* 1642, 2330.
Labbe *Phil.* 1941.
Laboureur *Jean le*, 2046, 2220.
Lackmannus *Adrian. Henr.* 2527, 2595.
Lacombe *Jacq.* 877, 1249, 1680.
Lactantius Firmianus *Lucius Cælius*, 113-117, 2779.
Lactantius Placidus, 1208.
Lade *Robert*, 1639.
Ladvocat *Jean-Bapt.* 967, 1608, 1697.
Lafitau *Jof. Franc.* 687.
Lafitau *Pierre Franc.* 148.
Lagnerius *Pet.* 1050.
Lallemand *Joan. Nic.* 1575.
Lallemant *Joseph.* 743.
Lambecius *Petrus*, 2566.
Lambert *Cl Franc.* 2138.
Lambinus *Dionyfius*, 1100, 1114 *.
Lamesle *Cl.* 2540.
Lampridius *Ælius*, 1930.
Lamy *Bern.* 59, 816, 1006.
Lamy *Franc.* 320.
Lancelot *Claudius*, 15, 101.
Lancelot du Lac (Roman de) 1404.
Lancifius *Joan. Maria*, 642, 692.
Landinus *Chrift.* 1152.
Langue franç. (Opufcules fur la) 986.
Languet *Jean Jof.* 1792.
Lapidum Catalogus, 726.
le Large de Lignac, *Joseph Adrien*, 723 *.
Larrey *Ifaac*, 1864, 1909,

Larroque *Dan.* 1940.
Lafcaris *Joan.* 1094.
de Laftanofa *Vinc. Juan* 2445.
Latii vet. veftigia, 2465.
Latro *Portius*, 1897.
Lattaignant *Gab. Ch. de* 1329.
Lavache de Preville *Pierre*, 751.
Laval, *vid* Albert.
Lavardin *Jacq. de*, 474.
Laugier *Marc Ant.* 930.
Lavirotte *Louis Anne*, 759.
Laurentius *Joan.* 1184.
Lauriere *Eufebe de*, 400.
Lebeuf *Jean*, 2168, 2171.
Leceftre (Vie de) 2282.
Leclufe, 747.
Lederlinus *Joan. Henr.* 970.
Lediard *Thom.* 2280.
Legende des Saints, &c. 1806.
Legipontius *Olivarius*, 2243.
Leibnitius *Gothof. Guillel.* 2241.
Leibnitzius *Joan. Jac.* 721.
Leichius *Joan. Henr.* 1955.
Leidekkerus *Melchior*, 60, 61.
Lloyd *Nicol.* 1693.
Lemery *Louis*, 753,
Lemery *Nic.* 774, 775, 781, 789.
Lenfant *Jacq.* 1500, 1737—1739, 1753.
Lenglet du Frefnoy *Nic.* 115, 351, 585, 587, 793, 1279, 1289, 1395, 1481, 1603 *, 1661, 1662, 1666, 2015, 2031, 2036, 2044, 2055, 2077.
Leonard de Malpeine, 2508.
Leoni *Jacq* 922.

DES AUTEURS.

Leopoldi Imp. (Electio, &c.) 2236.
Lepicié, 916, 917.
Leris *Ant.* 1604.
Lefine, Contrelefine, &c. 1487, 1488.
Lefleus *Alexand.* 77.
Leffer, 275.
Lettres d'un Théologien, 192.
Lettres édifiantes, 2317.
Lettres flamandes, 263.
Lettres pacifiq. 154.
Lettres fur la Religion effent. 325, 326.
Levant (Mém. des Miffions du) 2316 (Eftampes du) 2808.
Levefque de Burigny, 419, 420, 2766, 2771, 2772.
Levefque de Gravelle *Mich. Phil.* 2489.
Leveque de la Ravalliere *Pierre Alex.* 1275.
Leuridan, 371.
Leufden *Joan.* 58.
Lezezinski, Roy de Pologn. *Staniflas*, 1655.
Libanius, 1577.
Liberté de Confcience, 302.
Libertés de l'Eglife Gallic. 352, 353.
Librairie de France (Etat de la) 2533. Code, 2534.
Licques *David de*, 2081.
Liebe *Chrift. Sigifm.* 2419.
Ligathander *Norb.* 525.
Lignac, vid. *le* Large.
Ligue (Mém. de la) 2061, 2062.
Ligurius *Pyrrhus*, 2382.
Limborch *Phil. à*, 1823.
Limiers *Henr. Phil. de*, 1102, 2480.

Lind *Jacques*, 752, 758.
Linden *Joan. Antonid. Van-der*, 735.
Lindenbrogius, *feu* Lindenbruchius *Frider.* 1108, 1135,
Lipfius *Juftus*, 429, 430, 481, 1061, 1193, 1498, 1883, 1915—1917.
Liron *Joan*, 2577.
Lifbonne (Défaftre de) 2274, 2275.
Lifenman *George Henri*, 769.
Lifter *Martinus*, 756.
Lits de Juftice, 2212, 2213.
Liturgia hifpanica, 75.
—— Suecana, 80.
—— Vetus rom. 67.
Liturgie anc. & mod. 95.
Liturgie Angloife, 78, 79.
Livineius, *Joan.* 1061.
Livius *Titus*, 1871, 1876.
Lobe *Theoph.* 760.
Lobineau *Guy Michel.* 2166.
Loccenius *Joan.* 1860.
Locke *Jean*, 253, 499, 574.
Lochmann *Joh.* 2518.
Lombert *Pierre*, 111, 121.
Londres, &c. (Plans de) 2825.
le Long *Jacq.* 64, 1979.
Longuerue (du Four) *Louis*, 1503, 1981.
Longus, 1397, 1398.
van Loon *Gerard*, 2258.
Loques *Nic. de*, 800.
de Lorme *T.* 1316.
Lorris *Guill. de*, 1276—1279.
Lotterus *Joan. Georg.* 2597.
Louis XIII (Pieces fur le regne de) 2083. Codicille de, 2091.
Louis XIV (Lettres de) 2122.

Médailles de 2124-2127.
Louis XV (Médailles de) 2147.
Sacre de, 2205. Fête du Havre, 2109, de Strasbourg, 2210.
Louveau *Jean*, 2407.
Louvois (Vie de M. de) 2114.
Lubert (Mlle. de) 1406.
Lucanus M. Ann. 1197—1201.
Lucianus, 1509—1515.
Lucretius *Titus*, 1114 *—1119, 2815.
Luder *Barthol.* 1266.
Ludus feptem fapientum. 488
Ludwig *Chrift. Gottlieb*, 722 *.
Lufneu *Jacq.* 373.
Luines (Pieces fur le Conn. de) 2078.
Lupus *Ant. Maria*, 1820.
de Luffan *Marguer.* 2027, 2039.
de Luffy, 461.
Luxe (Traité contre le) 234.
Luxembourg (Gallerie du) 2805.
Luyken *Jean*, 46.
Lycophron, 1090.
Lydiatus, 2393.
Lyonnet *P.* 275.
Lyfias 1011,
Lyferus *Joan.* 321.
Lyttelton *George*, 254.

M.

MÆCIANUS *L. Volufius*, 2450.
Mabillon *Jean*, 155 **, 241
1629, 2512.
Mably, *vid.* Bonnot.
Macabre (Danfe) 1281 *.
Macé *René*, 1995.
Machaneus *Dominic.* 1883.
Machiavel *Nicol.* 1976.
Macquer *Phil.* 1731.
Macrobius *Aur. Theodofius*, 1455.
Maffei *Paul. Aleff.* 2793.
Maffei *Scip.* 2485.
Maginus *Antonius*, 842.
Majanfius *Greg.* 2647.
Maier *Marcus*, 2444.
Majerus *Mich.* 797, 798, 2788.
Maillardus O*liverius*, 202, de Maillet, 604.
Mailly (Geneal. de) 2349.
Maimbourg *Louis*, 1754.
Maintenon, *vid. d* Aubigné.
Majolus *Simon*, 843.
le Maiftre de Sacy *Louis Ifaac* 17—19, 25—28, 43, 44, 232.
Maittaire *Michael*, 2525, 2528, 2529.
Malchus *five* Porphyrius, 424
Malebranche *Nic.* 567—569.
Malherbe *Franc. de*, 1294, 1295.
Mallet, 2603.
Mallet de Geneve, 2299.
Mallet, *vid.* Maneffon.
Malleus Maleficarum !, ! 590.
à Mallinkrot *Bern.* 2520.
Malouin *Paul Jacques*, 784, 785.
Malthe (Plans & vues de) 2826.
Malvenda *Pierre de*, 1744.
Mancinellus *Ant.* 1157.
Mandelflo *Jean Albert de*, 1633.
Maneffon Mallet *Allain*, 937
Mangey *Thom.* 106.
Manilius *Marcus*, 1233—1235.

DES AUTEURS. 295

Manuel des Souverains, 513.
Manutius *Aldus*, 1156, 1896
Mapellus *Joan*. 1775.
Maran *Prudent*, 173, 1712.
Marchand *Profper*, 1566, 1703, 2524.
Marchetti *Aleff*. 2815.
Marculfus, 398.
Marée *Valentin*, 1776.
Marguerite de France, Reine de Navarre, 1286, 1445.
Mariages de Me. (Feſtes du) 2206—2208.
Mariages & Tolérance des Proteſtans, 303—307.
Mariage (Queſtions ſur le) 371. d'un Juif, 372, 373.
Mariette *Pierre Jean*, 908, 2478.
Marin *Louis*, 2332.
Marine (Ordonn. Mémoires ſur la) 402—404. Hiſtoire 850.
Marklandus *Jer*. 1011.
Marivaux, *vid*. Carlet.
Marline, 862.
Marmita *Gellius Bernardin*. 1189.
Marolles *Michel de*, 904 *, 2098.
Marot *Clement*, 1277, 1287 —1289.
Marot *Jean*, 1289.
Marot *Michel*, 1289.
Marotte de Muis *Simon*, 50.
Marraccius *Ludov*. 313.
Marſeille (Vue de) 2196.
Marſilli, *vid*. Ferdinand.
de Marſollier *Jacq*. 2268.
Marſy *Franç. Marie de*, 344, 876, 1700, 2298.
Martenne *Edmond*, 1628.
Martens *Martin*, 812.
de S. Marthe *Abel*, 2565.

Martial Auvergne, 1479—1481.
Martialis *M. Valer*. 1214—1220.
Martin *David*, 47.
Martin *Jacq*. 120, 123, 1984, 1985, 2456.
de la Martiniere, Bruzen) *Aug* 1607, 1674; 2134, 2328.
Martyrologium Rom. 1802.
le Maſcrier *Jean-Bapt*. 2331.
Maſenius *Jacq*. 1262.
Maſerius *Ægidius*, 1212.
Maſſé *Jacq*. 1654.
Maſſé *Jean-Bapt*. 2799.
Maſſillon *Jean-Bapt*. 215.
Maſſon *Joan*. 1061.
Maſſuet *Pierre*, 438, 594.
Maſvicius *Pancratius*, 1135.
Maternus *Julius Firmicus*, 110.
Matthias Emp. (Election de) 2235.
Matthieu *Pierre*, 2043.
Maty *C*. 1606.
Maucroix *Franc*. 117.
Maupertuis, *vid*. Moreau.
Maupoint, 1342.
Maurocenus *And*. 1974.
Mauvillon, 1472, 1643, 1654.
Maximes ſur le devoir des Rois, 512.
Maximiliani Eman. Com. Palat. Rheni fortuna. 2245.
Mayerus *Joan. Frid*. 1761.
Mazarin (Pieces ſur le Card.) 2093. Teſtament. 2117.
Mazel *David*, 136.
Maziere de Monville, 918.
Mazzolini *Albertus*, 2414.
Mead, 759.
la Médaille curieuſe, 1422.

TABLE

Mediobarbus Biragus *Franc.* 2432.
Meibomius *Joan. Henr.* 690.
Meibomius *Marcus*; 447, 851.
Mela *Pomponius*, 1599.
Mellon *Franc.* 528.
Mellot *Anicetus*, 2735.
Mémoires hift. 152.
Mém. fur le f. 142, 143.
Ménage des Champs, 656.
Menage *Gilles*, 988, 989, 1295.
Menagiana, 1501.
Menander, 1085.
Menard *Leon*, 1868. 2192.
Mender, 786.
Meneftrier *Cl.* 2111. 2124.
Menotus *Mich.* 204.
Menfor *Balbus*, 2450.
Mentelius *Jac* 2521.
Mer des hiftoires, 1672.
Mer des Hiftoires de France, 1997.
Mercatus *Mich.* 642.
Mercerus *Jofias*, 1917.
Mercerus *Nicol.* 1456.
Mercier *Jean Bapt. le*, 1908.
Mercure Danois, 2622.
Mercure & Choix des, 1690, 1691.
Mercurialis *Hier.* 956.
Mere *Pierre le*, 356.
Merrettus *Chrift.* 950, 951.
Mefenguy *Phil.* 38, 49, 201.
Metaftafio *Pietro*, 1374, 1375.
Meurfius *Joan.* 110. 973. 1555. 2389.
de Mezeray (*Eudes*) *Franc.* 2007 — 2009.
Michault *Jean Bern.* 1554.
Michel *Guill.* 1829.
Michel *Jehan*, 1345. 1346.
Michell *Jean*, 641.
Microfcopes (Traités fur les) 863. 864.
Mignature (Ecole de) 895.
Milet *Jacq.* 1347.
Millet Dechalles *Ch. Franc.* 823.
Milton *Jean*, 1377.
Minutius Felix *M.* 110.
Mirabaud *Franc.* 1370. 1373.
Mirabeau, *vid.* Riquetty.
Miræus *Aubertus*, 2644.
Miroir de la Tyran. efpagn. 2256.
Miffa latina, 70.
Miffale Catalaunenfe, 73.
— Mozarabicum, 76. 77.
— Shisborn, 81.
Miffel de Paris. 2777.
Miffon *Maxim.* 1630.
Modius *Franc.* 1206. 1861.
le Moine *Abrah.* 270. 278.
Moliere (Pocquelin) *Jean Bapt. de*, 1351.
Monarchie fr. (Mém. de la) 2102.
Mongault *Louis*, 1036, 1933.
Monachus *Michael*, 1971, 2634.
Mongitor *Antoninus*, 1972.
Monnier *Louis Guill. le*; 599, 831, 835.
de la Monnerie *J. B. C.* 1246.
Monnoye *Bern. de la*, 1319. 1501. 1566. 2576.
Monogrammes (Dict. des) 878.
Monftrelet *Enguerrand de*, 2023.
de Montaignes *Michel*, 1526 —1529.
Montalambert (le M. de) 945.
Montalbanus

DES AUTEURS. 297

Montalbanus *Ovidius*, 615.
Montcrif, *vid.* Paradis.
Montesquieu, *vid.* Secondat.
Montfaucon *Bern. de*, 1990. 2363. 2511. 2685. 2716.
Montgon *Ch. Alex.* 2146.
Montiano y Luyando *D. Aug.* 1369.
Montignot, 1713.
Montius *Cajetanus*, 662.
Montlyard *Jean de*, 1401.
Montrefor (Bourdeille Comte de) *Franc. de*, 2088.
Monville, *vid.* Maziere.
Morandus *Joan. Bapt.* 670.
Moreau de Maupertuis *Pierre Louis*, 612. 808—812. 831. 835. 837. 838. 1504.
Morel *Robert*, 238.
Morellius *And.* 2429.
Morellius *Franc.* 1596.
Morelly 484, 494, 2121.
Morenas (Lettres à) 1730.
Morery *Louis*, 1694.
Morice *P. Hyac.* 2184.
Morin *Simon*, 309.
de la Moriniere (le Fort) *Adr. Cl.* 1336, 1337.
Mornay *Phil. de*, 1080, 2081.
Morvan de Bellegarde *Jean-Bapt.* 92.
Moser *Joan. Jac.* 521, 2597.
la Mothe le Vayer *Franc.* 1567—1571, 2823.
de la Mothe (Houdart) *Ant.* 1318, 1539.
de Motteville (Bertaut) *Franc.* 2108.
du Moulin *Pierre*, 296.
du Moulinet *Cl.* 2505.
Mouskes *Phil.* 1961, 1962.
du Moutier (Me.) 1591.
Mouton, 2787.

de Muis, *vid.* Marote.
Mulierum gr. fragmenta, 1013
Munckerus *Thomas*, 1388.
Munster (Négociations de) 387.
Muntingius *Abrah.* 667.
Muralt, 1586.
Muratorius *Lud. Ant.* 67, 1964, 1965.
Muretus *Ant.* 1104, 1156, 1917.
Musæus, 1399.
Musantius *Joan. Dom.* 1660.
Musellius *Jacob.* 2411.
Museum Guil. de Crassier, 2493.
Museum Etruscum, 2504.
Mus. Florentinum, 2503.
Museum Odescalcum. Veron. &c. 2484. 2488.
Museum Passerii. 2496.
Museum Tessinianum, 2506.
Muschenbrock *Pierre Van*, 594.
Musurus *Marcus*, 1086.
Mycillus *Jac.* 1181.
Mystères de la Conception; de la Passion: de la Résurrection: des Actes des Apôtres; &c. 1345, 1346, 1819.

N.

Nadal *Aug.* 1354.
Nannius *Pet.* 1158.
Nardius *Joan.* 1115.
des Naralles *Pierre*, 1807.
Nathan-Ben-Saddi, 2277.
Naudé *Gabr.* 588, 610, 2103
Naugerius *And*, 1247.
Needham *Petrus*, 425, 864, Nemesianus *Marcus Aurel. Olympus*, 1229, 1237.
Nemours (Mém. de) 2102.

Pp

TABLE

Nepos *Cornel.* 1952.
Népotisme de Rome, 1760.
Neptune franç. 1624, 1625.
Neri *Ant.* 950, 951.
Nericault Destouches *Phil.* 1355.
Nerlius *Bern.* 1075.
de Nessel *Daniel*, 2567.
Nevers (Gonzague Duc de) *Louis*, 2073.
Nicephore, 1954.
Niceron *Jean Pierre*, 834, 2762.
Nicetas, 1954.
Nickolls *John.* 532.
Nicodemo *Lion.* 2633.
Nicole *Pierre*, 140. 189. 233. 441.
Nieuhoff *Jean de*, 2325, 2326.
Nieuwentyt *Bern. de*, 272.
Niklos *Betlem*, 2311.
Ninnin, 738.
Noailles, Card. *Louis Ant. de*, 149.
Nobili *Flaminio de*, 474.
Nodot *Franc.* 1426.
Noguez *Pierre*, 272. 834.
Noiset *Pierre*, 942.
Nollet *Jean Ant.* 595. 601.
Nolli *Giam Batt.* 1968.
Noodt *Gerard*, 301.
Norbert (le Pere) 2321.
Nord (Voyages au) 1650.
Norden *Fr. L.* 1641.
Nordberg *J. A.* 2304.
Nostradamus *Michel*, 840—842.
de la Noue *Franc.* 2052.
Nouvelles Nouvelles (cent) 1444.
Nugæ venales, 1450.
Numismata Arigoni, 2415.
Numism. Cimelii Austr. 2413.
Nummi Colleg. Turn. 2421.
Numism. Ducis Croyaci, 2433.

O.

OBRECHTUS *Ulricus*, 424.
Obsequens *Julius*, 1572.
Occo *Adolfus*, 2432.
Office de la Semaine S. 92.
Office de l'Eglise, 74.
Office de S. Jean, 93.
Officia Ludovici XIII. 83.
Officium B. Mariæ, 87.
Ogilvius *Joan.* 1132.
Oiselius *Jacob.* 1454.
Oldoinus *August.* 1750.
Olearius *Adam*, 1633.
Olearius *Gotfridus*, 1516.
d'Olivet *Jos.* 1010, 1020, 1041, 1042, 1353.
Oliveyra, 2649.
Ombre de Colbert, 891.
Opera (Recueil des) 1362.
d'Orange (Apol. de Guill. Prince) 2255.
Orateurs (Lecture des) 1008.
Orateurs Grecs (Vies, &c. des) 1015.
Ordonn. sur la Chamb. des Comptes, 401.
Ordre de S. Michel (Statuts) 1798.
Ordre du S. Esprit (Statuts) 1799.
Oresme *Nicolas*, 423.
Orfevres (Mém. sur le Tableau des) 2173.
Orlandi *Fr. Peregr. Ant.* 2526.
d'Orleans (Vie de Phil. Duc) 2143.
d'Orleans de Rothelin *Charl.* 1110.
d'Orreri (le Comte) 1478.

DES AUTEURS.

Orſchall *J. C.* 951.
Ottelius *Abrah.* 1611.
Orthographe Fr.(Traité de l') 982.
Ortiz *Alfonſus*, 76, 77.
d'Oſſat *Arnauld*, 2069.
Oſtervald *Jean Fr.* 21.
Oudendorpius *Franc.* 1199, 1905.
Ovidius *Publius*, 1176 — 1183.
Outhier, 835, 1647.
Ouzelius *Jac.* 110.
Owenus *Joan.* 1256, 1257.
Oxenſtirn, 466.
Oyſeaux de proye, 959.
Ozanam *Jacq.* 814, 824, 828.

P.

Pachymere. 1954.
Paciaudius *Paullus M.* 155*
Pacome (le fr.) 1766..
Pacori *Ambroiſe*, 196.
Pætus *Lucas*, 2449.
Pajaud *C.* 1664.
Palæmon *Q. Rhemnius Fannius*, 1237.
de S. Palaye (de la Curne) *Jean-Bapt.* 1401.
Palingene *Marcel*, 1246.
Paliſſot *Ch.* 870.
Palladio, 922.
Palmerius à Grentemeſnil *Jac.* 1511. 1853. 1885.
Pantagruel (Songes drolatiques de) 1433.
Panckoucke *André*, 1492.
Paolo Sarpi (fra) 344, 345, 1740 — 1741.
Paradis de Montcrif *Fr. Aug.* 480.
Parain, Baron des Coutures, *Jacq.* 1119.

Parallele de la cond. du Roy, &c, 2158, juſtifiée 2159.
Pardies *Ign. Gaſton*, 2828.
Parfaict (freres) *Franc. & Claude*, 1344.
de Paris *Theod.* 1780.
Paris (Plan, Hiſt. &c. de) 2161 — 2171.
Parlemens (Lettres ſur les) 2217. Eloge du 2218. Hiſt. du 2219.
Parrhaſius *Janus*, 1157.
Paruta *Filip.* 2444.
Paſcal *Blaiſe*, 187, 188, 189, 251, 854.
Paſinus *Joſ.* 2745.
Paſquier *Eſtienne*, 2002, 2003, 2838.
Paſquier *Nic.* 2003.
Paſquillorum Tomi, 1475.
Paſſages des Gaules ès Ytalies 346.
Paterculus *C. Vellejus*, 1880 — 1882, 1915.
Patin *Charles*, 2403, 2429, 2434.
Patouillet *Louis*, 2657.
Pavillon *Eſt.* 1312, 1313.
S. Paulo *Car. à*, 1609.
Paulus Diaconus, 1923.
Pauſanias 1840, 1841.
Paw *Joan. Cornel. de*, 1092.
Pecquet *Antoine*, 478, 522, 605, 606, 1371.
Peinture, Sculpture, &c. (Ecr. ſur la) 888 — 892.
Pelliſſon Fontanier *Paul*, 2110.
Pelletier, 509.
le Pelletier, 999.
Pelizzarius *Franc.* 376.
Pellourier *Simon*, 1983.
P... (Ouvrage de) 1492.
Penſées chrétiennes, 235.

P p ij

Penfilvanie (Etat de la) 2345.
Perau (Calabre) *Gab Louis* 2226, 2770.
de Perefixe *Hardouin*, 2075, 2076.
Pereira *Gometius*, 434.
des Periers *Bonav.* 1566.
Perizonius *Jac.* 1493, 1494, 1498.
Permiffion (Bernard de Bluet d'Arberes Comte de) 1482.
Pernety *Ant. Jof.* 2509.
Perrault *Charl.* 2224, 2225, 2802.
Perrault *Cl.* 920, 921, 1 48, 1459.
Perraut *Nicol.* 190.
Perrinet d'Orval, 948, 949.
du Perron de Caftera, 1376.
Perrot d'Ablancourt *Nicol.* 1515, 1849, 1851, 1907.
Perfius *Aulus*, 1221, 1225.
Pervigilium Veneris, 1236, 1424.
Peffelier *Jof.* 1529.
Petavius *Dion.* 1012.
Petit *Jacq. George le*, 2071.
Petitpied *Nicolas*, 137, 138, 147.
Petitus *Pet.* 1865.
Pétrifications (Traité des) 631.
Petronius *Titus*, 1196, 1414 —1426.
Pezius *Bern.* 1524.
Pezron *Paul*, 1656, 1657, 1982.
Phædrus, 1109, 1184—1187.
Pharmacopea Leodienfis, 778.
Philarchæus *Lucius*, 2796.
Philelfus *Franc.* 1579, 1580.
Philemon, 1085.
Philes *Manuel*, 697.

Philippe *And.* 1140, 1681.
de S. Philippe (le Marq.) 2269.
Philo Judæus, 106.
Philo, 804.
Philofophe chrét. (avis d'un) 229.
Philoftrati, 1516.
Photius, 2571.
Phylargirius, 1134, 1135, 1141.
Pichona *Curtius*, 1917.
Picus Mirand. *Jo. Fr.* 2818.
Pieces de littérat. &c. 1561.
Pierius *Petrus*, 1135.
S. Pierre (Caftel de) *Ch. Irenée*, 2137.
Pierre I. (Hiftoire de) 2307.
Pierre de S. Louis, 2820.
Pighius *Steph.* 1498.
Pignorius *Laur.* 2271.
de Piles *Roger*, 881, 883, 913.
Pilpai, 494.
Pimpie de Solignac *Pierre Jof. de la*, 1173.
Pindare, 1091.
Pine *Joan.* 1164.
Pirrus *Rocchus*, 1972.
Pifaurenfia marmora, 2394.
Pithoeus *Franc.* 329, 330.
Pithoeus *Pet.* 329, 330, 351, 1221, 1224, 1236, 2780, 2782.
Pitifcus *Sam.* 1927, 1928, 2359, 2360.
Pitton Tournefort, *Jof.* 664 —666, 672, 1635.
Placcius *Vincent*, 2603.
Place *Pierre de la*, 2047.
de la Place, 1365.
Placidus *Lactantius*, 1388.
Planciades (Fulgentius) *Fabius*, 1388.

Platina *Batt.* 1749.
Plato, 421, 422.
Plautus, 1099—1102.
du Pleſſis *Touſſaint*, 2167.
Plinius ſecundus *Caius*, 616
—621.
Plinius *Caius*, 1060, 1061,
 1572—1576.
Plitt *Joan. Jacob.* 686.
Pluche *Noel*, 624.
Plumard de Dangeul, 531,
 532.
Plumier *Charles*, 683, 953.
Plutarque, 450, 1071, 1075,
 1858, 1948—1951,
 2784.
Poeſies anciennes, 1284.
Poeſies (Recueil de) 1338,
 1339.
Poetæ latini minores, 1237,
 1238.
Poetes (Lecture des) 1072.
Poëtes de Barbin, 1334.
Poëtes, Hiſtoriens (Tablettes
 pour, &c.) 1469.
Pogge *Jean. Franc.* 1500,
 1854, 1975.
Poggio *Jac.* 1975.
le Pois *Ant.* 2398.
Poldo d'Albenas *Jean*, 2191.
Polenus *Joan.* 2358.
de Polignac Card. *Melchior*,
 1120, 1121.
Poliniere *Pierre*, 600.
Politianus *Angel.* 1157, 1932.
de Pollnitz (le Baron) 1688.
Pollux *Julius*, 970.
Polonicarum rerum ſcriptores
 2308.
Polus *Matthæus*, 51.
Polybius, 1884—1888.
Polyphili ſomnium, 1410.
Pomet *Pierre*, 773.
Pommeraye *Franc.* 2183.

Pomponatius *Petrus*, 571.
Poncet de la Grave *Guill.*
 2180.
Pontanus *Joan. Jovianus*,
 1242—1244, 1520—
 1522.
Pontanus *Iſaacus*, 1455.
de Pontbriand, *vid.* Breil.
Pontificale romanum, 68.
Pope *Alex.* 1079, 1331,
 1380—1384, 1540.
Pope-Blount, *Thom.* 2573.
Popma *A.* 1897.
Popma *Tib.* 1861.
Porphyrion. 1157.
Porphyrius, 424.
Porphyrogennettus *Conſtan-
 tinus*, 1955.
Porta *Jo. B* 2790.
Porte *Jcſ. de la*, 502, 2096,
 2611.
P. R. (Hiſt. Mém. &c. de)
 1769—1773, 2836,
 2837.
Portraits des Rois, &c. 2018.
Poſſinus *Petrus*, 487.
Poſtellus *Guill.* 308, 966.
Poſtes (Uſage des) 2374.
Potter *Joan.* 1071.
Potterus *Joan.* 107.
Potterus *Joan.* 1090, 2354,
 2369.
Pouilly de Burigny, 1963.
Prades (apologie, &c.) 267,
 268.
S. Preſt *Jean Yves de* 388.
Preſtet *Jean*, 805.
Prevoſt *Ant. Fr.* 995, 1033,
 1037, 1055, 1421, 1639,
 1649.
Prevoſt *Cl. Joſ.* 407.
Preyſſ *Chriſt.* 1054.
Pricæus *Joan.* 1400.
Prideaux *Humfroi*, 1833—

1835, 2393.
Princes légit. &c. (Pieces fur les) 2214.
Principes de la Phil. morale, 472.
Probabilité (Principes fur la) 191.
Problême hiftor. 193.
Procès du miroir de l'humaine falvation, 227.
Procope, 1954.
Prodromus *Theod.* 1581.
Propertius *Sex. Aur.* 1124, 1174.
Pfalmi Davidis, 22, 23.
Pfeaumes de David, 24—31.
Pfeautier des Courtifans, 518.
Puffendorf *Sam. de*, 380, 381, 1674, 1675, 2302.
Puget de la Serre *Jean*, 517.
de Puifieux (Florent) *Phil.* 2280.
Pulmannus *Theod.* 1224.

Q.

QUERCETANUS *And.* 119.
Quefnay *Franc.* 740, 757.
du Quefne, 1638.
Queux *Quintin Louis le*, 125.
D. Quichotte (figures des avant.) 1408, 1409.
le Quien de la Neufville *Jean* 2271.
le Quien *Michel*, 163, 1958.
Quilletus *Claud.* 1260, 1261.
Quincy (le Marq. de) 2131, 2132.
Quintilianus *Marcus Fabius*, 1003, 1004, 1056, 1059.

R.

RABELAIS *Franc.* 734, 1427—1433.
Racicod *Eftienne*, 1745.
Racine *Bonav.* 1729.
Racine *Jean*, 1352, 1769.
Racine *Louis*, 256, 257, 1377, 1540.
Raderus, *Matthias*, 1860, 2242.
Radicati *Albert*, 327.
Raffart *Franc.* 2348.
Raguenet *Franc.* 2283.
Raius *Joan.* 701, 704.
Rakoczy *Franc.* 2311.
Ramfay *Michel*, 1652, 1653.
Rapin Thoyras *Paul*, 2279.
Rapinus *Ren.* 1263.
Ratramne, 300.
Raulin *Jof.* 764.
Raynal, 168, 2261, 2262, 2292.
Raynaud *Charles*, 819. 820.
Raynaud *Theoph.* 523.
S. Real (Vifchard) *Cefar*, 1535.
Reaumur *vid.* Ferchault.
Reboulet, 1758, 2135, 2136.
Recueil de pieces, 155. 2839.
Reflexions fur l'utilité de la Religion, 280.
le Réformateur, &c. 546, 547.
Regence (Mém. de la) 2142.
Regnart *Jean*, 1999.
Regnier *Mathur.* 1292. 1293.
Regnier Defmarais, *Franc. Seraphin.* 981, 1038, 2116.
Reimmannus *Jac. Frid.* 2561 2568. 2599. 2631. 2654.

DES AUTEURS.

Reimarus *Herm. Sam.* 1929.
Reiskius *Joan. Jac.* 1955.
Reitzius *Jo. Fred.* 1512.
Reland *Adr.* 315, 447.
Relieurs (Statuts des) 2535.
Religion (Essay lirique sur la) 258. Principes de 259. revelée 266. vengée 269.
Remond de S. Mard, 1548.
Remy, 910.
Renaud de Segrais *Jean* 1314
de S. René *Theodoric*, 166.
Renversement de la Rel. 144.
Réponse au Card. de Noailles 299. aux Lettres de Voltaire 324.
Requier *Jean-Bapt.* 1685.
Refervoir (petit) 1560.
du Refnel *Jean Franc.* 1380.
de Refpou. *S. P. M.* 801.
Retz Card. (Gondy) *Jean Fr. Paul de*, 2100.
Reynerus *Sam.* 2244.
Rhenanus *Beat,* 1916. 1917.
Rhétorique des Demoiselles, 1007.
Rhin (Campagne du) 2160.
Rhodomanus *Laur.* 1852, 1853.
Riccoboni *Louis,* 1364. 1367 1368.
Richard *Jean,* 169.
Richardson, 884.
de Richebourg *J. M.* 795.
Richelet *Pierre*, 990, 1074.
Richelieu Card. (du Plessis de) *Armand Jean,* 231. 282.
Richer *Adrien*, 1928.
Richer *Henry*, 1932.
Richerius *Emundus,* 342. 343
Ridingerus *Joan. Elias,* 668.
Rigaltius *Nic.* 1224. 2386.
Riquetty Marq. de Mirabeau *Victor de*, 496.

Ritterhufius *Conr.* 424. 1061
Rituel de Soissons (Réflex. sur le) 99.
de la Riviere *Henr. Franc.* 1585.
Rivey *Pierre de la*, 1443.
Rivius *Joan.* 1896. 1897.
Rivoire, 641.
Robert *Nicol.* 663.
Robert, 226.
Robert, 1613. 1614.
Robert de Vaugondy, 1603. 1613.
Roccha *Angelus*, 97.
Rochefort *Cefar de*, 2337.
de Rocoles *Jean Bapt.* 2774.
Rodericus Zamorenfis, 453.
Rohan *Henry Duc de*, 938. 2084.
Rohault *Jacq.* 592.
Roi de Navarre (Poéfies du) 1275.
Roi *Pierre Louis le*, 603.
Rollin *Ch.* 963. 1824.
Romains (fait des) 1936 *.
Romains (mœurs des) 1947.
Rome (Monum. de) 2794.
Fontaines, 2795.
Rorarius *Hier.* 2783.
Rofnel *Pierre de*, 647.
Rostgaard *Frid.* 1270.
Rofweydus *Herib.* 222.
Rothe *M. G.* 786.
Rothe *Tyco*, 2383.
de Rothelin vid. d'Orleans.
Rou *Jean*, 1663.
Rover *Mart.* 1399.
le Rouge, 1618.
Rouillard *Seb.* 744. 1778. 2176.
Rousseau *Jean-Bapt.* 1315.
Rousseau *Jean Jac.* 867. 1461 —1463.
Roussel *Michel*, 508.

Rouffet *Jean*, 386, 389, 710.
le Roux *Philiq. Jof.* 996.
le Roy de Gomberville *Marin* 2073.
le Roy *Pierre*, 2053.
le Roy, 2457.
Rozier hiftorial, 2005.
Rubenius *Alb.* 2378.
Rue *Charles de la*, 211. 1137
Ruel (Confér. de) 2099.
Ruffi *Ant. de*, 2197.
Ruffi *Louis Ant. de*, 2197.
Ruffinus, 1828.
Ruine du Papat, &c. 294.
Ruines de Balbec, de la Grece, de Palmyre, 2457—2459.
Rumphius *Georg. Everhardus*, 681.
Rufca *Anton.* 176.
Rutgerfius *Janus*, 1159.
Ruthilius *Cl.* 1237.
Ruyfchius *Frider.* 679.
Ryer *André du*, 314.
du Ryer *Pierre*, 1182. 1862. 2253. 2254.
Rymer *Thomas*, 391.

S.

SABÆUS *Fauftus*, 112.
Sacheverell (Avocats pour & contre) 2290.
Sacy *vid. le* Maiftre.
Sacy *Louis*, 475. 1576.
Sadeler *Ægid.* 1393. 2467.
Sadoletus *Jacobus*, 1581.
Saenz Card. de Aguirre *Jof.* 2645.
le Sage *Alain René*, 1436.
Saintard, 544.
Sala *Rob.* 94.
Saldenus *Guill.* 2558.
Salerne (Ecole de) 748.

Sales S. *Franc. de*, 230.
Saliat *Pierre*, 1844.
de Salignac *Bernard*, 2042.
Salignac de la Mothe Fenelon *Franc. de*, 197. 244. 245. 320. 1415 — 1419.
Sallengre *Henr. Albertus de*, 2356. 2357.
des Salles (l'Abbé) 2032.
Sallier *Pierre*, 2734.
Salluftius *C. Crifpus*, 1892 —1901.
Salmafius *Claud.* 447. 1597. 1877. 1878. 1935.
Salmon. *Franc.* 102.
Salmon, 1328.
Salvianus *Hippolitus*, 703.
Salvinius *Ant. Maria*, 2396.
Samfon *P. A.* 498.
Sanadon *Eftienne*, 237.
Sanadon *Eft.* 1169, 1170.
Sanchez *Thomas*, 170.
Sanders *Nic.* 2281.
Sanderus *Ant.* 2252.
Sandis *Edwin*, 295.
de Sandrart *Joachimus*, 901.
Sannazarius *Jac.* 1251. 1252. 1371.
Sanfaric (le P.) 1507.
Sanfon *Nicol.* 1610. 1614—1616.
Santolius *Jo. Bapt.* 1264, 1265.
Santos *Franc. de los*, 2270.
Sapidus *Joan.* 1250.
Sarana *Alfonf. Ant. de*, 473.
Satyre Menippée, 2053.
Savary *Philemon Louis*, 524.
Savary des Brulons *Jacq.* 524.
Saverien *Alexand.* 815.
Saugrain *Cl. Marin*, 2534.
Savot *Louis*, 2401.
Savoye (Theatre de) 1978.
Saurin *Jacq.* 48, 218.

Sauvage

DES AUTEURS.

Sauvage *Denys*, 2024.
Sauval *Henry*, 2165.
Saxe galante, 1173.
Saxe (Maurice , Comte de) 939, 940.
Saxe (Hist. de Maurice Comte de) 2148.
Scacchus *Fortunatus*, 98.
Scaliger *Jof.* 1125, 1135, 1193, 1195, 1231, 1234, 1902.
Scapula, *Joan.* 973.
Scarron *Paul*, 1148, 1437.
Schannat *Joan. Frid.* 2231.
Schaunchzer *Joan. Jac.* 2518.
Schefferus *Joh.* 1494, 1861, 2376, 2382.
Scheidius *Crift. Lud.* 2228, 2241.
Scheuchzer *J. Gafp* 2327.
Scheuchzerus *Joan. Jac.* 678.
de Scheyb *Franc. Chrift.* 1612
Schilterus *Joan.* 2230.
Schlutter *Chrift. André*, 646.
Schoonebeck *Adrien*, 1765, 1793.
Schottus *Andreas*, 429, 1457, 1598, 1883, 2571.
Schouten *Gautier*, 1651.
Schrevelius *Corn.* 973, 1106, 1160, 1198, 1228, 1565, 1667, 1860, 1878.
Schroderus *Joan. Cafp.* 1193
Schurzfleifchius *Henr. Leon* 2739.
Schwandtnerus *Joan. Georg.* 2310.
Schwartz *L. Jo. Conr.* 1601.
Schwarzius *Chrift. Gotlieb.* 1061.
Scilla *Auguftinus*, 639.
Scotanus *Chrift.* 248.
Scovau 2294.
de Scudery *George*, 1297.

Seba *Albertus*, 722.
Secondat de Montefquieu *L.* 500—505, 1544, 1587, 1946.
Secouffe *Franc. Denys*, 400, 2044.
Segaud, 216.
Seguierius *Joan. Franc.* 615.
Seguier, 2193.
Seguy *Ant.* 1315.
Seldenus *Jo.* 2393.
Semelier *Jean Laurent*, 182.
Sendelius *Nathan.* 638.
Seneca *L. Annæus*, 428—431, 1189—1193, 2816.
Seneca *M. Ann.* 429, 430, 450.
Senex *Jean*, 2827.
de Sepibus *Georgius*, 720.
Serenus *Quintus*, 737.
Serenus *Samonicus Q.* 1237.
de Scrionne *Jof. Accarias*, 1188.
Serranus *Joan.* 421.[1]
de la Serre, *vid.* Puget.
Servius, 1134, 1135, 1141.
Sefler *Leonard*, 616.
Seve *Vincent*, 842.
Severus *Pub. Corn.* 1188.
Sevigné (Rabutin Chantal Marq. de) *Marie de*, 1502.
Seuterus *Barthol.* 668.
de Seyffel *Cl.* 1989.
Shaw, 1640.
Sherlock *Guill.* 135, 136, 270.
Shuckford *Sam.* 1832.
Sibbern *Nic. Pet.* 2641.
Sibranda *Joan.* 1827.
Siculus Flaccus, 2785.
Sieges (Plans de) 2149.
Siemienowicz *Cafimir*, 942.
Sigonius *Car.* 1875.
Sigrais, *vid.* Bourdon.

Silhon Jean de, 2164.
de Silhouette Etienne, 1382.
Silius Italicus, 1202-1206.
Simlerus Josias, 1598, 2572.
Simocatte, 1954.
Simon Ch. 1506 *.
Simon Cl. Franc. 2537
Simon Joan. Christ. 2230.
Simon Richard, 55.
Simoneta Joan. 1977.
Simonnel Dominique, 362
Simplicien (le P.) 2348.
Simplicius, 449.
Sinfart D. B. 573.
Siri Vittorio, 1685.
Sitzmanus, Theod. 433.
Sixtus V, Pont. max. 10.
Smetius Joan. 2266.
Snakenburc Henr. 1861.
Soanen Jean, 181.
Societatis Jesu (Regulæ, &c.) 1782 — 1791.
Socrate, 450.
Socrate . Histor. 1723.
Solis Ant. de, 2335.
Songe du Vergier, 340.
Souchay Joan. Bapt. 1232, 1306.
Sozomene, 1723.
Spanhemius Ezechiel, 1083* 1942, 2402.
Spanheim Freder. 1753.
Spartianus Ælius, 1930.
Spectacles (Lettre sur les) 186.
Idée des, 1366.
Spelmannus Henr. 980.
Spinger Balth. 1628.
Spinosa Bened. 319.
Spoerlius Joan. Conr. 2532.
Sponius Jac. 2497, 2498.
de Staal (Mém.) 2145.
Stanleius Thomas, 416, 1084.
Stanyan Temple, 1863.
Statius Pub. Papinius, 2207

———1211
Steele Richard, 457.
Stella Jacq. 2810.
Stephanus Byzanrinus, 1597.
Stephanus Carolus, 1693.
Stephanus Henr. 421, 971, 1089, 1096, 1097, 1476, 1847, 1853, 1889, 2530.
Stephanus Rob. 7, 776.
Stosch Phil. de, 2480
Strabo, 1596
Strada Famianus, 2253, 2254
Strada Jacob. de, 2406
Straparole Jean Franc. 1443
Strozii Titus & Hercules, 1245.
Struvius Burc. Gotthef. 2229
2589-2594, 2640.
Struys Jean, 1632
Stubelius And. And. 977
Stuckius Joan. Guill. 2381
Subordination (Dissert. sur la) 941.
Suede (Diete de) 2305
Suetonius Tranq. Caius, 1572.
1921 — 1928, 2841
Suidas, 972
Sully (Bethune Duc de) Maximil. de, 2065—2068
Sulpicia, 1221, 1237
Sulpitius Severus, 1721, 1722
Surirey de S. Remy, 944.
Surita Hier. 1598.
Suril, 31.
Swammerdammius Joan. 705
Swedenborgius Sam. 622.
Swertius Franc. 2644
Swift Jonathan, 1477
Swinden, 175
Sydney Algernon, 498
Sylburgius Frider. 1840
Sylvestre Isr. (Pieces de) 2811
Symbolæ litterariæ opuscula, 2598

Symeon *Gabr.* 2187
Synopsis com. locorum Poet. 1240
Syrus *Publius*, 1109, 1186, 1195.
Système des Théologiens,&c. 133, 144

T.

TABARIN (Œuvres de) 1449.
Tabourot *Estienne*, 1448.
Tacitus *Cornelius*, 1913 — 1920.
Tailhé, 2041.
Talon *Omer*, 335, 336.
Tamisier *Pierre*, 1095.
Tannerus *Thomas*, 2650.
Tapisseries du Roy, 2801.
Tardif *Guill.* 959.
Tarin *Pierre*, 770.
Tarteron *Jerôme*, 1225.
Tassin *René Prosper*, 2514.
Tasso *Torq.* 1372, 1373.
Tavellus *Jac.* 966.
Tavernier *Jean-Bapt.* 1636.
Taxa cancellariæ apost. 346 — 348.
Taylor *Joan.* 1011.
du Teil 802, 803.
Teissier *Ant.* 2760.
Telliamed, 604.
Temple des Muses, 1389.
Terentius *Joan.* 684.
Terentius *Publius*, 1103 — 1114.
Terrasson *Ant.* 392.
Terrasson *Jean*, 1420, 1855.
Tertullianus *Q. Sept. Florens*, 108, 109.
N. Testamentum lat. 33. 2776
N. Testament fr. 34 — 38.
Testaments (Recueil des) 2094 2095.

Themistius, 1072.
Theodoret, 1723.
Theodorus, 968.
Theophylactus, 487, 1954.
Theophraste, 443 — 445.
Theupolus *Laur.* 2749.
Thiers *J. Bapt.* 200, 155 **, 1779.
Thiout *Ant.* 844.
Thoiner Arbeau, 961.
Thomas sr. du Fossé, 1816.
Thomassin *Louis*, 179.
Thomasinus *Jac. Phil.* 2373, 2723.
Thomasius *Jos. Maria*, 1523
Thomson *George*, 293.
Thuanus *Jac. Aug.* 2070 — 2072, 2760.
Thucydides, 1846 — 1849.
Thuilleries (Statues, &c. des) 1804.
Thuillier *Vinc.* 1886.
Thura *Alb.* 1642.
Thuringia Sacra, 2244.
Thylesius *Ant.* 2377.
Thysius *Ant.* 1454, 1497, 1667; 1881, 2264, 2463.
Tibullus *Albius*, 1174, 1175.
Tilius (du Tillet) *Joan.* 1998, 2001.
Tillemont (le Nain de) *Louis Seb.* 1724, 1937.
Tillotson *Jean*, 217.
Tiraquellus *And.* 1456.
Titon du Tillet *Evrard*, 2763 2764.
Tolandus *Joan.* 310.
Toll *André*, 634.
Tollius *Alex.* 1889.
Tollius *Jacob.* 1231, 2390.
Toppi *Nicolo*, 2633.
de Toroy (Mémoires,) 2119.
Torrenius *Abr.* 1498.
Torrentius *Levinus*, 1158.

Qq ij

Tory *Geoffroy*, 2539.
de la Tour d'Albenas *Berenger* 1201.
de la Tour (Seran) 482, 2293.
Toureil *Jacq.* 1009.
Tournefort, *vid.* Pitton.
Tournemine, *Jof.* 1833.
Touffaint, *Fr. Vinc.* 733.
Traité des refus, 153.
Tranfactions philof. 2555.
la Trappe (Abbaye de) 1766, 1767.
Traver, 370.
Tremblay, 713.
Tremblemens de terre (Hift. des) 605 — 607.
Trente (hift. du Concile de) 1740 — 1746.
Tréfor de l'ame, 226.
Tréfor des Ris, 1451.
Trevitenfis Hift. diplomatica. 2246.
Treuvé *Simon Michel*, 183.
Trichet du Frefne *Raphael*, 1393.
Trillerus *Dan. Wilh.* 696.
Trithemius *Joan.* 2789.
Trochereau *Jacq. Arnould*, 1385.
Troyes (Hiftoire de) 1839.
Trublet de la Flourie *Nic. Ch. Jof.* 1552.
Tuccaro *Archange*, 957.
Tucker *Jofias*, 539.
Tudele *Benjamin*, 1626.
Tull, 654.
Turcius Apronianus, 1138.
Turnebus *Adr.* 690.
de Typographiis Poloniæ, 2556.
Tzetzes *If.* 1090.

V.

VAILLANT (Foy) *Joan.* 2409, 2410, 2423 —
2425, 2428, 2430, 2431.
Vaillant *Sebaft.* 673, 674.
Vaiffete *Jof.* 2190.
Valart *Jof*, 223.
Valerius Flaccus *C.* 1212, 1213.
Valerius Maximus, 1495 — 1499.
Valefius *Franc.* 2488.
Valefius *Henr.* 1853, 1885, 1888, 1929.
la Valiere (Vie de Me.) 2118.
Valla *Georgius*, 1519.
Valla *Joan. Pet.* 1519.
Valla *Laur.* 1842, 1843.
Vallinus *Ren.* 433.
Valois *Louis le*, 198.
Valturius *Rob.* 935.
Vander-Meulen, 2128.
Vaninus *Julius Cæfar*, 317.
Varennes *Jacq. Phil. de*, 456
Vargas *Franç. de.* 1744.
Vargas *Perez de*, 644.
Variétés hiftoriques, 1559.
Varignon *Pierre*, 807, 858.
Varro *M. Terentius*, 649.
le Vaffor *Michel*, 1744, 2090
Vaugelas (Favre de) *Cl.* 1862
Vayer de Boutigny *Roland le* 335, 336, 378.
Vecchietti *Hier.* 1658.
Veenhufen *Joan.* 1211, 1574
Vegece Flave, 932 — 934.
Velly *Paul Franç.* 2014.
Vence, 19.
Veneroni *Jean*, 1001.
Venutus *Ludov.* 2412.
Venuti *Rodulp.* 2188, 2440, 2461, 2483.

Vera Antonio de 519.
Verburgius Isaacus, 2402.
du Verdier Ant. 2586.
Vérité révélée, 260.
Vernis (Traité des) 790.
Veron de Forbonnais, 533 — 537, 561, 565.
de Verone Fr. 2058, vid. Boucher.
Versailles (Plafond du Salon de) 2798. Fêtes de, 2803.
de Vertot d'Aubœuf (Aubert) René d' 1795, 1796, 2212, 2213, 2301.
Vesalius And. 767, 768.
Ufano Diego, 943.
Ugoletus Thadæus, 1056.
Vic Claude de, 2190.
Victor Sextus Aur. 1883, 1923.
Victorius Petrus, 649, 1016, 1107.
Vicus Æneas, 2436.
Vieilleville (Scepeaux Sire de) Franc. 2048.
Vienne (Plans des Eglises de) 2806.
de Vignay Jean, 1671.
Vigne André de la, 2940.
de la Vigne Gace, 1281.
Vignole Jacq. de Baroziode, 923, 924.
Villefort, vid. Bourgoing.
Villehardouin Geoff. de, 1961, 1962.
de Villemandy Petrus, 58.
de Villeroy (Neufville) Nic. 2079.
Villiers Pierre de, 1320.
Villiers, 788.
Vincent de Gournay Jacq. Cl. Marie, 541.
Vincentius Bellov. 1670, 1671.

Vindicianus sive Marullus, 1237.
Vinetus Elias, 1883.
Vinosophia (Theses ex) 1486.
Virgilius Publius, 1128 — 1150.
Virginie (Hist. de la) 2334.
Visa (Hist. du) 2141.
Vitæ Selectæ, 1761.
Ulamingius Pet. 1252, 1255.
Ulloa Ant. de, 1643.
Ulloa George Juan, 1643.
Université (Harangue de l') 2018.
Vockerodt Gothof. 1062.
Vogt Johan, 2559, 2632.
Vokenius Franc. 2653.
Voltaire, vid. Arouet.
de Voragine Jacobus, 1805.
Vorstius Joan. 1498.
Vosgien, 1608.
Vossius Dionys. 1904.
Vossius Ger. Joan. 1098.
Vossius Isaac, 1122, 1667.
Uptonus Joan. 448.
Ursatus Sertorius, 2393.
Ursins Jean Juvenal ou plutôt Jouvenel des 2025.
Ursinus Fulvius, 1853, 1885, 1916, 1917, 2429.
Usserius Jacob. 1717.
Ustariz Geron. de, 535.
Vulcanius Bonav. 1856, 2840.
Vulpius Jos. Roccus, 2464.
Vultejus Justus, 1493, 1494.

W.

WACHTERUS Joan. Georg. 1000.
Walchius Jo. Ern. Imm. 2474
Wallace, 822.
Walpole Robert, 2291.

Walter *Richard*, 1627.
Waltherus *Joan.* 2515.
Waltonus *Brianus*, 2.
Warburthon, 607, 2508.
Warſovica Comitia, 2306.
Waſſe *Joſep.* 1897.
Waſlebourg *Richard de*, 2200.
Weckerus *Joan. Jac.* 792.
Weidlerus *Joan. Frid.* 856.
Weinmannus *Joan. Guillel.* 668.
Weſſelingius *Pet.* 1598, 1853
Weſt *Gilbert*, 279.
Weſterhovius *Arn. Henr.* 1108.
Wicquefort *Abrah. de*, 510, 1633.
Wier *Jean*, 580.
Wilhem *Ignatius Franc. Xaverius de*, 489.
Wiliſch *Chriſt. Frider.* 2660.
Wilkins *David*, 105, 2650.
Willughbéius *Franc.* 701, 704.
Wincklerus, *Jo. Dietericus*, 2507.
de Witt *Gilles*, 145.
de Witte (Vie de Guill.) 2257
Wlac, 828.
Wodward, 834.

Wolfius *Joan.* 446, 1013, 1577, 2635.
Wollaſton, 255.
Wood *Anton. d*, 2554.
Wood *Robert.* 2459.
Worm *Olaus*, 718.

X.

XENOPHON, 1850, 1851, 2781.
Xilander *Guill.* 1596, 1840.
Ximenes de Ciſneros *Franc.* 1
Xiphilin, 1931.

Y.

YART, 1386.

Z.

ZACCHERIA, 195.
Zamora *Gaſp. de*, 63.
Zanonus *Jacobus*, 662.
Zeltnerus *Joan. Conr.* 2531.
Zornius *Petrus*, 2856.
Zoſime, 1931.
Zonare, 1931.
Zurlauben (Beat-Fidele, Ant. Jean Domin. Baron de la Tour Chaſtillon) 2251.

FIN.

De l'Imprimerie de DIDOT, rue Pavée, à la Bible d'Or. 1760.

SUPPLÉMENT AU CATALOGUE.

1. Novum Testamentum gr. *Amstel. Elzev.* 1642. *in* 12. *mar. r.* — 3 - 10
2. Bible de Sacy. *Par.* 1730. 3 *v. in* 4. *mar. r.* — 22 - 15
3. Année Chrét. par le Tourneux. *Paris*, 1718. 13 *v. in* 12. — 18 - 1 -
4. Heures mss. sur velin. *in* 8. *mar. r.* — 1 - 10 -
5. Autres mss. sur velin. *in* 8. *mar. r.* — 2 - 1 -
6. Office de N. D. ms. sur velin, avec miniatures &c. *in* 8. — 3 - 9 -
7. Heures à l'usage de Paris. *in* 8. — 1 - 9 -
8. Conférences de Lodeve. *Par.* 1749. 4 *v. in* 12. — 2 - 12 -
9. Lettres de Pascal. *Amst.* 1735. 3 *v. in* 12. — 5 - 1 -
10. Essais de Morale par Nicole. *Par.* 1714. 13 *vol. in* 12. — 15 - 1 -
11. L'Alcoran de Mahomet. *Amst. Elzev.* 1677. 2 *vol. in* 12. *mar.* — 7 - 19 -
12. Lettres sur le Clergé. *Par.* 1750. *in* 12. — 3 (
13. Conférences de Bornier. *Par.* 1693. 2 *tom.* 1 *vol. in* 4.
14. Cout. de Paris par Ferriere. 1727. 2 *v. in* 12. — 2 -
15. Reglemens des Payeurs des rentes. 1749. *in f.* — 3 - 15 -
16. Reglemens des Negres. *in* 24.
17. Bail de Carlier. *in* 4.
18. Praticien Franc. par Lange. *Par.* 1699. *in* 4. — 1 - 1 -
19. Dictionnaire de Pratique. *Par.* 1740. 2 *v. in* 4. — 15 - 15
20. Vies des Philosophes. *Par.* 1752. *in* 12. — 1 - 2 -
21. Analyse de Bacon & sa Vie. *Par.* 1757. 3 *v. in* 12. — 4 - 1 -
22. Spectateur Anglois. *Rouen*, 1724. 6 *v. in* 12. — 3 - 10 -
23. Les Hommes. *Par.* 1751. 2 *v. in* 12. — 1 - 19
24. Pensées d'Oxenstiern. *Par.* 1746. 2 *v. in* 12. — 2 - 9 -

A

25 Institution d'un Prince par Duguet. 1740. 4 vol. *in* 12.
26 Amusemens philosophiques. *Par.* 1754. *in* 12.
27 Discours de Rousseau. *Par.* 1755. *in* 8.
28 Avantages & désavantages de la France & de l'Angleterre &c. *Par.* 1744. *in* 12.
29 Œuvres de Maupertuis. *Lyon*, 1753. 2 *v. in* 8.
30 Telliamed. *Par.* 1755. 2 *vol in* 8.
31 Observations sur la Physique. *Par.* 3 *v. in* 12.
32 Abregé d'Anatomie par Verdier. *Par.* 1759. 3 *vol. in* 8.
33 Vies des Peintres par Felibien. *P.* 1696. 2 *v. in* 4.
34 Détail de Menuiserie par Pottin. *P.* 1749. *in* 8.
35 Motets de la Lande. *in fol.*
36 Cantates franç. de Bernier. 2 *vol in fol.*
37 Recherches sur la Langue latine. *Par.* 1747. 2 *vol. in* 12.
38 L'Art de parler françois par de la Touche. *Amst.* 1730. 2 *vol. in* 12.
39 Methode d'ortographe par Jacquier. *Paris*, 1741. *in* 8.
40 Grammaire franç. par le même. *Par.* 1741. *in* 8.
41 Lettres de Ciceron à Atticus. 2 *v. in* 12.
42 Homere travesti. *Par.* 1716. 2 *v. in* 12.
43 Virgilii Opera: acced. Horatii Carmina. *Amstel.* 1744. *in* 12.
44 Horatii Opera. *Ultraj.* 1713. *in* 12.
45 Horatii Opera. *Paris.* 1728. *in* 12.
46 Œuvres d'Ovide. *Lyon* 1697. 6 *v. in* 12.
47 Métamorphoses d'Ovide trad. par Bellegarde. *Par.* 1701. 2 *v. in* 8. *fig.*
48 Vie de Tibulle. *Par.* 1743. *in* 12.
49 J. Oweni Epigrammata. *Amstel.* 1634. *in* 16.
50 Poésies de Gilbert. *Par.* 1661. *in* 12.
51 Nouvelles de la Fontaine. *Par.* 1754. 2 *v. in* 12.
52 Œuvres de Pavillon. *Par.* 1720. *in* 12.

53 Poéfies de Coulanges. *Par.* 1753. *in* 12. ——— 1 – 10 –
54 Œuvres de la Mothe. *Par.* 1754. 11 *v. in* 12. 10 – 10 –
55 La Religion & la Grace : Poëmes par Racine. *Par.* 1742. *in* 8. *gr. pap.* 2 – 19 –
56 Poéfies de Greffet. 1747. 2. *v. in* 12. ——— 1 – 10 –
57 La Henriade. *Rouen* 1741. *in* 12. ——— 1 – 4 –
58 Le Portefeuille trouvé. *Gen.* 1757. 2 *v. in* 12. — 2 – 1 –
59 Poëtes François depuis Villon. *Paris* 2752. 6 *vol. in* 12. 7 – " –
60 Berger fidel. *Par.* 1680 *in* 12. ——— " – 10 –
61 Opere di Metaftafio. *Par.* 1755 9 *v. in* 12. — 14 – 19 –
62 Satyres de Rabener. *Par.* 1754 3 *v. in* 12. ——— 3 – 3 –
63 Œuvres de Palaprat. *Par.* 1735. *in* 12. ——— 1 – 10 –
64 Pieces de Théatre. *in* 12. ——— 1 – 19 –
65 Fables héroiques par la Martiniere. *Amfterdam* 1754. 2 *v. in* 12. ——— 3 – 10 –
66 Amours de Daphnis & Chloé. *Rouen* 1751. *in* 12. — 2 – 16 –
67 Diane de Caftro. *Par.* 1728. *in* 12. ———
68 Avant. de Bigant. *Par.* 1738. 4 *v. in* 12. ——— } 4 – 19 –
69 Diable Boiteux. *Par.* 1728. 2 *v. in* 12. ——— 2 – 6 –
70 Vie de Gufman d'Alfarache. 1740. 2 *v. in* 12. — 2 – 17 –
71 La Voiture embourbée. *Par.* 1714. *in* 12. ——— " – 19 –
72 Mém. de Cominville. *Par.* 1746. *in* 12. *mar. r.*
73 Mém. de Mirmont. *Par.* 1748. *in* 12. ——— } 1 – 11 –
74 Anecdotes de la Cour de Bonhomie. *Par.* 1752. 2 *vol. in* 12. ——— 1 – 5 –
75 Palais du Silence. *Par.* 1754 2 *v in* 12. ——— 1 – 10 –
76 Voyage de Mantes. *Par.* 1753. *in* 12, ——— 1 – 8 –
77 Avant. de Thomas Kembrok. *Par.* 1754. *in* 12.
78 Mirza & Fatmé. *Par.* 1754. *in* 12. ——— } 2 – 1 –
79 La Laideur aimable. *Par.* 1755. *in* 12. ——— 1 – 11 –
80 Ariftomene, & Réflex. de Marmontel. 2 *v. in* 12.
81 Contes de Bocace, avec les fig. de Romain de Hooge. *Col.* 1701. 2 *v. in* 8. } 5 – 19 –
82 Cent Nouvelles avec les fig. de Romain de Hooge. *Col.* 1736. 2 *v. in* 8. 5 – 2 –

A ij

8 —19 — 83 Recueil de Contes. *Par.* 1753. 8 *v. in* 12.
7 — 19 — 84 Œuvres de Rabelais, avec les remarques de Duchat. *Par.* 1752. 6 *tom.* 5 *v. in* 12.
2 — "— 85 Val. Maximus, cum notis J. Lipsii. *Lugd. Bat.* 1740. *in* 12.
1 — 10 — 86 Amulemens sérieux & com. franç. & angl. *La Haye*, 1712. *in* 12.
1 — 11 — 87 Amusemens sérieux & comiq. *La Haye* 1736. 2 *vol. in* 12.
1 — 16 — { 88 Théorie des sentimens agr. *Par.* 1749. *in* 12.
{ 89 Essais sur les moyens de plaire. *Par.* 1738. *in* 12.
89* Un Volume in fol. dans lequel se trouve deux feuillets en velin (*a*).
2 — 6 — 90 Mémoires d'Amelot de la Houssaye. *Amsterd.* 1722. 2 *v. in* 12.
1 — ι — { 91 Recueil de pieces de littérature par le Prince de G. *Par.* 1758. *in* 12.
{ 92 Essais sur les grands évenemens par les petites choses. *Par.* 1758. *in* 12.
9 — 11 — 93 Œuvres de Scarron. *Par.* 1684. 10. *v. in* 12. *m. r.*
8 — ι — 94 Les mêmes. *Par.* 1731. 10 *v. in* 12. (manq. le second vol. du Virgile travesti.)

(*a*) Sur le verso du premier on lit le commencement de l'Evangile de S. Jean jusqu'au verset 14. Inclus. r●d. en françois, dans un carrouche au-dessous ces paroles du Psalmiste: *Ecce quàm bonum & jucundum fratres habitare in unum.* Au-dessus du texte de l'Evangile, il y a une figure emblématique, représentant au milieu un Soleil qui darde ses rayons sur le Livre ouvert du N. Testament, un compas, une equerre, & autres instrumens de la Maçonnerie &c. Autour du Soleil on lit ces mots: *Fidelis Deo, Regi & Patriæ.* Sur le fol. recto du second feuillet, on lit les dix Commandemens de Dieu, trad. du Chap. 19 & 20 de l'Exode: au-dessus une figure aussi emblématique, représentant le *JEHOVA*, les Tables de Moyse, & un Lion tenant un compas &c. Ces deux figures sont en camayeu bleu sur fond de mosaïque d'or: les deux pages sont encadrées en or. Ce Livre servoit à prêter serment dans une Loge de Francs-Maçons.

95 Longueruana. *Par.* 1754. 2 v. *in* 12. ——— 2 — : —
96 Des. Erasmi Colloquia. *Rotter.* 1662. *in* 12. — 1 — 10 —
97 Lettres de Dargens. *Rouen* 1750. *in* 12. ——— 1 — 18 —
98 Lettres Juives du même. *Par.* 1754. 8 v. *in* 12. — 10 — 6 —
97 Lettres sur différens sujets. *Par.* 1748. *in* 12. —— 1 — : —
100 Lettres de Loredano traduites par Veneroni. 1695. *in* 12. ——————————— 1 — : —
101 Tablettes chronol. de Lenglet. *Par.* 1744. *in* 12. — 5 — 1 —
102 Abreg. généal. de J. C. des Patriarches & de leurs descendans &c. par Robert le Chantre. 1698. contenu en 8 feuilles. *in fol.* ———— 4 — 12 —
103 Nouv. Théatre du Monde par Gueudeville. *Leyde* 1733. *in fol. gr. pap.* ——————— 15 — 4 —
104 Géographie Parisienne. *Par.* 1754. *in* 12. — 1 — : —
105 Recueil de Cartes, Plans de Villes &c. *in fol.* — 2 — 19 —
106 LII Cartes de Janson, de Hondius & autres. *in fol.* —————————————— 2 — : —
107 XX. Cartes de Sanson, Jaillot & Robert. ——⎫ 3 — : —
108 XXX Cartes de Bailleul, de Fer, Duval &c. ⎬
109 XLII Cartes du Chev. Beaurin, de le Rouge ⎭ 2 — 11 —
& autres.
110 6 Cartes du P. Placide : Carte du Diocèse de ⎫
Rouen en 1715 par Fremond en 5 feuilles. Carte ⎪
de la France par Maraldi. ——————— ⎪
111 Plans de la Forêt de Fontainebleau & de ses ⎬ 3 — 2 —
environs en 4 Cartes par P. Helluin de Lon- ⎪
nois. 1752. ⎪
112 VII Cartes d'Italie, d'Allemagne, de Lor- ⎪
raine &c. levées sur les lieux, collées sur toile. ⎭
113 XX Plans de Villes des Pays-bas, d'Allema- ⎫
gne, assiégées par Louis XIV, dessinées & lavées ⎪
avec des mémoires mss. ⎬ 2 — : —
115 IX Cartes des Routes de Charles Edoward, ⎪
Prince de Galles, dans la Gr. Bretagne : les Mar- ⎪
ches de son armée & de son ennemi & les Sie- ⎪
ges en 1745 & 1746, par J. A. Grante. ⎭

115 Voyages de Dampier. *Rouen* 1715. 5 v. *in* 12.
116 Voyageur fidele. *Par.* 1716. *in* 12.
117 Voyage de Bruyn au Levant. *Paris* 1725. 5 *vol. in* 4.
118 Voyage en Turquie par Otter. *Paris*, 1748. 2 *vol. in* 12.
119 Voyage de la Chine (en Chinois). *in* 8.
120 Voyage de Coreal *Amst.* 1722. 3 v. *in* 12.
121 Voyages de Th. Gage. *Amst.* 1721. 2 v. *in* 12.
122 Voyages de la Baye de Hudson. *Par.* 1749. 2 *vol. in* 12.
123 Nouv. Gulliver. *Par.* 1730. 2 *vol. in* 12.
124 Histoire universelle par Voltaire. *Par.* 1753. 2 *vol. in* 12.
125 Mercure historiq. depuis 1687 jusq. 1697. 33 *vol. in* 12.
126 Hist. des Conjurations. *Par.* 1754. 6 v. *in* 12.
157 Histoire des Juifs trad. par Arnauld. *Lyon* 1688. 5 *vol. in* 12.
128 Histoire des premiers siecles de Rome par Palissot. *Par.* 1756. 2 v. *in* 12.
129 Vies de Plutarque. *Amst.* 1724. 9 v. *in* 12.
130 Rome ancienne & moderne. *Leyde* 1713. 10 *vol. in* 12.
131 Délices d'Italie. *Leyde* 1709. 6 v. *in* 12.
132 Vie du Prince Eugene. *in* 12.
133 Origine des François. *Par.* 1676. 2 v. *in* 12.
134 Révolut. de France. *La Haye* 1738. 4 v. *in* 12.
135 Histoire de Charles VI. par Lussan. *Paris*, 1753. 9 *vol in* 12.
136 Histoire de Charles VII. par Baudot de Juilly. *Par.* 1754. 2 v. *in* 12.
137 Histoire de Louis XI. par Lussan. *Par.* 1755. 6 *vol. in* 12.
138 Histoire de Louis XII. par Tailhié. *Par.* 1755. 3 *vol. in* 12.

139 Histoire d'Henry II. par Lussan. *Par.* 1755. 3 — —
    4 vol. in 12.
140 Histoire d'Henry III. *Col.* 1666. *in* 12. —— 1 — 4 —
141 Vie de Richelieu. *Rouen* 1724. 2 v. *in* 12. — 1 — 11 —
142 Panégyrique du Roi, avec les fig. de le Clerc. 1 — —
    Par. in 8.
143 Mém. de Montpensier. *Par.* 1746. 7 v. *in* 12. — 9 — —
144 Testament polit. de Colbert. 1694. *in* 12. —— 1 — 1 —
145 Vie de Montausier. *Par.* 1729. 2 v. *in* 12. — 1 — 12 —
146 Siecle de Louis XIV. *Par.* 1752. 2 v. *in* 12. — 2 — 10 —
147 Mémoires de Navailles. *Par.* 1701. *in* 12. —— " — 15
148 Mém. de Feuquieres. *Amst.* 1735. 3 v. *in* 12. — 1 — 10 —
149 Lettres & Mém. de Maintenon. *Par.* 1756. 12 — —
    15 vol. in 12.
150 Mém. de la Régence. *Par.* 1740. 5 v. *in* 12. — 6 — 1 —
151 Mémoires de Staal. *Par.* 1754. 4 v. *in* 12. —— 6 — 1 —
152 Description des Fêtes pour le Mariage de Ma-
    dame &c. *Par.* 1740. *in fol. mar. r.* ———— 16 — 19 —
153 Mémoires de la Cour de France. *Par. Impr.*
    Roy. 1756. *in* 12. ——— 1 — 15 —
154 Histoire polit. du Siecle. *Par.* 1755. 2 v. *in* 12. — 1 — 10 —
155 Description de Paris par Brice. *Paris* 1752.
    4 vol. in 12. (manq. le 1.) ——— 3 — 15 —
156 Annales de l'Empire. *Basle* 1753. 2 v. *in* 12. — 2 — 14 —
157 Révolutions de Portugal par Vertot. *Paris*
    1737. *in* 12. ——— 2 — 10 —
158 Histoire d'Elisabeth. *Rouen* 1714. 2 v. *in* 12. — 2 — 10 —
159 Rapport du Comité secret. *Amst.* 1719. *in* 8. — 4 — 4 —
160 Vie de Mahomet par Boulainvilliers. *Amsterd.*
    1731. *in* 12. ——— 2 — 1 —
171 Tableau de l'Emp. Ottoman *Par.* 1757. *in* 12. — 1 — 1 —
162 Histoire de l'Amérique par la Potherie. *Par.*
    1753. 4 vol. in 12. ——— 5 — 10 —
163 Histoire des Tremblemens. *in* 12. —— —— 2 — 1 —
164 Année Littéraire par Freron, depuis 1754
    jusqu'en 1760. 33. v. *in* 12. *rel. le reste en blanc.*— 15 — 15 —

165. Enfans célebres par Baillet. *Par.* 1688. *in* 12.
166 Dictionnaire de Morery avec les deux Supplémens. *Par.* 1732 & *suiv.* 10 *vol. in fol.*
167 Diction. hist. par Ladvocat. *Par.* 1755. 2 *v. in* 8.
168 Dictionnaire de Bayle, avec un Supplément. *Geneve* 1715, 1722. 4 *vol. in fol.*

F I N.

De l'Imprimerie de DIDOT, rue Pavée, près le Quai des Augustins, à la Bible d'Or.

La Vente des Livres de la Bibliotheque de feu Monſieur DE SELLE, *Tréſorier Général de la Marine, continuera Lundi* 27 *Avril* 1761, *au plus offrant & dernier enchériſſeur, depuis deux heures de relevée juſqu'au ſoir, en ſa Maiſon, rue Sainte Anne, Butte Saint Roch.*

Les Livres ſeront expoſés dans l'ordre qui ſuit.

Lundi 27 *Avril.*
THEOLOGIE, depuis le No. 1. juſq. No. 10.
Sciences & Arts, depuis le No. 906. juſq. No. 919.
Belles-Lettres, depuis le No. 1475. juſq. No. 1489.
Hiſtoire, depuis le No. 2749. juſq. No. 2775.

Mardi 28 *Avril.*
Juriſprudence, depuis le No. 328. juſq. No. 337.
Sciences & Arts, depuis le No. 920. juſq. No. 935.
Belles-Lettres, depuis le No. 1490. juſq. No. 1505.
Hiſtoire, depuis le No. 2362. juſq. No. 2391.

Mercredi 29 *Avril.*
Juriſprudence, depuis le No. 338. juſq. No. 350.
Sciences & Arts, depuis le No. 936. juſq. No. 949.
Belles-Lettres, depuis le No. 1506. juſq. No. 1522.
Hiſtoire, depuis le No. 2392. juſq. No. 2422.

Samedi 2 *Mai.*
Juriſprudence, depuis le No. 351. juſq. No 362.
Sciences & Arts, depuis le No. 950. juſq. No. 961.
Belles-Lettres, depuis le No. 1523. juſq. No. 1538.
Hiſtoire, depuis le No. 2423. juſq. No. 2455.

Lundi 4 *Mai.*
Juriſprudence, depuis le No. 363. juſq. No. 375.
Sciences & Arts, depuis le No 413. juſq. No. 427.
Belles-Lettres, depuis le No. 1539. juſq. No. 1553.
Hiſtoire, depuis le No. 2456. juſq. No. 2486.

Mardi 5 *Mai.*
Juriſprudence, depuis le No. 376. juſq. No. 391. incluſ.
Sciences & Arts, depuis le No. 428. juſq. No. 440.
Belles Lettres, depuis le No. 1554. juſq. No. 1566.
Hiſtoire, depuis le No. 2487. juſq. No. 2519.

Jeudi 7 *Mai.*
Supplément, depuis le No. 2776. jufq. No. 2791.
Jurifprudence, depuis le No. 392. jufq. No. 401.
Belles-Lettres, depuis le No. 1567. jufq. No. 1580.
Hiftoire, depuis le No. 2520. jufq. No. 2557.

Vendredi 8 *Mai.*
Jurifprudence, depuis le No. 402. jufq. No. 412.
Supplément, depuis le No. 2792. jufq. No. 2819.
Belles-Lettres, depuis le No. 1581. jufq. No. 1594.
Plufieurs Peaux de Maroquin.

Samedi 9 *Mai.*
Supplément, depuis le No. 2832. jufq. No. 2857.
Nos. 55. 164. 180. 194. 195. 262. 263. 267. 512. 525.
687. 952. 1049. 1056. 1065. 1144. 1292. 1326. 1327.
1331. 1333. 1362. 1369. 1623. 1685. 1687. 1712. 1726.
1818. 1906. 1911. 1974. 1982. 2011. 2017. 2018. 2112.
2128. 2130. 2160. 2184. 2192. 2213. 2219. 2236. 2249.

Le Catalogue fe vend chez BARROIS & DAVIDTS, Libraires, Quai des Auguftins.

www.ingramcontent.com/pod-product-compliance
Lightning Source LLC
Chambersburg PA
CBHW020315240426
43673CB00039B/811